Pfaffe Lambrecht · Alexanderroman

Pfaffe Lambrecht
Alexanderroman

Mittelhochdeutsch / Neuhochdeutsch

Herausgegeben, übersetzt
und kommentiert von
Elisabeth Lienert

Reclam

Bibliographisch aktualisierte Ausgabe 2019

RECLAMS UNIVERSAL-BIBLIOTHEK Nr. 18508
2007, 2019 Philipp Reclam jun. GmbH & Co. KG,
Siemensstraße 32, 71254 Ditzingen
info@reclam.de
Druck und Bindung: Elanders Waiblingen GmbH,
Anton-Schmidt-Straße 15, 71332 Waiblingen
Printed in Germany 2025
RECLAM, UNIVERSAL-BIBLIOTHEK und
RECLAMS UNIVERSAL-BIBLIOTHEK sind eingetragene Marken
der Philipp Reclam jun. GmbH & Co. KG, Stuttgart
ISBN 978-3-15-018508-7
reclam.de

Inhalt

Einführung

Zur Alexanderüberlieferung

In der Geschichte der deutschen Literatur des Mittelalters ist der Alexanderroman des Pfaffen Lambrecht die erste Großerzählung mit einem nicht-biblischen Stoff, zugleich die erste Bearbeitung einer französischen Quelle. Die Entstehung weltlicher Erzählliteratur in deutscher Schriftlichkeit ab der Mitte des 12. Jahrhunderts wird weitgehend von einem Interesse an Geschichte getragen, das sich nicht mehr nur auf Heilsgeschichte, sondern zunehmend auch auf »säkulare« Herrschergeschichte (›Kaiserchronik‹, um 1140/50) richtet, schließlich auch auf einen einzelnen Herrscher, zunächst eben Alexander den Großen (356–323 v. Chr.).[1] Generell haben die Romane mit antiken Stoffen in der Geschichte des mittelhochdeutschen Romans eine Vorläuferfunktion, die sich einerseits auf die nicht bezweifelte historische Wahrheit der antiken Stoffe, andererseits auf die Rolle der Antike als vorbildhaftes Muster einer säkularen, nicht geistlich geprägten Kultur gründet.[2] Speziell der Alexanderstoff bietet sich durch die Erwähnung des Makedonenkönigs in der Bibel als Brücke zwischen geistlicher und aufkommender weltlicher Literatur an: Das 1. Buch der Makkabäer (I Mcc 1,1–8) gibt einen knappen Abriss der Daten (Alexanders Abkunft von Philipp; sein Sieg über Darius, den König der Meder und Perser; Eroberungen bis ans Ende der Welt; Krankheit, Teilung des Reichs und Tod nach zwölfjähriger Regierungszeit). Auf Alexander bezogen wurden in der Bibelexegese auch die Visionen des Propheten Daniel von den

1 Zur frühmittelhochdeutschen Erzählliteratur und der Herausbildung weltlichen Erzählens vgl. etwa Vollmann-Profe ²1994, S. 153–186.

2 Vgl. z. B. Lienert 2001, hier bes. S. 5–9, 177.

vier Tieren (Dn 7,1), die seit dem Kirchenvater Hieronymus für die vier Weltreiche stehen, in die sich nach mittelalterlich-christlichem Geschichtsdenken die Weltgeschichte gliedert, und vom Kampf zwischen Widder und Ziegenbock, persischem und griechischem König (Dn 8,3–7 und 20f.): Alexander erscheint als Zerstörer des zweiten (persischen) und Begründer des dritten (griechischen) Weltreichs.

Die Alexandertradition, auf die das Mittelalter zurückgreifen konnte, war freilich vielgestaltiger – trotz weitgehender Unkenntnis griechischer Quellen (u. a. Diodor, um 60–30 v. Chr.; Plutarch, um 46–120 n. Chr.; Arrian, um 90–175 n. Chr.). Die historiographische Alexandertradition ist im Mittelalter vor allem in der Biographie des Quintus Curtius Rufus präsent (›Gesta Alexandri Magni‹ bzw. ›Alexandri Magni historiae‹, 1. Jh. n. Chr.; der verlorene Anfang wurde durch ein spätestens im 11. Jh. entstandenes lateinisches Supplement ersetzt). Dargestellt wurde die Geschichte Alexanders auch im Rahmen von Universalchroniken, etwa denen des Justin (2./3. Jh. n. Chr.) und des Augustinus-Schülers Paulus Orosius (›Historiarum adversum paganos libri VII‹, 417/418); für das spätere Mittelalter wirkungsmächtig war die ›Historia scholastica‹ des Petrus Comestor (vollendet 1169–73). In volkssprachlichen Chroniken wird Alexander ebenfalls erwähnt, etwa bei Jans von Wien (letztes Drittel 13. Jh.) und Heinrich von München (um 1370).

Die volkssprachlichen Alexanderromane des Mittelalters stellen sich in erster Linie zumeist in die Tradition des hellenistischen Alexanderromans (griechisch, etwa 300 n. Chr., Original verloren, in fünf griechischen Handschriften-Rezensionen erhalten), der fälschlich dem von Alexander hingerichteten Geschichtsschreiber Kallisthenes zugeschrieben wurde (daher Pseudo-Kallisthenes). Dieser spätantike Alexanderroman geht, außer auf eine (historische) Alexander-Biographie, wohl vor allem auf einen Briefroman des 1. Jahrhunderts v. Chr., weitere Alexanderbriefe, die Erzählung von Alexanders Begegnung mit den Gymnosophisten, die Schrift ›Alexanders letzte Tage‹ und die ägyptische Nektanebo-/Nectanabus-Sage zurück.[3]

Schon Alexanders Leben, wie es historiographische Quellen schildern,[4] bietet Erzählstoff in Fülle: Alexander der Große (356–323 v. Chr.), Sohn König Philipps II. von Makedonien und der molossischen Prinzessin Olympias, regierte 336–323 v. Chr. Unter anderem von Aristoteles erzogen und früh auch zu militärischen Aufgaben herangezogen, erkämpfte Alexander sich nach Philipps Ermordung 336 v. Chr. zunächst die Vormachtstellung in Griechenland. 334–330 v. Chr. führte er Krieg gegen das Perserreich der Achaimeniden unter Dareios III. Im Frühjahr 334 v. Chr. überschritt Alexanders Heer den Hellespont. Alexander besuchte zunächst Troja und besiegte im Mai 334 v. Chr. in der Schlacht am Granikos ein persisches Satrapenaufgebot unter Memnon von Rhodos. Nach einem Triumphzug in Kleinasien siegte er im November 333 v. Chr. in der Schlacht von Issos über das von Dareios III. selbst befehligte Perserheer; Königsfamilie und Kriegsschatz fielen in seine Hände. Alexander wandte sich dann nach Süden, eroberte Phönizien (Tyros 332 v. Chr.), Palästina und Ägypten, wo er Alexandria gründete (331 v. Chr.) und sich im Ammon-Heiligtum der Oase Siwah als Sohn des Zeus-Ammon huldigen ließ. Danach zog er ins persische Kernland und errang in der Schlacht von Gaugamela (östlich des Tigris) am 1. Oktober 331 v. Chr. den entscheidenden Sieg über Dareios III. Alexander wandte sich weiter nach Babylon und eroberte 330 v. Chr. Susa und Persepolis, wo der persische Königspalast in Brand ge-

3 Vgl. bes. Merkelbach [2]1977, S. 20–88; zusammenfassend z. B. auch Ehlert 1989, S. 12–17.

4 Vgl. aus der Fülle der Literatur zusammenfassend z. B. Wiemer 2005; Lauffer [5]2005.

steckt wurde. Der fliehende Dareios III. wurde von Bessos, Nabarzanes und weiteren Mitverschwörern zunächst gefangen gesetzt und dann angesichts des herannahenden Makedonenkönigs getötet. Alexander traf nur mehr auf Dareios' Leiche, erklärte sich zu seinem Nachfolger und nahm die Verfolgung der Mörder auf, die in den Ostiran flohen. Nach dem Feldzug gegen Hyrkanien wurde Philotas, der Sohn des Feldherrn Parmenion, wegen angeblicher Verschwörung hingerichtet, Parmenion selbst ermordet. Nach der Auslieferung des Bessos-Artaxerxes IV. zog Alexander weiter nach Osten, überquerte den Hindukusch und gelangte bis zum Jaxartes. 327 v. Chr. vermählte er sich mit der baktrischen Fürstentochter Roxane und zog weiter nach Indien. Nach der Überquerung des Indus 326 v. Chr. besiegte er am Hydaspes König Poros; am Hyphasis zwang ihn sein murrendes Heer zur Umkehr. Bei der Massenhochzeit von Susa heiratete er 325 v. Chr. zwei persische Prinzessinnen, Stateira, die Tochter Dareios' III., und Parysatis, die Tochter Artaxerxes' III. 323 v. Chr. starb Alexander in Babylon, wohl an einer fieberhaften Erkrankung; Gerüchte von einer Vergiftung verbreiteten sich schnell. Nach Alexanders frühem Tod zerfiel sein Weltreich schnell in die Diadochenstaaten.

Dem exorbitanten Heldenleben des Welteroberers, das außer gewaltigen Schlachtensiegen und Eroberungen schon den Zug nach Indien (und damit fast ans Ende der bekannten Welt) vorgibt, fügt bereits der griechische Alexanderroman Episoden hinzu, die die romanhafte Alexandertradition bis ins 15. Jahrhundert n. Chr. prägen:[5] die sagenhafte Abstammung des Helden vom letzten ägyptischen Pharao und Zauberer Nectanebus, der Olympias in Gestalt des Gottes Ammon verführt; den Zug nach Westen[6] zu Beginn

5 Vgl. z. B. Merkelbach ²1977, S. 15–17.

6 Vielleicht aufgrund der Tatsache, dass 334 v. Chr. Alexander von Epirus, der Onkel des Makedonenkönigs, auf Einladung Tarents nach Italien gezogen war; vgl. Wiemer 2005, S. 165 f.

des Persienfeldzugs, der den Helden zum Bezwinger auch des Westens und damit zum Welteroberer schlechthin stilisiert (der historische Alexanderzug führte über den Hellespont nach Troja, nach der Schlacht am Granikos zunächst die Küste entlang nach Süden, dann nach Gordion in Phrygien, von dort nach Issos und Tyros, Palästina und Ägypten, schließlich in die persischen Kernländer)[7]; die Reisen in einen phantastisch anmutenden (freilich offensichtlich als glaubhaft rezipierten) Orient und bis ans Ende der Welt, u. a. mit den Episoden von der Begegnung Alexanders mit den indischen Asketen und dem Besuch im Reich der Königin Candace.

Im europäischen Mittelalter war der Alexanderroman in verschiedenen lateinischen Bearbeitungen weitverbreitet: 1. in der Übertragung der Rezension α durch Julius Valerius Polemius (›Res gestae Alexandri Macedonis‹, um 338 n. Chr.; besonders in deren gekürzter Fassung, der sogenannten ›Zacher-Epitome‹, vor dem 9. Jh.), und 2. in der Übertragung der aus α abgeleiteten Rezension δ* durch den Archipresbyter Leo aus Neapel (›Nativitas et victoria Alexandri magni regis‹, um 968/969; besonders in einer erweiternden Bearbeitung, der ›Historia de preliis‹, von der drei Fassungen existieren: J^1, 11. Jh.; J^2, 12. Jh.; J^3, vor 1236). Ferner entsteht im 12. Jahrhundert nach talmudischer (jüdischer) Tradition die lateinische Erzählung vom ›Iter ad Paradisum‹, Alexanders Vorstoß an die Grenzen des Paradieses. Eine für das Mittelalter kanonische epische Gestaltung des Alexanderstoffes stellt Walters von Châtillon mittellateinisches Hexameter-Epos ›Alexandreis‹ dar (um 1178–82, verfasst für Wilhelm von Blois-Champagne, Erzbischof von Reims).[8]

Der erste mittelalterliche volkssprachige Alexanderroman ist der in der Sprache der Dauphiné (Frankoproven-

7 Vgl. z. B. Wiemer 2005, Karte S. 227.

8 Zum Alexanderstoff im Mittelalter vgl. zusammenfassend Ebenbauer 1984, S. 268–281; Ehlert 1989, S. 12–17.

zalisch) abgefasste ›Roman d'Alexandre‹ des Alberic von Bisinzo/Pisançon (wohl schon um 1100,[9] nur der Anfang ist erhalten). In Frankreich folgen unter anderem um 1160 die anonyme fragmentarische Zehnsilberfassung ›Alexandre décasyllabique‹, um 1180/90 der ›Roman d'Alexandre‹ des Alexandre de Paris bzw. Alexandre de Bernai sowie weitere Bearbeitungen. Alberics Roman wurde um 1150 durch den Pfaffen Lambrecht ins Deutsche übertragen; dieser Text selbst ist freilich nicht erhalten. Überliefert sind drei Bearbeitungen durch unbekannte Redaktoren, benannt nach dem Aufbewahrungsort des jeweils einzigen Textzeugen: ›Vorauer‹ (um 1160), ›Straßburger‹ (letztes Drittel 12. Jh.) und ›Basler Alexander‹ (Ende 13. Jh.). Spätere deutsche Alexanderromane greifen auf lateinische (antike oder mittellateinische) Vorlagen zurück: Rudolf von Ems (ab etwa 1230) auf die ›Historia de preliis‹, Curtius Rufus und verschiedene Nebenquellen; Ulrich von Etzenbach (vor 1290) auf Walter von Châtillon; Seifrit (vollendet 1352) auf die ›Historia de preliis‹ J^2; der anonyme ›Große‹ oder ›Wernigeroder Alexander‹ (1397) auf die Bearbeitung der ›Historia de preliis‹ J^3 durch Quilichinus von Spoleto. Hinzu kommen der fragmentarische ›Waldecker Alexander‹ und mehrere Prosaromane. Ein einheitliches Alexanderbild prägt sich in diesen Dichtungen nicht aus: Faszination und Ablehnung stehen nebeneinander; Alexander kommen die unterschiedlichsten Rollen und Funktionen zu. Die Bibel legt Alexanders Rolle beim Übergang vom zweiten zum dritten Weltreich fest, bestimmt Alexander mithin als *instrumentum Dei* (Werkzeug Gottes) in der Heilsgeschichte. Der Kämpfer, Heerführer und Herrscher bietet sich als Identifikationsmuster für mittelalterliche Kriegeradlige und Fürsten an. Der Grenzüberschreiter, der die Wunder des Orients erkundet, bis ans Ende der Welt gelangt, ja selbst vor dem Paradies

9 Mölk 2000a, S. 21.

nicht Halt macht, steht vielfach als Negativexempel für *superbia*, menschliche Hoffart, sein früher Tod für die *vanitas*, Nichtigkeit und Vergänglichkeit irdischer Herrlichkeit. Die disparaten Deutungen und Wertungen stehen oft unverbunden nebeneinander.

Der Pfaffe Lambrecht und die Versionen seines Alexanderromans

Der Autor des ältesten deutschen Alexanderromans bezeichnet sich selbst im Eingangsgebet seiner fragmentarischen ›Tobias‹-Dichtung und im ›Alexander‹ als *pfaffe*, also *clericus*, d. h. Angehörigen der Welt der lateinisch-gelehrten Bildung, der Schriftlichkeit, schreibt allerdings für ein volkssprachiges adliges Laienpublikum – typisch für die Literatursituation der vor- und frühhöfischen Periode. Lambrecht dürfte aus Trier stammen (der ›Tobias‹ ist wohl dort um 1150 entstanden); auch für den ›Alexander‹ ist (trotz der Verwendung der Regensburger ›Kaiserchronik‹) ein moselfränkisch-rheinisches Entstehungsumfeld anzunehmen;[10] dafür sprechen moselfränkische Merkmale in der Sprache des ›Vorauer Alexander‹; auch ist die Beschaffung einer frankoprovenzalischen Vorlage in Trier denkbar.[11]

Der ›Vorauer Alexander‹ (Sigle ›V‹, 1515 Verse, wohl um 1160) reicht von Alexanders Geburt bis zum Tod des Darius; der Text lässt sich sinnvoll in zwei Abschnitte ungleicher Länge gliedern: I. Alexanders Herkunft, Geburt, Erziehung, erste Heldentaten bis zum Herrschaftsantritt in Makedonien (V 71–551); II. Perserkrieg (Heeresaufgebot, Zug nach Italien, Verwüstung Palästinas, Eroberung von

10 Vgl. Bumke 1979, S. 75–78; Schulz-Grobert 2000b, S. 180–190; anders z. B. Schröder 1985, Sp. 495.

11 Vgl. Cölln 2000a, S. 165, A. 6.

Tyrus, Schlacht gegen Mennes, briefliche Auseinandersetzung mit dem Perserkönig, Entscheidungsschlacht gegen und Tötung des Darius; V 552–1510). Überliefert ist er in dem im letzten Viertel des 12. Jahrhunderts geschriebenen Codex 276 des Augustiner-Chorherrenstifts Vorau, einer deutsch-lateinischen Sammelhandschrift mit geistlichen und historiographischen Texten. Ob Bernhard I., Probst von Vorau 1185–1202, der den lateinischen Teil der Handschrift in Auftrag gegeben hat, den deutschen Teil selbst geschrieben, womöglich als Redaktor des ›Vorauer Alexander‹ zu gelten hat, ist unsicher.[12] Als älteste der drei Versionen des Alexanderromans gilt der ›Vorauer Alexander‹ aus formalen Gründen (metrische Freiheiten, häufig unreine Reime und Assonanzen) und wegen der noch wenig ausgeprägten Höfisierung. Die Forschung geht inzwischen weitgehend im Konsens davon aus, dass V Lambrechts Original am nächsten steht.[13] Die Frage, ob der in der Vorauer Handschrift enthaltene (in der Tat abrupte) Schluss von Lambrecht stammt, ist umstritten.[14] Am meisten Plausibilität darf wohl beanspruchen, dass die Konzeption, die Dichtung mit Darius' Tötung durch Alexander abzuschließen, die Lambrechts (und wohl auch die Alberics) war, dass allerdings möglicherweise ein Redaktor das nicht ganz vollendete Werk dementsprechend vervollständigt hat.[15] Wo es um den ›Vorauer Alexander‹ als Version, wenn nicht gar Text, eigenen Rechts geht und nicht um ein zu rekonstruierendes Original Lambrechts, Textproduktion und Überlieferung also nicht zu trennen sind, wie für frühmit-

12 Zur Vorauer Handschrift vgl. zusammenfassend Gärtner 1999; s. auch S. 33 f.

13 Vgl. z. B. Cölln 2000a, S. 166.

14 Die Forschungsgeschichte referiert Cölln 2000a, S. 166–168 und A. 10; vgl. bes. auch Schröder 1985, hier Sp. 499, 503; Mackert 1999a, S. 17, A. 17, S. 19 f., 298, 333–335.

15 Einem Schreiber zuzuordnen sind wohl die Schlussverse V 1511–15, in denen von Lambrecht und Alberic in der dritten Person die Rede ist; vgl. z. B. Schröder 1985, Sp. 499.

telhochdeutsche Dichtung typisch,[16] ist für die Deutung ohnedies vom überlieferten Text auszugehen.

Kaum noch strittig dürfte sein, dass der abschließende Tod des Darius von Alexanders Hand Lambrechts Konzept entsprochen haben dürfte.[17] Die sich an den Aufmarsch zur Schlacht in Mesopotamien anschließenden Teile des ›Straßburger Alexander‹ (›S‹) folgen anderen Quellen als V (und die V entsprechenden Teile von S); sprachliche Korrespondenzen gibt es wohl zwischen V (und den V entsprechenden Teilen von S) und dem ›Tobias‹, nicht aber zwischen ›Tobias‹ und S; geistliche Kommentare und biblische Anspielungen begegnen gehäuft nur in V (und den V entsprechenden Teilen von S), nicht in den anschließenden Partien; die übereinstimmenden Verse im Schluss von V (V 1481–97) und in der Schlacht am *Strâge* in S (S 2797–2827) sind am plausibelsten als Übernahme eines Fortsetzers aus Lambrechts Version zu erklären.[18] Die wiederholten Vorausdeutungen auf den Kampf der Könige und den Tod des Darius in V weisen auf die Tötung des Darius durch Alexander als Zielpunkt der Dichtung (s. S. 24f.). Dass ein längerer Text in V gekürzt wurde, ist damit unwahrscheinlich. Allerdings ist der Schluss von V (ab V 1481) aus Versatzstücken des vorangegangenen Lambrecht-Textes montiert, was in der Tat dafür spricht, dass ein Torso durch eine Art »Verlegenheitsschluß« notdürftig zu Ende gebracht wurde.[19] Für den Vorauer Schluss als den Lambrechts und Alberics argumentieren in jüngerer Zeit insbesondere Cölln und Mölk.[20] Grubmüller[21] vermutet aufgrund der Korrekturen

16 Vgl. Müller 2003, zu V bes. S. 240–243.

17 Vgl. Cölln 2000a, S. 166–168 und A. 10; vgl. bes. Mackert 1999a, S. 17, A. 17, S. 19f., 298, 333–335.

18 Vgl. Komm. zu V 1480–97.

19 Vgl. bes. Urbanek 1970, bes. S. 102–105.

20 Cölln 2000a, bes. S. 166–169, 184–187; Cölln 2004; Mölk 2000a, bes. S. 23f. und -27).

21 Grubmüller 2000, S. 220.

in der Vorauer Handschrift, die auf eine unterschiedliche Vorlagensituation für die einzelnen Teile des Codex schließen lassen, dass die Handschrift in Vorau aus verschiedenen Teilen nach einem den spezifischen Interessen vor Ort entsprechenden Programm zusammengestellt und der ›Alexander‹ nach diesem Programm eingerichtet wurde. Cölln[22] weist demgegenüber nach, dass das bairisch-mitteldeutsche Sprachgemisch des Schlusses nicht vom sprachlichen Befund des Gesamttextes abweicht, dass also der Schluss nicht erst in und für Vorau entstanden ist, sondern dass die Vorlage den Gesamttext bot.

Vorlage Lambrechts und damit auch des ›Vorauer Alexander‹ war die erste volkssprachige Alexanderdichtung des Mittelalters, der frankoprovenzalische Alexanderroman des Alberic von Pisançon (wahrscheinlich um 1100). Von Alberics Werk sind freilich nur 105 Verse erhalten (Prolog, Herkunft und Geburt sowie der Beginn der Erziehung Alexanders). In groben Zügen können die weitere Episodenfolge und die Quellenlage anhand von Übereinstimmungen zwischen den beiden Zeugen der westfranzösischen Zehnsilberfassung einerseits, Lambrechts Roman andererseits rekonstruiert werden.[23] Aller Wahrscheinlichkeit nach dürfte Alberics Werk tatsächlich ebenfalls mit dem Tod des Darius geendet haben. Kennzeichnend für den romanischen Text sind insbesondere die idealisierende Darstellung Alexanders und das Thema rechter Königsherrschaft, die legitime Abkunft, umfassende Bildung, kriegerische Tüchtigkeit, ein eigenes Reich und adäquates Herrscherverhalten voraussetzt.[24] Alberics Hauptquelle waren die ›Res gestae Alexandri Macedonis‹ des Julius Va-

22 Cölln 2004.

23 Vgl. Foulet 1949/65, S. 4–8, und die Übersetzungen der von Foulet auf Alberic zurückgeführten Teile des ›Vorauer Alexander‹ (mit Angaben zu den lateinischen Quellen und Parallelen in der Zehnsilberfassung), S. 42–60; Mölk 2000a.

24 Zusammenfassend Mölk 2000a, S. 36.

lerius, und zwar in der ungekürzten Form, nicht in der weitaus verbreiteteren Epitome; daneben wurden Justinus, Orosius (›Historiarum adversum paganos libri VII‹, Buch III)[25] und wahrscheinlich eine Redaktion der ›Historia de preliis‹ sowie gelehrte Schriften verschiedener Art benutzt.[26] Die Schilderung der Eroberung von Tyrus und des Heeresaufgebots vor der abschließenden Entscheidungsschlacht folgte wohl schon bei Alberic Curtius Rufus (Buch IV,2–4),[27] die der Mennes-Schlacht dem Curtius-Supplement.[28] Lambrecht dürfte sich bewusst für die romanische Vorlage entschieden haben; verschiedene Indizien[29] legen nahe, dass er auch die – ungleich verbreitetere – lateinische Erzähltradition (wohl in erster Linie eine Version der ›Historia de preliis‹, vermutlich J^2) kannte.[30]

Der ›Straßburger Alexander‹ (6854 Verse erhalten, letztes Drittel 12. Jh., überliefert in einer 1870 verbrannten, frühestens 1187 entstandenen westmitteldeutschen Handschrift, Straßburg, Stadtbibliothek, C.V. 16.6.4°)[31] erzählt das vollständige Alexanderleben von der Geburt bis zum frühen Tod. Als Abschnitte lassen sich, nach Prolog und Vorstellung des Helden, sinnvoll unterscheiden: I. Jugendgeschichte (S 83–507; nach dem Angriff auf Lysias Textlücke aufgrund von Blattverlusten);[32] II. Perserkrieg (S 508–3607; wegen der Textlücke erst ab der Belagerung von Tyrus: Eroberung von Tyrus, Schlacht gegen Mennes,

25 Relevant sind insbesondere die Passagen zur Geburt Alexanders (7,5), zu Alexander von Epirus (11,1), Philipp von Makedonien (12,1–14,7), Alexanders Kriegen, Indienzug, Umkehr und Tod (16,1–20,4).

26 Vgl. Mölk 2000a, S. 23.

27 Vgl. Ki S. XLVIII; Schmidt 1886, S. 51–67.

28 Vgl. Foulet 1934; ferner z. B. Mackert 1999a, S. 299, A. 6 und S. 321 f., dort ältere Lit.; Mölk 2000a, S. 27 f.

29 Siehe Komm. zu V 134–137 / S 160–163, V 139 / S 165.

30 Vgl. Mackert 1999b; Cölln 2000a, S. 179–181.

31 Siehe auch S. 46 f.

32 Vgl. Komm. zu S 507.

briefliche Auseinandersetzungen mit dem Perserkönig, ab S 1585 ohne Entsprechung zu V; Unterbrechung des Kriegs durch vorübergehende Rückkehr nach Griechenland und erneuten Zug ins Perserreich, Schlacht am Euphrat und weitere Eroberungen, Entscheidungsschlacht am *Strâge*, Flucht und Ermordung des Darius, Übernahme der Herrschaft über das Perserreich und Vermählung mit Roxane); III. Krieg gegen den Inderkönig Porus (S 3608–4311); IV. Orientabenteuer (S 4312–6148; Begegnung mit den Occidraten; Alexanders Brief u. a. mit Berichten über den Aufenthalt bei den Blumenmädchen, den Besuch bei der Königin Candacis, die Begegnung mit den Amazonen); V. Paradieszug und Umkehr, Friedensherrschaft und Tod (S 6149–6830). Den Abschluss bildet ein Epilog (S 6831–54). Hauptquelle für die im ›Vorauer Alexander‹ nicht enthaltenen Teile dürfte die (nicht-interpolierte) Alexanderroman-Übersetzung des Archipresbyters Leo gewesen sein, mit Zusätzen aus einer interpolierten Version der ›Historia de preliis‹ und Julius Valerius; daneben wurden für die in der antiken Überlieferung wie im ›Basler Alexander‹ fehlende Blumenmädchen-Episode wohl eine mit dem Alexanderroman des Alexandre de Bernai bzw. de Paris gemeinsame (altfranzösische oder lateinische, wohl auf orientalische Motive zurückgehende)[33] Quelle und für den Schluss das ›Iter ad Paradisum‹ (in einer sonst nicht bekannten Fassung) herangezogen.[34]

Der ›Basler Alexander‹ (Sigle ›B‹, 4734 Verse, Ende 13. Jh., überliefert als Interpolation in einer Handschrift der ›Sächsischen Weltchronik‹, Basel, Öffentliche Bibliothek der Universität, Cod. E. VI. 26, 1400/39) erzählt ebenfalls Alexanders Leben von der Geburt bis zum Tod, freilich weit knapper, trotzdem auf episodenreiches, unterhaltsa-

33 Vgl. Cölln 2000a, S. 197 und A. 92, dort der Hinweis auf den arabischen Geographen Al-Masudi, gest. 956, der von Mädchen erzählt, die »auf Bäumen wachsen und sterben, sobald sie wie reife Früchte herunterfallen«.

34 Vgl. Hampe 1890.

mes Erzählen ausgerichtet. Neu eingeführt gegenüber den älteren Versionen sind in der Vorgeschichte Alexanders Abkunft von Nectanebus, im Orientteil (ohne Blumenmädchen) Alexanders Vorgehen gegen die unreinen biblischen Völker Gog und Magog und weitere Grenzüberschreiter-Episoden (Tiefseefahrt in einer Taucherglocke, Himmelsreise im Greifengespann, Besuch bei Sonnen- und Mondbaum), im Schlussteil eine ausführliche Erzählung von Alexanders Tod und Testament; zusätzliche Quellen dürften u. a. eine Version der ›Historia de preliis‹ und die Alexander-Passage (v. 18945–19658) der ›Weltchronik‹ des Jans von Wien (letztes Drittel 13. Jh.) gewesen sein.

Der Basler und der Straßburger Version geht eine gemeinsame Vorlage X voraus (anders sind die gelegentlichen wörtlichen Übereinstimmungen beider Fassungen nicht zu erklären); nicht in X enthalten war die nur in S überlieferte Blumenmädchen-Episode, möglicherweise auch der Paradieszug, der in B nach einer anderen Quelle als in S erzählt wird (Jans von Wien statt ›Iter ad Paradisum‹).[35] Meist wird noch eine der Straßburger Version zugrunde liegende hypothetische Zwischenstufe Y postuliert; diese Zwischenstufen X und Y sind nicht erhalten.[36]

Gewirkt hat Lambrechts Alexander kaum; die drei Versionen sind in nur je einer Handschrift erhalten. Spätere Alexanderromane stützen sich auf lateinische Quellen, nicht auf Lambrecht, der anscheinend formal und inhaltlich den Ansprüchen nicht genügte: Rudolf von Ems betont ausdrücklich, *ein* (›ein gewisser‹) *Lampreht* habe *stumpflîche, niht wol besnitn* gedichtet und nicht *die rehten wârheit* erzählt.[37] Als Vorläufer des ›Eneas‹ Heinrichs von Veldeke (vielleicht auch in Reaktion auf diesen – die relative Chronologie ist umstritten) gehört der ›Straßbur-

35 Vgl. Cölln 2000a, S. 197.
36 Vgl. zusammenfassend Schröder 1985, Sp. 498 (mit Stemma).
37 Rudolf von Ems, ›Alexander‹, v. 15784–88.

ger Alexander‹ allerdings in die unmittelbare Vorgeschichte des höfischen Romans. Der ›Basler Alexander‹ ist hingegen bereits einer »nachhöfischen« Phase zuzuordnen. Die späteren Alexanderromane stellen sich in erster Linie in eine Tradition historiographischen Erzählens, was u. a. an der Verflechtung mit der Chronistik ersichtlich ist: Schon der ›Basler Alexander‹ benutzt eine Weltchronik als Quelle, Jans von Wien, und ist seinerseits im Rahmen der ›Sächsischen Weltchronik‹ überliefert; Rudolf von Ems betreibt systematisch Quellenkritik; Ulrichs von Etzenbach ›Alexander‹ wird in Auszügen in der Weltchronik Heinrichs von München überliefert; die Alexanderprosen verstehen sich vollends als Historien. Die frühen Alexanderromane, ›Vorauer‹ und ›Straßburger Alexander‹, sind, unabhängig von ihrer geringen direkten literaturhistorischen Wirkung, insofern von besonderem Interesse, als sich in ihnen im Spannungsfeld von heils- und weltgeschichtlicher Thematik erstmals ein Interesse an Mustern kriegeradligen Verhaltens und weltlicher Herrschaft, aber auch am Weg eines exzeptionellen Einzelhelden herausbildet.

Deutungsperspektiven des ›Vorauer‹ und ›Straßburger Alexander‹

Die Forschung spielt gerne den eher »geistlich« geprägten ›Vorauer‹ gegen den stärker höfisierenden ›Straßburger Alexander‹ aus.[38] Beide Versionen jedoch stehen (wie die meisten mittelalterlichen Alexanderdarstellungen) in einem Bezugssystem von »geistlicher« und »weltlicher« Thematik, von Heilsgeschichte einerseits, Kriegerqualitäten und

38 Vgl. z. B. Ehlert 1993/2004, S. 22–34; auch Lienert 2001, S. 31–46; kritisch, mit umfassender Forschungskritik, Mackert 1999a.

Herrscherverhalten andererseits. An Alexanders welt- und heilsgeschichtlicher Rolle als derjenige, der durch seine Siege dem Perserreich, dem zweiten Weltreich, ein Ende setzt, ist nicht zu rütteln. Insofern dieses heils- und weltgeschichtliche Handeln sich in erster Linie als Krieg und Königsherrschaft darstellt, gewinnt das Erzählen von Kampf und Heldentum, vom Umgang des Heerführers mit seinen Gefolgsleuten und von rechter Herrschaft Eigenwert.

Verglichen mit Alberic ist allerdings in der Tat insbesondere im ›Vorauer Alexander‹ die Bindung an geistliche Traditionen verstärkt.[39] Bibelbezüge sind häufig; im Prolog (V 11f.) beruft sich der Erzähler auf die Erwähnung Alexanders in I Mcc 1,1; bei der Abweisung der persischen Boten an Philipps Hof (V 466–471) wird die Daniel-Vision vom Kampf zwischen Widder und Ziegenbock zitiert, die auf den Untergang des Perserreichs verweist (Dn 8,3–26); durch neu eingeführte biblische Ortsnamen und Anspielungen auf dort lokalisierte biblische Ereignisse wird der Erzählverlauf an die Autorität der Bibel gebunden. Das *vanitas*-Thema, das schon Alberic exponiert, scheint stärker betont.[40] Soweit sich angesichts von Alberics Torso schließen lässt, ist die heilsgeschichtliche Rolle des Makedonenkönigs in V stärker hervorgehoben. Der Held ist ambivalenter dargestellt als beim idealisierenden Alberic, mehr als exorbitanter Adelskrieger denn als vorbildhafter Herrscher. Gleichwohl hat Lambrecht an der exzeptionellen Bedeutung Alexanders ebenso festgehalten wie an der Thematik rechter Kriegführung und Herrschaft.

Eingeführt wird Alexander als tapferster König und er-

39 Grundsätzlich anders interpretiert Mackert 1999a: Lambrechts ›Alexander‹ als dezidiert weltliche, durch geistliche Motive nur »getarnte«, tendenziell alexanderfreundliche Auseinandersetzung mit dem Helden als Prototyp des Kriegeradligen.

40 Vgl. Komm. zu V 31f. / S 33f.

folgreichster Eroberer aller Zeiten (vgl. bes. *Im ne gelîchet nehein ander*, V 46); selbst der Vergleich mit Salomon (V 61–70) setzt ihn letztlich nicht herab. Sein stehendes Beiwort *wunderlîch* (V 45 u. ö.) drückt freilich zugleich Bewunderung und Vorbehalt aus. Signum des außergewöhnlichen Helden (aber auch Indizien für Ambiguisierung) sind die Wunderzeichen bei der Geburt und die auszeichnenden (wiewohl etwas sinistren) Stigmata des Kindes (V 103–154), Vorzeichen künftiger Größe die Zähmung des Bucephalus und die Jugendtaten (Sieg über Nycolaus, Einschreiten gegen die Verstoßung der Mutter in der Cleopatra-Episode, Siege über abtrünnige Städte, Abweisung der Boten des Darius, Befreiung der entführten Mutter und Rache für den getöteten Vater in der Pausanius-Episode), bei denen sich der Held letztlich, trotz der Anflüge von zügelloser Gewalt, als Krieger und Heerführer bewährt (V 235–551). Zur rechten Herrschaft gehört zunächst, eine wichtige Gemeinsamkeit von Alberic,[41] V und S, die rechtmäßige Herkunft, die im Einklang steht mit feudalen Vorstellungen von legitimer Herrschaftsnachfolge und zur Abkehr von der die Alexanderromantradition dominierenden außergewöhnlichen Zeugung Alexanders durch Nectanebus führt.[42] Eine zugleich auf gelehrte Bildung und fürstenspezifische praktische Unterweisung in Kampftechniken, Kriegführung, Rechtspflege ausgerichtete Erziehung (V 163–222) qualifiziert den Helden zum Herrscher. Unzweifelhaft wichtig sind die Krieger- und Heerführerqualitäten Alexanders, der stets an vorderster Front kämpft, aber auch über treue Gefolgsleute verfügt, sein Heer mitzureißen versteht und überlegene militärische Techniken einzusetzen weiß. Tendenziell zie-

41 Vgl. Mölk 2000a, S. 34.

42 Spuren der Nectanebus-Sage sind freilich unterschwellig präsent: in den Naturereignissen bei Alexanders Geburt, den äußeren Stigmata des Kindes, in S darüber hinaus bei der Traumerscheinung Philipps am *Strâge* (vgl. z. B. Braun 2004, S. 46–51).

len beide Versionen[43] auf die Ergänzung der heroischen Qualitäten des Helden durch angemessene Rücksicht auf und Verantwortung für die eigenen Krieger sowie durch rechten Umgang mit Gefolgsleuten und Ratgebern. In V ist die Kritik am rücksichtslosen heroischen Kriegerethos des Helden allerdings deutlicher ausgeprägt als in S. Als »Eroberer des Heiligen Landes«[44] und gewalttätiger Zerstörer heiliger Stätten (V 677–690) erscheint Alexander ganz und gar nicht nachahmenswert.[45] Ausdrücklich verurteilt sind die Eroberung und brutale Zerstörung der Darius ergebenen Stadt Tyrus, die Greuel des Siegers, aber auch die Rücksichtslosigkeit gegenüber den eigenen Kriegern: Alexander *tet in grôz unreht* (V 940); Grund, sich über den Sieg zu freuen, gebe es angesichts der Verluste nicht (V 989–995). Eine positivere Wertung ergibt sich aus der Gegenüberstellung mit Darius, der in seiner Fehleinschätzung der Lage und des Gegners, dem Mangel an Verantwortung für seine Untertanen, dem persönlichen Versagen in der Schlacht als Negativbeispiel eines Herrschers exponiert wird. Seine intellektuelle Überlegenheit demonstriert Alexander in der Umdeutung von Darius' Spottgeschenken zu Zeichen eigener Weltherrschaft und persischer Unterwerfung (V 1021–1115), die kriegerische Überlegenheit, trotz zahlenmäßiger Übermacht der Perser, in zwei Siegen: zunächst in der Schlacht am Euphrat (V 1205–1367), in der Alexander der Hilfe eines Gefolgsmanns bedarf, sich aber durch Zweikampfsiege (u. a. gegen den Anführer Mennes) profiliert und daher in superlativischem Heldenpreis über die Helden des Trojanischen Kriegs wie der heimischen Heldensage gestellt werden kann, dann in der Entscheidungsschlacht gegen ein von Darius selbst geführtes unermessliches Heer in Mesopotamien, in der Alexander Darius mit verächtlichen Worten

43 Für V hat dies vor allem Mackert 1999a deutlich gemacht.
44 Cölln 2000a, S. 178.
45 Vgl. auch Mackert 1999a, S. 247 f.

den Kopf abschlägt (V 1480–1510, bes. 1503–09). Durch die Tötung des Darius wird Alexander »als heroischer Sieger typisiert«.[46] Schon insofern gibt die *vanitas*-Thematik, obwohl sie gegenüber Alberic stärker hervorgehoben ist, nicht den endgültigen Deutungs- und Wertungshorizont ab.[47]

Der persönliche Triumph des Kriegerhelden ist freilich zugleich heilsgeschichtlich bedeutsam: Alexander erscheint in seiner biblischen Rolle als derjenige, der der persischen Weltherrschaft ein Ende setzt, und fungiert damit, auch ohne dass dies ausdrücklich formuliert würde, als *instrumentum Dei*, Werkzeug im Rahmen von Gottes Heilsplan. Diese Version von Darius' Tod weicht von der literarischen Tradition ebenso ab wie von der historischen Faktizität (Dareios III. wurde 330 v. Chr. während seiner Flucht vor Alexander von persischen Verschwörern ermordet);[48] sie stimmt aber zu einer vor allem in der Bibelexegese verbreiteten, durchaus gängigen Alexander-Tradition;[49] sogar die Bibel ist so interpretierbar, dass Alexander Darius tötet (I Mcc 1,1: *percussit Alexander* [...] *Darium*). Der Zweikampf ist sorgfältig vorbereitet (das spricht dafür, dass Lambrechts Konzept die Tötung des Darius durch Alexander als Zielpunkt seiner Dichtung vorsah, selbst wenn er den Schluss nicht mehr formuliert haben sollte): explizit durch Drohungen des Helden (V 492–495, 1128–31), narrativ durch Perspektivierung auf Zweikämp-

46 Cölln 2000a, S. 188; vgl. auch Vollmann-Profe ²1994, S. 164.

47 Zur *vanitas* als entscheidendem Deutungshorizont vgl. z. B. Schröder 1961/62; Fischer 1964, S. 45–49; dagegen bes. Mackert 1999a, S. 95f. [u. ö.], dort ältere Forschung (zu V); Stein 1978 (zu S).

48 Vgl. z. B. Wiemer 2005, S. 119f.

49 Hieronymus, Daniel-Kommentar, PL 27,399; 25,584 A; Hrabanus Maurus, Makkabäer-Kommentar, PL 109,1129 A; Pseudo-Methodius; Honorius Augustodunensis, ›De imagine mundi‹, 1. Hälfte 12. Jh., PL 172,176 A/B; vgl. bes. Cary 1956, S. 119–142; Pfister 1958; zusammengefasst bei Ehlert 1989a, S. 39f.; Ehlert 1994/2004, S. 23; zahlreiche Belege zit. bei Mölk 2000a, S. 25–27; in mittelhochdeutscher Literatur hat Jans von Wien (nach Honorius Augustodunensis) das gleiche Motiv (v. 18944, 18963–65, 18969).

fe Alexanders hin (Tötung des Mennes und des Pincun), auf der Bildebene durch den Zweikampf von Bock und Widder in der Danielvision (V 466–471). Cölln sieht in Alexander gar einen zwar »unwissenden«, aber »heilsgeschichtlich bedeutsamen« »*miles Dei*«[50] und einen (indirekten) Appell an kriegeradlige Rezipienten, sich ihrem heilsgeschichtlichen Auftrag (d. h. in diesem Fall, Mitte des 12. Jahrhunderts n. Chr., der Teilnahme am Kreuzzug) ebenfalls zu stellen.[51]

Die Mitüberlieferung legt eine geistliche Deutungsperspektive zumindest für die Vorauer Version selbst nahe: Die Vorauer Handschrift präsentiert mit ihrer Abfolge vor allem frühmittelhochdeutscher geistlicher Gedichte ein welt- und heilsgeschichtliches Programm, in dem der ›Alexander‹ zwischen der ›Jüngeren Judith‹ und dem ›Leben Jesu‹ der Frau Ava platziert ist, Texten, die für das erste und vierte Weltreich (Babylon, Rom) stehen (Holofernes, den Judith enthauptet, ist babylonischer Feldherr; das neutestamentliche ›Leben Jesu‹ ist der Regierungszeit des Octavian Augustus zugeordnet); dazwischen erzählt der ›Vorauer Alexander‹ den Übergang vom zweiten, persischen, zum dritten, griechischen, Weltreich. Alexander dient damit Gottes heilsgeschichtlichem Plan, ohne freilich nachahmenswert zu sein.

Romanhafte Elemente besitzt der ›Vorauer Alexander‹ noch kaum. Krieg erscheint sogar in den Zweikämpfen in all seiner Brutalität; die Minnethematik spielt keine, höfisches Leben nur eine untergeordnete Rolle. Auffällig ist der Eigenwert der Kindheitsgeschichte, die den Blick auf den außergewöhnlichen Einzelhelden lenkt.

Noch mehr gilt das für den ›Straßburger Alexander‹ (um 1180/85?), der ein vollständiges Alexanderleben erzählt. Die Semantisierung des Raums[52] legt eine Zweitei-

50 Cölln 2000a, S. 198 f.
51 Cölln 2000a, S. 189.
52 Vgl. Strohschneider/Vögel 1989; Stock 2002.

lung in einen Teil mit (historischen) Eroberungen und einen mit (fabulösen) Entdeckungen nahe;[53] doch ist der Indienzug Bestandteil schon des »historischen« Alexanderlebens und auch der Orient, wie nicht zuletzt mittelalterliche Weltkarten zeigen,[54] als historischer Raum zu sehen.[55]

Bis zum erneuten Heeresaufgebot des Darius nach der Mennes-Schlacht gibt es keine nennenswerten narrativen Unterschiede gegenüber dem ›Vorauer Alexander‹. Schilderungen sind ausführlicher, insbesondere höfische Details (auch in der Interaktion der Figuren) hinzugefügt; Erzählerbemerkungen dienen der Pflege des Publikumskontakts; Motive der handelnden Personen und die Folgen ihres Verhaltens werden bisweilen erläutert, Anspielungen genauer erklärt; formale Glättungen sind durchgeführt. Alexander ist positiver gewertet, ohne freilich idealisiert zu werden. Seine Erziehung wird ansatzweise höfisch perspektiviert (Alexanders Aussehen und Ausstattung ist das Epitheton *rîterlich* zugeordnet; S 174, 429). Seine Klugheit ist noch stärker hervorgehoben, sein kriegerisches Gewaltpotential weniger ambiguisiert. Alexander vollbringt wahre *wunder* an Heldentaten (S 794); allerdings bleibt eine grundsätzliche Distanzierung des Erzählers von der Grausamkeit des Krieges – und von Alexanders Kriegergewalt (vgl. S 878, 942–949, später auch S 1690f., 2889f., 2927–31). Alexanders Leitaffekt, der *zorn*, ist noch stärker hervorgehoben, freilich auch positiv gewertet.[56] Die heroische Vereinzelung Alexanders wird, verglichen mit V, zugunsten eines adäquaten Umgangs mit Vasallen und Ratgebern zurückgenommen.[57]

Die Auseinandersetzung mit Darius zieht sich, anders

53 So Stock 2002, S. 82.
54 Vgl. z. B. Kugler 2000.
55 Vgl. Stock 2002, S. 86f.
56 Vgl. Komm. zu S 490.
57 Zu Ratsszenen in S vgl. Stein 1978, S. 164–169.

als in V, in die Länge, vor allem durch die vorübergehende Rückkehr Alexanders (wegen Erkrankung seiner Mutter) und in den Perserkrieg eingeschaltete weitere Auseinandersetzungen (Schlacht gegen den Satrapen Amenta während des Rückmarschs, Siege über Abdirus, Theben und Sparta, Unterwerfung Korinths und Athens beim zweiten Zug ins Perserreich). Zunächst wird das intellektuelle Kräftemessen fortgesetzt: Mohnsamen und Pfefferkörner, die Spottgeschenke, stehen für Quantität und Qualität der gegnerischen Heere; Alexander findet Darius' zahllose Mohnsamen weich und leicht zu kauen, die wenigen Pfefferkörner als Gegengabe bieten Darius einen Vorgeschmack auf die »Schärfe« des griechischen Heers.[58] Darius wird, noch über V hinaus, zu Alexanders Gegenbild stilisiert. Während der Perserkönig sich fürchtet, demonstriert Alexanders unaufhaltsames Vorrücken sein Kriegsglück und Charisma: *Di sâlde volget sînen vanen* (S 1987). Die richtige Einschätzung seiner Gefolgsleute (des treuen Arztes Philippus, des verleumderischen Fürsten Perminus, der diesen der Vergiftung beschuldigt) demonstriert herrscherliche Klugheit – und lässt Alexander ein gefährliches Fieber überleben (S 2103–57). Nach der Überquerung des Euphrat schneidet Alexander durch Zerstörung der Brücke seinen Kriegern jede Rückzugsmöglichkeit ab, um sie so zur Tapferkeit zu zwingen. Während der Schlacht verschont Alexander einen persischen Attentäter, der sich mit seiner Liebe zur Tochter des Darius rechtfertigt – ein zaghafter Hinweis auf die künftige Bedeutung der Minnethematik. Umgekehrt lehnt Alexander wenig später das Angebot eines persischen Überläufers ab, ihm Darius auszuliefern: Über den eigenen Interessen steht die Norm der Treue zum jeweils legitimen Herrn. Der Sieg in der zweiten großen Schlacht (S 2340–54) ist Alexanders Kampfesfuror zu verdanken.

58 Vgl. auch Komm. zu S 1592–1676.

Die Familie des Darius, die Alexander kurz darauf in die Hände fällt, behandelt er zuvorkommend – um seiner Mutter willen: *wandih durh ir liebe / allen wîben gerne diene* (S 2466f.). Überlegenheit und Tollkühnheit gleichermaßen führt Alexander in der ersten persönlichen Begegnung mit dem Gegner vor, dem er inkognito die Herausforderung zur Schlacht überbringt. In der Entscheidungsschlacht am *Strâge* flieht Darius nach unermesslichen Verlusten als erster und leitet so die allgemeine Flucht ein; Alexander veranstaltet ein blutiges Gemetzel; das Land versinkt in maßloser Klage. Darius beklagt sich als Opfer der wankelmütigen Fortuna, erkennt in seinem Sturz aber auch die Strafe für *sunden* und *ubirmût* (S 2947–69, bes. 2961f.). Sein Vergleichsangebot lehnt Alexander gegen den Rat eines seiner Fürsten ab. Noch bevor der verbündete Porus von Indien eintrifft, wird Darius von zwei Verrätern getötet (S 3238–3307). Der Sterbende bestimmt Alexander zum Nachfolger und Ehemann seiner Tochter (v. 3410–14). Alexander trifft Maßnahmen zur Sicherung von Frieden und Recht im Perserreich; zur gerechten Herrschaft gehören auch die Entlarvung und Hinrichtung der Königsmörder. Auf die als Demonstration von Macht und Reichtum angelegte Vermählung mit Roxane folgt der Krieg gegen Porus (S 3608–4311), den Alexander vor allem durch einen Stellvertreterzweikampf der Könige für sich entscheidet. Damit sind Alexanders »historische« Taten beendet.

Die Reise in den Orient freilich geht weiter (S 4312–6148). Kampf ist nunmehr Verteidigung gegen monströse Gegner; die Hilfe für die entführte Schwiegertochter der Candacis demonstriert erstmals auch so etwas wie eine »soziale Tat« des Helden. In erster Linie freilich will Alexander *wundir besehen* (S 4711), wird der Orient zum Raum wundersamer Begegnungen und neuer Erfahrungen, auch der Konfrontation mit alternativen Lebens- und Herrschaftsformen. Der größte Teil dieser Orientabenteuer ist in Form eines fingierten Briefes des Helden an seine Mutter und Aristoteles dargestellt (S 4468–6140). Außerhalb des Briefes stehen lediglich die Begegnung mit den Occidraten (S 4312–4440) und der Paradieszug (S 6166–6562); dadurch ergibt sich ein Erzähl- und Deutungsrahmen, der Alexanders Orienterlebnisse von außen unter die Perspektive von Maßlosigkeit und Hybris (*superbia*), gleichzeitig von Vergänglichkeit und Nichtigkeit menschlichen Strebens (*vanitas*) stellt. Die Begegnungen mit den spektakulären Wundern des Orients, seinen Gefahren und seiner Pracht, erscheinen dagegen im Brief und damit ausschließlich in Alexanders Perspektive. Das macht die *mirabilia* des Orients erzählbar, ohne dass sich die Frage nach Wahrheit oder Legitimation des Erzählten stellt oder die Notwendigkeit, das Handeln des Helden zu bewerten, ergibt.

Die Begegnung mit den Occidraten (den antiken Gymnosophisten), die durch das Fehlen von *ubirmût* (S 4318) in deutlichen Gegensatz zum Helden gestellt sind, verweist Alexander auf die Grundtatsache menschlicher Sterblichkeit und damit auf die Frage nach Sinn und Zweck seiner Taten. Alexanders – gegen die Quellen entwickeltes – Beharren auf selbstbestimmtem Handeln (vgl. bes. S 4435–39) bleibt unwidersprochen – freilich auch die Mahnung der Occidraten zur *mâze* (S 4421 f.).[59]

Im Orient trifft der Held auf außergewöhnliche Wunder der Natur (der wilden Natur der Untiere, die Alexanders Leute dezimieren, und der idyllischen Natur des Mädchenwalds), aber auch auf Bereiche staunenswerter Kunst und Kultur (einen rätselhaften goldenen Palast, den Hof der Candacis). Das Leitthema Sterblichkeit, in der Occidraten-Episode angeschlagen, zieht sich weiter: in Alexanders Verlusten an Leuten und in den Vergänglichkeitserfahrungen, in die gerade die glückhaftesten Episoden mün-

59 Vgl. Komm. zu S 4421 f., S 4432–39.

den:[60] In der Blumenmädchen-Episode[61] (S 4707–4908) treffen Alexander und seine Begleiter auf eine Art innerweltliches – zugleich weltentrücktes, traumhaftes – Paradies (von der Tradition der *locus-amoenus*-[62] und der Paradiesschilderung aber durch seine Vergänglichkeit unterschieden). Das dort erfahrene (utopische?) Liebesglück gleicht einem Zustand der Entrückung; der Gesang der Mädchen vertreibt alles Leid und sogar Todesfurcht. Hier gibt es *hubischeit* (S 4831; Hinweis auf eine höfische Lebensweise?[63]), Geselligkeit, Musik, Freude. Mit dem Tod der Mädchen freilich hat das Glück ein Ende. Auch die Prachtentfaltung am Hof der Königin Candacis (S 5063–6012), vorgeführt an einer idealen, Natur zugleich nachahmenden, kontrollierenden und überbietenden Kunstwelt,[64] das Liebesglück mit der Königin, die Bewährung des Helden in der Hilfe für andere werden relativiert durch das Höhlenorakel, das Alexander mit wenig befriedigendem Ergebnis nach seinem Sterbetag befragt.

Die Candacis-Episode schlägt daneben auch das Thema Herrschaft an; Alexander trifft nicht nur – wie bei den Amazonen – auf eine Frau als Herrscherin, sondern erfährt gar am eigenen Leib weibliche Überlegenheit: Der Welteroberer wird *bedwungen* (S 5724) von der klugen Frau, die sein Inkognito aufdeckt und ihn so in ihre Gewalt bringt, freilich – dank der Minnebeziehung, zu der ihn Candacis kommandiert – ohne dass der Konflikt auf

60 Die Forschung interpretiert meist einseitig, als (quasi-höfische) Utopie: Haupt 1993, Friedrich 1997, bes. S. 129–131, Tomasek 2001; als bloß vorgegaukeltes Glück und Memento mori: zuletzt Cölln 2000a.

61 Vgl. bes. Ki S. 497; Hampe 1890, S. 46; Ottmann 1898, S. 363–373; Minis 1985; Haupt 1993; Tomasek 2001; nach Cölln 2000a, S. 197, ist die Bezeichnung »Waldschattenmädchen« der »Blumenmädchen« vorzuziehen, da die vergleichende Erzähl- und Märchenforschung darunter ein anderes Motiv versteht; vgl. Klíma/Meinel 1979.

62 Vgl. Szklenar 1966, S. 85–92, bes. 87.

63 So Haupt 1993; Friedrich 1997, S. 129–131.

64 Vgl. Friedrich 1997, S. 133–136.

die Spitze getrieben wird.[65] Die friedliche Begegnung mit den Amazonen (S 6017–6133; ohne die Affäre mit deren Königin, wie sie die Curtius-Tradition enthält) stellt Alexanders gewalttätige Eroberungen ausgerechnet von der Seite kriegerischer Weiblichkeit her in Frage, die hier freilich ins Rationale und Unkriegerische gewendet erscheint, wenn Alexander die Fruchtlosigkeit eines Kampfes gegen Frauen argumentativ vor Augen geführt wird.

Der Orientzug ist, trotz vielfältigster Erfahrungen, nicht als Lernprozess[66] Alexanders angelegt. Gelernt hat der Held nichts.[67] Obwohl wiederholt auf Sterblichkeit und Vergänglichkeit verwiesen, treibt Alexander sein Eroberungsstreben über menschliche Grenzen hinaus. Dies ist freilich aus dem Quellenwechsel zum alexanderkritischen ›Iter ad Paradisum‹ zu verstehen. Von den verschiedenen Grenzüberschreitungen der Alexander-Tradition erzählt der ›Straßburger Alexander‹ nur eine, aber die extremste und am stärksten geistlich geprägte Episode: Alexander will selbst das (irdische) Paradies unterwerfen. (Dass Tauchfahrt- und Greifenflug-Episode aus Leos Darstellung offensichtlich bewusst weggelassen sind, deutet allerdings darauf, dass die Darstellung von Alexanders *superbia* nicht alleine im Vordergrund stand.) Der Erzähler verurteilt Alexanders *tumpheit* (S 6172), *giricheit* (hier wohl ›Machthunger‹, S 6235) und *hôhmût* (S 6166), der alte Mann aus dem Paradies seine *unmâze* (›Maßlosigkeit‹, S 6467) und sein Vergehen gegen Gott (*Wider got ist er sculdih*, S 6475). Dennoch erhält Alexander gnadenhaft Paradiesstein und Belehrung und damit die Möglichkeit zu Einsicht und Umkehr. Die geistliche Deutung des Paradiessteines durch einen alten Juden als Zeichen für menschliche Unersättlichkeit – und deren Nichtigkeit angesichts des Todes – verbindet sich mit pragmatischer

65 Vgl. auch Komm. zu S 5724f.
66 Vgl. Stock 2002, S. 84.
67 Vgl. z. B. Cölln 2000a, S. 200.

Mahnung zu friedvoller, gerechter Herrschaft. Alexander nimmt den Rat an und wandelt sich zum vollkommenen, maßvollen Friedensherrscher (S 6799–6820). Mit seinem Tod durch Vergiftung dominiert wieder eine geistliche Bewertung: Von allem Besitz bleibt Alexander nur so viel Erde, wie man für ein Grab braucht.[68] Der Epilog (S 6831–54), eine »Predigt über die Bedingungen gottgefälligen Lebens für das Erreichen des Himmelreichs«[69] warnt vor *giricheit* und mahnt zu Buße und Gottesfurcht.

Dieser Schluss greift den *vanitas*-Gedanken des Prologs – und das Leitthema menschlicher Sterblichkeit aus den Orientabenteuern – wieder auf; Alexanders früher Tod bestätigt die Nichtigkeit menschlicher Erfolge (allerdings wird die Möglichkeit, das Thema durch die Streitigkeiten um seine Nachfolge und den raschen Zerfall seines Weltreichs zu vertiefen, nicht genutzt).[70] Gerade die Occidratenszene, die das Thema Sterblichkeit erstmals programmatisch anschlägt und in der die angeblich Weisen Alexanders trotziger Selbstbehauptung im Diesseits wenig entgegenzusetzen haben, macht deutlich, dass die Einsicht in die unbezweifelbare Vergänglichkeit menschlichen Lebens Voraussetzung, aber nicht Endzweck ist. Es geht vielmehr um den Sinn und die verantwortliche Gestaltung des eigenen, wie auch immer vergänglichen Lebens. Auch Alexanders (unhistorische) zwölfjährige Friedensherrschaft, die zwischen die Belehrung über Vergänglichkeit und Alexanders Tod eingeschoben ist, lenkt den Fokus nicht auf die Vergänglichkeit selbst, sondern darauf, wie ein Herrscher angesichts dieser Grundtatsache menschlicher Existenz zu handeln hat. Auf dieses Thema »Tätigkeit angesichts des Wissens um die Vergänglichkeit des Daseins« weist bereits der Prolog im ›Vorauer‹ und im ›Straßburger Alexander‹, wenn Salomon aus der Einsicht in die *vanitas* das Gegen-

68 Vgl. Komm. zu S 6826–30.
69 Cölln 2000a, S. 196.
70 Vgl. Komm. zu S 6826–30.

teil von Untätigkeit ableitet (und Lambrecht selbst daraus indirekt sein Schreiben legitimiert). Ein geistlicher Hintergrund (Wissen um menschliche Vergänglichkeit, Heilsgeschichte) wird in beiden Versionen vorausgesetzt; der Fokus des Interesses verlagert sich jedoch zunehmend auf menschliches Handeln in der und Erzählen von der Welt. In diesem Sinn ist der Alexanderstoff im ›Vorauer Alexander‹ zugleich Medium geistlicher Geschichtsdeutung und Medium der Selbstvergewisserung der neuen laikalen Führungsschicht, des Kriegeradels, dessen Selbstverständnis und Kampfverhalten Alexander spiegelt. Der ›Straßburger Alexander‹ fasst, trotz stärkerer Betonung des Themas »Vergänglichkeit«, weltliche Themen noch mehr in den Blick, die Darstellung höfischer Pracht, das Interesse an fremden Welten und zwischenmenschlichen Beziehungen, die Herrschaftsthematik.

Zur mittelhochdeutschen Textgestalt

Zur Neuedition des ›Vorauer Alexander‹ – Editionsprinzipien und technische Einrichtung

Der ›Vorauer Alexander‹ ist unikal in der Vorauer Sammelhandschrift (Augustiner-Chorherrenstift Vorau, Cod. 276, fol. 109ra–115va) überliefert, der bedeutendsten alten Sammelhandschrift frühmittelhochdeutscher Dichtungen.[71] Es handelt sich um einen großformatigen Codex von 183 Blättern (45 × 32 cm, zweispaltig, 46 Zeilen pro Spalte,

71 Zusammenfassend zur Vorauer Handschrift vgl. Gärtner 1999 (dort ältere Lit.); vgl. ferner Grubmüller 2000; Cölln 2000a, S. 189–195; Cölln 2004. Eine Autopsie war mir nicht möglich, angesichts des Faksimiles von Polheim 1958 auch nicht nötig. Zur Schrift vgl. bes. Schneider 1987, S. 37–39; zur Schreibsprache bzw. Sprachmischung Waag 1886, Cölln 2004.

Verse nicht abgesetzt), der aus zwei Faszikeln besteht, dem einen (fol. 1–135) mit 21 frühmittelhochdeutschen (überwiegend geistlichen) Dichtungen, dem anderen (fol. 136–183) mit den lateinischen ›Gesta Friderici imperatoris‹ Ottos von Freising. Die beiden Teile waren wohl ursprünglich nicht zusammengebunden. Der lateinische Teil wurde einem Kolophon zufolge von Bernhard I., Probst von Vorau 1185–1202, in Auftrag gegeben; ob der deutsche Teil in Vorau entstanden, womöglich gar von Bernhard selbst als Hauptschreiber geschrieben ist,[72] ist umstritten. Die Schrift des deutschen Teils wird ins letzte Viertel des 12. Jahrhunderts datiert; einem bestimmten Skriptorium ist sie nicht zuzuordnen. Der Hauptschreiber hat sehr weitgehend die Schreibsprache seiner Vorlagen bewahrt; die Sprache des ›Vorauer Alexander‹ ist »bairisch-österreichisch mit mittelfränkischen Einsprengseln«[73]. Am Anfang der Handschrift steht die ›Kaiserchronik‹; danach sind die Texte im Wesentlichen nach der Chronologie der Bibelbücher angeordnet, von der Genesis bis zur Apokalypse (mit einem Ausblick auf das himmlische Jerusalem). Der ›Alexander‹ steht, (heils-)geschichtlich korrekt, zwischen ›Jüngerer Judith‹ und Frau Avas ›Leben Jesu‹.[74] Vor dem Text, der auf einem neuen Blatt mit einer verzierten Initiale beginnt, sind sieben Zeilen freigelassen.

Die Neuausgabe des ›Vorauer Alexander‹ folgt notwendigerweise eng dem einzigen Textzeugen. Ein diplomatischer Abdruck oder eine die Graphien der Vorauer Handschrift (bis auf Kürzelauflösungen) weitgehend unverändert reproduzierende Wiedergabe erscheinen jedoch nicht sinnvoll. Vielmehr gilt es, einen auch für Studierende verständlichen und lesbaren Text zu erstellen. Angestrebt wird also ein Kompromiss zwischen Handschriftennähe und Verständlichkeit. Im Einzelnen gilt:

72 So Fank 1967.
73 Vgl. Schröder 1985, Sp. 497 (Abkürzungen sind ausgeschrieben).
74 Siehe auch S. 25.

1. Verse sind entgegen der Handschrift abgesetzt. Die Lombarden der Handschrift werden halbfett wiedergegeben und als Gliederungssignale gedeutet; an diesen Stellen wird ein Absatz eingeführt. Seiten- bzw. Spaltenwenden der Handschrift sind vermerkt.

2. Die Verszählung wird neu eingeführt (zu Vergleichszwecken ist Kinzels Zählung allerdings beigegeben): Gezählt werden – anders als bei Kinzel (Sigle ›Ki‹), der beim ›Vorauer Alexander‹ (nicht beim ›Straßburger Alexander‹) auch vermutete Fehlverse mitzählt, nur die tatsächlich überlieferten Verse, auch im Fall fehlender Reimzeilen. Wie viele Verse (und ob überhaupt Verse) jeweils fehlen, kann nämlich nicht in jedem Fall zweifelsfrei festgestellt werden: Zwar gibt die Reimpaarstruktur relativ sichere Anhaltspunkte, doch zum Ersten bleiben angesichts der zahllosen unreinen Reime in einzelnen Fällen (vgl. V 328f.[75]) Zweifel, zum Zweiten ist die Annahme einer ungestörten Reimpaarstruktur nicht über jeden Zweifel erhaben: Dreireime etwa sind nicht auszuschließen und in Handschriften erheblich häufiger als gemeinhin angenommen (vgl. V 204–206; im ›Straßburger Alexander‹ belässt selbst Kinzel S 1062–1064 / Ki v. 1514–1516 eine Art – unreinen – Dreireim, ohne eine Lücke anzusetzen). In einigen Fällen ist (solange man nicht den ›Straßburger Alexander‹ vergleicht) keine inhaltliche Lücke bzw. Störung feststellbar (bei möglicherweise fehlender Reimzeile: vgl. V 183f., 206f., 241f., 644f., 665f.; bei möglicherweise fehlendem Reimpaar: V 325f.; bei möglicherweise fehlenden Reimzeilen innerhalb von zwei Reimpaaren: V 328f.).

3. Maßgeblich sind in erster Linie Textbestand und Wortlaut der einzigen Handschrift, denen, wo immer sie Sinn ergeben, der Vorzug zu geben ist. Sichere Fehler sind

75 Das Argument der Übereinstimmung von S, B und der afrz. Zehnsilberfassung (zusammenfassend Mackert 1999a, S. 202, A. 44; Ki ergänzt entsprechend S 388–391) betrifft ein zu rekonstruierendes »Original«, nicht die Fassung V, die in sich nicht unstimmig ist.

jedoch gebessert. Um einen reinen Reim herzustellen oder über- und unterfüllte Verse zu beseitigen, wird grundsätzlich nicht eingegriffen, da Reimreinheit wohl angestrebt, nicht aber konsequent durchgeführt ist und unter-, vor allem aber überfüllte Verse nicht selten sind. In der Regel konnte für Eingriffe auf die Ausgaben Kinzels und Maurers (Sigle ›M‹) zurückgegriffen werden. Kinzel orientiert sich seinerseits vielfach an S, gelegentlich am ›Basler Alexander‹. Maurer bleibt näher am Text der Vorauer Handschrift. Die vorliegende Ausgabe handhabt Eingriffe deutlich zurückhaltender als selbst Maurer, außer bei der graphischen Regulierung (mitteldeutsche Eigentümlichkeiten sind stärker zurückgenommen als bei Kinzel und Maurer; s. S. 37, Nr. 5.). Signifikante Eingriffe Kinzels und/oder Maurers, die nicht in den Text übernommen wurden, sind im Apparat aufgeführt. Bezug genommen wird stets auf die Lesarten der beiden Ausgaben, nicht auf die Lesarten von S, die nicht mehr direkt, sondern eben auch nur durch Kinzels Ausgabe (oder gar eine ältere Ausgabe) greifbar sind. Nicht angegeben sind Lesarten des ›Basler Alexander‹, aus der grundsätzlichen Überlegung heraus, dass es sich dort um eine stark verändernde späte Bearbeitung handelt (die überdies einem anderen Zweig eines denkbaren Stemmas angehört als der ›Vorauer Alexander‹). Eingriffe sind durch Kursivierung gekennzeichnet; Ergänzungen von ganzen Wörtern stehen darüber hinaus in spitzen Klammern *⟨⟩*; eckige Klammern *[...]* kennzeichnen eine Streichung gegenüber der Handschrift; *⟨...⟩* bezeichnet eine vermutete (nicht quantifizierte) Lücke im Text.

4. Die Interpunktion folgt dem Usus der Gegenwartssprache, soweit nicht die mittelhochdeutsche Syntax dem entgegensteht (etwa bei nachgestellten Attributen und kurzen Appositionen, die konsequent durch Kommata abzutrennen den Sprachfluss unverhältnismäßig »zerstückeln« würde). Die Reimpunkte der Vorauer Handschrift sind nicht berücksichtigt.

5. Eine konsequente Umsetzung ins Lachmannsche Normalmittelhochdeutsch ist für frühmittelhochdeutsche Texte niemals üblich gewesen und wird auch hier nicht angestrebt, auch nicht mit Kinzels und Maurers (allerdings nicht konsequent gehandhabter) mitteldeutsch geprägter Graphie. Schreibsprachliche Besonderheiten der Vorlage (Mitteldeutsch) wie der Handschrift selbst (Bairisch) bleiben teilweise erhalten. Um der Lesbarkeit willen werden jedoch folgende Regulierungen durchgeführt:

(1) Kürzel sind wie üblich stillschweigend aufgelöst: Nasalstrich als *n*, *m* oder *en*, *un̄* als *unde*; *r*-Haken als *r* oder *e* vor *r*; *ꝑ* als *per*; *ꝰ* als *-us*.
(2) Langvokale sind durch die in Ausgaben mittelhochdeutscher Texte üblichen Längenzeichen gekennzeichnet (*â*, *ê*, *î*, *ô*, *û*; auch, anders als bei Kinzel, bei der Interjektion *â*). Der in der Handschrift häufig, aber nicht durchgängig über Langvokalen (bisweilen auch über Kurzvokalen und Diphthongen) stehende häkchenförmige Zirkumflex fällt dagegen weg. Bei Eigennamen werden Längenzeichen in der Regel nicht gesetzt.
(3) Stillschweigend geregelt sind Groß- und Kleinschreibung: Groß geschrieben sind Satzanfänge und Eigennamen (nicht dagegen von Eigennamen abgeleitete Adjektive); ansonsten steht durchgehend Kleinschreibung.
(4) Von der Getrennt- und Zusammenschreibung der Handschrift wird – ohne Kennzeichnung – in folgenden Fällen abgewichen: a) Fälschlich zusammengeschriebene Wörter (nicht allerdings Kontraktionen, häufig vor allem zwischen Verbformen der 3. Pers. Sg. und dem Personalpronomen *er*) sind getrennt, offensichtlich falsche Trennungen (z. B. bei fehlenden Trennungsstrichen) beseitigt. b) Verben mit sogenannten nicht abtrennbaren Präfixen sind zusammengeschrie-

ben (z. B. auch *volvarn* V 34, *volbrâhte* V 58, *uberspreit* V 1499). c) Eigennamen werden, auch wo die Handschrift trennt, zusammengeschrieben (z. B. *Macedonenlant* V 82). d) Ebenfalls gegen die Handschrift zusammengeschrieben sind folgende Fälle: *manechfalt* V 441, *untertâner* V 503, *dancnâme* V 628, *ainmuote* V 1483; *sibenzech* V 957; *alhî* V 104, *ûzwerd* V 1089, *Oberhalb* V 1342, *enzwei* V 234; *ubermuotecheit* V 714, *ebenhôch* V 775; *widervart* V 810. e) Verbindungen von *ze/zuo/zû* mit Artikel, Adjektiv, Adverb, Substantiv (auch Ortsangabe), Pronomen, Zahlwort, Infinitiv (auch flektiert) erscheinen (außer bei Kontraktionen) getrennt (allerdings ist *ze* als Präfix gedeutet in *zegegene* V 136, 1485). Abweichungen von Kinzels und Maurers Ausgaben ergeben sich insbesondere bei Nominalkomposita (hier folgt die Edition der Handschrift, die Zusammen- und Getrenntschreibung kennt, während Kinzel und Maurer in der Regel zusammenschreiben) und bei den Negationspartikeln *ne* bzw. *ni* (gelegentliche Zusammenschreibung mit dem vorausgehenden oder dem folgenden Wort – *Nûne* V 115, *wirne* V 562, *newart* V 663, *enwizzin* V 1414 – ist beibehalten, während Kinzel und Maurer, entsprechend dem häufigsten Verfahren der Handschrift, bei *ne*, nicht bei *en-*, in der Regel trennen; das Indefinitpronomen *nehein* erscheint grundsätzlich zusammengeschrieben). In Zweifelsfällen gelten die Wortgrenzen des sogenannten Normalmittelhochdeutschen.

(5) Verschiedene Varianten eines Buchstabens sind vereinheitlicht; insbesondere ist Schaft-*s* als rundes *s*, geschwänztes *z* als *z* dargestellt. Die Ligatur *æ* erscheint als *ae*.

(6) *i/j* und *u/v* sind ohne eigene Kennzeichnung nach vokalischem bzw. konsonantischem Lautwert ausgeglichen. Ebenfalls ausgeglichen sind *u*, *uu*, *v*, *uv*, *vv* und *w* (so sind z. B. die handschriftlichen *suar* V 26, *sui* V

100, *betvunge* V 42, *leven* V 130, *levven* V 247, *zuvelf* V 222, *zuich* V 748, *sẘr* V 1139 umgesetzt als *swar*, *swî*, *betwunge*, *lewen*, *zwelf*, *zwîch*, *swuor*; *fuur* bzw. *fuvr* V 818, 961, 963, 973, 983, 1245, 1334 als *fûr*). *iuer* V 399 u. ö. erscheint grundsätzlich als *iwer*, *qv* als *qu* (*qvam* V 1443), *wn* als *wun*.

(7) Diakritische Zeichen werden stillschweigend »aufgelöst«: *o* mit übergestelltem *v* bzw. Häkchen erscheint als *ou* oder (soweit für mhd. *uo* stehend) als *uo*; *u* mit übergestelltem *o* als *uo* (in einigen Fällen, wo mhd. *ou*/*öu* oder bereits der aus mhd. *û* entstandene neue Diphthong bezeichnet ist, als *ou*); *w* mit übergestelltem *o* als *wo* bzw. *uo*, einmal als *wuo*. Weitere Buchstaben über der Zeile (vereinzelt *e* oder *o*, wohl als Korrektur vergessener Buchstaben aufzufassen) werden stillschweigend in den Text gezogen. *u* mit übergestelltem ° für mhd. (kurzes) *u*/*ü* erscheint dagegen als *u* (z. B. in *gunde* V 218, *fur* V 259, 308 u. ö., *funf* V 455, *frummicheit* V 1072, *frumen* V 1404.

(8) Stark vereinfacht wurden die ungemein zahlreichen, häufig funktionslosen *h*-Graphien, die das Textverständnis wohl am meisten beeinträchtigen. Hier gilt: Grundsätzlich und stillschweigend entfällt *h*, das nicht die Spirans oder den Hauchlaut bezeichnet: nach kurzen oder langen Vokalen, Umlauten oder Diphthongen, aber auch nach Konsonanten, insbesondere vor *t*; ebenso *h* nach *p*, soweit handschriftlich *ph* für *p*, nicht für die Affrikata *pf* oder Spirans *f* bzw. *ff* steht; *h* in der Verbindung *th* für *t*, außer in Eigennamen. (Kinzel verfährt hier inkonsequent: *th* behält er in der Regel bei – Ausnahmen sind aber z. B. *tobeheit* V 281, *mohte* V 291 u. ö., handschriftlich jeweils *th* –, tilgt aber *h* ohne lautliche Funktion in fast allen anderen Fällen; Maurer verfährt ähnlich uneinheitlich). Um den Apparat nicht zu überlasten, werden diese zahllosen Fälle nicht eigens vermerkt (einige wenige

Beispiele für solche handschriftlichen Graphien: Verbalendung *-eht* für *-et*, *weithin* für *weitîn* V 132, *breiht* für *breit* V 145, *vernemht* für *vernemt* V 155, *gerihte* für *gerite* V 271, *er warph* für *erwarp* V 613, *spruhnc* für *sprunc* V 893, *spranhc* für *spranc* V 897, Ki *spranch*, *scahph* für *scaph* V 1361, *scahr* für *scar* V 1440 u. v. a.). Lediglich in Grenzfällen, wo möglicherweise Spirans angenommen werden kann, wurde *h* belassen: *lêhnte* V 518 (normalmhd. möglich sind *lênte* und *lêhente*, von *lêhenen/lênen*) und *nâht* V 532 (*nâhet/nâhent*, Ki *nâch*). Die Tilgung von *h* im Anlaut wird dagegen im Apparat vermerkt (handschriftlich *habe* für *abe* V 378; ursprünglich *hahten* für *ahten* V 1201 wurde schon in der Handschrift selbst durch Unterpungieren korrigiert). Umgekehrt wird fehlendes *h* für Spirans vor *t* (besonders häufig in handschriftlich *braten* oder *brathen* für *brâhten*, *mothe* für *mohte*; vgl. z. B. auch *lantreth* für *lantreht* V 217) oder *s* (*wôhs* V 153, *wuohs* V 554; Ki schreibt *wôss*, vgl. aber *wôhs* / handschriftlich *wohs* V 860) und für Hauchlaut im Anlaut (vgl. handschriftlich *arte* für *harte* V 1438; nicht eindeutig ist *aller êrste* V 49; vgl. Anm. zu V 49) – außer in Eigennamen (*Lambret/Lampret*, V 4, 1512) – ergänzt; diese Eingriffe sind markiert. Ferner wird eingegriffen bei der Umstellung von *hr* zu *rh* (bes. beim Eigennamen *Chrîchen*, mehrfach handschriftlich *crhichen* V 47 u. ö. und dem davon abgeleiteten Adjektiv).

(9) Unübliche Einfach- und unübliche Doppelkonsonanz sind in folgenden Fällen abweichend von der Handschrift nach dem »normalmittelhochdeutschen« Usus geregelt: (Gelegentliche) Doppelkonsonanz nach Langvokal oder Diphthong ist in der Regel stillschweigend vereinfacht (*tiefen* V 195, *sînen* V 193, *gerête* V 604, *mîle* V 715, *poumen* V 848, *Gebeizet* V 922, *lieze* V 956 u. ö., *wîzet* V 1090, *iemer* V 1107, *mâze*

V 1130, *kehîze* V 1133, *lîzen* V 1190, *diure* V 1284, *unsûz* V 1352, *drîzech* V 1423, *wâren* V 1476, handschriftlich *ff*, *nn*, *tt*, *ll*, *mm*, *zz*, *rr*; belassen sind jedoch *ûff(e/en)* V 278, 513, 820, 847 und *wîsseheit* V 184, wo entsprechende Formen bei Lexer belegt sind; so auch Kinzel und Maurer). Wo handschriftlich einfaches *f* oder *z* für (in der 2. Lautverschiebung entstandene) Doppelspirans steht, wird stillschweigend *ff* bzw. zz gesetzt (*gescaffen* V 141, *wazzer* V 187 u. ö. – handschriftlich in allen Fällen außer V 966 *wazer*, *sluzzel* V 297, *vergezzin* V 1232, *enwizzin* V 1414; so auch Kinzel). Funktionslose Doppelkonsonanz in Konsonantenverbindungen ist beseitigt (zz in *herzoge*[*n*] V 829, 1225, *nn* in *zorne* V 864, *turne* V 865, gg in *mange* V 957, 978; so auch Kinzel). Stillschweigend erscheint Einfachkonsonant statt handschriftlicher Doppelkonsonanz ferner in folgenden Fällen (ebenso Kinzel und Maurer): *ime* ›ihm‹ V 122, 818 u. ö., *chunigin* V 524, *chunich* V 1133 u. ö. (aber [ich] *will* V 398 u. ö.), Doppelkonsonanz statt handschriftlicher Einfachkonsonanz in *snellez* V 573, *gewunners* V 980, *beginnet* V 1089, *hellen* V 1091.

(10) Die stark variierenden Alternativschreibungen zu den auch bei Lexer belegten handschriftlichen Formen *nieht*, *niuht*, *niht*, *neweht*, *neuht* ›nicht‹ bzw. ›nichts‹ sind, teilweise abweichend von Kinzel und Maurer, stillschweigend folgendermaßen vereinfacht: Entsprechend der Verteilungsregelung unter (6) für *u*, *v* und *w* erscheinen *niwht* als *niuht*, *newht* und *nevht* als *neuht*, *neuiht* als *newiht*, *niveht* als *niweht*, *neveht* als *neweht*, *nieveht* als *nieweht*; die bei Lexer nicht belegten Varianten *nieuht*, *nievht*, *niewht* sind als *niuht* wiedergegeben. All diese Varianten (oder auch Maurers und Kinzels abweichende Schreibungen) im Einzelnen nachzuweisen, würde

den Apparat völlig überfrachten. Verzeichnet sind dagegen weitergehende Eingriffe (etwa *nieuth* zu *niuht* V 562); *niet iht* V 727 wurde nicht als Fehler aufgefasst.

(11) Bei (weiteren) schreibsprachlich bedingten – an sich nicht fehlerhaften – Besonderheiten (insbesondere aus der mitteldeutschen Vorlage) ist bisweilen eingegriffen, wo sie das Verständnis des Textes beeinträchtigen oder beim Lesen erheblich irritieren. (In diesen Fällen besteht freilich ein großer Ermessensspielraum, ist vollkommene Konsequenz nicht möglich; allerdings wird, anders als bei Maurer und insbesondere Kinzel, die gleiche Schreibungen unterschiedlich behandeln, Einheitlichkeit zumindest bei gleichen und vergleichbaren Fällen angestrebt. In der Regel gilt: Schreibungen, die als Nebenformen bei Lexer leicht auffindbar – etwa als eigenes Lemma, mit Querverweis oder als Nebenform direkt hinter dem Lemma – verzeichnet sind, werden belassen, z. B. *stiuphaters* V 537, wo Kinzel eingreift.) Eingriffe dieser Art werden im Apparat dokumentiert. Betroffen davon sind, neben einigen weiteren Einzelfällen, folgende Schreibungen:

- Handschriftlich *e* für normalmhd. *ei* erscheint als *ei* (*freiscit* V 115 statt *fressiht*, *freislîch* V 136 statt *freslich*, *streit* V 467 statt *stret*, *teil ich* V 578 statt *telich*, *heiden* V 1003 statt *heden*, *bezeichinôt* V 1034 statt *beze chinoht* – nur in diesem Fall greift Kinzel nicht ein: *bezêchinôt*; Maurer verfährt inkonsequent. Eine – mögliche – Ausnahme ist *det* V 511, das für normalmhd. *tet*[*e*] oder md. *dêt/deit* stehen kann).
- Obwohl *e* md. für normalmhd. *i* und *i* für normalmhd. *e* stehen kann und entsprechende Schreibungen in unmissverständlichem Kontext stehen bleiben (etwa in der Vorsilbe *ir-*), wird aus

Gründen der Verständlichkeit bei pronominalem *er* für normalmhd. *ir* ›ihr(er)‹ (V 516, 656, 1300) eingegriffen (Kinzel bessert hiervon nur in V 516; zum Eingriff V 1111 vgl. Anm. zu V 1111; in V 637 liegt bei Kinzel und Maurer ein Lesefehler vor).

- Handschriftlich *ie* für *e* in *wer* (handschriftlich *wier*) V 754 erscheint als *e* (vgl. auch *welher* aus *wielcer* V 965).
- Eingegriffen wurde bei vereinzeltem *a* für normalmhd. *o* in *ader* (*oder*) V 1222 und, trotz des Reims, *wale* (*wole*) V 1438 sowie *o* für normalmhd. *â* in *noh* (*nâh*) V 454.
- Einzelne *e* oder *i*, die wohl als Längenzeichen zu deuten sind, werden getilgt (*kâben* V 1403 für handschriftlich *kaiben*). Ausgenommen ist *toet* V 123, 1086 für normalmhd. *tuot*, md. *deit*). Ebenfalls getilgt ist (wohl funktionsloses) *i* in *lvizel* V 1020 u. ö. (erscheint als *luzel*). (*e* in [normalmhd. langem] *ae* wird als mögliche Umlautbezeichnung aufgefasst, nicht als Längenzeichen, und daher beibehalten).
- *ae* (bzw. die handschriftliche Ligatur *æ*) wird, soweit sie für kurzes *e* (auch unbetontes *e* in Nebensilben) oder den ersten Bestandteil des Diphthongs *ei* steht, stillschweigend zu *e* vereinfacht (in *geslehte* V 247, *mehten* V 259, *leit* aus *laeiht* V 483, *burcgrâfen* V 513, *gebrach* V 666, *ein* V 828, *sprenget* V 1235, *hailêr* V 1381, *Dannen* V 1398).
- Sprossvokal *e* zwischen *z* und *w* ist getilgt (in *zwainzec* V 555, vgl. auch V 1449 und 1463, *zwein* V 1147, *zwêne* V 1272, *zwiscen* V 708, vgl. auch V 1306); dies ist im Apparat dokumentiert.
- Statt der *s*- oder *ss*-Schreibung für *sch* (z. B. *silte* für *scilte* V 199, *fressiht* für *freiscit* V 115, auch *s* oder *ss* in der Endung *-isc*[*h*]) wird entsprechend

der in der Handschrift dominierenden Schreibung *sc* gesetzt; dies ist im Apparat dokumentiert.

(12) Obwohl Assimilationserscheinungen (vor allem *n* statt *m* im Dat. Sg.) und Endungsabfall (Abfall von *n* oder *en*) sprachlich möglich sind, wird in solchen Fällen um der Deutlichkeit willen eingegriffen (nicht allerdings bei Apokope von *-e*).

Nicht eingegriffen wurde insbesondere:

- beim Nebeneinander von diphthongischen und monophthongischen Schreibungen für mhd. *î* (*î* und, seltener, *ei*), *û* (*û* und, vereinzelt, *ou*), *iu* (*iu* bzw. *û* und, seltener, *eu*; vgl. auch *leuge* aus normalmhd. *liuge* V 18); *ie*, *uo* (*ie* und *î*, *uo* und *û*); *üe* kommt nicht vor (Kinzel setzt in der Regel die Monophthonge);
- beim Nebeneinander von *ei* und *ai* für normalmhd. *ei*;
- bei Bezeichnung oder Nichtbezeichnung des Umlauts; insbesondere wird trotz der mitteldeutschen Vorlage *e* in (normalmhd. langem) *ae* bzw. *æ* als mögliche Umlautbezeichnung aufgefasst und daher – anders als in der Regel bei Kinzel – beibehalten (z. B. *staetich* V 223, *getaete* V 955, *waerim* V 977 u. a.);
- bei *û* für normalmhd. *iu* (z. B. *peidû* V 148) (so auch Kinzel);
- bei *ô* für normalmhd. *uo* (z. B. *wôhs* V 153, *herzô* V 1307; Kinzel bessert gar handschriftliches *wŏs* zu *wôss* V 554);
- bei *i* für unbetontes *e* besonders in Nebensilben (z. B. *inshulde* V 17, *irchorn* V 48, *ni* für Negationspartikel *ne* V 145, *vergezzin* V 1232; Kinzel verfährt unterschiedlich);
- bei Synkope und Apokope, Kontraktion und verwandten Phänomenen, soweit nicht das Textverständnis beeinträchtigt ist (z. B. bleibt entsprechend der Handschrift *verdunchlôte* V 112 vs. *verdunchelôte* bei Kinzel; *e*-Aus- und Abfall in der Endung -(*e*)*t*(*e*) der 3. Pers. Sg. Prät.);

- bei gelegentlichem *p*, *ph* oder *f* für normalmhd. *pf* (z. B. *palenze* V 278, *enphâhen* V 653, *funt* ›Pfund‹ V 621) und vereinzeltem *p* für normalmhd. *f* (*êrhapte* V 619) (so auch Kinzel);
- bei *d* für normalmhd. *t* und *t* für normalmhd. *d*;
- bei der Schreibung *z* für die Affrikata (*stuzel* V 1021 u. ö., *luzel* V 174 u. ö.; Kinzel schreibt *stuzel*, aber *lutzel*);
- bei der Schreibung *ch* (neben *c*, *k* und *ck*) für den Verschlusslaut *k* bzw. *ck* und *kk*, auch in Fällen wie *diche* V 129, *loche* V 10, *locheht* V 246, *bachen* V 1250 (Kinzel setzt meist *ck*, in anderen Positionen und *bachen* V 1250 belässt er die handschriftliche Graphie) sowie bei der Schreibung *c* für *k* auch im Wortinneren (*tuncet* V 335, Kinzel *tunchet*).
- bei *r*-Metathese im Verbpräfix *re-* für normalmhd. *er-* (*refuhten* V 933, *rechant* ›bekannt gemacht‹ V 1099, *regêt* V 1143, *regangen* V 1167, *reslagen* V 1300, *restarb* V 1333); eingegriffen wurde dagegen bei *irchorn* V 48, handschriftlich *irchron* (so auch Kinzel);
- bei Assimilation von *n* zu *m* in der Verbindung *nm* (zu *mm*) (z. B. in *zummâzen* V 274, *ummanegen* V 550, *ummuot* V 638, *ummâzlîch* V 768) (so auch Kinzel);
- der Schreibung *sh* für sonst übliches *sc* (*sch*); gelegentlich erscheint normalmhd. *s* in *scolte*, V 736, 1045, 1394) und vor *l* (normalmhd. *sl*) als *sc* (z. B. *sclûgen* V 757, *ersclagen* V 929 u. ö.); dies ist (anders als bei Kinzel) beibehalten;
- der (vereinzelten) Schreibung *s* für normalmhd. *z* (z. B. *Das* V 93, Kinzel hat *daz*).

Grundsätzlich nicht eingegriffen wurde (außer bei eindeutig fehlenden Reimwörtern), um Reimreinheit herzustellen, da unreine Reime durchaus noch die Regel darstellen.

6. Der Apparat dokumentiert a) bei signifikanten (mit Ausnahme der oben genannten Fälle nicht lediglich gra-

phischen) Abweichungen von der Handschrift die handschriftliche Lesart; b) signifikante Lesarten Kinzels und Maurers, die nicht in den Text übernommen wurden (*Ki*; *M*). Auch im Apparat sind Kürzel in der Regel aufgelöst, die Formen des *s*, *z* und *r* sowie gelegentlich diakritische Zeichen vereinfacht (insbesondere sind Zirkumflexe nicht dokumentiert). Signifikante Eingriffe, die von Kinzel oder Maurer übernommen wurden (nicht aber offensichtliche, zufällig übereinstimmende Eingriffe oder mit Kinzel oder Maurer übereinstimmende graphische Regulierungen), sind im Apparat entsprechend gekennzeichnet (*Ki* bzw. *M* vor der Lemmaklammer). *(auch M)* bzw. *(auch Ki)* bedeutet, dass eine handschriftliche Lesart auch in der jeweiligen Ausgabe erscheint. Einzelne Lesarten wurden von Mackert 1999 und Minis 1954 übernommen; dies ist entsprechend vor der Lemmaklammer vermerkt (*Mackert*, *Minis*). Nicht dokumentiert sind in der Regel, soweit keine Sinnunterschiede bestehen, unterschiedliche Getrennt- und Zusammenschreibungen oder abweichende Regulierungen der Graphie. Eindeutige Korrekturen der Handschrift (übergeschriebene Buchstaben oder Silben, Streichungen) sind in der Regel nicht vermerkt, sondern stillschweigend übernommen.

Zum Text des ›Straßburger Alexander‹

Der ›Straßburger Alexander‹ war unikal in einer westmitteldeutschen Pergamenthandschrift (ehemals Straßburg, Stadtbibliothek, C. V. 16.6.4°, fol. 13va – 29ra)[76] überliefert, zusammen mit der ›Rede vom Glauben‹ des Armen Hartmann, Heinrichs ›Litanei‹ und dem Beginn (bis v. 621) von Herborts von Fritzlar ›Pilatus‹. Die Handschrift ist 1870 in Straßburg verbrannt. Erhalten sind lediglich die Durchzeichnung eines Ausschnitts von fol. 13va (26 Zeilen, Be-

76 Zur Straßburger Handschrift vgl. bes. Schröder 1926; Mackert 2001.

ginn des ›Alexander‹) durch Heinrich Schreiber von 1828,[77] Abdrucke von Hans Ferdinand Massmann (1828, 1837) und eine Teilabschrift von Franz Roth (handschriftliche Korrekturanmerkungen in einem Exemplar der Alexander-Ausgabe Massmanns von 1828, 1847 zur Vorbereitung der Ausgabe von Heinrich Weismann 1850 gefertigt;[78] heute Strasbourg, Bibliothèque Nationale et Universitaire, Ms. 2.379).[79] Soweit aus den vorhandenen Beschreibungen zu schließen, handelte es sich um einen Codex von 30 Blättern (29–30 × 21 cm, zweispaltig, 56 Zeilen pro Spalte, Verse nicht abgesetzt, einzeilige rote Lombarden, zehnzeilige Silhouetteninitiale zu Beginn des ›Alexander‹); ein Besitzervermerk weist auf das 1580 gegründete Jesuitenkolleg in Molsheim (Elsass) als Vorbesitzer, eine Randnotiz mit der Anspielung auf die Eroberung Jerusalems durch Saladin im Jahr 1187 auf eben dieses Jahr als Terminus post quem der Entstehung.[80] Aus paläographischen Gründen ist eine Datierung vor 1200 kaum anzunehmen; die (aus Schreibers Schriftprobe ersichtliche) Schrift lässt auf Entstehung erst in den ersten beiden Jahrzehnten des 13. Jahrhunderts schließen.[81] Die Schreibsprache weist ins westliche Mitteldeutschland.

Grundlage für den Text des ›Straßburger Alexander‹ muss die maßgebliche Ausgabe von Karl Kinzel (1884) sein, obwohl auch dieser sich nicht mehr direkt auf die Handschrift stützen konnte, nur auf den Abdruck Hans Ferdinand Massmanns und die Korrekturen Franz Roths.[82] Kinzel notiert, soweit feststellbar, außer dem *u*/*v*- und *i*/*j*-Ausgleich und einigen Kürzeln,[83] fast jede Abwei-

77 Vgl. Mackert 2001, bes. S. 145 und A. 6.
78 Vgl. Ki S. XII.
79 Vgl. bes. Mackert 2001, bes. S. 146 und A. 10.
80 Zur Beschreibung der Handschrift vgl. zusammenfassend Ki S. XII, Mackert 2001, S. 150–156.
81 Vgl. Mackert 2001, S. 156–159.
82 Ki S. XII.
83 Ki S. XII.

chung von der Handschrift (bis hin zu völlig unproblematischen Kürzelauflösungen) im Apparat, handschriftliche Lesarten wären also theoretisch rekonstruierbar. Da ein Rekonstruktionsversuch aber nicht mehr an der Handschrift selbst überprüfbar ist, erschiene ein solcher fragwürdig. Soweit aus Kinzels Apparateinträgen zu schließen ist, würden heute editorische Entscheidungen, insbesondere was Ansätze zur Normalisierung und Vereinheitlichung von Graphien betrifft, wohl nicht selten anders getroffen werden (dies betrifft insbesondere die etwas ausufernde Neigung, Kontraktionen anzusetzen, wo man auch Apokope annehmen könnte – z. B. *volgetime* S 325, *danctime* S 1319, *alsein* S 1370, *Mûzih* S 1415 u. v. a. –, sowie die Auflösung des Nasalstrichs über *e* in der Endung des Dat. Sg. Masc., wo Kinzel grundsätzlich nicht zur Normalform hin auflöst, sondern als *-en*, obwohl er in anderen Kontexten das Kürzel durchaus als *-m* liest und ausgeschrieben für die Dat.-Sg.-Endung *-eme*, *-em* und – zugegebenermaßen häufig – *-en* vorkommen). Doch erschiene es verfehlt, hier isoliert eingreifen zu wollen. Was an der Handschrift selbst überprüft werden müsste und nicht mehr werden kann, bleibt – außer in begründeten Ausnahmefällen – unangetastet. Hingegen kann oder muss überprüft und ggf. verändert werden, was vom Herausgeber stammt: Verszählung, Interpunktion, Groß- und Kleinschreibung, Längenzeichen, Apparat. Hier gilt:

1. Die Verszählung wird neu eingeführt (Kinzels – von Massmann übernommene[84] – Verszählung wird allerdings auch hier zu Vergleichszwecken beigegeben): Gezählt werden, wie beim ›Vorauer Alexander‹, nur die tatsächlich überlieferten Verse (anders als beim ›Vorauer‹ zählt auch Kinzel beim ›Straßburger Alexander‹ tatsächlich oder vermeintlich fehlende Reimzeilen nicht mit; allerdings waren nicht wenige Unstimmigkeiten und Fehler bei der Neu-

84 Ki S. XII.

zählung zu korrigieren). Dagegen werden Lücken nicht gezählt. Bei der durch Blattverlust entstandenen Lücke nach S 507 (Ki v. 508) könnte dies als problematisch empfunden werden (und ist sicherlich gewöhnungsbedürftig) – die Konsequenz des Verfahrens erfordert indes ein solches Vorgehen, zumal die Zahl der fehlenden Verse (Kinzel nimmt 450 Fehlverse an) nicht ganz zweifelsfrei rekonstruierbar ist.

2. Kinzels Ergänzungen aus dem ›Basler Alexander‹ sind nicht übernommen, aus der grundsätzlichen Überlegung heraus, dass Versionen nicht kontaminiert werden sollten und B eine erheblich spätere Bearbeitung darstellt, auch wenn B und S dem gleichen Überlieferungszweig angehören.

3. Die Zeichensetzung ist zwecks besserer Verständlichkeit durchgängig modernisiert. Obwohl die Interpunktion Sinn und Textverständnis wohl am meisten beeinflusst, können nicht alle Änderungen einzeln aufgeführt werden; lediglich auf durch geänderte Interpunktion bedingte gravierende Änderungen im Textverständnis wird im Apparat (ggf. auch im Kommentar) hingewiesen.

4. Die Regelung von Groß- und Kleinschreibung ist geändert: Groß geschrieben sind außer Eigennamen (wie bei Kinzel) auch die Satzanfänge (bei Kinzel klein), was das Textverständnis nicht unwesentlich erleichtert.

5. (Nur) offensichtliche Fehler Kinzels, nicht problematische Normalisierungsentscheidungen, sind gebessert (im Text kursiviert und im Apparat vermerkt). Eingearbeitet sind dafür Kinzels eigene Berichtigungen (S. 543, im Apparat gekennzeichnet als ›Ber.‹, im Text nicht kursiviert) und ggf. Hinweise in Apparat (gekennzeichnet als ›App. Ki‹, auch wo Kinzel fremde Vorschläge nennt) oder Anmerkungen (gekennzeichnet als ›Ki S.‹) sowie – soweit plausibel – Korrekturvorschläge von Hilgers (1978), S. 94f. (gekennzeichnet als ›Hi‹). Eigene Korrekturen bzw. Besserungsvorschläge sind im Apparat mit ›EL‹ markiert.

Fälle von zweifelhafter Längenkennzeichnung (z. B. *larte*, *karte*, reguläre Form *lârte*, *kârte*) sind dann belassen, wenn sie als Nebenform bei Lexer erwähnt sind, auch wenn ich selbst anders entschieden hätte.

6. Kinzels (über Graphisches hinausgehende) Eingriffe gegenüber der Handschrift sind, soweit angesichts seiner teilweise nicht eindeutigen Apparateinträge zu erschließen, im Text durch Kursivierung markiert (Kinzel selbst kennzeichnet nicht Besserungen von Fehlern, sondern nur gegenüber der Handschrift ergänzte Wörter, und selbst dies nicht konsequent).

7. Kinzels (allzu) detaillierter Apparat wird vollkommen umgestaltet, d. h. auf die signifikanten Lesarten konzentriert und – soweit möglich – der heute üblichen Schreibweise (mit Lemma, nicht nur mit Versangabe wie bei Kinzel) angepasst. Lesarten von B sind, anders als bei Kinzel, nicht verzeichnet. Hinweise auf rein graphische oder normalisierungsbedingte Abweichungen von der Handschrift sind, außer im Fall der Besserung von Fehlern, grundsätzlich nicht dokumentiert (auch nicht bei Abweichung von der Getrennt- und Zusammenschreibung der Handschrift – außer bei Sinnunterschied: S 4320 *allizane* ›immerfort‹ vs. handschriftlich *alliz ane* ›ohne alles‹ – oder bei der Ersetzung von handschriftlich *s* durch z, z. B. im Nom./Akk. Sg. von *daz/dez* u. Ä. oder sonst bei in der zweiten Lautverschiebung entstandenem z), ebenso wenig Hinweise auf Korrekturen der Handschrift selbst (außer wo der Verdacht besteht, dass diese von späterer Hand stammen). Somit enthält der neue Apparat nunmehr a) bei Kinzel angeführte Lesarten der Straßburger Handschrift, wo der Text anders als nur graphisch abweicht, ggf. mit Verweis auf Roths Korrekturen; b) Lesarten Kinzels, wo im Text Korrekturen gegenüber seiner Ausgabe vorgenommen wurden (von Kinzels Eingriffen gegenüber der Handschrift zu unterscheiden durch Angabe einer der unter 5. genannten Siglen vor der Lemma-

klammer); c) in Einzelfällen fremde oder eigene Besserungsvorschläge (mit den unter 5. genannten Siglen), die – weil nicht hinreichend gesichert – nicht in den Text übernommen wurden.

Zur Übersetzung

Ziel der Übersetzung ist es, die mittelhochdeutschen Texte zu erschließen; die Übertragung bleibt den Ausgangstexten daher so nahe wie möglich. In der Regel wird zeilengetreu übersetzt; von der mittelhochdeutschen Versfolge abgewichen ist nur bei Verständnisproblemen. Die auch stilistische Fremdheit der sprachlich schlichten, vielfach stereotypen Texte soll verdeutlicht, nicht geschönt werden. Erläuternde Zusätze stehen in eckigen Klammern.

Jede Neuübersetzung steht in einer langen Tradition älterer Teil- oder Gesamtübersetzungen (hier: Weismann 1850, Ottmann 1898, die Nacherzählung von Ruttmann 1974 und vor allem die vorzügliche Teilübersetzung von Vollmann-Profe 1996) sowie von Übersetzungsversuchen und Formulierungsvorschlägen für einzelne Stellen (hier insbesondere im Kommentar von Kinzel 1884). Angesichts dessen um jeden Preis »neue« Formulierungen zu suchen, wäre nicht sachgerecht. Vielfach ergeben sich Übereinstimmungen, vor allem bei stereotypen mittelhochdeutschen Formulierungen, aus der Sachlage und übereinstimmenden Einträgen der Wörterbücher, in anderen Fällen war es notwendig, treffende Formulierungen, die nicht adäquat durch andere zu ersetzen gewesen wären, zu übernehmen. Ein Nachweis im Einzelfall wird, wie üblich, nicht geführt.

Dank

Für die Publikationserlaubnis habe ich dem Augustiner-Chorherrenstift Vorau zu danken, für die Bereitstellung von Mikrofilmen der Bibliothèque Nationale et Universitaire Strasbourg (Franz Roths Korrekturen, Ms. 2.379) und der Öffentlichen Bibliothek der Universität Basel (›Basler Alexander‹, Cod. E.VI.26).

Für vielfältige Hilfe, insbesondere bei der Literaturbeschaffung und Manuskripterstellung, danke ich Vera Stollberg, Ann Stutz, Esther Vollmer-Eicken, Mona Badke und vor allem Günter Lienert.

Vorauer Alexander

[109ra] Diz lît, daz wir hî wurchen,
daz sult ir rehte merchen.
Sîn gevuoge ist vil reht.
Iz tihte der phaffe Lambret.
Er tâte uns gerne ze mâre,
wer Alexander wâre.
Alexander was ein wîse man,
vil manec rîche er gewan,
er zestôrte vil manec lant.
Philippus was sîn vater genant.
Diz mugit ir wol hôren
in libro Machabeorum.
Alberich von Bisinzo,
der brâhte uns diz lît zuo.
Er hetez in Walhisken getihtet,
nû sol ich es euh in Duotisken berihten.
Nîman inshulde sîn mich:
Louc er, so leuge ich.
Dô Alberich diz lît insluoc,
dô heter ein Salemones puoch,
dâ er ane sach
vanitatum vanitas:
Daz ist allez ein îtelcheit,
daz diu sunne umbe geit.
Daz hete Salemon wol virsûht.
Dar umbe swar in sîn mût.
Er ne wolte niht langer ledec sitzen.
Er screip von grôzen witzen,
wande des mannes muozecheit
ze dem lîbe noh ze der sêle niht *v*ersteit.
Dar ane gedâhte Alberich.
Den selben gedanc hân ich,
unt ich ne wil ⟨…⟩
⟨…⟩ ich volvarn.

30 versteit] ursteit. 33f. wil – ich] wilich, wil mih niwit langer sparn, / des liedis wil ich *Ki nach S, M.*

Der Dichtung, die wir hier verfertigen,
sollt ihr eure Aufmerksamkeit widmen.
Sie ist ganz richtig zusammengestellt.
Verfasst hat sie der Kleriker Lambrecht.
Er möchte uns berichten,
wer Alexander war.
Alexander war ein kluger Mann,
sehr viele Reiche eroberte er,
er verheerte sehr viele Länder.
Philipp hieß sein Vater.
Dies könnt ihr genau hören
im Buch der Makkabäer.
Alberic von Bisinzo
brachte diese Dichtung zu uns.
Er hatte sie in romanischer Sprache verfasst,
nun werde ich sie euch in die deutsche Sprache übertragen.
Niemand möge mir deswegen Vorwürfe machen:
Log er, so lüge auch ich.
Als Alberic diese Dichtung begann,
da hatte er ein Buch Salomons vorliegen,
worin er stehen sah:
›vanitatum vanitas‹:
Alles ist eitel,
was die Sonne umkreist.
Das hatte Salomon genau bedacht.
Darüber empfand er Schmerz.
Er wollte nicht länger unbeschäftigt dasitzen.
Aus großer Klugheit heraus schrieb er,
denn der Müßiggang des Menschen
ist nicht gut für Leib und Seele.
Daran dachte Alberic.
Ich denke ebenso,
und ich will ⟨mich⟩ nicht ⟨länger schonen,⟩
⟨die Dichtung will⟩ ich zu Ende bringen.

*R*îcher chunege was genûc.
Daz ne saget uns nehein pûch
noh neheiner slahte mâre,
daz deheiner sô rîche wâre, S 40
der in alten zîten
mit sturme oder mit strîte
î sô manec lant gewunne
oder sô manegin kunic bedwunge,
herzogen irsluoge S 45
unde andern vursten genuoge
sô der wunderlîche Alexander.
Im ne gelîchet nehein ander.

Der von C*hr*îchen was geborn
unde wart dâ ze einem kunige irch*or*n S 50
unde was der aller êrste man,
den î C*hr*îhlant ze chunege gewan.
Iz wâren ouh chune*[109rb]*ge creftic,
uber manec dît gewaltic. S 55
Vil michel was ir sâlicheit,
ir list unde ir kundecheit.
Ir scaz, der was vil grôz.
Der ne wart nî nehe*in*er sîn genôz, S 60
der mit listen oder mit mahten
sînen willen î sô volbrâhte
sô der selbe man,
umbe den ich is began.

Diser rede wil ich mich irvaren. S 65
Salemon, der was ouz getân,
der sich ûz allen kunegen nam.
Dô diu frowe regina austri zû im kom S 68
unde si sînen hof gesach,
mit rehter wârheit si sprah, S 78

35 Richer] Dicher, D *radiert Ki.* 44 andern *(auch M)*] andere *Ki.* 47 Chrîchen] crhichen. 48 irchorn] irchron. 49 aller êrste *(auch M)*] aller erste, allerhêrste *Ki.* 50 Chrîhlant] crhihlant. 56 neheiner] nehenier.

Mächtige Könige gab es viele.
Kein Buch
und auch keinerlei Geschichte berichtet uns davon,
dass je einer so mächtig gewesen wäre,
dass er in alten Zeiten
mit Kampf oder Krieg
je so viele Länder erobert
oder so viele Könige besiegt,
Heerführer
und viele andere Fürsten erschlagen hätte
wie der staunenswerte Alexander.
Ihm kommt kein anderer gleich.
Der stammte aus Griechenland
und wurde dort zum König erwählt
und war der allerbedeutendste Mann,
den Griechenland je zum König hatte.
Es gab auch [andere] mächtige Könige,
gewaltig über viele Völker.
Sehr groß waren ihr Glück,
ihre Klugheit und ihre Verständigkeit.
Ihr Reichtum war sehr groß.
Unter denen gab es aber nie einen seinesgleichen,
der mit Klugheit oder mit Gewalt
seinen Willen immer so durchgesetzt hätte
wie eben der Mann,
um dessentwillen ich damit [mit meiner Erzählung] begonnen habe.
In dieser Sache will ich mich [aber] vergewissern.
Salomon war die Ausnahme,
der über alle Könige herausragte.
Als die Herrin regina austri [Königin des Ostens] zu ihm kam
und sie seinen Hof sah,
sprach sie richtig und wahr,

daz von mannes geburte
nî sô frumer kunic wurte. S 80
Man mûste in wol ûz sceiden,
wande Alexander was ein heiden.
Nû sprechent bôse lugenâre,
daz er eines goukelâres sun wâre.
Di ez imer gesagent, S 85
di liegent alsô bôse zagen,
oder di es î gedâhten.
Er was rehter cheiser slahte. S 88
Nimer geloube ez nehein frum man. S 91
Sînen vater ich wol genennen kan:
Sîn geslahte, daz was hêrlîch,
ubir al C*hr*îchen was er gewaltic.
Philippus hîz der vater sîn, S 95
al Macedonenlant was sîn.
Sîn ane was ein gût kneht,
uber al daz mer gî sîn reht. S 98
Er trûc eine tugentlîche maht.
Awî, wî manic volc wîc er vaht S 102
wider den kunic *Xers*en!
Harte ellenthafte uberwant er den.
Philippus nam im ein wîp, S 107
si trûc einen frumeclîchen lîp.
Ich sage eu, wî ir name was:
Si hîz diu scône Olimpias. S 110
Das was Alexanders mûter.
Diu frowe hete einen brûder,
der was ouh Alexander genant,
ze Perse heter daz lant.
Der was ein vurste alsô getân, S 115
er ne wolte neheinem kunige wesen undertân.
Er ne wolte ouh nî ûz neheineme sturme geflîhen,
swî im sîneu dinc dâ irgîngen. S 121

80 Chrîchen] crhichen. 87 Xersen *Ki, M*] eren. 93 Das] daz *Ki, M.*

dass es von der Entstehung des Menschen an
nie einen so trefflichen König gegeben habe.
Ihn sollte man sicherlich ausklammern,
denn Alexander war Heide.
Nun behaupten böse Lügner,
dass er eines Zauberers Sohn gewesen sei.
Die das immer sagen,
die lügen wie niedrig gesinnte üble Kerle,
und auch die, die sich das jemals ausdachten.
Er stammte rechtmäßig aus kaiserlichem Geschlecht.
Niemals soll ein redlicher Mann das [die Lüge] glauben.
Seinen Vater kann ich genau nennen:
Sein Geschlecht war vornehm,
über ganz Griechenland herrschte er.
Philipp hieß sein Vater,
ganz Makedonien war sein.
Sein Großvater war ein trefflicher Krieger,
seine Gerichtsbarkeit erstreckte sich [bis] ganz über das Meer.
Er war tapfer und stark.
Hei, wie viele Völkerschlachten er schlug
gegen König Xerxes!
Voller Tapferkeit besiegte er den.
Philipp nahm sich eine Frau,
die war sehr stattlich.
Ich sage euch, wie ihr Name war:
Sie hieß die schöne Olympias.
Das war Alexanders Mutter.
Die Dame hatte einen Bruder,
der war auch Alexander genannt,
der hatte sein Land in Persien.
Der war ein Fürst von solcher Art,
dass er keinem König untertan sein wollte.
Er wollte auch nie aus einem Kampf fliehen,
wie auch immer es ihm da erging.

Er was ein tiurlîch degen
unde ⟨*wolte*⟩ ouh rehter hêrscefte phlegen.
  Nû wil ich eu *sagen von Alexanderes* geburte, S 126f.
wî si alhî zû wurte:
Sîn mûter frow Olimpias,
ze den stunden, dô siu sîn genas, S 130
dô wart ir ein *vil* michel nôt fal.
Diu erde erbibete uber al.
Dâ was der doner vil grôz.
Â, wie starche daz weter ane gôz!
Der himel, der wandelôte sich, S 135
unt der sunne verdunchlôte sich.
Er hete vil nâch sînen schîmen verlorn,
dô Alexander wart gebor*n*.
  Nûne fre*is*cit ich ê noh sint
alsus geborn nehain chint. S 140
[109va] Gloubet mir, des ich iu sage:
Der dêch baz in drîn tagen
dan al ander chint,
sô si drîer mânôt alt sint.
Unt alsô im ieht gescach, S 145
daz ime ubel ze hôren was,
sô sah er, alsô der wo*l*f toet,
sô er obe sîneme ezzen stêt.
Daz ich iu von ime sage, daz ist wâr:
Strûb unde rôt was ime sîn hâr, S 150
nâh eineme viske getân,
den man in dem mere mach vâhen.
Ez was ime ze mâzen diche,
grispe alsô lewen loche.

102 unde wolte *Ki*] unde. 103 sagen von Alexanderes *Ki*] von Alexanderes sagen *(auch M)*. 104 wî *Ki*] *unleserlich*. – zû wurte] gewurte *Ki nach S*. 106 ze *Ki*] *unleserlich*. 107 vil *Ki*] *unleserlich*. 110 ane *(auch M)*] ave *Ki*, nider *S*. 114 geborn] gebor. 115 freiscit *Ki*, *M*] fressiht. 123 wolf] wof.

Er war ein ausgezeichneter Krieger
und ⟨wollte⟩ auch gerechte Herrschaft ausüben.
Nun will ich euch von Alexanders Geburt berichten,
wie sie hier vor sich ging:
Seiner Mutter, der Herrin Olympias,
widerfuhr zu der Zeit, als sie ihn gebar,
gewaltige Bedrängnis.
Die Erde erbebte überall.
Es donnerte da sehr laut.
Ach, wie heftig Unwetter und Regen heranprasselten!
Der Himmel wandelte sein Aussehen,
und die Sonne verfinsterte sich.
Sie hätte beinahe ihren Schein verloren,
als Alexander geboren wurde.
Nun habe ich nicht gehört, dass früher oder später
je ein Kind unter solchen Umständen geboren wurde.
Glaubt mir, wovon ich euch berichte:
Er entwickelte sich in drei Tagen weiter
als alle anderen Kinder,
wenn sie drei Monate alt sind.
Und wenn ihm etwas widerfuhr,
das übel für ihn zu hören war,
dann blickte er drein wie ein Wolf,
wenn er über seinem Fressen steht.
Was ich euch von ihm sage, das ist wahr:
Struppig und rot war sein Haar
wie bei einem Wassertier,
das man im Meer fangen kann.
Es war richtig dicht,
lockig wie die Mähne eines Löwen.

Umbe sîn gesûne wil ich iuch bereiten: S 155–157
Ein ouge, das was weitîn,
getân nâch eineme drachen.
Daz chom von den sachen: S 160
Dô in sîn muoter bestunt ze tragene,
dô chômen ir fre*i*slîch pilide zegegene,
daz ⟨*was*⟩ ein vil michel wunder.
Swarz was ime daz ander,
nâch eineme grîfen getân. S 165
Alsus sagent, die in ie gesâhen.
Sîn hals was ime wol gescaffen,
sîn brust was ime wol offen,
sîn arme wârin ime vone grôzer maht.
Alles sînes mûtes was er wol bedâht. S 170
Sîn bûch ni was ime ze lanc noch ze breit –
â, wie wole dem jungelinge daz stêt!
Scône er ze tale wert scein
peidû uber fuoz unt uber pein.
Unt uber allen sînen lîp S 175
sô was er als êr*lîh*.
Daz sag ich iu ze wâre:
In sînem êrstem jâre
sô wô*h*s ime maht unt sin
mêre den ainem andren ⟨*in*⟩ drîn. S 180
Nû vernemt, wie sich Alexander vur nam:
Swâ sô ein frumich rîter zuo zim chom,
dem bôt er lîp unt guot.
Er ne chêrte cheinen sînen muot
weder an chint noch an tumben man. S 185
Â, wie wol den hêren daz gezam!
Ime was ouch sîn gebâre,
alser ein furste von allen landen wâre.
Die meister, die Alexander ouch gewan, S 191
si wâren wol gerehte man.

136 freislîch] freslich. 137 was *Ki, M*] *fehlt.* 145 ni] ne *Ki.* 150 êrlîh] erilc. 153 wôhs] wols, wôss *Ki.* 154 in *Ki, M*] *fehlt.*

Von seinen Augen will ich euch berichten:
Ein Auge war bläulich
wie bei einem Drachen.
Das kam daher:
Als ihn seine Mutter in ihrem Leib trug,
da überkamen sie schreckliche Traumbilder,
das war überaus verwunderlich.
Schwarz war sein anderes [Auge]
wie bei einem Greifen.
So berichten die, die ihn je sahen.
Sein Hals war wohlgeformt,
seine Brust war schön breit,
seine Arme waren sehr kräftig.
In all seinem Sinnen und Trachten war er wohlüberlegt.
Sein Bauch war weder zu lang noch zu breit –
ah, wie gut das dem Jungen steht!
Schön sah er nach unten hin aus,
an Füßen und Beinen.
Und am ganzen Körper
sah er so aus, dass es ihm ganz und gar Ehre machte.
Das berichte ich euch wahrheitsgemäß:
In seinem ersten Lebensjahr
wuchsen bei ihm Kraft und Verstand
mehr als bei einem anderen ⟨in⟩ dreien.
Nun hört, wie Alexander sich hervortat:
Wo immer ein tapferer Krieger zu ihm kam,
bot er ihm sich und seinen Besitz an.
Er wandte sich
weder Kindern noch Toren zu.
Ah, wie gut das dem Herrn anstand!
Sein Auftreten war auch so,
als wäre er Fürst über alle Länder.
Die Lehrer, die Alexander auch bekam,
waren ganz geeignete Männer.

Si begunden in wîsheit lêren
unt zugen in zuo grôzen êren. S 194
Si lêrtin ⟨*in*⟩ sturm unde volc *w*îc, S 197
sô des nie wart gelîch.
Der liste, der er dannen gewan,
des wart ⟨*er*⟩ ein frummer man. S 200

Der êrste meister sîn,
der lêrtin C*hrie*chisc*h* unde Latîn
unt pûch stabe sezzen an eineme perment
(noch tuo was er ein luzel chint)
unt lêrtin vil manich pûch S 205
unt ander wîsheit genuoch.

Der ander meister, den er gewan,
der lêrtin wol mûsicam
unt lêrtin seitin ziehen,
daz alle tôni dar in giengen, S 210
roten unt ouch der lîren chlanc
unt von ime selben heven daz gesanc.

Der drite frumt ime *[109vb]* harte wol.
⟨…⟩
Er lêrtin alle wîsseheit, S 215
wie verre der sunne von der mânin gêt,
unt lêrtin ouch den list,
wie hôch von dem wazzer zem himele ist.

Der vierde meister, den er gewan,
daz was Aristotiles, der wîse man. S 220
Er lêrtin al die chundicheit,
wie der himel umbe gêt,
unt stach ime die liste in sînen gedanc,
zerchennen daz gestirne unt ouch sînen ganc,
dâ sich die vergen mit pewarent, S 225
dâ si in dem tiefen mere varnt.

167 lêrtin in *Ki, M*] lertin. – wîc] quvic. 170 er *Ki, M*] *fehlt.* 172 Chriechisch *Ki, M*] crheichissen. *nach* 183] er lêrtin allir dinge zal *Ki nach S, ähnlich M.* 188 meister] meiter.

Sie lehrten ihn Weisheit
und erzogen ihn so, dass er zu großem Ansehen kam.
Sie lehrten ihn Schlacht und Völkerkrieg,
so dass es darin nie seinesgleichen gab.
Durch die Fähigkeiten, die er dort erlernte,
wurde er ein tüchtiger Mann.

Sein erster Lehrer
lehrte ihn Griechisch und Latein
und Buchstaben auf Pergament zu schreiben
(damals war er noch ein kleines Kind)
und lehrte ihn, was in sehr vielen Büchern stand,
und viele andere Kenntnisse.

Der zweite Lehrer, den er bekam,
unterrichtete ihn trefflich in der Musik
und lehrte ihn, die Saiten zu stimmen,
so dass alle Töne daran erklangen,
das Spiel der Rotte und auch der Leier
und selbst kunstvoll den Gesang anzustimmen.

Der dritte förderte ihn außerordentlich.
⟨*Er lehrte ihn, alles zu berechnen.*⟩
Er vermittelte ihm all die Erkenntnis,
wie weit die Sonne vom Mond entfernt geht,
und lehrte ihn auch zu wissen,
wie weit es vom Wasser hinauf zum Himmel ist.

Der vierte Lehrer, den er bekam,
war Aristoteles, der weise Mann.
Er lehrte ihn all das Wissen,
wie der Himmel sich dreht,
und pflanzte seinem Geist die Fähigkeit ein,
die Sterne und ihren Lauf zu erkennen,
womit sich die Schiffer absichern,
wo sie auf dem tiefen Meer fahren.

Ein meister gewan sint
Alexander, daz edele chint,
der lêrtin mit gewâven faren
unt wie er sich mit eineme scilte solte bewarn
unt wie er sîn spere solte tragen
ze dem, dem er wolte scaden,
unt wie er den erchiesen mahti
unt gestechen, sô daz tohte,
unt alsô der stich wê*re* getân,
sô lêrte*rn* zuo dem swerte vâhen
unt dâ mit chundiclîchen slahen
⟨…⟩
unt lêrtin, wie er sich solte bewarn
vor deme, der ime wolde scaden,
unt wie er sînen fîant lâgen solte,
die er dâ dwingen wolte,
unt wie er zen rîter*n* solti gebârn
umbe daz, daz sim willich wâren.
*Der seh*ste bestunt in mit wizzen
unt lêrtin ze dinge sizzen
unt lêrtin, wie er daz bedâhte,
daz er von deme unrehti besch*ie*de daz rehte,
unt wie er lantre*ht* bescheiden chunde
allen, den er*s* gunde.
Umbe diz unt umbe mane*ch* ander
alsus wart daz chint Alexander
beide listi*ch* unt geweltich unt balt.
Dô alrêst was er zwelf jâr alt.
Alsô staetich was ime sîn muot:
Umbe al wertlîch guot

199 scilte] silte. 204 wêre *Ki, M*] werde. 205 lêrtern *Ki*] lerten *(auch M). nach* 206] unt wie er sînen vîant solde vân *Ki nach S, M.* 209 fîant *(auch M)*] fîanden *Ki.* 211 rîtern *Ki*] riter *(auch M).* 213 Der] *Lombarde nicht ausgeführt.* – sehste *Ki, M*] erste. 216 beschiede] bescheiede. 217 lantreht] lantreth. 218 ers *Ki*] er *(auch M).* 219 manech] manehc. 221 listich] listihc.

Später bekam
Alexander, der edle Junge, einen Lehrer,
der lehrte ihn, mit Waffen umzugehen
und wie er sich mit einem Schild schützen
und wie er seinen Speer führen sollte
gegen den, dem er Schaden zufügen wollte,
und wie er auf den zielen
und stechen konnte, wie es wirksam war,
und wenn der Stich getan wäre,
so lehrte er ihn, zum Schwert zu greifen
und geschickt damit Schläge auszuteilen,
⟨*und wie er seinen Feind gefangen nehmen sollte,*⟩
und lehrte ihn, wie er sich schützen sollte
vor dem, der ihm schaden wollte,
und wie er seinen Feinden einen Hinterhalt stellen sollte,
die er da bezwingen wollte,
und wie er sich gegenüber den Kriegern betragen sollte,
damit sie ihm bereitwillig dienten.
Der sechste begegnete ihm mit Wissen
und lehrte ihn, zu Gericht zu sitzen,
und brachte ihm bei, was zu bedenken sei,
um Recht von Unrecht zu unterscheiden,
und wie er nach Landrecht urteilen könne
über alle, denen er das [d. h. ein Gerichtsverfahren] zugestand.
Darin und in vielem anderen
wurde der junge Alexander auf diese Weise
klug und stark und tapfer.
Damals war er erst zwölf Jahre alt.
So standhaft war sein Sinn:
Um keines auch noch so wertvollen Besitzes willen

sô wolt er nî nieht geliegen
noch sich fone cheiner wâr*hei*t gezien.
Â, wie wol einem sînem meister daz erschain! S 261
Er stîz in ze tal ⟨*uber*⟩ einem stein,
daz ime sîn hals *en*zwei brast,
wande er im ain luge zuo sprach.
Nû sprechent bôse lugenâre, S 265
daz der sîn vater wâre.
Â, wie ubele ich daz gelouben mach,
wandrim sîn hals enzwei brach!
*V*on Philippus stuode wil ich iu sagen:
Dar under wart ein ros getragen, S 270
daz was wunderlîch.
[110ra] Iz was irre unt strîtich, S 272
snel unt ernisthaft
fon sîner ges*c*ephte joch von sîner chraft.
Der munt was im als einem esele getân. S 279–281
⟨…⟩
Sîn ôren wârin im vil lanc,
daz houbet mager unt swanc.
Sîn ougen wâri*n im* al der vare S 285
als eim flîgenten arn.
Sîn hals was im loch*eh*t,
ich wâne, ez wêre lewen geslehte.
Ûf den goffen habtiz rinder hâr,
an sînen sîten liebar*t*es mâl. S 290
Sô Sarrizîn noch *[…]* christen man
nichein pezzer ros gewan.
Daz ros wart mit îseren gebunten,
alsô daz dâ tobet ze allen stunden,
unt wart fur den chunich Philippus geleit. S 295
Unt als er vernam sîn gelegenhait,

226 wârheit] wareht. 228 uber einem *Ki, M*] einem. 229 enzwei *Ki, M*] nezwei. 235 Von] *Lombarde nicht ausgeführt.* 240 gescephte] gesephte. *nach* 241] di nasen wâren ime wîte ûf geslân *Ki nach S, M.* 244 wârin im *Ki, M*] warim. 246 locheht] lochot. 248 habtiz] habtih. 249 liebartes] liebarstes. 250 noch] noch noh.

wollte er jemals lügen
und auch nicht von der Wahrheit abweichen.
Ah, wie deutlich sich das einem seiner Lehrer zeigte!
Er stieß ihn von einem Felsen hinunter,
so dass er sich den Hals brach,
weil er ihn angelogen hatte.
Nun behaupten üble Lügner,
der sei sein Vater gewesen.
Ah, wie schlecht ich das glauben kann,
weil er ihm doch den Hals brach!
Von Philipps Gestüt will ich euch berichten:
Dorthin wurde ein Ross gebracht,
das war außergewöhnlich.
Es war wild und angriffslustig,
schnell und kampfbereit
wegen seiner Gestalt und seiner Kraft.
Das Maul war beschaffen wie bei einem Esel.
(*Seine Nüstern waren weit aufgebläht.*)
Seine Ohren waren sehr lang,
der Schädel schmal und biegsam.
Seine Augen waren ganz von der gleichen Farbe
wie bei einem fliegenden Adler.
Sein Nacken war von einer lockigen Mähne bedeckt,
ich meine, sie war löwenartig.
Auf den Hinterbacken hatte es Haare wie ein Rind,
an seinen Flanken Flecken wie ein Leopard.
So hat weder ein Sarazene noch ein Christ
jemals ein besseres Ross gehabt.
Das Ross wurde in eiserne Ketten gelegt,
weil es dort die ganze Zeit tobte,
und wurde vor König Philipp geführt.
Und als der gehört hatte, was es mit ihm auf sich hatte,

Buzival hiez erz namen.
Daz tûhte si*e* guot alle samt.
Man hiez daz ros in einen marsta*l* tuon, S 299–301
daz si dâ fur mehten ger*uon*.
Zuo dem ros getorste niemen gên,
wan umbe den ez alsô was getân,
de*m* verteilet was daz leben, S 305
den muose man dem rosse geben.
Dem chunige wart ein bote gesant
von dem, de*m* daz ros was chunt,
unt hiez ez paz pewaren.
Er sprach, man solte ez noch an im ervaren, S 310
wem des chuniges gewalt
nâch sînem lîbe wurt fersalt.
Er sprach: »Daz sol dem, derz alrêst bescrîde,
wan diz nie chein man ne gerite.« ⌊S 314f.
Unt als Alexander haim chom,
algerihte er daz vernam.
Wîs was er zummâzen.
Tuo alrêst heter sînen meister verlâzen. S 320
Des umbe daz ros was geseit,
des inhabt er noh tuo vernomen nieht.
Eines tages, als er ûffen der palenze gêt S 323f.
(geste habt in dar gel*ai*t),
dô hôrderz ros waien, S 327
daz stunt in sîner tob*eh*eit scrîen.
Alexander sprach zen chunden,
die mit ime uber die palize gingen:
»Ich ne weiz, waz mir scillet inz ôre, S 335
ez ne lât mich nieht gehôren.

257 sie *Ki*] siu *(auch M)*. 258 marstal *Ki, M*] marstat. 259 geruon] gerů-un. 262 dem *Ki, M*] den. 265 dem, dem *Ki, M*] dem, den. 273 algerihte er daz *(auch M)*] al di scrift er wol *Ki nach S.* 275 sînen *(auch M)*] sîne *Ki.* 276 geseit] gesciet *Ki.* 279 geste] Geste *Ki, M,* Veste? *Ki App.* – gelait] gelaieht. 281 tobeheit] thobeiht. 282 chunden *(auch M)*] chinden *Ki.* 283 palize] palinze *Ki, M.*

befahl er, es Buzival zu nennen.
Das erschien ihnen allen gut.
Man befahl, das Ross in einen Pferdestall zu bringen,
damit sie davor Ruhe haben könnten.
Zu dem Ross wagte niemand zu gehen,
nur den, um den es so stand,
dass er zum Tod verurteilt war,
musste man dem Ross preisgeben.
Dem König wurde ein Bote gesandt
von dem, der das Ross kannte,
der forderte dazu auf, es besonders gut zu hüten.
Er sprach, man werde noch an ihm herausfinden,
wem die Macht des Königs
nach seinem Tod zufallen werde.
Er sprach: »Dem, der es als erster besteigt,
denn noch nie hat es ein Mann geritten.«
Und als Alexander heimkam,
erfuhr er das ohne große Umstände.
Er war über die Maßen klug.
Eben erst hatte er von seinem Lehrer Abschied genommen.
Von dem, was über das Ross gesagt wurde,
hatte er da noch nichts gehört.
Eines Tages, als er auf dem königlichen Hof umhergeht
(Gäste hatten ihn dorthin geführt),
da hörte er das Ross wiehern,
das schrie in seiner Raserei fortwährend.
Alexander sprach zu denen, die er kannte,
die mit ihm über den königlichen Hof gingen:
»Ich weiß nicht, was mir ins Ohr schallt,
ich kann nichts mehr hören.

Ich ne weiz, wederz ein ros oder ein lewe det,
wa*n* ez dâ in beslozzen stêt.«
Btholomeus sprach zuo dem chinde: S 340 f.
»Herre, ist Buzival, ein ros vil swinde,
daz hât iuwer vater în getân. S 347
Under der stuot ne mo*hte* ne*chei*n bezzer gegên.« S 348 f.
Er sprach: »Her*[110*^{rb}*]*re, ez ne hât nehein mars*cal*ch in huote,
wande ez erbîzet ubele unt guote.« S 353
Unt diz Alexander vernam, S 357
niuht er ne beite, ê er zû dem rosse chom.
Er r*ie*f den chinden
unt h*ie*z im den sluzzel gewinnen.
Ir neheiner getorste daz ros dâ fur ziehen,
want sie alle vil ungerne dar în g*în*gen.
Alexander erzurnet daz,
die tur er nider brach.
Er hîz sie alle abestân,
er wolte aleine dar în gân.
Alsô Buzival gegen im ûz wolte varn
unt ez Alexander ane begunde starn, S 360
ez erbl*ûc*te sich aller sîner maht
unt wolte im wesen dienesthaft.
Ez chnîte fur im dar nider,
ez ne geruorte sich ouch nimer sider.
Alsô chundeclîch was dem rosse al sîn gebâr, S 365
als ez des chindes wol gewone wâre.
Alexander begunde dô streihen S 367
ein ros, daz nie nichein man begunde weichen,
sô der nie seil noch zôm ane chom.
Mit der mane erz nam. S 372

287 wan] wain. 289 ist] iz ist *Ki, M.* 291 mohte] mothe. – nechein] neichn. 292 marscalch] mar slach. 294 Unt] Unt dô *Ki, M.* 296 rief] reif *(auch M).* 297 hiez] heiz *(auch M).* 299 gîngen] gigen. 306 erblûcte *Ki, M*] erblûte.

Ich weiß nicht, ob es ein Ross oder ein Löwe tat,
denn es ist dort eingeschlossen.«
Btholomeus antwortete dem Jungen:
»Herr, es ist Buzival, ein sehr gefährliches Ross,
das hat Euer Vater einschließen lassen.
Im Gestüt könnte kein besseres herumlaufen.«
Er sprach: »Herr, kein Pferdeknecht hat es in seiner Obhut,
denn es beißt Böse und Gute tot.«
Als dies Alexander vernommen hatte,
zögerte er nicht, zu dem Ross zu gehen.
Er rief den Jungen zu
und befahl, ihm den Schlüssel zu beschaffen.
Keiner von ihnen wagte, das Ross herauszuziehen,
denn sie gingen alle sehr ungerne dort hinein.
Alexander wurde zornig darüber,
die Tür brach er nieder.
Er befahl ihnen allen, Abstand zu halten,
er wollte alleine dort hineingehen.
Als Buzival auf ihn zustürmen wollte
und Alexander ihm fest in die Augen sah,
verzagte es [das Ross] und gab all seine Gewalttätigkeit auf
und wollte ihm dienstbar sein.
Es kniete vor ihm nieder,
es sträubte sich seither auch nie wieder.
So vertraut war dem Ross sein ganzes Verhalten,
als wäre es längst an den Jungen gewöhnt.
Alexander begann da, das Ross zu streicheln,
das nie ein Mann gelenkt hatte,
so dass ihm nie Seil oder Zaumzeug angelegt worden waren.
Bei der Mähne packte er es.

Er habet ellenthaften gedanc:
Ûfen sînen rucke er ime spranc,
ûzer deme gademe erz reit. S 375
Daz was ein michel paltheit.
Ein pote îlte dem chunge daz sagen,
er ne getorste es nieht ver*da*gen,
waz sîn sun hete getân.
Ûf spranc der chunich sâ S 380
unt zôh sînes sinnes.
Dô frout er sich sînes chindes. S 382
⟨…⟩
Unt alsô *⟨in⟩* Alexander vernam, S 385
er tet, als im wol gezam,
er warf sich nider ⟨…⟩ S 387
⟨…⟩
unde giench sîneme vater gegene. S 392
Unt alsô si zesamene chômen,
mit handen si sich nâmen.
Ir rede was vil minnesam, S 395
als ir hie m*u*get ferstân.
»He*i*l dich«, sprach Philippus, »sun mîn!
Mich tuncet, d*u* solt chunich sîn.
Der gewalt sî dir vil gereit,
alsô wît, sô mîn rîch gêt.« S 400
»He*il* iuch«, sprach Alexander, »fater mîn!
Got lâz iuch iemer sâlich sîn!
Alles guotes ich iu vil wol getrûwe.
Vil lange mûzet ir iuwer rîche mit genâden b*û*wen!« S 404–406

321 es *Ki, M*] er. – verdagen *Ki, M*] uergen. 324 zôh sînes sinnes] zehenzoch sînes gesindes *Ki nach S, M*. *nach* 325] di mêre er gerne vernam. / unt alse der chunich gegen im cham *Ki, M*. 326 alsô in *Ki, M*] also. 328 nider] nider unde giench – / Vestian daz ros entfienc / mit einem guldînen bridele – *Ki nach S*, nider unde giench – Vestian daz ros entfiench / mit eime bridele von golde beslagene *M*. 329 unde giench *(auch Ki)*] er giench *M*. 333 muget *Ki, M*] mût. 334 Heil] hil. 335 du] do. 338 Heil *Ki, M*] helt. 341 bûwen] bewen.

Er hatte einen mutigen Plan:
Auf seinen Rücken sprang er,
aus dem Verschlag ritt er es.
Das war außerordentlich kühn.
Ein Bote eilte, um das dem König zu berichten.
Er wagte es nicht, zu verschweigen,
was sein Sohn getan hatte.
Der König sprang sogleich auf
und ging, wie er wollte [nämlich zu Alexander].
Er freute sich da über seinen Sohn.
⟨...⟩
Und als Alexander ihn bemerkte,
handelte er ganz, wie es sich für ihn gehörte,
er sprang ab
⟨...⟩
und ging seinem Vater entgegen.
Und als sie zusammentrafen,
fassten sie sich an den Händen.
Ihre Unterhaltung war sehr liebevoll,
wie ihr hier verstehen könnt.
»Heil dir«, sprach Philipp, »mein Sohn!
Mir scheint, du sollst König sein.
Die Herrschaft soll dir ganz zur Verfügung stehen,
so weit wie mein Reich sich erstreckt.«
»Heil Euch«, sprach Alexander, »mein Vater!
Gott lasse Euch immerwährendes Glück zuteil werden!
Ganz gewiss erhoffe ich alles Gute für Euch.
Noch sehr lange mögt Ihr Euer Reich glücklich regieren!«

Er chot: »Fater, nû bin ich fun*f*zên jâr alt, S 409
daz haben ich rehte gezalt, S 410
unt bin alsô chomen ze mînen tagen,
daz ich wole wâfen mach tragen.
Unt swer eigen tugent iemer sol gewinnen,
der sal sîn in sîner jugende beginnen,
un*te* seh er sich sculdich, S 415
niuht versûmer sich.«
Der chunich, er ne wolte es newiht beiten, S 420f.
er hîz daz chint bereiten.
Waz mage ich iu sundere gesagen?
[110va] Er det im wâfen fur tragen,
sô mans unter eines chuniges gesinden S 425
aller bezzest chunde finden;
unt widerchurs Alexander,
man gewun im ein ander.
Unt alsô daz chint nâch dem site
was wol gewâfen unt geriten, S 430
dô was er ein scôner jungelinc.
Si gruoztin ⟨*in*⟩ als ein chunich.
Er sprach, wâ si des ged*âht*en,
daz sim eins chuniges namen an leiten,
al die wîl, als er sô vil chunic rîches niuht hete,
dâ er sînen vinger ûf geleite. ⌊S 435
Er sprach: »Woldet ir eine wîle geruowen,
unze ich aine tugent maht getuon:
An einem chunige wil ich es beginnen,
unt mach ich den uberwinden, S 440
daz ich dem die chrôni abe ziehe
unt ûz dem velde tuon geflîhen,
sô muget ir mir chuniges namen geben
alsô lange, sô ich iemer gelebe.«

342 funfzên] funzen. 348 unte *Ki*] unt ê *(auch M)*. 350 chunich, er] chunich *Ki, M*. 355 bezzest] bezzet. 357 gewun] gewunne *Ki*. – ein *(auch M)*] aber *Ki nach S*. 361 gruoztin in] grûztin, grûzten in *Ki, M*. 362 gedâhten] gedathen. 366 geruowen] getrûwen, t *unterpungiert*.

Er sprach: »Vater, fünfzehn Jahre bin ich nun alt,
das habe ich richtig gezählt,
und bin so weit herangewachsen,
dass ich mit Fug und Recht Waffen tragen kann.
Und wer jemals eigene Vortrefflichkeit erlangen soll,
der soll in seiner Jugend damit anfangen,
und wenn jemand sich in einer Bringschuld sieht,
soll er nicht säumen.«
Der König wollte nicht damit warten,
er befahl, den Jungen auszustatten.
Was kann ich euch im Einzelnen berichten?
Er ließ Waffen vor ihn tragen,
die allerbesten, die man im Gefolge eines Königs
finden konnte;
und sollte Alexander etwas zurückweisen,
brächte man ihm etwas anderes.
Und als der Junge, wie es üblich war,
gut bewaffnet und beritten war,
da erschien er als schöner Jüngling.
Sie grüßten ihn wie einen König.
Er fragte, wie sie auf den Gedanken kämen,
ihm den Titel eines Königs zuzulegen,
solange er nicht so viel von einem Königreich besäße,
dass er seinen Finger darauf legen könnte.
Er sprach: »Wolltet ihr eine Weile warten,
bis ich imstande war, eine große Tat zu vollbringen!
Mit einem König will ich den Anfang machen,
und kann ich den besiegen,
so dass ich ihm die Krone abnehme
und ihn vom Schlachtfeld in die Flucht schlage,
dann könnt ihr mir den Titel eines Königs geben,
solange ich lebe.«

*E*in chunich was Nycolaus genant. S 445
Alexander fûr in sîn lant,
Cesaream fur die grôzen stat.
Dâ wart der rîch*e* chunich ensat.
Alexander faht ime den sige *a*be,
er fuorte die corône mit im dane. S 450
Unt als er dô wider haim gesan,
ein lait nûemâre er im vernam:
Sîn fater habet sich sîner muoter geloubet S 454 f.
unt saz in foller brûtlofe
(er lîz die sîne muoter).
Die frouw*e*, diu hiez Cleopatra. S 457
Alsô Alexander haim chom,
er g*ie*nch fur sînen fater stên S 460
unt nam die corône, die er mit samt ime dâ hete,
sînem fater ers ûf sazte.
Er sprach: »Fater, nement tiz mit minnen, S 465
daz ich mit sturme hân gewunnen,
unze ich es baz ma*ch* getuon.
Des habet ir êre un*d*e ruom.
Wa*n* eines tinges trag ich iuch ubelen muot:
Daz tunchet mich ze neuht *[…]* guot, ⌊S 469–471
daz ir mîne muoter liezet iuwers willen S 473–475
unt habet ein uberhuor gestellet.
Ter rede will ich nû gedagen,
iwer ezzen will ich newiht fersagen.
Nû w*êwen* sô mir d*ie* ougen, dâ ich mit kesihe,
ich kedanche sîn allen den hien,
die disen râ*t* habent gefrumit,
daz er niemer zêren chumt.« S 480
*E*in rîter hiez Lisias, S 481
der stolz unt redehaft was,

374 Ein] Din. 377 riche] richc. 378 abe] habe *(auch M)*, ane *Ki.* 385 frouwe] frŏwen. 387 giench] geinch *(auch M)*. 392 mach] mahc. 393 unde] untde. 394 Wan] war. 395 guot] geguot. 400 wêwen *Ki, M*] wevn. – die] dei *(auch M)*. 401 hien] hie *Ki, M*. 402 rât] rah. 404 Ein] Din.

Ein König hieß Nycolaus.
Alexander zog in sein Land
vor die große Stadt Caesarea.
Da wurde der mächtige König abgesetzt.
Alexander erkämpfte den Sieg gegen ihn
und führte die Krone mit sich fort.
Und als er danach wieder in die Heimat strebte,
kam ihm eine leidige Neuigkeit zu Ohren:
Sein Vater hatte sich von seiner Mutter getrennt
und feierte eben sein Hochzeitsfest
(er hatte seine Mutter verlassen).
Die Dame hieß Cleopatra.
Als Alexander heimkam,
trat er vor seinen Vater
und nahm die Krone, die er da mit sich führte,
seinem Vater setzte er sie auf.
Er sprach: »Vater, nehmt dies als Geschenk,
was ich durch Kampf errungen habe,
bis ich Besseres vollbringen kann.
Ansehen und Ruhm bringt Euch das ein.
Nur wegen einer Sache bin ich Euch böse:
Das scheint mir zu nichts gut,
dass Ihr meine Mutter nach Eurem Belieben verstoßen
und Ehebruch begangen habt.
Davon will ich nun schweigen,
Euer Mahl will ich nicht durch Reden stören.
Nun tun mir die Augen so weh, mit denen ich [es] sehe.
Ich werde das all denen hier drinnen,
die diesen Rat gegeben haben, nicht vergessen,
so dass er [der Rat] niemals Ehre einbringen wird.«
Ein Krieger namens Lysias,
der stolz und beredt war,

dem was daz vil ungemach, S 485
daz daz chint sô verre sprach,
unt antwurt im ein smâheit,
alsô *[110vb]* diche der stolze man tuot.
Dô hete der chunich einen naff swâren, S 491
dâ an stuonden guldîne pla*ch* mâle.
Den habet Alexander ûf der hende
unt slûg en Lisian fur die zende,
daz sim in sîne chelen risin. S 495
Er sprach: »Lâ du dîn rede wesen.«
Der chunich ûf fon der taveln spra*n*ch,
wande in sîn zorn twanc,
wan *im* der strît niweht wol geviel.
Dô trat er vor unde viel, S 500
daz im sîn schenel zebrast
unt daz er âne tugent la*ch*.
Unt alsô der chunich der nider viel, S 507
Alexander sîn bluot wiel. [Lücke S, V 423–719]
Sîn zorn in der zuo truoch,
daz er mit tem swerte *h*er umbe slûch,
unt swer dâ wider wolte stân,
der ne mohte im mit dem leben nieht engân.
Ich ne freiscte nie den, der fernâme,
war diu brût ie bechôme.
Alexander gemâzet sich es tuo
unt giench sînem fater zuo
unt tete im hail sîn bain
unt brâ*h*t in unt sîne mûter *in e*in.
*U*nde alsô daz was gendet,
dô wart ein bote gesendet
unt sagete Philippus daz,
daz er bewaren hîze baz

407 verre *(auch M)*] erre *Ki nach S.* 409 stolze] stolhe. 410 swâren *(auch M)*] swâr *Ki.* 411 plach mâle] plalhe male, plâchmâl *Ki nach S.* 416 spranch] sprach. 418 im] un. 420 schenel *(auch M)*] schenkel *Ki.* 421 lach] lahc. 425 her umbe] er umbe *(auch M)*, umbe *Ki.* 428 freiscte] freiste. 433 brâht] brat. – in ein *Ki, M*] nein. 434 Unde] Dnde.

ärgerte sich sehr,
dass der Junge mit seinen Worten so weit gegangen war,
und gab ihm eine Schmähung zur Antwort,
wie das ein stolzer Mann oft tut.
Da hatte der König ein schweres Gefäß
mit goldenen Nielloverzierungen.
Das hielt Alexander in der Hand
und schlug es Lysias gegen die Zähne,
dass sie ihm in die Kehle rollten.
Er sprach: »Lass du dein Geschwätz bleiben!«
Der König sprang von der Tafel auf,
da sein Zorn ihn zwang,
weil ihm der Streit ganz und gar nicht gefiel.
Da trat er vor und stürzte,
so dass er sich ein Schienbein brach
und unwürdig dalag.
Und als der König niedergestürzt war,
geriet Alexanders Blut in Wallung.
Sein Zorn trieb ihn dazu,
mit dem Schwert um sich zu schlagen,
und wer ihm da Widerstand leisten wollte,
der konnte nicht mit dem Leben davonkommen.
Ich habe nie von jemandem erfahren, der vernommen hätte,
was aus der Braut geworden ist.
Alexander mäßigte sich danach
und ging zu seinem Vater
und ließ ihm sein Bein heilen
und brachte ihn und seine Mutter wieder zusammen.
Und als das vorbei war,
wurde ein Bote gesandt
und sagte Philipp,
er solle befehlen, seine Festung in Antonia

sîne burch z'Antonia
unt fûre dar mit her
unt nâme die burch in sîne gewalt.
Dâ wâren die rede manechfalt,
ez wâre der sez manne wille
(daz reiten sie under in stille),
wie si sich fon ime gezugen
unt in lasterlîche betrugen
unt si sich an dem besa*tten*,
der die burch for *im* behâte.
Unde alsô der chunich diz fernam,
harte sêre er sîn erchom.
Er woltes niht langer bîten,
den sun hîz er dar rîten.
Alexander sich besante.
Wie stolzlîch er dar rante!
Helde folk gi*ench* im n*â*h,
funf we*rbe* zehinzoch.
Einen sturm tet er mit listen
unt gewan die selben veste.
Fil frôlîche er widere ze lante chom,
daz er neheinen scaden hete genomen.
Nû vernement, waz ich iu hie zele:
Fur dem chunige in dem sale,
dâ vant er boten Darios,
aines ge*[111ra]*weltigen chuniges,
der den zins von sînem fater Philippus wold enfâ*n*,
wander Dario was undertân.
Diz was Darios, ter in Danigel stêt,
der mit dem chriechiscen chunige str*ei*t.
Diz was, den Daniel slâfinde gesach,
in einem troume, dâ er lach,

439 her *(auch M)*] her gâch *Ki.* 446 besatten *Ki, M*] besahte. 447 im *Ki, M*] in. 454 giench *Ki, M*] git. – nâh] noh. 455 werbe *Ki, M*] wesr. 459 hete genomen *(auch M)*] genam *Ki.* 464 zins] scins. – wold enfân] wolden fanen, wolde enfân *Ki, M.* 467 chriechiscen] chriechissen. – streit] streht.

besser zu schützen,
und solle mit Heeresmacht dorthin ziehen
und die Festung in seine Gewalt bringen.
Dort werde viel geredet,
es sei der Wille seiner dort wohnenden Lehensleute
(das beredeten sie insgeheim unter sich),
sich von ihm abzuwenden,
ihn schändlich zu betrügen
und sich dem zu Dienst zu verpflichten,
der die Festung vor ihm innegehabt hatte.
Und als der König dies vernommen hatte,
erschrak er sehr heftig darüber.
Er wollte nicht länger damit warten,
dem Sohn befahl er, dorthin zu reiten.
Alexander sandte nach seinen Leuten.
Wie stolz er dorthin eilte!
Eine Heldenschar folgte ihm,
fünfmal hundert Mann.
Klug führte er einen Sturmangriff
und eroberte die Festung.
Er kehrte in sein Land zurück, sehr froh,
dass er keine Verluste erlitten hatte.
Nun vernehmt, was ich euch hier erzähle:
Vor dem König im Saal
traf er auf Boten des Darius,
eines mächtigen Königs,
der den Tribut von seinem Vater Philipp empfangen wollte,
denn der war dem Darius untertan.
Dies war der Darius, der im Buch Daniel genannt ist,
der mit dem griechischen König kämpfte.
Dies war der, den Daniel
in einem Traum sah, als er da im Schlaf lag,

dâ sah er fehten ainen boc unt ainen wider.
Daz bez*eichnet* die zwêne *ch*unige sider.
Daz Philippus den zins galt
in Darios gewalt
dannen uber manegen tach,
daz was tem sune ungemach.
Darius, er wart umbe den selben zins erslagen,
daz ich iu *s*al wâre sagen.
Alexander spranc ûf al gerihte
zuo der boten gesihte.
Des zinses er neuht galt.
Ir hêren er bôslîch scalt.
Er sprach: »Iuwer herre nehât anderes neheine frumicheit,
wan daz er scaz uber ein ander leit.
Er was ein harte tumb man,
daz er zinses an uns gesan.
Er ne wirt ime niemer gesant
hinnen ûzer Chriechlant
bî mînen zîten.«
Die boten hîz er rîten,
ê si ersturben an der stund,
daz si*s* ir herren tâten chunt:
Alsô lange sô er des zinses neweht wolt*e* enbern,
er solt in sîn dâ haime wern
mit alsô getâner mâze,
er solte ime sîn houbet lâzen.
Diz inbôt er ime alsô.
Des wâren die boten riuwich unt frô:
Si wârn vil frô, das si des lîbes genâsen,
unt wâren harte riuwich, daz er ir herren wolte verdwâsen.

471 bezeichnet *M*] bezench, bezeichent *Ki*. – chunige] ch-/chunige. 476 Darius, er] Darius *Ki*, *M*. 477 sal *Ki*] zal *(auch M)*. 491 sis] sish. 492 zinses] zcinses. – wolte] wolten.

da sah er einen Ziegenbock und einen Widder kämpfen.
Das verweist auf die beiden Könige in späterer Zeit.
Dass Philipp
unter der Herrschaft des Darius
den Tribut seit langer Zeit gezahlt hatte,
das war dem Sohn ein Ärgernis.
Darius wurde wegen eben dieses Tributs getötet,
das werde ich euch wahrheitsgemäß berichten.
Alexander sprang geradewegs auf,
so dass die Boten ihn sahen.
Von dem Tribut zahlte er nichts.
Ihren Herrn schmähte er in übler Weise.
Er sprach: »Euer Herr verfügt über keine andere Tüchtigkeit,
als dass er Schätze aufeinanderhäuft.
Er war ein sehr törichter Mann,
dass er Tribut von uns verlangte.
Der wird ihm nie wieder
von hier aus Griechenland gesandt werden,
solange ich lebe.«
Den Boten befahl er zu reiten,
bevor sie auf der Stelle stürben,
damit sie ihrem Herrn das kundtäten:
Solange er nicht auf den Tribut verzichten wolle,
werde er ihn ihm in seiner Heimat
auf solche Art und Weise zahlen,
dass er ihm sein Haupt lassen müsse.
Dies ließ er ihm so ausrichten.
Darüber waren die Boten traurig und froh.
Sie waren sehr froh, dass sie mit dem Leben davonkamen,
und waren sehr traurig, dass er ihren Herrn vernichten wollte.

Unde alsô diz wart gendet,
dô wart ein bote gesendet
unt saget Philippus, waz man reit
von ainer sîner untertâner diet,
von sîne*n* manne*n* ze Thelemône,
daz sim unrehte wolte*n* lônen
der triwen, der er mit in h*âte* *be*gangen.
Si heten ze*im* anderen gevangen
unt wolten ummâze wider in stellen.
Alexander nam sîne gesellen.
Frumeclîchen er dar reit,
alsô diche der stolze man det.
In die burch er gien*[111rb]*ch,
den bur*c*grâfen er dar ûffe fiench.
Die bôsen er drabe stiez
(die *⟨sînen⟩* er drûf *[…]* liez),
unt nam *ir* scaz unt gewant
unt allez, daz er dâ fant,
unt lêhnte alle sîne man
mit dem, daz er dâ gewan.
Unt alser dô wider reit,
dô begagent ime ein mêror arbeit:
Dâ wider reit ime Pausonias,
der ein rîcher marcgrâfe was,
unt fuorte die chunigin in sîne gewalt.
Â, wie sêre ers dâ ze stede engalt!
Daz was diu scône Olimpias,
diu Alexanders muoter was.
Sînen vater lie er tôt wunt.
Daz wart ime dâ gitân rihte chunt.
Alexander was ein helt frumeclîch.
Den schilt zuht er vur sich,

504 sînen mannen *Ki, M*] sinem manne. 505 wolten *Ki, M*] wolte. 506 hâte begangen *Ki, M*] habe gangen. 507 zeim *Ki, M*] zein. 513 burcgrâfen] burgrafæn. 515 sînen *Ki, M*] *fehlt.* – liez *Ki, M*] er liez. 516 ir *Ki*] er *(auch M).*

Und nachdem das geschehen war,
da wurde ein Bote gesandt
und berichtete Philipp, was man redete
von einigen seiner Untertanen,
von seinen Gefolgsleuten in Thelemon,
dass sie ihm die Treue, die er ihnen erwiesen hatte,
mit Unrecht vergelten wollten.
Sie hätten sich zu einem anderen hingewendet
und wollten eine Unziemlichkeit gegen ihn begehen.
Alexander nahm seine Gefährten.
Tapfer ritt er dorthin,
wie es oft ein stolzer Mann tut.
In die Festung drang er ein,
den Burggrafen dort nahm er gefangen.
Die Bösen vertrieb er von dort
(seine Leute ließ er dort zurück)
und nahm ihren Schatz und ihre Gewänder
und alles, was er dort fand,
und machte alle seine Männer reich
mit dem, was er dort erobert hatte.
Und als er dann zurückritt,
da kam eine größere Herausforderung auf ihn zu:
Dort ritt ihm Pausonias entgegen,
der ein mächtiger Markgraf war,
und führte die Königin gewaltsam mit sich.
Ah, wie schmerzlich er dort auf der Stelle dafür büßen musste!
Das war die schöne Olympias,
die Alexanders Mutter war.
Seinen Vater hatte er [Pausonias] tödlich verwundet zurückgelassen.
Das wurde ihm [Alexander] dort richtig kundgetan.
Alexander war ein tapferer Held.
Den Schild riss er vor sich empor,

unt alser ime was wol nâht,
ûf rihte er sînen *scaft*,
sprancde, dâr Pausoniam gesach.
Durh sînen bûch er stach,
zuo der erde er in warf.
Er sprach: »Dis stiuphaters ich niuht bedarf.«
Alexander sprach zuo den gesinden
unt hîz den marcgrâfen û*f* pinden.
Er fuort in lemptigen in sîn lant.
Â, wie siech er sînen vater vant!
Der wunden er neuht genas,
die ime slûc*h* Pausonias.
Alsô Alexander heim chom,
er g*ie*nch fure sînen vater stân.
Er sprach: »Vater, wil du iwet sprechen,
du maht dich haizen rechen.«
Er sprach: »Sun, du heiz in slahen!«
Daz was vil schiere getân.
Dar nâch uber ummanegen tach
Philippus dâ tôt lach.
*Un*de alsô Philippus was begraben,
dô wart Alexander ze chunig erhaben.
Starche wuo*h*s ime sîn gewalt,
dô alrêrist was er *zw*ainzec jâre alt,
daz ⟨*er*⟩ mit listen unt mit mahten
sîn rîche wol berihten m*o*hte.
Ich sage iu, wie ers began:
Er nam sîn aller getriwisten man,
die ime ze sîner nôte
ie wâren einmuote.

532 nâht] nâch *Ki*, *M*. 533 scaft *Ki*, *M*] faphf. 535 er *(auch M)*] er in *Ki*. 539 ûf pinden] us pinden, ûfpinden *Ki*, *M*. 541 siech] siechi, i *radiert*. 543 slûch] slucg. 545 giench] geinch *(auch M)*. 552 Unde *Ki*, *M*] Dude. 554 wuohs] wv̊s, wôss *Ki*, *M*. 555 alrêrist] alrerist, ist *gestrichen und Randnotiz* erst *von späterer Hand*. – zwainzec] zewainzec. 556 er *Ki*, *M*] *fehlt*. 557 mohte] mo̊hte.

und als er ihm richtig nahe war,
richtete er seinen Speer auf
[und] sprengte dorthin, wo er Pausonias sah.
Er stach durch seinen Bauch,
zur Erde warf er ihn.
Er sprach: »Diesen Stiefvater brauche ich nicht.«
Alexander sprach zum Gefolge
und befahl, den Markgrafen auf [ein Pferd] zu binden.
Er brachte ihn lebend in sein Land.
Ach, wie hinfällig er seinen Vater fand!
Die Verwundung überlebte er nicht,
die ihm Pausonias zugefügt hatte.
Als Alexander heimkam,
trat er vor seinen Vater.
Er sprach: »Vater, wenn du etwas sagen willst,
kannst du befehlen, dich zu rächen.«
Er antwortete: »Sohn, befiehl du, ihn zu töten.«
Das war sehr schnell getan.
Wenige Tage danach
starb Philipp.
Und als Philipp begraben war,
da wurde Alexander zum König erhoben.
Sehr wuchs seine Macht
(damals war er erst zwanzig Jahre alt),
so dass ⟨er⟩ mit Klugheit und mit Gewalt
sein Reich gut regieren konnte.
Ich sage euch, wie er es anfing:
Er nahm seine allertreuesten Männer,
die ihm in seiner Bedrängnis
stets einmütig ergeben waren.

Er sprah: »Herre, wirne haben ni*uht* ze bîtene,
wir mûzen her laiten,
Chriechlande zêren.
Dar an gedenchent, herre,
daz man ie uber unser lant
die aller tûriste chunege vant.
Des lâzen wir die enkelten,
die uns den zins hiezen kelten,
hundert *⟨jâr⟩* unde mê,
daz in ze laster ergê,
daz wir des zinses werden lôs.
Swer dâ wil snellez ros,
beidû wâfen unde gewât,
des tuon ich ime alles guoten rât
ân alle sîne arbeit.
Swer noch mit *[111va]* mir bestêt,
deme t*ei*l ich lîb unde guot
unde trage ime imer willigen muot.«
Unde als er diz gesagete,
ir niehein langer dagete.
Sie sprâchen alle mit ainer zungen:
»Got behuote uns disen chunich jungen,
daz er mit genâden vil lange mûze leben in sînem rîche!
Sô wê dem, der ime geswîche!«
Er hiez dô gebieten herre vart,
als im dâ gerâten wart.
Dar zuo was ime vil liebe.
Er sante boten unde briefe
ze Chriechen unde ze Mazedôn,
den bôt er den starchen lôn.
Ze Kalabre er enpôt,
daz sim hulfen zuo der nôt.

562 Herre *(auch M)*] hêren *Ki.* – niuht] nieuth. 565 herre *(auch M)*] hêren *Ki.* 570 hundert jâr *Ki, M*] hundert. 578 teil ich] telich. 581 niehein] nehein *Ki.* 589 briefe *Ki, M*] briefen. 591 bôt] bet.

Er sprach: »Ihr Herren, wir haben keinen Grund zu warten,
wir müssen einen Heereszug unternehmen,
Griechenland zu Ehren.
Denkt daran, ihr Herren,
dass man in unserem Land stets
die alleredelsten Könige fand.
Wir lassen die,
die uns den Tribut zu zahlen befahlen,
hundert ⟨Jahre⟩ und länger, dafür büßen,
so dass es ihnen zur Schande gereichen möge,
dass wir der Tributverpflichtung ledig werden.
Wer da ein schnelles Ross will,
Waffen und Rüstung,
den versehe ich gut mit all dem,
ohne dass er selbst sich darum zu bemühen braucht.
Wer immer weiter bei mir bleibt,
mit dem teile ich Leben und Besitz
und bleibe ihm für immer wohlgesonnen.«
Und als er dies gesagt hatte,
schwieg keiner von ihnen länger.
Sie sprachen alle aus einem Mund:
»Gott behüte uns diesen jungen König,
auf dass er sehr lange glücklich in seinem Reich leben möge!
Weh dem, der ihn im Stich lässt!«
Er befahl da, einen Heereszug aufzubieten,
wie ihm da geraten worden war.
Dazu hatte er große Lust.
Er sandte Boten und Briefe
nach Griechenland und nach Makedonien,
denen bot er großen Lohn.
Nach Kalabrien sandte er Botschaft,
dass sie ihn in der Kampfesnot unterstützen sollten.

Ein stat heizet Nicomedias,
dâ sancte Pantaleon gemarteret was,
die fuorin sîne hervart mit manegem helide,
tûsent brâhten sie ime ze helfe.
Dô hîz er uber lant gebieten
mit trô joch mit miete,
daz sime ze helfen chômen,
alsô sie sîne nôte vernâmen,
unde swem daz versmâhte,
daz er sîn houbet verlorn hête.
  *V*il êrhaft er sîn gerête scuoph
des tages, dô er sich ûz huob.
Sibenzech tûsent was sînes hers,
daz schiphet er uber ain ende des mers
unde hiez den zins dâ enphân.
Daz was wider Dario getân.
Er fuor dannen in Sicilienlant
unde ferweltigôt alle, die er dâ vant,
unde tete sie swergen herre vart,
daz sîn vater nie erwarp.
Alsus mêret er sîn her
unde schiphte sich dâ uber mere
unt fuor ze *I*tale wart
unde verlie sich an die scarphen swert.
  Unde alsô die Rômêre daz fernâmen,
â, wie êrhapte sie im ze gegene chômen!
Sie brâ*ht*en im ze der stund
silbers hundert tûsin funt
unde einen mantel alsô edele,
sô chunich under diseme himele
von phelel noch von gimme
nie neheinen m*o*hte gewinnen,

600 helfen *(auch M)*] helfe *Ki*. 604 Vil] *Lombarde nicht ausgeführt*. 608 enphân] enphaen. 616 Itale *Ki, M*] tale. 620 brâhten] brathen. 621 tûsin] thusin, thûsint *Ki, M*. 625 mohte] mŏhte.

Eine Stadt namens Nicomedias,
in der St. Pantaleon gemartert wurde,
nahm mit vielen Helden an seinem Kriegszug teil,
tausend Mann brachten sie ihm zur Unterstützung.
Da befahl er, im ganzen Land das Gebot zu verbreiten,
mit Drohung und mit Lohn[versprechen],
dass man kommen solle, ihm zu helfen,
wenn man von seiner Bedrängnis vernähme,
und dass, wenn einer das missachtete,
der sein Haupt verloren hätte.

Mit großen Ehren verschaffte er sich seine Ausrüstung
für den Tag, an dem er loszog.
Siebzigtausend Mann gehörten zu seinem Heer,
das setzte er auf Schiffen über einen Meeresarm
und befahl, dort Tribut einzutreiben.
Das richtete sich gegen Darius.
Er zog fort nach Sizilien
und überwältigte alle, die er dort fand,
und brachte sie dazu, sich eidlich zur Heeresfolge zu verpflichten,
was sein Vater nie erreicht hatte.
So vergrößerte er sein Heer
und setzte dort zu Schiff übers Meer
und fuhr in Richtung Italien
und verließ sich auf die scharfen Schwerter.

Und als die Römer das vernahmen,
ah, wie ehrenvoll sie ihm entgegenzogen!
Sie brachten ihm sogleich
hunderttausend Pfund Silber
und einen so kostbaren Mantel,
wie ihn kein König unter diesem Himmel
aus Seide oder mit Edelsteinen
je erwerben konnte,

unde eine chorône, diu was al rôt golt.
Alsus macheten si in den chuni*ch* holt.
Diu gâbe was ime dancnâme,
des lobet er die guoten Rômâre.
Zehen hundert er mit ime nam,
der von Rôme dar chom,
unde fûr *zen* Africân*en*,
de*n* Darios undertâne*n*.
Mit gewalte reit er dâ durch
ze Kartagine in die burch.
Die burgâre tâten ime die sicherheit.
Vil luzel ir mit reit,
wande *si in* ummuot *[111vb]* wâren
wi*de*r Rômâre die mâren.
Dannen wurden sîne boten gesant
uber al Meridienlant,
dannen in Bethaniam
unde dannen in Galatiam.
Kartanensen er enbôt,
⟨…⟩
sie ne chômen unde wurden undertân,
er hiez si alle an daz crûce slahen.
Unde als si daz vernâmen,
newiht langer sie ne wâren,
sie chômen al gerihte
zuo des chuniges gesihte.
Si brâ*h*ten silber unde golt
unde macheten in den chunich holt.
Er ne wolte ir goldes newiht enphâhen,
er bestunt sie mit genâden,

627 chunich] chunihc. 630 Zehen] *Lombarde nicht ausgeführt.* 631 der *(auch M)*] dôr *Ki.* 632 f. zen – undertanen *Ki, M*] zů africano der darios under tane. 637 ir] er *Ki (= ir App.), M (Lesefehler, die Hs. hat eindeutig* ir*).* – mit] mit ime *Ki, M.* 638 si in ummuot *Ki, M*] sin nummůht. 639 wider *Ki, M*] wir. 645 undertân *(auch M)*] ime undertân *Ki.* 651 brâhten] braten.

und eine Krone, die war ganz aus rotem Gold.
So verschafften sie sich die Gunst des Königs.
Das Geschenk nahm er mit Dank an,
er pries die edlen Römer dafür.
Tausend Mann nahm er mit sich,
als er Rom verließ,
und zog zu den Afrikanern,
Darius' Untertanen.
Mit Gewalt ritt er hindurch
in die Festung von Karthago.
Die Stadtbewohner gelobten ihm Unterwerfung.
Sehr wenige von ihnen ritten mit,
denn sie standen in Feindschaft
gegen die berühmten Römer.
Von dort wurden seine Boten
über das ganze Meridienland ausgesandt,
von dort nach Bethanien
und von dort nach Galatien.
Den Karthagern ließ er ausrichten,
⟨...⟩
wenn sie nicht kämen und sich unterwürfen,
würde er befehlen, sie alle ans Kreuz zu schlagen.
Und als sie das vernommen hatten,
blieben sie nicht länger,
sie kamen alle geradewegs
vor das Angesicht des Königs.
Sie brachten Silber und Gold
und gewannen die Gunst des Königs.
Er wollte nichts von ihrem Gold annehmen,
er trat ihnen huldvoll entgegen,

wande sie dûhten in frumich unde balt.
Er nam *ir* ein tûsint in sîne gewalt
unde fuorti sie in Egypto allesamt
unde stift*e* dâ zêren sînes namen
eine burch, diu wart nâh im genant.
Der erfuore al diu lant,
er ne gesâhe niemer neheine,
diu zuo ir mohte werden gezalt.
  Babilonia newart nie sô wît,
sô man sie noch ane siht.
Troia ne mohte sich zir niht gemâzen.
⟨...⟩
Â, was Gapadotia gebrach,
daz si wâre alsô vast!
Pede noch Kartago,
ir newedere was sô.
Rîcher was disiu burch noch
danne Rôme oder Antioch.
Alexandria si hiez,
sînen namen er drinne liez.
Dannen er durch daz lant brach.
Er tede ein michel ungemach.
Er was Dario gram.
Er stôrte Galileam.
Dâ wart in Neptalimlant
al ferhert unde ferbrant.
Alsô tet er Zabulon,
die rîchen burch Naason.
Er zestôrte Samariam.
Alsô tet er Zityam.
Diz was, dâ Naaman inne was,
von der misel suhte genas.

656 ir] er *(auch Ki, M)*. 658 stifte *Ki, M*] stiften. 660 Der] er *Ki, M (Lesefehler)*. 661 neheine] neheine stat *Ki, M*. 683 Zityam *(auch M)*] Syriam *Ki nach B*. 685 von *(auch M)*] der von *Ki*.

denn er hielt sie für tapfer und kühn.
Eintausend von ihnen nahm er unter seinen Befehl
und führte sie alle nach Ägypten
und gründete dort, um seinen Namen zu ehren,
eine befestigte Stadt, die wurde nach ihm benannt.
Wenn einer alle Lande bereiste,
sähe er doch niemals eine [Stadt],
die ihr gleichgestellt werden könnte.
  Babylon wurde nie so weitläufig,
wie man sie [Alexandria] noch erblickt.
Troia konnte sich nicht mit ihr vergleichen.
⟨...⟩
Ah, wie viel Gapadotia fehlte,
dass sie ebenso uneinnehmbar wäre!
Weder Pede noch Karthago,
keine von ihnen beiden war vergleichbar.
Noch prächtiger war diese Stadt
als Rom oder Antiochia.
Alexandria hieß sie,
seinen Namen ließ er darin.
Von dort zog er gewalttätig durch das Land.
Er richtete großes Unheil an.
Er war Darius feindlich gesonnen.
Er verwüstete Galiläa.
Dort in Neptalimland
wurde alles verheert und gebrandschatzt.
Ebenso verfuhr er mit Zabulon,
der mächtigen Festung Naason.
Er verwüstete Samaria.
Ebenso machte er es mit Zitya [Syrien?].
Dort war es, wo Naaman lebte
[und] vom Aussatz geheilt wurde.

Er zestôrte ouch Pitaniam,
dâ Judi*th* Holofern sîn hôbet nam,
unde zestôrte ouch judeis*c* lant.
Dar nâch wart Jerusalem ferbrant
unde Bethlehem, *⟨diu⟩* dâ bî stêt.
Sô niemen mit ime streit,
al biz er Tyre zuo treib.
Â, waz ime dâ helede tôt pelei*b*!
Tyre was ein stat grôz,
daz mere sie alle umbe flôz.
Dâ wârn die mûre harte
von quâdre stein geworht,
[112ra] mit îserenen spangen
was al daz werch befangin,
unde dâ zuo morter unde blî.
Wie mehte siu vester sîn?
Drî wâren der mûre.
Umbe waz solte si daz guot vertûren?
Daz golt sie nie ne hâlen:
Sie tâten die turne mâlen,
daz daz rôte golt dar ab schein,
gemûset oben an den stein.
Dan *zw*iscen gingen de bogen,
si wâren al mit golde bezogen.
Die turne stunden vil nâch,
wît was der hof dâ.
Vil grôz scade *⟨dâ geschach⟩*,
d*â* si Alexander zebrach
durch sîn ubermuotecheit!
Siu was einer mîle breit.
Er ne waiz in anders nieheine scult,
niewan si wâren einem chunige holt:

686 Pitaniam *(auch M)*] Bethuliam *Ki nach B.* 687 Judith] iudiht. 688 judeisc] iudeis *(auch M)*. 690 diu *Ki, M*] *fehlt.* 693 peleib *Ki, M*] peleih. 704 nie ne] ne *Ki, M.* 708 zwiscen *Ki, M*] zesviscen. 712 f. scade – si *Mackert*] scade daz si, scade daz was, daz si *Ki, M.* 716 nieheine] neheine *Ki.*

Er zerstörte auch Pitania [richtig: Bethulia],
wo Judith Holofernes den Kopf abschlug,
und verwüstete auch das Land Judäa.
Danach wurde Jerusalem in Brand gesteckt
und Bethlehem, ⟨das⟩ in der Nähe liegt.
Auf diese Weise kämpfte die ganze Zeit niemand gegen ihn,
bis er nach Tyrus gelangte.
Ach, wie viele Helden ihm dort tot blieben!
Tyrus war eine große Stadt,
das Meer floss ganz um sie herum.
Dort waren die festen Stadtmauern
aus Quadersteinen errichtet,
mit eisernen Klammern
war das ganze Bauwerk verbunden,
und dazu [mit] Mörtel und Blei [zusammengehalten].
Wie hätte sie besser befestigt sein können?
Drei Stadtmauern gab es.
Warum hätten ihnen die Kosten zu hoch sein sollen?
Das Gold hatten sie keineswegs versteckt:
Sie hatten die Türme bemalen [und verzieren] lassen,
dass das rote Gold
in Mosaiken oben am Stein hinabstrahlte.
Dazwischen gingen Bögen,
die waren ganz mit Gold überzogen.
Die Türme standen sehr nahe beieinander,
der Burghof dort war weitläufig.
Zu was für übergroßen Verlusten ⟨es dort kam⟩,
wo Alexander sie
aus Hoffart zerstörte!
Sie hatte eine Breite von einer Meile.
Er warf ihnen keine andere Schuld vor,
als dass sie einem König ergeben waren:

Daz was Darios rex Persarum,
deme sie undertân wâren.
Nu vernement ouch ein ander: S 508 (*Ki* 959)
Zuo zin sante Alexander
unde sprac*h*, ob si in ze chunige wolten schaphen
unde ime wesen undertân S 51
unde die burch gâben in sîne gewalt. S 514f.
Dâ saz inne vil manec helt, S 527
die alle wider zim santen, S 530
wande si sîn niet iht bechanden.
Sie sprachen, daz sie in niene for*h*ten
noch si sîn ze niehte bedorften; S 535
wan sie tr*uo*gen ime willigen muot
unde gâben ime gerne durch minne ir guot.
Unt alsô dise boten wider chômen, S 540
vernement, wie in Alexander vernâmi:
Mit zorn er der nider saz. S 545f.
Bi sînem hals er sich vermaz, S 547
er sprach, sîn scolte porlange sîn,
er wolte ouch 〈...〉
〈...〉
(ne waiz ich, wie ir name sî) S 553
unde sante si dar widere in die stat
unde 〈*hiez*〉 den al*t*sten sagen daz: S 555
war sie ir sin tâdin,
daz si den chunich fersmâhten,
der Rôme mi*t* sîner cra*ph*t
unt al Chrîchen under sich hiete brâht. S 560f.
Unt alsô die boten fur chômen S 572
unde die burgâre ir rede vernâmen,

722 sprach] sprac. – schaphen] entfân *Ki, M.* 727 niet iht] niewiht *Ki, M.* 728 forhten *Ki, M*] fŏrten. 730 truogen] trovgen. 736 sîn – sîn] sin scolte por *(undeutlich:* vor?*)* lange sin, ez en solte sîn porlanch *Ki, M.* 737] er wolte si hân âne ir allir danch. / Dô nam er sîner fursten drî *Ki, M.* 738 ne] ouch ne *Ki, ähnlich M.* 740 hiez *Ki, M*] *fehlt.* – altsten] alsten. 743 mit] min. – crapht *Ki, M*] grahp.

Das war Darius, der Perserkönig,
dem sie untertan waren.
Nun hört auch weiter:
Zu ihnen sandte Alexander
und ließ ausrichten, ob sie ihn zu [ihrem] König machen
und ihm untertan sein wollten
und ihm die befestigte Stadt in seine Gewalt gäben.
Darin lebten sehr viele Helden,
die alle [Folgendes als] Antwort an ihn sandten,
da sie ihn überhaupt nicht kannten.
Sie sprachen, sie fürchteten ihn nicht
und bedürften seiner auch nicht;
gleichwohl seien sie bereit, ihm entgegenzukommen,
und gäben ihm gerne in gütlicher Einigung ihren Besitz.
Und als diese Boten zurückgekommen waren,
vernehmt, wie es Alexander aufnahm:
Voll Zorn setzte er sich nieder.
Bei seinem Leben machte er sich anheischig,
er sprach, es solle damit nicht sehr lange dauern,
er wolle ⟨sie⟩ auch ⟨gegen ihrer aller Willen aufhängen⟩.
⟨Dann nahm er drei von seinen Fürsten⟩
(ich weiß nicht, wie sie hießen)
und sandte sie wieder dorthin in die Stadt
und ⟨befahl,⟩ den Ältesten das zu sagen:
wo sie ihren Verstand gelassen hätten,
dass sie den König schändlich behandelten,
der mit seiner Macht Rom
und ganz Griechenland unterworfen habe.
Und als die Boten vorgetreten waren
und die Stadtbewohner ihre Worte vernommen hatten,

si tâden stolzen liuten gelîch
unde hîngen sie alle ûf ein zwîch. S 577
Nû beviench Alexander die burch mit here
mit den scephen in dem mere. S 583
Mit sturme er sie starche dwanc. S 593
Er druog in ubelen gedanc. S 592
Si werten sich vone prîse wole. S 596 f.
Der w*e*r ne was nehein *[112rb]* zal, S 599
der in der burch was,
zwainz*ech* tûsen unde baz.
Alsô vil sclûgen sie ime sîne*s* hers, S 603 f.
daz die unde des mers S 605
von dem pluote wurden rôt.
Der wint tet in vil nôt, S 607
daz sîner scephe ein hundert versunchen
unde sîne helde all ertrunchen. S 615
Dô Alexander daz gesach, S 617
daz ir alsô vil tôt lach, S 616
des sturmes hiez er abe stân, S 618
er tete die s*ce*ph wider in die habe gân. S 619 f.
Alexander bedâ*ht*e sich
des scaden ummâzlîch. S 624
Er was ein listich man. S 628
Grôze poum er gewan
unde tede die zesamene spannen S 630
von chundigen zimber mannin
unde hiez daz mit steinen vullen.
Daz was an sînem willen,
swane er sîn ebenhôch zem turne brâ*ht*e, S 635 f.
daz er lange poume drabe *ri*hti,
die der zuo den zinnen mahten gân.
Er wolte sie mit nîde bestân.

754 wer] wier, werlte *Ki, M.* 756 Zwainzech] zwainzchc. 757 sînes] sine. 766 sceph] secph. 767 bedâhte] bedathe. 768 ummâzlîch] ummaczlich. 775 zem *Ki, M*] dem. – brâhte] brathe. 776 drabe rihti] drabe flehti *(l nicht ganz deutlich,* i?*),* dar abe rihti *Ki, M.*

handelten sie wie stolze Leute
und ließen sie alle an einem Ast aufhängen.
Nun umzingelte Alexander mit seinem Heer die befestigte Stadt
mit den Schiffen auf dem Meer.
Mit Kampfessturm bedrängte er sie heftig.
Er hatte schlimme Absichten gegen sie.
Sie verteidigten sich rühmenswert gut.
Zahllos waren die Verteidiger,
die in der Stadt waren,
zwanzigtausend und mehr.
So viele töteten sie ihm von seinem Heer,
dass die Wogen des Meeres
rot wurden vom Blut.
Der Wind brachte sie in große Bedrängnis,
so dass hundert seiner Schiffe versanken
und alle seine Helden ertranken.
Als Alexander das sah,
dass so viele von ihnen tot lagen,
befahl er, den Kampf abzubrechen,
die Schiffe ließ er wieder in den Hafen segeln.
Da dachte Alexander
über den unermesslichen Verlust nach.
Er war ein listenreicher Mann.
Er beschaffte sich große Baumstämme
und ließ die
von fähigen Zimmerleuten zusammenbauen
und befahl, das mit Steinen zu füllen.
In seiner Absicht lag,
wann immer er sein Belagerungsgerüst an einen Turm gerückt hätte,
lange Baumstämme von dort hinunterzulegen,
die hin zu den Zinnen reichen könnten.
Er wollte sie feindselig angreifen.

Einluph tûsint santer sînes hers S 640
nâch den poumen uber mer
unde hiez die poume vellen
(er wo*l*te perfrit stellen),
ûf einen perc heiz*t* Libanus,
dâ stêt ûf manch cêdrus. S 645
Diz ist Libanus, ⟨*der*⟩ in Arabien stêt,
dâ der Jordan ûz gêt.
Diz ist noch der selbe walt,
den der chunich Salemon galt
wider einen chunich, der hiez Sigiram. S 650
Er gab ime halb Galil*ea*m,
wande im die poume wol gevielen
ze zimber, ze chielen. S 653
Si nerfûlent ouch niemer mê, S 655 f.
weder durh regen noch durch snê.
*Un*de alsô Arabati daz befunden,
die Tyrin wole guotes ⟨*gunden*⟩,
neuht langer si nentwalten. S 660
Die den forst valten,
si nâmen ein ungezogenlîch phant
unt ersluogen ein tûsint. S 664 f.
⟨…⟩
⟨…⟩ er nam
des hers, daz er noch dô habete.
Ein herzoge hiez sich Gracto S 673
unde ein ander, der was Perdix genant,
den bevalch erz gesez in die hant S 675 f.
unde fuor ⟨…⟩
⟨…⟩

782 wolte] wote (*Ki* wolte, *Lesefehler*). 783 heizt] heiz, heizet *Ki*, *M*. 785 der *Ki*, *M*] *fehlt*. 789 Sigiram (*auch M*)] Hiram *Ki*. 790 Galileam] galileaam. 792 zimber,] zimber unde *Ki*. 795 Unde *Minis*] Nude, Nûde *Ki*, *M*. – alsô Arabati] Arabati alsô *Ki*, *M*. 796 gunden *Ki*, *M*] *fehlt*. *nach* 800] dô Alexander daz vernam, / vier tûsent *Ki*, *keine Lücke M*: *801 f. ein Vers (M v. 813)*. 806 fuor] fûr dô selbe ûz / ze dem berge Libanus *Ki*, *M*.

Elftausend aus seinem Heer
sandte er übers Meer, um Baumstämme zu beschaffen,
und befahl, die Bäume zu fällen
(er wollte Belagerungstürme errichten),
[er sandte sie] auf einen Berg namens Libanus,
auf dem wachsen viele Zedern.
Dies ist der Libanus, der in Arabien liegt,
wo der Jordan entspringt.
Dies ist noch eben der Wald,
den König Salomon
einem König namens Sigiram [richtig: Hiram] bezahlte.
Dem gab er halb Galiläa,
weil ihm die Bäume gut gefielen
als Bauholz, für Schiffe.
Sie faulen auch niemals,
weder durch Regen noch durch Schnee.
Und als die Araber das herausfanden,
die Tyrus gewiss wohlgesonnen waren,
zögerten sie nicht länger:
[Von denen,] die den Wald fällten,
nahmen sie ein ungehöriges Pfand
und töteten tausend Mann.
⟨Als Alexander das erfuhr,⟩
nahm er ⟨viertausend Mann⟩
von dem Heer, das er da noch hatte.
Einem Herzog namens Gracto
und einem anderen, der Perdix genannt war,
vertraute er das Belagerungsheer an
und zog ⟨selbst aus⟩
⟨zum Berg Libanus und⟩

bewarte sîne holden, S 680
die dâ zimberin solten,
biz iz alliz gereite wart.
Dô nam er die widervart. S 685
  Nû was Alexander mit here
nâch de*n* poumen uber mere.
Des wurden die burg*â*re stolz unt balt. S 688–690
Sie ranten ûz mit gewalt.
Ubirmuotechlîhe si sich râchen,
ein castel si im zebrâchen. S 693
Eines m*or*gens fruo S 696
mit fûre gingen sime zuo
unde sclûgen unde fiengen
alle, die si drûffe begiengen. S 699
Noch mag ich iu sagen *[112va]* mêre: S 704
Si besencten sich in den sê,
daz man si in allem tage ⟨*niene*⟩ sach,
ê man die grunt feste zebrach,
unde sancten sich in des sêwes grunt,
unde sie chômen a*b*er ûf wider gesunt.
  Unde alsô daz castel was endwart, S 710
dô huob sich ein sturm hart S 711
von den herzogen z*we*in.
Dô beleib der burgêr nie nech*ein*.
Â, wie maneger des sturmes *en*chalt!
Ze zwain hunder*t* wâren sie gezalt, S 717
die dâ tôt piliben,
al dâ sis von den porten triben.
Dâ wart in gescadet vil sêre. S 729f.
Duo alrêrist chom ir herre. S 731

807 bewarte] unde bewarte *Ki, M*. 812 den *Ki, M*] dem. 813 burgâre] burgeare. 817 morgens] mo̊rngens. 823 niene *Ki, M*] *fehlt*. 825 unde *(auch M)*] sie *Ki*. 826 unde sie *(auch M)*] unde *Ki*. – aber ûf] afer uf, after ûz *Ki*, aver ûf *M*. 829 zwein] zevin. 830 nechein *Ki, M*] nechen. 831 enchalt *Ki, M*] nechalt. 832 hundert] hunder.

schützte seine Untergebenen,
die dort zimmern sollten,
bis es alles fertig war.
Dann kehrte er zurück.
Nun befand sich Alexander mit dem Heer
jenseits des Meeres, um Baumstämme zu beschaffen.
Deswegen wurden die Stadtbewohner stolz und kühn.
Sie machten mit Gewalt Ausfälle aus der Stadt.
Unbeugsam stolz rächten sie sich,
einen Belagerungsturm zerstörten sie ihm.
An einem Morgen in der Frühe
näherten sie sich ihm mit Feuer
und töteten und nahmen
alle gefangen, die sie darauf antrafen.
Noch mehr kann ich euch berichten:
Sie ließen sich in die See sinken,
so dass man sie die ganze Zeit nie sah,
bevor man die Grundmauern zerstört hatte;
sie hatten sich auf den Meeresgrund sinken lassen
und kamen danach gesund wieder herauf.
Und als der Belagerungsturm zerstört worden war,
da begann ein harter Kampf
auf Anordnung der beiden Herzöge.
Da blieb keiner von den Stadtbewohnern zurück.
Ach, wie viele für den Angriff büßen mussten!
Auf zweihundert wurden sie gezählt,
die dort tot blieben,
wo sie sie weg von den Toren trieben.
Da erlitten sie schmerzliche Verluste.
Danach erst kam ihr Herr [zurück].

Owê, daz Tyre duo niht genas,
alsô wol ir ganegenget was!
Nû will ich sagen allen, die des niene chunnen,
wie Tyre wart gewunnen.
Alexander chom mit grôzer chrefte
unt tet sce*ph* zesamen hephten, S 738f.
imer zwa*i* unde zwaie neben, S 742
unde hîz den îsrîn*e* pente geben
unde tet die mit hûten alsô uberziehen, S 743f.
daz die unden dar în niene giengen.
Perfrit dar ûff si sazten S 749
von den aller l*e*ngisten poumen, die sie habeten, S 747f.
unde triben si zuo den zinnen. S 750
Alsus wolten si die burch gewinnen.
Der chunich hiez die mûre hauwen S 758
mit stêlîner gezowe.
Dâ huob sich ein sturm vil grôz. S 760
Âwê, man warf unde scôz
von den ainen zen andern,
daz alle die mahte wundern,
die ie dech*ai*nen sturm gesâhen.
Von der werlte, diu dâ tôt lach, S 765
sô wart daz mere allez ein bluot.
Des wôhs dem chunige wol sîn muot.
Er bestuont sie mit nîde.
Von den perfriden hiez er sie trîben,
die wâren hôher danne die turni. S 770
Daz tet er in ze zorne.
Dâ wurden die schônen turne mit den bogen
in daz wazzer gezogen,
unde brâchen dâ der besten mûre eine, S 775
die ie burch gewan deheine.

838 ganegenget] ganegent, begagent *Ki, M.* 842 sceph] sephf. 843 zwai *Ki*] zwae. 844 îsrîne *Ki, M*] isrinen. 848 lengisten] leingisten. 854 Âwê] a wie *Ki, M.* 855 andern] r *anscheinend aus* n *radiert (nicht ganz deutlich).* 857 dechainen] dechaenen.

Oh weh, dass Tyrus da nicht gerettet wurde,
so vortrefflich wie es mit ihr begonnen hatte!
Nun will ich allen berichten, die nichts davon wissen,
wie Tyrus erobert wurde.
Alexander kam mit großer Gewalt
und ließ Schiffe zusammenbinden,
jeweils zwei und zwei nebeneinander,
und befahl, sie mit eisernen Ketten zu versehen,
und ließ sie so mit Häuten überziehen,
dass die Wellen nicht eindringen konnten.
Belagerungstürme stellten sie darauf
aus den allerlängsten Baumstämmen, die sie hatten,
und trieben sie zu den Zinnen.
So wollten sie die befestigte Stadt erobern.
Der König befahl, die Mauern
mit stählernen Werkzeugen einzuschlagen.
Da hob ein sehr heftiger Kampf an.
Oh weh, man warf und schoss
von den einen zu den anderen,
so dass alle Grund zum Staunen hatten,
die jemals eine Schlacht gesehen hatten.
Von der Menge derer, die da gefallen waren,
wurde das Meer ganz wie Blut.
Dadurch nahm des Königs Entschlossenheit zu.
Er griff sie voller Hass an.
Von den Bergfrieden, die höher waren als die Türme,
befahl er sie wegzutreiben.
Das tat er, um sie in Zorn zu versetzen.
Dort wurden die schönen Türme mit den Bögen
in das Wasser gerissen,
und [sie] zerstörten eine der besten Mauern,
die je eine befestigte Stadt hatte.

Alsô si ze der ander chômen,
zêder boumi sie der nâmen
unde dar zuo lange dannen. S 780
Duo hiez er perfride spannen
unde rihte die ûf mit listen
unde sazten si ûf zuo der feste.
Alexander steich ûf daz obrist gewer S 784–786
unt gebôt den sturm uber al daz here
unde liez dô mit der werlte
den ernst sturm we*rd*en. S 789 f.
Mit hameren man die burch mûre zebrach. S 792
[112vb] Â, waz dâ we*rl*te tôt belach!
Alexanders schilt was helfen bein, S 796
bezzer wart nie nechein.
Sîn helm was alsô guot,
sô der nî nechein swert durch gewuot. S 799
In der hende trûch er einen gêr S 802
von golde gedr*âj*et vil hêr.
Duo sach er stân
de*n* herzogen, dem al Tyre was undertân, S 805 f.
kegen ime ûf der mûre.
Er lie sich es niuht fertûren,
er scôz in mit tem gêre durch
unde falt in tôt in die burch.

Duo tet der chunich ainen spruno, S 810
mit im manch helt junc,
fon den perfriden ûf die zinnen.
Alsus wolden sie die burch gewinnen.
Vier tûsint ir mit ime spranc.
Sie truogen ubelen gedanc, S 815
mîn wân ne triege mich.
Dâ gespranch ir *e*telîch

874 sazten *(auch M)*] sazte *Ki*. 878 ernst] êristen *Ki*, *M*. – werden *Ki*, *M*] wernden. 880 werlte *Ki*, *M*] weirte. 886 golde] gǒlde. – gedrâjet *Ki*, *M*] gedroseht. 887 f. stân – herzogen] stan dem herzogen, den herzogen stân *Ki*, *M*. 900 f. etelîch / her *Minis*] hetelicher. 900–902 ir – gesunt] ir etelîch, / daz er dâ zestunt / niemer mêre wart gesunt *Ki*, *M*.

Als sie zur zweiten [Stadtmauer] kamen,
nahmen sie Zedern-
und dazu lange Tannenstämme.
Da befahl er, Belagerungstürme zusammenzufügen,
und richtete sie klug auf,
und [sie] lehnten sie an die Festung.
Alexander stieg auf den höchsten Turm
und befahl dem ganzen Heer den Angriff
und ließ da mit der Kriegerschar
den Kampfsturm beginnen.
Mit Hämmern schlug man die Stadtmauer ein.
Ach, wie viele Männer dort fielen!
Alexanders Schild war aus Elfenbein,
einen besseren gab es nie.
Sein Helm war so gut,
dass kein Schwert hindurchdringen konnte.
In der Hand trug er einen Speer
mit gedrechselten Verzierungen aus edelstem Gold.
Da sah er
den Herzog, dem ganz Tyrus untertan war,
sich gegenüber auf der Mauer stehen.
Er ließ es sich nicht zu schwer werden,
er durchbohrte ihn mit einem Speerwurf
und bewirkte, dass er tot in die befestigte Stadt fiel.
Da tat der König einen Sprung
([und] mit ihm viele junge Helden)
von den Belagerungstürmen auf die Zinnen.
So wollten sie die befestigte Stadt erobern.
Viertausend von ihnen sprangen mit ihm.
Sie waren von grimmigen Gedanken erfüllt,
wenn ich mich nicht täusche.
Dort sprangen damals viele von ihnen

*h*er dâ zestunt,
daz er niemer mêre wart ⟨*gesunt*⟩, S 819
daz ir ein hunderet tôt lach
ân andere ungemach.
Dâ brâchen sie die besten mûre zuo der erde, S 825f.
diu der ie dehein solte werden. S 827
Dâ was daz velt vil wît. S 830
Dâ huob sich der bitteriste strît,
dâ ir noch ie abe hôrte*t* gesagen.
Dâ ne gesach man nechein zagen.
Dâ mahti man manegen degen scouwen
al durch den helm verhouwen S 835
unde manegen rîter junc
al durch die ha*l*sperge verwunt,
daz er der wunde niht genas,
want daz swert scarf was.
Durch den scilt flôch der gêr S 840
unde machet manegen helt sêr.
Dâ hete jâmer ein alsô der ander
âne der wunderlîche Alexander. S 845
Er scluoch des liutes die menige.
Gebeizet was sîn brunne
in eines wurmes bluote. S 850
Er stunt ime stolzes muotes.
Hurnen was siu veste.
Ez chom vone grôzen listen. S 855
Ich lâze tûsint unt aver tûsint –
ûf der erde mahte niemen gân, S 858f.
alsô vil lag ir dâ erslagen,
daz iz iu unzellîch ist ze sagen.
Die chûnen von Tyre,
des lebenes vil gîre, S 865

902 gesunt] *fehlt.* 909 ir] ich (– hôrte) *Ki, M.* – hôrtet] horte. 914 halsperge] hasperge. 920 der] r *anscheinend aus* n *radiert (undeutlich).* 927 Ich lâze] ez lâgen *Ki, M.*

herzu,
dass sie nie wieder gesund wurden,
so dass hundert von ihnen tot lagen,
ohne andere Widrigkeiten.
Da brachen sie die beste Stadtmauer nieder,
die es jemals geben sollte.
Das Feld dort war sehr weitläufig.
Der erbittertste Kampf begann dort,
von dem ihr bisher jemals berichten hörtet.
Dort sah man keinen Feigling.
Dort konnte man viele Helden betrachten,
die Schläge durch die Helme hindurch erlitten hatten,
und viele junge Krieger,
die durch die Panzerhemden hindurch verwundet waren,
so dass sie die Verwundung nicht überlebten,
weil das Schwert scharf gewesen war.
Speere flogen durch Schilde
und verwundeten viele Helden.
Da war der eine wie der andere von Jammer erfüllt,
bis auf den seltsamen Alexander.
Er tötete eine Menge von Leuten.
Sein Brustpanzer war
im Blut eines Drachen gehärtet.
Er [Alexander] stand voller Stolz für sich.
Er [der Brustpanzer] war mit festem Horn überzogen.
Das war mit großer Klugheit geschehen.
Ich übergehe tausend und nochmal tausend [Tote] –
auf der Erde konnte niemand gehen,
so viele von ihnen lagen da erschlagen,
dass es euch nicht aufzuzählen und zu berichten ist.
Die Kühnen aus Tyrus,
ganz begierig zu leben,

si refuhten alsô wildiu swîn,
swes tôt nieht solte sîn. S 867f.
Die umbe die burch l*â*gen,
sine dorften sich des siges niemer geruomen,
wan*[113ra]*de die burgêre brâchen si durch S 876
unde wichen aber wider in die burch. S 877
Dâ verlôs er manegen dûren ch*neh*t. S 879
Alexander tet in grôz unreht. S 878
*H*arte zurnt sich Alexander duo. S 880
Mit nîde giench er den porten zuo.
Die dar ûf wâren,
si tâten scaden mêre.
Ûf ter porte stunten drîe turni.
Dâ geschiet er abe mit zorni S 885
des mordes, des er an sînen holden gesach.
Mit sînen fursten er sprach: S 887
»Herre, bedenchet iuchs in zît, S 890
wandir tiure chne*h*te sît.
Nement si nû den obern sige,
sô ist unser spot uber daz lant.«
Der rât, der ime dô wart getân,
den mugent ir schiere verstên.
Sie rieten, daz er mange getaete *richt*en S 898
unde liez*e* die turni brechen. S 899
Zwâ unde sibenze*ch* mange wurden dâ gesta*l*t, S 901f.
sie wurfen alle mit gewalt.
Si wâren vil wol gesa*ile*t. S 904
Si wurden in driu getailet. S 905
Si wurfen fûr unde witi. S 910
Das was Alexanders site,

933 refuhten] fuhten *Ki, M*. 935 lâgen] langen. 939 chneht] chent. 941 Harte] *N*arte. 942 den] der *Ki*. 949 Herre *(auch M)*] hêren *Ki*. – iuchs in zît] iuch sin ziht, iuch sîn enzît *Ki, M*. 950 chnehte] chnete. 951 den obern sige] die obere hant *Ki, M*. 955 richten *Ki*] rechen, rihten *M*. 956 lieze *Ki*] liezzen, liezen *M*. 957 sibenzech *Ki, M*] sibenzehec. – gestalt *Ki, M*] gestat. 959 gesailet *Ki, M*] gesaelht.

kämpften wie wilde Eber,
soweit ihnen nicht der Tod bestimmt war.
Die Belagerer der befestigten Stadt
hatten keinen Grund, sich jemals des Sieges zu rühmen,
denn den Stadtbewohnern gelang ein Durchbruch,
dann zogen sie sich wieder in die Stadt zurück.
Dort verlor er [Alexander] viele herrliche Krieger.
Alexander fügte ihnen großes Unrecht zu.
Sehr zornig wurde Alexander da.
Hasserfüllt rückte er gegen die Tore vor.
Die darauf standen,
brachten ihm weitere Verluste bei.
Auf dem Tor befanden sich drei Türme.
Von dort entfernte er sich voll Zorn
über das Gemetzel an seinen Untergebenen, das er sah.
Mit seinen Fürsten sprach er:
»Ihr Herren, überlegt es euch bald,
denn ihr seid herrliche Krieger.
Wenn sie nun den Sieg über uns erringen,
so spottet man im ganzen Land über uns.«
Der Rat, der ihm da erteilt wurde,
den könnt ihr gleich hören.
Sie rieten, dass er Wurfmaschinen aufstellen
und die Türme zerstören lassen sollte.
Zweiundsiebzig Wurfmaschinen wurden da aufgestellt,
sie hatten alle eine gewaltige Schleuderkraft.
Sie waren sehr gut mit Seilen versehen.
Sie wurden in drei Gruppen geteilt.
Sie warfen Feuer und brennendes Holz.
Das war Alexanders Gewohnheit,

daz er chriechisc fûr chunde wurchen
unde liez iz niemen merchen,
von wel*h*er liste iz im chom,
daz ez in dem wazzere bran. S 915
Daz warf er în zuo der burch
(dâ mite brante er siu al durch unde durch)
unde dar zuo manegen herten stein.
Dô belaib der burgâre ni enhein,
si mûsen duo alle von der zinnen gân, S 920
wande si ne getorsten dâ nie langer gestân
f*o*r des fûres fo*rh*ten.
Alexander, der tranch zuo der porte,
mit nîde er sie der nider brach.
Â, waz ime dâ helede tôt lach! S 925
Des waerim zêren mê gesc*ie*t,
for*h*ten si der mange wurfe nieht.
Sô solt im diu burch werden tiure, S 929f.
gewunners nieht mit chriechisc*em* fiure.
Alexander wolte sich wole rechen.
Er hiez die t*r*îe turne nider brehen, S 935
die daz fûr hiete verlâzen.
Der aller rîchisten burgâre, die in der burch sâzen,
der tede er driu tûsint fâhen
unde hiez sie blenden unde hâhen
wi*[113rb]*der sîne furstin drîn, S 940
die er dâ for sante der în.
Des siges, des er dâ nam,
wêrez ein wole bedâht man,
er ne wurdes niemer ze frô,
wande ez gescah sît alsô, S 945

963 chriechisc] chriechis. 965 welher *Ki, M*] wielcer. 968 siu *(auch M)*] sie *Ki*. 970 ni enhein] nienhein, nie nehein *Ki, M*. 972 getorsten] getrorsten, *erstes* r *unterpungiert*. 973 for] fŏr. – forhten] forthten. 977 zêren *(auch M)*] zeren, sêre *Ki*. – gesciet *Ki, M*] gesiht. 978 forhten] forten. 980 chriechiscem] chriechissen. 982 trîe] tie. 987 sîne] sînen *Ki, M*.

dass er griechisches Feuer herzustellen verstand
und es niemanden erkennen ließ,
durch welchen Kunstgriff ihm die Eigenschaft zukam,
im Wasser zu brennen.
Das ließ er in die befestigte Stadt hineinschleudern
(damit setzte er sie vollständig in Brand)
und dazu viele harte Steine.
Da blieb keiner der Stadtbewohner,
sie mussten alle die Zinne verlassen,
denn sie wagten nicht, länger dort stehen zu bleiben,
aus Furcht vor dem Feuer.
Alexander drang zum Tor vor,
feindselig brach er es nieder.
Ach, wie viele seiner Helden ihm dort gefallen waren!
Das wäre ihm zur Ehre in [noch] größerem Ausmaß geschehen,
hätten sie nicht die Würfe der Schleudermaschinen gefürchtet.
Die befestigte Stadt hätte er schwerlich erobert,
hätte er sie nicht mit griechischem Feuer eingenommen.

Alexander wollte sich richtig rächen.
Er befahl, die drei Türme niederzureißen,
die das Feuer verschont hatte.
Dreitausend der allerreichsten Stadtbewohner, die in der Festung lebten,
ließ er gefangen nehmen
und befahl, sie zu blenden und aufzuhängen,
als Vergeltung für seine drei Fürsten,
die er zuvor dort hineingesandt hatte.
Über den Sieg, den er dort errungen hatte,
wäre er, wenn er ein besonnener Mann gewesen wäre,
niemals wieder zu froh geworden,
denn es hatte sich dann so ergeben,

daz ir mêre was, der ime dâ tôt belaib,
⟨...⟩
tan der inerhalb Tyre wâre
weder geste oder burgâre.
Al zestôret was tuo Tyrus. S 950
Die sti*f*te s*ît* ter chunich Apollonius,
den Antioch uber mere jagete,
wande er ime sagete S 955
daz rê*tsc*e an einem brieve,
daz er mit sîner t*oh*ter sliefe.
Tyre is noch diu selbe stat, S 960
dâ daz h*ei*den wîb unseren hêren pat,
daz er ir tohter erlôste
von dem ubelen geiste, der sie nôte. S 965
Darnâch uber unlanch stunt,
sô wart Dario chunt S 970
von einem, der vone Tyr entran,
daz Alexander der chûne man
sîne liute habete gevangen
unde geblentet unde erhangen, S 975
unde diu schône Tyre lâg en chole.
Unde er sie hieze daz laster dolen,
er sprach, er m*o*hte sich scamen S 980
sînes chunichlîches namen,
daz er in niuht ze helfen chôme,
duo er ir grôze nôt fernâme. S 985
Ain rîcher chunich was Darios,
*h*erwider dâhter alsus: S 987
Alexander dûhet in l*u*zel.
Er sante im eines chindes stuzel S 999–1001

nach 993] des sagen ich iu di wârheit *Ki (nach S), ähnlich M.* 997 stifte sît] stiste sih, stifte sint *Ki,* stifte sih *M.* 1000 rêtsce *Ki, M*] rehte. 1001 tohter] thotter. 1003 heiden] heden. 1008 von *Ki, M*] mit. – Tyr entran] tyren tran, Tyren entran *Ki,* Tyre entran *M.* 1012 lâg en chole] lâgen cholen *Ki,* lâge in cholen *M.* 1014 mohte] möchte. 1019 herwider] er wider, derwider *Ki, M.* 1020 dûhet] dûhte *Ki.* – luzel] lvizel.

dass ihm dort mehr gefallen waren,
als es innerhalb von Tyrus
Fremde oder Stadtbewohner gegeben hatte.
Ganz zerstört war da Tyrus.
Die [Stadt] baute später König Apollonius wieder auf,
den Antiochus über das Meer verfolgte,
weil er ihm
das Rätsel in einem Schriftstück gelöst hatte,
dass er mit seiner Tochter schlief.
Tyrus ist auch eben die Stadt,
in der die heidnische Frau unseren Herrn bat,
ihre Tochter von dem bösen Geist
zu befreien, der sie quälte.
Kurze Zeit danach
wurde dem Darius durch einen,
der aus Tyrus entkommen war, gemeldet,
dass Alexander, der kühne Mann,
seine Leute gefangen genommen
und geblendet und aufgehängt habe,
und das schöne Tyrus liege in Schutt und Asche.
Da er [Darius] sie die Schande habe dulden lassen,
sprach er [der Bote], habe er [Darius] allen Grund,
sich seines königlichen Namens zu schämen,
dass er ihnen nicht zu Hilfe gekommen war,
als er von ihrer großen Bedrängnis vernommen hatte.
Ein mächtiger König war Darius,
darüber dachte er so:
Alexander schien ihm unbedeutend.
Er sandte ihm den Ball eines Kindes

unde dar zuo ein scuoh pant,
alsô erz in sînem herzen vant,
unde ein wênich choldes in einer lade.
Er wânde, *⟨er⟩* ime *[...]* iemer m*o*hte gescaden,
unde sante im dise drîe sache ⌊S 1005
unde tet des einen brîf machen,
daz ez der brîf benante,
umbe waz er ime die drîe gebe sante. S 1010f.
A*i*n stuzel sante er im umbe daz,
daz ime daz stunde michel baz,
⟨daz⟩ er mit den chinden spilen gienge, S 1014f.
danner sîne liute cholte oder hienge.
Daz beze*i*chinôt daz scuoch pant, S 1018
daz Alexander wart kesant,
daz er *ime* tagelîchen dienen solte, S 1020–22
ob Darios wolte, S 1023
wanten scuoch pant nuzet man tagelîch,
daz er daran bedâchte sich
un*d*e lieze sîn irreheit stân
unde wâre sîneme herren undertân,
alsô ander sîne forderen heten,
die sich nie wider ime gesazten.
Daz bezeichnôt daz cholt, S 1024
[113va] daz er rehte scolte
mer*chen*, daz daz ter zins wâre, den ime sîn vater chulte
aller jârilîch turch sîne hulde,
daz er in des praeht innin
unde fûr im den zins gewinnen,
unde daz er des choldes solde leben
unde er niemen niuht solte nemen,

1025 er *Ki*] *fehlt,* daz er *M.* – iemer] iem iemer. – mohte] mûhte. 1030 Ain] Aen. 1032 daz *Ki, M*] *fehlt.* 1034 beze*i*chinôt] beze chinoht, bezêchinôt *Ki, M.* 1036 er ime *Ki*] er mit, erm mit *M.* 1040 unde] unlie. 1042 heten] teten *Ki, M.* 1045f. scolte merchen] scolte merehe, merchen solt *Ki, M in v. 1045 (M, Ki v. 1058).*

und dazu ein Schuhband,
wie er es sich in seinem Herzen ausgedacht hatte,
und ein wenig Gold in einem Kästchen.
Er [Darius] glaubte, er [Alexander] könne ihm niemals schaden,
und sandte ihm diese drei Dinge
und ließ einen Brief darüber schreiben,
damit der es deutlich machen sollte,
weswegen er ihm die drei Geschenke sandte.
Den Ball sandte er ihm deswegen,
weil ihm das viel besser anstehe,
mit den Kindern spielen zu gehen
als seine Leute zu quälen oder zu hängen.
Das Schuhband,
das Alexander gesandt wurde, verweise darauf,
dass er ihm täglich dienen sollte,
wenn Darius wollte
(denn Schuhbänder benütze man täglich),
so dass er sich daran eines Besseren besinnen
und von seiner Verirrung lassen
und seinem Herrn untertan sein solle,
wie es, anders [als er], seine Vorfahren [getan] hätten,
die sich ihm nie widersetzt hätten.
Dafür stehe das Gold,
dass er genau erkennen solle,
dass das der Tribut sei, den ihm sein Vater
alljährlich gezahlt habe, um seine Gnade zu erlangen,
dass es [das Gold] ihn [Alexander] daran erinnern solle
und dass er ziehen solle, um ihm [Darius] den Tribut zu bringen,
und dass er von dem Gold leben
und niemandem etwas nehmen solle,

unz er wider haim chôme,
daz er niemen sînes niuht nâme
unde daz er schiere dannen rite
unde niuht langer bite.
Unde daeter euw*e*ht mêre wider sîne*n* willen,
er hiez in mit dem besemen villen.
Unde alsô Alexander den brîf gelas,
owî, wie sm*âhe* ime was,
daz man ime troute ze slahen!
Die boten hiez er alle ûf hâhen.
Der boten ainer zim sprach:
»Herre, tuot uns nehain ungemach,
wande ez ne dûcht iuch gnâde noch reht,
swâ sô i*w*er chne*h*t
i*w*er botesca*ft* tribe,
daz er drumbe tôt belibe.
Unde niene scentet *eu*eren namen.
Wir jehen des, herre, alle samt,
daz under disen chunigen allen
nieheiner zeu mach gevallen,
der mit alsô grôzer frummi*ch*eit
sîn here uber lant leit,
sô ir, herre chunich, tuot.
Nû bedwinget i*w*eren muot
unde habet unser mâze,
wande wir getorsten die botsc*aft* niet lâzen.«
Alexander bedâhte sich,
er wart den boten genâdich.
Er ne waiz in nieht umbe die sculde,
er gab in wider daz selbe golt,
daz ime von ir hêren bechom.
Er sprach: »Âwî, wie ubele ich ime des gan,

1056 euweht] euwht, iwiht *Ki*, iweht *M*. – sînen *Ki*, *M*] sine. 1059 smâhe *Ki*, *M*] smae. 1065 iwer chneht] ivier chnet. 1066 iwer botescaft] ivier botescahpf, iwer botescaf *Ki*, *M*. 1068 eueren] euieren. 1072 frummicheit] frûmmichcheit. 1075 iweren] ivieren. 1077 botscaft] bohtsapf, botscaf *Ki*, *M*.

bis er wieder heimkomme,
und dass er niemandem etwas von dem Seinen nehmen
und bald wegreiten
und nicht länger warten solle.
Und wenn er [Alexander] noch irgend gegen seinen [Darius'] Willen handle,
werde er befehlen, ihn mit Ruten zu züchtigen.
Und als Alexander den Brief gelesen hatte,
oh weh, wie sehr er das verabscheute,
dass man ihn zu schlagen drohte!
Er befahl, die Boten alle aufzuhängen.
Einer der Boten sprach zu ihm:
»Herr, tut uns kein Leid an,
denn es erschiene Euch nicht gnädig oder recht,
dass, wo immer Euer Diener
Eure Botschaft verrichtete,
er darum stürbe.
Und schändet Euren Namen nicht!
Wir alle gestehen zu, Herr,
dass unter all diesen Königen
keiner mit Euch zu vergleichen ist,
dass er mit so großer Tapferkeit
sein Heer übers Land führte
wie Ihr, Herr König, es tut.
Nun beherrscht Euch
und mäßigt Euch, was uns betrifft,
denn wir wagten es nicht, die Botschaft zu unterlassen.«
Alexander besann sich,
die Boten begnadigte er.
Er machte ihnen deswegen keine Vorwürfe [mehr],
er gab ihnen eben das Gold zurück,
das ihm von ihrem Herrn zugekommen war.
Er sprach: »Oh weh, wie sehr ich ihm das übel nehme,

daz mir i*w*er herre drouwet ze slahen! S 1064f.
Er hât gelî*che* getân, S 1068
alsô der bôse rude toet:
Des nahtes, alsô er eweht verstêt,
sône getar *[...]* er sich dar nâher niuht geziehen,
er beginnet ûzwerd flîhen
unde wîzet iz allez ⟨*mit*⟩ sîner cheln
unde beginnet darwer*t* bellen.«
Er sprac*h*: »I*w*ers herren brief mir niuht gevellet,
wande er zer gebe niene gehillet.
Diu gâbe, diu ist lobelîch,
unde der brief, der ist redelîch,
er bezeichenet alle ein ander«, S 1081f.
sprah der chunig Alexander.
»⟨*Der*⟩ stuzel, de*n mi*r i*w*er herre hâ*t* gesant,
dâ mit hât er mir rechant,
daiz allez ane mir sul bestân, S 1085
swaz sô unter deme himele is betân,
unde ich *[113vb]* is alles herre sul werden
ûf der scîbligen erde. S 1088
*D*en riemen, den er mir sante, S 1093
dâ ⟨*mite*⟩ er mir bechante,
daz er sich mir zeigen welle geben S 1095
unt *iht in* mînen genâden iemer welle leben,
daz er mîn d*ie*nest welle sîn
ze allen her verten mîn.
Daz golt, daz ir mir hab*et* prâht,
dâ mit habet ir mir gesaget, S 1100

1084 iwer] ivier. 1085 gelîche getân *Ki, M*] geligetan. 1087 eweht] eueht, iwiht *Ki*. 1088 getar] getarrer. 1090 mit *Ki, M*] *fehlt*. 1091 darwert bellen *vgl. Ki*] dar wersbelen, darwers belen *M*. 1092 sprach] sprac. – Iwers] iviers. 1097 chunig] chunige. 1098 Der *Ki, M*] *fehlt*. – den mir *Ki, M*] demer. – iwer] ivier. – hât *Ki, M*] hab. 1099 rechant *(auch M)*] rechte bechant *Ki*. 1104 Den *Ki*] Aen, Ain *M*. 1105 dâ mite *Ki, M*] da. 1107 iht in *Ki, M*] in iht. 1108 dienest *Ki*] deinest *(auch M)*. 1110 habet] hab. 1111 ir *(auch M)*] er *Ki*.

dass euer Herr mich zu schlagen drohte!
Er hat ebenso gehandelt
wie ein untüchtiger Hund:
Nachts, wenn er etwas hört,
wagt er nicht, näher dorthin zu gehen,
er flieht nach außen
und bestraft es alles mit seiner Kehle
und bellt in die Richtung.«
Er sprach: »Der Brief eures Herrn gefällt mir nicht,
weil er nicht zum Geschenk passt.
Das Geschenk ist lobenswert,
und der Brief ist wortreich,
er gibt [aber] eine ganz andere [d. h. falsche] Erklärung«,
sprach König Alexander.
»Mit dem Ball, den mir euer Herr gesandt hat,
hat er mir bekannt gemacht,
dass alles mir gehören soll,
was immer es unter dem Himmel gibt,
und dass ich Herr werden soll über alles
auf der runden Erde.
Mit dem Schuhband, das er mir gesandt hat,
da gab er mir zu verstehen,
dass er sich mir zu eigen geben
und immer in meiner Gnade leben wolle,
dass er mein Diener
bei allen meinen Heereszügen sein wolle.
Mit dem Gold, das ihr mir gebracht habt,
damit habt ihr mir gesagt,

daz iz mir al einem wol gez*e*m,
daz ich den zins von ime neme
unde dar zuo von allen landen
unde be*t*winge die ze mînen handen.«
Diz sazte man dô allez an einen brief. S 1105
Daz was dem chunige Alexander lieb.
Er screib in selbe mit sîner hant.
Er wart dem chunige Dario gesant.
Er inbôt im ouch dâmite,
daz er doch trîe mânôt bite.
Er sprach, er ne wolte niuht langer lengen,
zehinzech tûsint wolte er bringen S 1110
uber ⟨*daz*⟩ wazzer Eufrates
(neweht gedanchet er des)
ze Babilonii fur die grôze stat.
Alsus wart an den brîf gesazt,
alsô lange sô er des cinses nieht newold enpern,
er solte sîn dâ heime w*e*rn
mit alsô getâner mâze: S 1115
Er solt im sîn houbet lâzen. S 1116f.
Unde ob er daz tagedinch liezi,
daz ⟨*er*⟩ niemer chunich kehîze,
er bestunde daz volc*w*îc.
Darios was ein chunich rîch.
Unde alsô der brîf fur in chom, S 1126
freislîch er in vernam.
Mit zorn er ûf fuor,
bî sînem rîche er swuor. S 1130
Er sprach: »Daz mich ie der bescalt, S 1133
des vater mir den cins chalt,
ich salz an die chêren,
iz ne regêt im niemer zêren.« S 1135

1112 daz iz *Ki*] da ich. – gezem] gezeim. 1115 betwinge] begwinge. 1121 doch (*auch M*)] noch *Ki*. 1124 daz *Ki, M*] *fehlt*. 1129 wern] wærn. 1133 er *Ki, M*] *fehlt*. 1134 volcwîc] uolcqwic. 1139 bî *Ki, M*] mit. 1142 die] die schande *Ki, M*.

dass es gewiss mir alleine anstehe,
Tribut von ihm zu nehmen
und dazu von allen Ländern
und die unter meine Herrschaft zu zwingen.«
Dies alles legte man da in einem Brief nieder.
Das war König Alexander lieb.
Er schrieb ihn selbst mit eigener Hand.
Er wurde König Darius gesandt.
Er teilte ihm darin auch mit,
dass er dennoch drei Monate warten werde.
Er sprach, länger wolle er es [allerdings] nicht hinziehen,
hunderttausend Mann wolle er
über ⟨den⟩ Strom Euphrat führen
(woran er [Darius] nie gedacht habe),
vor die große Stadt Babylon.
Das wurde in den Brief geschrieben,
solange er auf den Tribut nicht verzichten wolle,
werde er ihn dort in seiner Heimat
auf solche Weise zahlen:
Er [Darius] müsse ihm [Alexander] sein Haupt lassen.
Und dass er, wenn er der Schlacht ausweiche,
nie wieder König heißen könne,
es sei denn, er wage den Völkerkampf.
Darius war ein mächtiger König.
Und als der Brief ihn erreichte,
vernahm er ihn erschreckt.
Zornig sprang er auf,
bei seinem Reich schwor er.
Er sprach: »Dass mich derjenige je schmähte,
dessen Vater mir Tribut zahlte,
werde ich auf sie selbst [Alexander und seine Leute] zurückschlagen lassen,
es gereicht ihm niemals zur Ehre.«

Er sprach, noch ouch niemer guot ende genaeme,
daz er ie durch sîn laster ûz chôme.
Darius sante einen brief S 1141
*zw*ein herzogen, die wâren ime lieb, S 1142
unde bat, daz si Alexander diu scef pesparten
unde sîn werten S 1148
unde daz si in wider stiezen
unde sie uber daz wazzer niene liezen, S 1150
uber daz wazzer Eufrates
(daz was Marios unde Typotes),
daz ⟨*si*⟩ in selben sazten dernider
unde in bun*[114ra]*ten als ein wider, S 1154
daz sir manheit gedaehten,
daz si*n* ime lemtigen braehtin.
Er sprach, wie gerne er ime helfen solte
zallen den êren: Er wolte
der hôiste sîn ûf der erde S 1158
unde muoste daz an *ain*em galgen werden. S 1159
Dô sprâchen die z*wê*ne herz*o*gen: S 1161
»Unser herre ist vil sêre betrogen,
daz er uns den man h*ei*zet vâhen,
dem alliu lant sint undertân
unde die fursten hab*e*t gevangen, S 1165
unde sîn wille ist regangen
uber Jerusalem unde uber Tyre.
Sîn selbes ist er gîre.
Rôme unde Egyptelant
stênt beidiu in sîner hant. S 1170
Kartago, diu rîche burch,
mit gewalte reit er dâ durch S 1172
unde hât manege guote burch zestôr*et*, S 1175
die unseren herren ane hôrent,

1147 zwein] zewein. 1149 sîn] ime daz lant *Ki, M.* 1151 unde sie *(auch M)*] unde *Ki.* 1154 si *Ki, M*] *fehlt.* 1157 sin ime] si ime, si in *Ki, M.* 1161 an ainem] ana niem. 1162 zwêne herzogen] zewne herz zongen. 1164 heizet *Ki, M*] hiezet. 1166 habet *Ki, M*] habēt. 1174 zestôret] zestorcht.

Er sprach, es werde auch niemals ein gutes Ende nehmen,
dass er je um seiner Schande willen ausgezogen war.
Darius sandte zwei Herzögen,
die ihm lieb waren, einen Brief
und gebot, Alexanders Schiffe aufzuhalten,
ihn abzuwehren
und zurückzutreiben
und sie [ihn und sein Heer] nicht über den Strom zu lassen,
über den Strom Euphrat
(das waren Marios und Typotes),
ihn selbst niederzuwerfen
und wie einen Widder zu binden,
an ihre Tapferkeit zu denken
[und] ihn lebendig zu ihm zu bringen.
Er sprach, wie gerne er ihm
zu allen Ehren verhelfen wolle: Er [Alexander] wolle
der Höchste auf Erden sein
und müsse das an einem Galgen werden.
Da sprachen die beiden Herzöge:
»Unser Herr ist ganz verblendet,
dass er uns befiehlt, den Mann gefangen zu nehmen,
dem alle Lande untertan sind,
der die Fürsten gefangen genommen hat
und dessen Wille ergangen ist
über Jerusalem und über Tyrus.
Auf ihn [Darius] selbst hat er es abgesehen.
Rom und Ägypten
befinden sich beide in seiner Gewalt.
Durch die mächtige befestigte Stadt Karthago
ritt er mit Gewalt hindurch
und hat viele treffliche Städte zerstört,
die unserem Herrn angehören,

unde unser herre hât iz allez versezzen.
Der chunich Alexander hât sich noch aines
mêren vermezzen, S 1178
daz ern *in* sînem aigeme lande vâhe,
mit grôzem urliuge bestâ.« S 1182
Si sprâchen: »Unser herre hantil iz noch
mit sinne, S 1187
ich wâne, ers michel s*c*ande gewinne.«
Unde alsô der bote wider chom S 1193
unde Darios der z*wei*er herzogen rede vernam,
sêre zurn*et* er sich des. S 1195
Dô nam er ainen herzogen, der hiez sich Mennes,
unde dar zuo ⟨*zênzic*⟩ tûsint man,
die er alle uber naht gewan,
unde sante si Alexander gegen S 1200f.
unde hiez den zwein herzogen sagen,
lîzen sin uberz wazzer varen, S 1203
ez solt in iemer mêre scaden,
sine gewunnen sîn niemer frum, S 1204
noch sine getorsten niemer fur sîne ougen chomen.
Er sprach, wurde Alexanders wille gendet, S 1208f.
sie wurden all*e* der mite gescendet. S 1210
Die z*wê*ne herzogen getorsten neu*h*t lâzen,
al*[…]* dâ ir man sâzen, ⌊S 1219
si santen al *gerihte* S 1225
uber allez ir gerihte.
Die sie zesamene brâ*h*ten,
ze zehen tûsint mahti man sie ahten S 1228
unde drîzech tûsint dar zuo.
⟨…⟩

1178 in *Ki, M*] mit. – aigeme *(auch M)*] aigeneme *Ki.* 1181 scande] sande. 1183 zweier *Ki*] zevver, zweer *M*. 1184 zurnet] zurn. 1186 zênzic *Ki, M*] *fehlt.* 1192 frum *(auch M)*] frumen *Ki.* 1195 alle *Ki, M*] aller. 1196 zwêne] zewne. – neuht] nevth. 1197 al dâ *Ki, M*] alle da. 1198 al gerihte *Ki, M*] alrithte. 1200 brâhten] braten. 1201 ahten] hahten, *erstes* h *unterpungiert.* *nach* 1202] Alexander genante sih ouch dô *Ki, M.*

und unser Herr hat das alles durch Untätigkeit verloren.
König Alexander hat sich noch einer weiteren Sache vermessen,
[nämlich] dass er ihn in seinem eigenen Land gefangen nehmen
[und] mit großer Schlacht bestehen will.«
Sie sprachen: »Wenn unser Herr die Angelegenheit nicht [doch] noch mit Verstand behandelt,
wird er, glaube ich, große Schande erleiden.«
Und als der Bote zurückkam
und Darius die Worte der beiden Herzöge vernahm,
wurde er darüber sehr zornig.
Da nahm er einen Herzog, der sich Mennes nannte,
und dazu ⟨hundert⟩tausend Mann,
die er alle über Nacht aufbot,
und sandte sie gegen Alexander
und befahl, den zwei Herzögen zu sagen,
wenn sie ihn über den Strom ziehen ließen,
werde es ihnen für immer schaden,
sie würden niemals Nutzen daraus ziehen,
und sie sollten niemals mehr wagen, vor seine Augen zu kommen.
Er sprach, würde zu Ende gebracht, was Alexander wollte,
würden sie alle dadurch zuschanden.
Die beiden Herzöge wagten es nicht zu unterlassen,
überall dorthin, wo ihre Gefolgsleute lebten,
sandten sie alsbald,
soweit ihre Gerichtsgewalt reichte.
Die sie zusammenbrachten,
die konnte man auf zehntausend schätzen
und dreißigtausend dazu.
⟨…⟩

Er hâte einen ubermuoten muot,
er sci*ff*et sich ze forderest uber de fluot. S 1234
An eime stade chômen si im enkegen, S 1237
alsus hôrt ich maister Alberichen sagen.
Dâ hûb sich ein *[114rb]* sturm vil grôz. S 1239
Ein tûsint beleib ime dâ tôt S 1240
von chriechisce*m* chunne,
ê Alexander den furt ie gewunne. S 1242
  Dû chom Alexander selbe geriten,
alsô ers vil chûme habti gebiten.
Ûf Buzival er reit. S 1244
Dô sluog er alsô der toner *⟨deit⟩*, S 1248
for dem sich niemen mach bewarn.
Swer *⟨in⟩* fon ferre sach gevaren,
ê er hinder sich gesach,
sô heter sîn ainen slach,
daz er sîn pluot allez spê
unde lebte ouch darnâch niuht mê.
Sîn schaft was mâre grôz. S 1255
S*weme* wart ein slach *o*der ein stôz, S 1256
der was des gewissen tôdes S 1258
unde ern beiz dar nâch niemer brôtes. S 1257
  Mennes was ein herzog*e* genant, S 1259
den Darios hete dar gesant, S 1260
der was ein helt v*ru*meclîch.
Ein hundert rîter hâter umbe sich S 1266f.
mit swerten vil guoten,
die tâten si i*m* ze huote.
Zime mahte niemen brechen,
w*a*n ders lebenes wolte vergezzin.

1204 sciffet *Ki, M*] sciphfeht. – de *(auch M)*] die *Ki.* 1209 chriechiscem] chriechisen *(auch M)*, chriechiscen *Ki.* 1214 deit *Ki, M*] *fehlt.* 1216 in *Ki, M*] *fehlt.* 1219 spê] spye. 1222 Sweme] svewm. – oder] ader. 1224 brôtes] brôtes. 1225 herzoge] herzzo. 1227 vrumeclîch *Ki, M*] uurmeclich. 1230 im *Ki, M*] in. 1232 wan] wên.

Er [Alexander] war wagemutig,
er fuhr als vorderster mit dem Schiff über die Flut.
Am Ufer kamen sie ihm entgegen,
so hörte ich Meister Alberic berichten.
Dort hob eine gewaltige Schlacht an.
Tausend Mann fielen ihm da
aus dem Volk der Griechen,
bevor Alexander die Furt überhaupt eroberte.
Da kam Alexander selbst geritten,
als habe er es kaum erwarten können.
Auf Buzival ritt er.
Da schlug er drein, wie [es] der Donner ⟨tut⟩,
vor dem sich niemand schützen kann.
Wer immer ⟨ihn⟩ von weitem kommen sah,
hatte, bevor er sich umschauen konnte,
einen Schlag von ihm [erlitten],
so dass er sein Blut ganz ausspuckte
und danach auch nicht am Leben blieb.
Sein Speer war gewaltig groß.
Wen immer ein Schlag oder Stoß damit traf,
dem war der Tod gewiss,
und er aß danach nie mehr vom Brot.
Mennes hieß der Herzog,
den Darius dorthin gesandt hatte,
der war ein tapferer Held.
Hundert Reiter hatte er um sich,
mit sehr trefflichen Schwertern,
die setzten sie ein, um ihn zu schützen.
Zu ihm konnte keiner durchbrechen,
nur einer, der mit seinem Leben abgeschlossen hatte.

Alexander want sîn vane, S 1273
er begunde sîne helide mane*n*. S 1274
Er sprenget ze Mennes wert S 1276
unde liez iz niuht durch die scarphen swert.
Durch alle die sîne er brach. S 1277
Mennes er durch den schilt stach,
daz daz pluot begunde rinnen.
Mennes stach hine wider durch den sînen,
der was feste helfenpein,
daz daz pluot an dem spere schain.
Ir iewedere stach den anderen nider. S 1278
Aldâ grîfen si zen swerten sider. S 1280
Â, wî daz fûr dar ûz spranch,
dâ ein stahel wider den ander dranch!
Grôzer slege wurden nie getân,
sie ne slûge wîlen Samson,
der die grôzen maht an ime truoch,
daz er mit eines eseles bachen ein tûsint liutes ersluoch.
Â, wie mahte daz ie werden:
Mennes, der sluoch Alexandern zuo der erde. S 1286 f.
Aldâ wart ime der helm abgeprochen, S 1298 f.
〈…〉
〈…〉
der manegen grôze*n* slege,
der der chunich Alexander fînch.
〈…〉
Unde wâr er alsô wol gewâfent nieht, S 1308
erne bes*cowe*t niemerz tages lieht,
wane daz sînes tôdes noch neweht solte sîn.
Ein rîter, der hiez Daclym, S 1310

1233 vane *(auch M)*] vanen *Ki.* 1234 manen *Ki, M*] manete. *nach* 1253] dâ was vil nâch gerochen / Darius der tûre degen *Ki nach S, M.* 1254 grôzen *Ki, M*] grozer. *nach* 1255] dô Mennes ime zû giench *Ki, M.* 1257 bescowet *Ki, M*] beswocht.

Alexander wandte seine Fahne um,
er trieb seine Helden an.
Er sprengte in Richtung auf Mennes zu
und unterließ das nicht wegen der scharfen Schwerter.
Durch all die Seinen brach er durch.
Mennes stach er durch den Schild,
dass das Blut floss.
Mennes wiederum stach durch den seinen,
der aus festem Elfenbein war,
so dass Blut am Speer zu sehen war.
Jeder von ihnen beiden stach den anderen nieder.
Danach griffen sie sogleich zu den Schwertern.
Ah, wie das Feuer dort herausstob,
wo ein Stahl gegen den anderen prallte!
Heftigere Schläge wurden nie geschlagen,
es sei denn, dass einst Samson sie schlug,
der über so große Kraft verfügte,
dass er mit dem Kinnbacken eines Esels tausend Männer erschlug.
Ach, wie konnte es je dazu kommen:
Mennes schlug Alexander zur Erde.
Dort wurde ihm der Helm weggerissen,
⟨da wäre Darius, der edle Krieger, beinahe gerächt worden⟩
durch die vielen heftigen Schläge,
die König Alexander erlitt
⟨als Mennes sich ihm näherte⟩.
Und wäre er nicht so gut gerüstet gewesen,
er hätte nie wieder das Tageslicht erblickt,
nur dass ihm der Tod noch nicht bestimmt war.
Ein Krieger namens Daclym

der was mit Alexander dâ S 1311
unde stunt ime des tages vil nâ.
Der ander hiez Jubal, S 1321
der sich vil ungerne in dem sturme hal, S 1322
der was dar chom*en* mit teme herzogen
unde hiete daz swert erzogen S 1328
unde wolde Alexander *[114va]* geben ainen slach, S 1330f.
dâ er im den hals plôz gesach.
Daclym wart der êror, S 1333
er lôste sînen herren.
Er sluoch Jubal von oberest sîner zende S 1335–37
al nider durch die lende
unde machet *zw*êne halbe man.
Â, wie guot ainen lob daz swert gew*a*n! S 1340
Daclym den helm gebranc,
sînem herren ern ûf daz hôbet pant.
Sîn houbet was im erscellet, S 1345
dâ er der nider wart gevellet. S 1346
Nieweht verwielt er sich sîner rede, S 1349
er was in grôzer unhuge.
Er war*f* sich umbe alsô *ai*n helit.
»Nû wert *i*uch, herre chunich«,
alsus sprach sîn rîter Daclym,
»hiute sî iwer ellen schîn,
wande ir ein diure *kn*eht sît. S 1357
Nû zîhet swert, des ist zît!«
Unde Alexander wart lôs,
dô spranc er ûf sîn ros. S 1360
Sîn ougen wâren freislîch,
sîn*e* fîent erforhten sich.
Unde alsô er zim selben chom, S 1364
Buzifal er mit den sporn nam. S 1366

1264 chomen *Ki, M*] chom. 1272 zwêne] zewene. 1273 gewan] gewån. 1280 warf] wars. – ain] aien. 1281 iuch] hiuch. 1284 kneht] keneht. 1289 sîne *Ki, M*] sinen.

war mit Alexander dort
und befand sich an diesem Tag ganz in seiner Nähe.
Der andere [d. h. sein Gegner] hieß Jubal,
der sich sehr ungern im Kampf verbarg,
der war mit dem Herzog dorthin gekommen
und hatte das Schwert gezückt
und wollte Alexander einen Schlag versetzen,
wo er seinen Hals entblößt sah.
Daclym war früher zur Stelle,
er befreite seinen Herrn.
Er schlug Jubal von ganz oben an den Zähnen
bis ganz nach unten durch die Lende
und machte zwei halbe Männer [aus ihm].
Ah, welch großen Ruhm das Schwert erlangte!
Daclym brachte den Helm,
seinem Herrn band er ihn auf das Haupt.
Er [Alexander] war ganz benommen,
wo er niedergestreckt worden war.
Er war seiner Worte nicht mächtig,
von großem Unmut war er erfüllt.
Er warf sich herum wie ein Held.
»Nun wehrt Euch, Herr König«,
so sprach sein Krieger Daclym,
»heute soll sich Eure Tapferkeit zeigen,
weil Ihr ein edler Krieger seid.
Nun zieht das Schwert, es ist an der Zeit dafür!«
Als Alexander befreit worden war,
da sprang er auf sein Ross.
Seine Augen waren schreckenerregend,
seine Feinde fürchteten sich.
Und als er zu sich selbst gekommen war,
gab er Buzival die Sporen.

Er tete Daclyme danch
unde frumit manegen swert slach.
Under die menege er reit.
Alsô der daz kras nider sleht, S 1370
sô strouwet Alexander.
Diz ne moh*te* neha*in* ander.
Diu menige, diu was mâre grôz, S 1371
die der herre slûch unde s*c*ôz. S 1372
Alsô vil lag *ir* dâ reslagen, S 1374
daz iu unzallîch wâre ze sagene, S 1373
Persen unde Chriechen, S 1375
ân wunden unde âne siechen.
Man saget von dem sturm, der ûf Wolfenwerde
gescach, S 1378f.
dâ Hilten vater tôt lach, S 1380
*zw*isken Hagenen unde Waten,
sône moht er herzô niet katen. S 1382
Iedoch ne m*o*ht nechain sîn,
noch Herewîch noch Wolfwîn, S 1383
der der ie gevaht volcwîch
dem chunige Alexander gelîch.
Man list von guoten ch*neh*ten, S 1387
die wol getorsten vehten,
in Troiâre liede,
ê sich der sturm ges*c*iede, S 1390
Achilles unde *H*ector,
Paris unde Nestor,
die manich tûsint erslûgen
unde die ouch scarfe gêre truogen.
Sô moht under in allen S 1395
zuo Alexander niuht gevallen.

1295 sleht] sleit *Ki, M.* 1297 mohte] moht te. – nehain] neham. 1299 scôz] soz. 1300 ir] er *(auch Ki, M).* 1305 lach] gelach *Ki (liest* gelaeh*: Lesefehler).* 1306 zwisken] zewisken. 1307 moht er] mŏther. 1308 moht] mŏht. 1312 chnehten] cheneten. 1315 sich] *fehlt M.* – gesciede] gesiede. 1316 Hector *(auch Ki, M)*] ekector.

Daclym sagte er Dank
und vollbrachte viele Schwertschläge.
Unter die Menge ritt er.
Wie einer, der Gras niedermäht,
so streckte Alexander [die Gegner] nieder.
Dies vermochte kein anderer.
Bemerkenswert groß war die Anzahl derer,
die der König erschlug und mit dem Speer tötete.
So viele von ihnen lagen da erschlagen,
dass es unmöglich wäre, euch von ihrer Zahl zu berichten,
von Persern und Griechen,
ohne die Verwundeten und ohne die Kranken.
Man erzählt von der Schlacht, die auf dem Wolfenwerde stattfand,
wo Hildes Vater fiel,
[der Schlacht] zwischen Hagen und Wate,
aber die konnte sich hiermit nicht vergleichen.
Doch konnte es keinen geben,
weder Herwic noch Wolfwin,
der je eine Völkerschlacht geschlagen hatte
wie König Alexander.
Man liest in der Dichtung von den Trojanern
von edlen Kriegern,
die tapfer zu kämpfen wagten,
bevor der Krieg entschieden wurde,
von Achilles und Hector,
Paris und Nestor,
die viele Tausende erschlugen
und die auch scharfe Speere trugen.
Doch konnte keiner unter ihnen allen
Alexander gleichkommen.

*P*incun was ein grâve genant,
der vûrte den vanen an der hant,
den er Alexander abebrach,
den Mennes der nider stach. S 1400
Unde alsô er den grâven hâte erchorn,
duo rûrt erz ros mit den sporn,
zuo dem grâven er reit.
Er sprach: »Daz *[114vb]* ⟨*was*⟩ ein michel chintheit,
daz mîn vane chom in i*w*er hant. S 1405
Iz wirt iu ze laster gewant.«
Der grâve daz ros umbe warf.
Â, wie schîr er dâ restarb!
Er sprach: »Gewisse fûr ich einen vanen,
der churze wîle mit mir sol wonen.
Ich sol dirn alsô wider gebe*n*, S 1416
daz ez dir gât an dîn leben.«
Mit samt deme worte
sô stach er in mit dem orte, S 1420
daz an dem spere was,
daz er der wunden wol genas.
Oberhalb der brâ, S 1424
dâ was ter s*t*ich ketân. S 1423
Nû vernement, waz Alexander sprah, S 1425
als in Pincun gestach:
»Du solt lugenâre wesen,
unde ich sol des stiches wol genesen.«
Mit dem s*e*lben worte
gab er im ⟨*einen slach*⟩ mit dem swerte, S 1430
ûf daz houbet ern slûch,
durch den hals unde durch den huot.
Der slach was unsûz,
daz houbet viel ime vur die fuoze.

1322 Pincun] *Lombarde nicht ausgeführt.* 1329 was *Ki, M*] *fehlt.* 1330 iwer] ivier. 1336 geben] gebent. 1342 brâ *(auch M)*] ougbrâ *Ki nach S.* 1343 stich] sich. 1348 selben] solben. 1349 einen slach *Ki, M*] *fehlt.*

Pincun hieß ein Graf,
der führte die Fahne in der Hand,
die er Alexander entrissen hatte,
als ihn Mennes niedergestochen hatte.
Und als er [Alexander] den Grafen wahrgenommen hatte,
da spornte er das Ross an,
zum Grafen ritt er.
Er sprach: »Das ⟨war⟩ großer Unverstand,
dass meine Fahne in Eure Hand kam.
Es wird Euch zur Schande ausschlagen.«
Der Graf warf das Pferd herum.
Ha, wie bald er dort starb!
Er sprach: »Ohne Zweifel führe ich eine Fahne,
die kurze Zeit bei mir bleiben wird.
Ich werde sie dir so zurückgeben,
dass es dir ans Leben geht.«
Mit diesen Worten
versetzte er ihm einen Stich
mit der Speerspitze,
[aber] so, dass er die Verwundung gewiss überlebte.
Über der Braue,
dort hatte der Stich getroffen.
Nun hört, was Alexander sprach,
als ihn Pincuns Stich getroffen hatte:
»Du wirst als Lügner dastehen,
und ich werde den Stich gewiss überleben.«
Mit diesen Worten
hieb er mit dem Schwert auf ihn ein,
auf das Haupt versetzte er ihm einen Schlag,
durch den Hals und durch den Helm.
Der Schlag war unfreundlich,
das Haupt fiel ihm vor die Füße.

Unde Alexander sînen vanen wider
gewan, S 1435
Mennes aber ime zuo chom. S 1438
Den herzogen er der nider stach.
Dô gab er im mit dem swert ainen slach. S 1440
Ûf den arm er in sluoch,
dâ er daz swer*t* inne truoch.
Der slach was vone grôzer maht,
durch den arm unde durch den scaph,
sô chom daz swert gedrungen S 1445
unde want ime an der lungen.
Aldâ viel Mennes danider.
Persi ne fuhten niuht sider.
Ûzer dem velde si fluhen,
si ne getorsten in selben nieht getrûwen. S 1450
Des wart Alexander vil palt.
Er belaib dâ mit gewalt
zuo den selben stunden, S 1455
al biz im geheilten sîne wunden,
unde genâhete sich Dario baz.
Aine burch er ime besaz,
diu was Sardix kenant,
von sînen wart siu verbrant. S 1460
Dô nam er silber unde golt, S 1464 f.
er machet ime manegen degen ho*l*t.
Diu selbe burch Sardix, S 1465
von ir saget uns daz bû*ch* Apokalipsis,
daz si der siben purge aineu ⟨*wâre*⟩,
die got unser h*a*ilêr *[…]*
in sînem obris*ten* himel nante,
dû er sante Johannes dar ze poten *[115ra]*
sante. S 1470 f.

1359 swert] sver. 1364 danider] der nider *Ki.* 1375 sînen] den sînen *Ki, M.* 1377 holt] hoht. 1379 bûch] buhc. – Apokalipsis] Apocalipsis *Ki, M.* 1380 wâre] *fehlt (einen Vers nach unten gerutscht).* 1381 hailêr] haeiler wâre, hailâre *Ki.* 1382 obristen] obrist den.

Als Alexander seine Fahne zurückerobert hatte,
kam Mennes abermals auf ihn zu.
Den Herzog stach er nieder.
Dann versetzte er ihm einen Schlag mit dem Schwert.
Auf den Arm schlug er ihn,
in dem er das Schwert hielt.
Der Schlag war von großer Wucht,
durch den Arm und durch den Schaft
drang das Schwert
bis in seine Lunge.
Mennes fiel dort nieder.
Die Perser kämpften danach nicht weiter.
Vom Schlachtfeld flohen sie,
sie wagten nicht, sich selbst zu vertrauen.
Dadurch wurde Alexander sehr kühn.
Er blieb dort mit Macht
bis zu eben der Zeit,
zu der seine Wunden geheilt waren,
und näherte sich [dann] Darius weiter.
Eine befestigte Stadt belagerte er ihm,
die war Sardix genannt.
Von seinen [Leuten] wurde sie niedergebrannt.
Da nahm er Silber und Gold,
er machte sich viele Helden ergeben.
Von eben der befestigten Stadt Sardix
berichtet uns das Buch »Apokalypse«,
dass sie eine der sieben befestigten Städte ⟨sei⟩,
die Gott, unser Retter,
in seinem obersten Himmel nannte,
als er St. Johannes als Boten dorthin sandte.

Unde d*ô* man Dario diz gesag*e*te,
niuht sêre er ne chlagete.
Er tete, alsô der stolze man d*uo*t,
der durch sîne ubermuot S 1475
sich sô verr*e* verwellet,
daz er fur sînen argoren vellet.
Unde er sich niuht warnet enzît,
ôwî, wî diche er *l*aster gesiht!
Iedoch sô swûr er *ain* teil:
Er sprach, sô *h*ulfim sînes rîches heil,
iz ne scolte niemer vierzehen naht*e z*egân,
er solte Alexander ûf einen poum hâhen, S 1481 f.
daz inz gevugel êze, S 1485
des er sich ie wider in vermâze. S 1486 f.
Dannen wurden sîne poten gesant,
uber wazzer unde uber lant, S 1490
unde hiez sînen fursten daz sagen
unde manegem rîchen chunige chlagen, S 1492
herzogen unde grâven, S 1495
daz sis ime rât k*â*ben
unde chômen mit sô frumen chne*h*ten,
die wol getorsten vehten, S 1500
mit allen ir menegen
in daz felt Mesopotamiam.
In der breiten owen,
dâ wolte er sîn her bes*c*owen.
Er sprach, â, wî gerne er vernâme S 1505
die manegen scar, die ime chôme.
Nû wil ich iu chunden uber al,
wî vil ain scare haben sal,
allen den, die des niuht enwizzin:
sehs tûsint unde ⟨*sehs*⟩ hunderet sehsi*c*, S 1510 f.

1384 dô *Ki*] daz, dâ *M*. – gesagete *Ki, M*] gesate. 1386 duot] deth, tût *Ki*. 1388 verre] verrer. 1391 laster] saster. 1392 ain] am. 1393 hulfim] ulfim, hulfe im *Ki, M*. 1394 nahte zegân *(nach Minis)*] naht entegan, naht entgân *Ki, M*. 1403 kâben] kaiben. 1404 chnehten] chneten. 1409 bescowen] besowen. 1415 sehs *Ki nach S, M*] *fehlt*. – sehsic *Ki nach S, M*] sehsi.

Und als man dies Darius berichtet hatte,
klagte er nicht heftig.
Er handelte, wie es ein stolzer Mann tut,
der aus Hoffart
so sehr in [Zornes-]Wallung gerät,
dass er sich [schließlich] erniedrigen muss vor einem, der unbedeutender ist als er.
Wenn er sich nicht rechtzeitig vorsieht,
oh weh, wie oft muss er [sich in] Schande sehen!
Doch schwor er ganz entschieden:
Er sprach, wenn ihm seines Reiches Heil beistehe,
sollten keine vierzehn Nächte mehr vergehen,
bis er Alexander an einen Baum hängen lasse,
damit ihn die Vögel fräßen,
weil er ihm gegenüber stets anmaßend gewesen sei.
Seine Boten wurden fortgesandt,
über Wasser und über Land,
und er befahl, seinen Fürsten das zu berichten
und vielen mächtigen Königen,
Herzögen und Grafen seine Klage vorzutragen,
damit sie ihm Unterstützung zuteil werden ließen
und mit so tapferen Kriegern,
die tapfer zu kämpfen wagten,
mit allen ihren Scharen
in die Ebene Mesopotamien kämen.
Dort auf der weitläufigen Ebene
wolle er sein Heer inspizieren.
Er sprach, ah, wie gerne er
von den zahlreichen Scharen erfahre, die für ihn kämen.
Nun will ich euch vor allem kundtun,
wie viele Männer eine Schar üblicherweise umfasst,
allen denen, die davon nichts wissen:
sechstausend(sechs)hundertsechzig,

des will ich ⟨...⟩
Die fursten will ich zellen
unde die menige, diu mit samit in chom,
alsô Dario wol gezam,
wande er de geweltigiste chunich was,
dâ man von ie gelas.
Vil wîten gînch sîn gewalt.
Z*w*ein unde drîzech wâren sie gezalt, S 1515
die chunige, die zim chômen,
dô si sîne nôt vernâmen. S 1517
Grâven chômen ime ouch, S 1520
z*w*ei hundert unde sibenzoch. S 1519
Herzogen zim chêrten, S 1518
daz sich sîne rîter mê*rt*en, S 1522
die zalt man, sô ich sicher bin,
zaht hundert unde trîn.
Von Persin wurden ime gesant S 1531
helide sibenzich tûsint.
Wol hulfen ime des
die chûnen Zinnonenses. S 1533
Si chômen mit f*u*nzich tûsint chne*h*ten, S 1535
die wole getorsten vehten.
Die Panfilien dâten *h*arte wole,
si brâ*h*ten die *[115rb]* selben zal.
Noch tuo chom im ain scar grôz,
die des wîges l*u*zel bedrôz, S 1540
alsô si in chunigis reise wol gezam,
wande si von Medinrîche quam.
Medinrîch ist noch daz selbe lant,
dar der engel mit Tobia wart gesant.
Cilicien heizet ein lant,
si brâ*h*tin im a*h*zech tûsint. S 1545

1416 will ich] wil ich iuch niht verhelen *Ki, M.* 1423 Zwein *M*] zewein, Ze zwein *Ki.* 1427 zwei] zei. 1429 mêrten *(vgl. M)*] mercthen, mêrethen *Ki.* 1436 funzich] fuunzich. – chnehten] chneten. 1438 harte] arte. – wole] wale (so auch *Ki*), wal *M.* 1439 brâhten] braten. 1441 luzel] liuzel, lutzel *Ki, M.* 1447 brâhtin] bratin. – ahzech] azech.

das will ich ⟨euch nicht verhehlen⟩.
Die Fürsten will ich aufzählen
und die große Schar, die mit ihnen zog,
wie es Darius gewiss zukam,
da er der gewaltigste König war,
von dem man je gelesen hatte.
Sehr weit reichte seine Macht.
Zweiunddreißig Könige
zählte man, die zu ihm zogen,
als sie von seiner Bedrängnis vernommen hatten.
Grafen kamen auch zu ihm,
zweihundertsiebzig.
Herzöge stießen zu ihm,
so dass sich seine (berittenen) Krieger vermehrten,
von denen [den Herzögen] zählte man, wenn ich sicher sein kann,
achthundertdrei.
Aus Persien wurden ihm
siebzigtausend Helden gesandt.
Gut halfen ihm dabei
die kühnen Zinnonenser.
Sie kamen mit fünfzigtausend Kriegern,
die tapfer zu kämpfen wagten.
Die Panfilien handelten sehr richtig,
sie führten die gleiche Zahl herbei.
Noch eine große Schar kam dann zu ihm,
der kein Krieg zu viel wurde,
wie es für sie beim Kriegszug des Königs angemessen war,
denn sie kam aus dem Mederreich.
Medien ist eben das Land,
wohin der Engel mit Tobias gesandt wurde.
Cilicien heißt ein Land,
die brachten ihm achtzigtausend Mann.

Von Ninive wurden ime gesant
ain unde *zw*ainzich tûsint.
Die ûzer Armeninlant,
si brâ*h*ten ime aht tûsint. S 1550
Sine m*o*hten ouch tû nieht baz.
Diz was, dâ diu archa gesaz, S 1555
diu ûf dem wazzer swebete,
dâ Noe inne lebete. S 1556
Ime santen die von Gâze, S 1559–61
die uber Filistin sâzen,
di im wol ze trôste mohte*n* wesen,
z*wi*rent funf hunderet starcher risen.
Noch dô sâzen sîne frîe ma*n* S 1565
ferre uber Fri*gi*am,
die trûgen ime gûten willen.
Si nâmen *zwe*inzeh tûsint gesellen
unde tâtin zim chêren. S 1570
Si gunden im sîner êren. S 1569
Alsô man sînen willen vernam
ferre uber Indiam,
z*we*lf tûsint si nâmen,
gereitechlîchen zim chôm*en*.
Noch dô chom im ain wênich here, S 1575
daz santen ime die von dem rôten mere,
ain tûsint s*nell*er helede,
ze wîge wol erwelte. S 1578
Nû vernement, war zû man diz her nam:
Dô iz al zesamene chom,
*ze s*ehs hunderet tûsint wâren si gezalt S 1582
(dâ was der hof manichfalt)
unde dar zuo drîzech tûsint.
Alsus hete sich Darius besant. S 1583

1449 zwainzich] zewainzich. 1451 brâhten] braten. 1452 mohten] mŏhten. 1458 mohten] mohtem. 1459 zwirent *Ki, M*] zeirent. 1460 man] mam. 1461 Frigiam *Ki, M*] friam. 1463 zweinzeh *Ki*] zewinzeh. 1468 zwelf] zevlf. 1469 chômen] chom. 1472 sneller *Ki, M*] sleie er. 1476 ze sehs *Ki, M*] zehs.

Aus Ninive wurden ihm
einundzwanzigtausend Mann gesandt.
Die aus Armenien
brachten ihm achttausend Mann.
Mehr vermochten sie da auch nicht aufzubringen.
Das war der Ort, wo die Arche landete,
die auf dem Wasser getrieben war,
in der Noah [über]lebte.
Die aus Gaza,
die im Land der Philister wohnten,
sandten ihm [Männer,] die ihm gewiss eine Stütze sein konnten,
[nämlich] zweimal fünfhundert starke Riesen.
Noch lebten da seine freien Gefolgsleute
weit weg in Frigia,
die waren ihm wohlgesonnen.
Sie nahmen zwanzigtausend Kampfgefährten
und begaben sich zu ihm.
Sie gönnten ihm sein Ansehen.
Als man weit weg in Indien
vernahm, was er wollte,
nahmen sie zwölftausend Mann,
bereitwillig kamen sie zu ihm.
Außerdem kam ein kleines Heer zu ihm,
das sandten ihm die vom Roten Meer,
tausend tapfere Helden,
zum Krieg trefflich auserlesen.
Nun vernehmt, zu welcher Größe man dieses Heer gesammelt hatte:
Als es ganz zusammengekommen war,
zählte man sechshunderttausend Mann
(stark bevölkert war da der Hof)
und dreißigtausend dazu.
So hatte Darius sein Heer aufgeboten.

Unde alsô diz Alexander vernam, S 1584
er manete sîne getrûe man, vgl. S 2797
die im ze sîner nôte vgl. S 2799
ie wâren ainmuote. vgl. S 2798
Mit ainer minner menige vgl. S 2806
sô reit er in zegegene vgl. S 2807
ze Mesopotamia.
Dâ chômen sie zesamene vgl. S 2809
in der breiten ouwe. vgl. S 2810
⟨*Man*⟩ mahte nie beschowen vgl. S 2811
schar alsô edele vgl. S 2812
vor eineme chunige,
die der ie zesamene chômen vgl. S 2814
unde sô grôzen schaden genâmen. vgl. S 2815
Alle die *v*olch wîch, vgl. S 2823
⟨*die*⟩ von Darios zît vgl. S 2825
[…] alle bizher sint gescheen, vgl. S 2826
sine m*o*hten dar zuo gelîchen niuht. vgl. S 2827
Dâ was daz felt vil breit
mit ten tôten uberspreit.
Dâ Alexander durch daz wale brach,
â, was dâ helede tôt lach!
Unde alsô êrhin mûz ⟨*iz*⟩ nû alsô ergân:
»Ir sulten zins hie infâhen,
dâ ir *[115va]* vil manegen tach habet nâch gesant,
den hân ich iu brâht in diz lant.«
Mit tem selben worte
sô gab er im mit dem swerte
ainen slach, der was mâre grôz,
daz imz houbet vur daz march scôz.
Dâ geschiet sich daz volcwîc.
Sus saget uns maister Albrich

1489 Man *Ki, M*] *fehlt.* – mahte] mohte *Ki.* 1494 volch] wolch. 1495 die – zît *Ki*] uon darios zit *(auch M).* 1496 alle] die alle *(auch M)*, al *Ki.* 1497 mohten] můhten. 1502 êrhin *Ki*] er hin. – iz *Ki, M*] *fehlt.*

Und als dies Alexander vernommen hatte,
ermunterte er seine Getreuen,
die ihm in seiner Bedrängnis
stets einmütig ergeben waren.
Mit einer kleineren Schar
ritt er ihnen entgegen
nach Mesopotamien.
Dort trafen sie
auf der weitläufigen Ebene aufeinander.
Nie hatte ⟨man⟩
so edle Scharen
vor einem König sehen können,
wie sie dort zusammengekommen waren
und so große Verluste erlitten.
Alle Völkerschlachten,
die von Darius' Zeit
bis jetzt stattgefunden haben,
die konnten sich damit nicht vergleichen.
Dort war das weitläufige Schlachtfeld
über und über mit den Toten bedeckt.
Wo Alexander durch das Schlachtfeld brach,
ah, wie viele Helden lagen dort tot!
Und so wie früher [angekündigt] wird es nun zu Ende gehen:
»Ihr sollt hier den Tribut empfangen,
nach dem Ihr lange Zeit gesandt habt,
den habe ich Euch in dieses Land gebracht.«
Mit eben diesen Worten
versetzte er [Alexander] ihm [Darius] mit dem Schwert
einen Schlag, der war außerordentlich heftig,
so dass ihm das Haupt vor das Pferd fiel.
Dort entschied sich die Völkerschlacht.
So berichten uns Meister Alberic

unde der guote pha*f*fe Lampret.
Diz liet ist wâr unde reht.
Hie dûhte siu beidi diu mâz.
Nû ist zît daz lâzen.

1512 phaffe] phaffte. 1514 siu] si *Ki.*

und der edle Kleriker Lambrecht.
Diese Dichtung ist wahr und richtig.
Hier schien sie ihnen beiden richtig bemessen.
Nun ist es Zeit, damit aufzuhören.

Straßburger Alexander

Daz liet, daz wir hie wirken,
daz sult ir rehte merken.
Sîn gevôge ist vil gereht.
Iz tihte der paffe Lamprecht
unde saget uns ze mêre, V 5
wer Alexander wêre.
Alexander was ein listich man,
vil manige rîche er gewan,
er zestôrte manige lant.
Philippus was sîn vater genant. V 10
Daz mugit ir wol hôren
in libro Machabeorum.
Elberîch von Bisenzun,
der brâhte uns diz liet zû,
der hetiz in walischen getihtit. V 15
Ih hân is uns in dûtischen berihtet.
Nieman ne schuldige mih:
Alse daz bûch saget, sô sagen ouh ih.
Dô Elberîch daz liet irhûb,
dô heter einen Salemonis mût, V 20
in wilhem gedanken Salemon saz,
dô er rehte alsus sprah:
›vanitatum vanitas
et omnia vanitas.‹
Daz quît: Iz ist alliz ein îtelicheit,
daz di sunne umbegeit.
Daz hete Salemon wol versûht. V 25
Durh daz swar ime sîn mût.
Er ne wolde niwit langer ledich sitzen,
er screib von grôzen witzen,
wande des mannis mûzicheit
zô dem lîbe noh zô der sêle nit ne versteit. V 30
Dar ane gedâhte meister Elberîch.
Den selben gedanc haben ouh ih.

Überschrift Massmann 1828: Diz ist alexander. 24 omnia] õia.

Der Dichtung, die wir hier verfertigen,
sollt ihr eure Aufmerksamkeit widmen.
Sie ist ganz richtig zusammengestellt.
Verfasst hat sie der Kleriker Lamprecht
und berichtet uns,
wer Alexander war.
Alexander war ein kluger Mann,
sehr viele Reiche eroberte er,
er verheerte viele Länder.
Philipp hieß sein Vater.
Das könnt ihr genau hören
im Buch der Makkabäer.
Alberic von Bisenzun
brachte diese Dichtung zu uns,
der hatte sie in romanischer Sprache verfasst.
Ich habe sie uns in die deutsche Sprache übertragen.
Niemand möge mir Vorwürfe machen:
Wie das Buch sagt, so sage auch ich.

Als Alberic die Dichtung begann,
da dachte er an Salomon,
mit welchen Überlegungen dieser dasaß,
als er ganz so sprach:
›vanitatum vanitas
et omnia vanitas‹.
Das bedeutet: Alles ist eitel,
was die Sonne umkreist.
Das hatte Salomon genau bedacht.
Darüber empfand er Schmerz.
Er wollte nicht länger unbeschäftigt dasitzen,
aus großer Klugheit heraus schrieb er,
denn der Müßiggang des Menschen
ist nicht gut für Leib und Seele.
Daran dachte Meister Alberic.
Ich denke ebenso.

Ih ne wil mih niwit langer sparen,
des liedis wil ih vollenvaren.
Iz quît: Rîchere kunin*[13d]*ge was genûch.
Daz ne sagit uns aber nehein bûch
noh neheiner slahte mêre,
daz ie dichein sô rîche wêre,
der in alten gezîten
mit sturmen oder mit strîten
ie sô manige lant gewunne
oder sô manigen kuninc bedwunge
oder sô vil herzogen irslûge
unde andire fursten genûge,
sô der wunderlîche Alexander.
Ime ne gelîchet nehein ander.
Er was von Kriechen geborn
und wart dâ ze kuninge irkorn
und was der allirhêriste man,
den Kriechen ze kuninge ie gwan.
Ouh wâren kuninge creftich,
hêr unde mehtih,
ubir manige diet gwaldich,
ir hêrheit manicfaldich.
Michel was ir wîsheit,
ir list unde ir cundicheit.
Ir scaz was mêre unde grôz.
Ir ne wart aber nie nehein sîn genôz,
di mit listen oder mit mehten
irin willen ie sô vollenbrêhten
sô aber dirre selbe man,
umbe den ich diser rede began.
An eine andere rede wil ih nû vân.
Salemon, der was aleine ûz getân,
der sih ûzir allen kuningen nam.
Dô regina austri zô ime quam

Ich will mich nicht länger schonen,
die Dichtung will ich zu Ende bringen.
Es heißt: Mächtige Könige gab es viele.
Aber kein Buch
und auch keinerlei Geschichte berichtet uns davon,
dass je einer so mächtig gewesen wäre,
dass er in alten Zeiten
mit Kämpfen oder mit Schlachten
je so viele Länder erobert
oder so viele Könige besiegt,
oder so viele Heerführer
und viele andere Fürsten erschlagen hätte
wie der staunenswerte Alexander.
Ihm kommt kein anderer gleich.
Er stammte aus Griechenland
und wurde dort zum König erwählt
und war der allerbedeutendste Mann,
den Griechenland je zum König hatte.
Auch gab es [andere] starke Könige,
erhaben und mächtig,
gewaltig über viele Völker,
ihre Herrlichkeit [war] mannigfaltig.
Groß waren ihre Weisheit,
ihre Klugheit und Verständigkeit.
Ihr Reichtum war gewaltig groß.
Unter ihnen gab es aber nie [Könige] seinesgleichen,
die mit Klugheit oder mit Gewalt
ihren Willen immer so durchgesetzt hätten,
wie wiederum eben dieser Mann,
um dessentwillen ich mit dieser Erzählung begonnen habe.
Etwas anderes will ich nun sagen.
Salomon allein war die Ausnahme,
der über alle Könige herausragte.
Als regina austri [die Königin des Ostens] zu ihm kam

unde si sîne wunder V 65
alle besunder
rehte merken began,
starke si dô undirquam.
Dô *si* sîne wîsheit
und sîne grôze rîcheit,
sîn fleisch und sîne vische
und di zîrheit sîner tische
unde sîn templum gesach,
mit rehter wârheit si dô sprach, V 66
daz von mannis geburte
frumiger kuninc nie ne wurde.
Man mûstin wol ûz scheiden,
wande Alexander was ein heiden. V 70
Noch sprechint manige lugenêre,
daz er eines gouchelêres sun wêre,
Alexander, dar ih û von sagen:
Si liegent alse bôse zagen,
alle, di is ie gedâhten, V 75
wande er was rehte kunincslahte.
Sulhe lugenmêre
sulen sîn ummêre
iegelîchen frumen man.
Sîn geslehte ih wol gereiten kan.
Sîn geslehte was hêrlîch,
ubir al Kriechlant gwaldich. V 80
Philippus hîz der vater sîn,
al Macedonien was sîn.
Sîn ane, der was ein gût kneht,
ubir daz mere ginc sîn reht. V 84
Er was geheizen Omin.
Wîten ginc der gwalt sîn,
michil was sîn heriscraft.
Vil manich volcwîch er vaht V 86

73 si] *fehlt.*

und sie alles Staunenswerte an ihm
eigens
richtig wahrnahm,
erschrak sie heftig.
Als sie seine Weisheit
und seinen großen Reichtum,
sein Fleisch und seine Fische
und die Kostbarkeit seiner Tische
und seinen Tempel gesehen hatte,
da sprach sie richtig und wahr,
dass es von der Entstehung des Menschen an
nie einen trefflicheren König gegeben habe.
Ihn sollte man sicherlich ausklammern,
denn Alexander war Heide.
Noch behaupten viele Lügner,
dass er eines Zauberers Sohn gewesen sei;
dazu erkläre ich euch:
Sie lügen wie niedrig gesinnte üble Kerle,
alle, die sich das jemals ausdachten,
denn er stammte rechtmäßig aus königlichem Geschlecht.
Solche Lügengeschichten
sollen jedem redlichen Mann
verhasst sein.
Sein Geschlecht kann ich genau aufzählen.
Sein Geschlecht war vornehm,
mächtig über ganz Griechenland.
Philipp hieß sein Vater,
ganz Makedonien war sein.
Sein Großvater war ein trefflicher Krieger,
seine Gerichtsbarkeit erstreckte sich [bis] über das Meer.
Er hieß Omin.
Weit reichte seine Herrschergewalt,
groß war seine Heeresmacht.
Sehr viele Völkerschlachten schlug er

wider den kuninc Xersen.
Gewaldiclîche verwan er den V 88
unde vil ellenthafte
mit sîner hercrafte.
  Philippus, der nam ein wîb, V 89
di trûch einen vil hêrlîchen lîb. V 90
Ih sagû, wî ir name was:
Si hîz di scône Olympias.
Diu was Alexandris mûter.
Di frowe hete einen brûder,
der was ouh Alexander genant, V 95
ze Persien het er daz lant.
Der was ein furste alsô getân,
er ne wolde werden undertân
nie neheineme kuninge;
daz sagih û âne lugene:
Er ne wolde ouh ze neheinen zîten
von sturmen noh von strîten
nie neheine wîs geflîhen,
swî ime sîne dinc dâ irgîhen. V 100
Er was ein tûrlîcher degen
und wolde rehter herschefte plegen.
  Woldet ir alle nû gedagen,
sô woldih û sagen
von Alexandris geburte,
wî diu gewurte:
[14a] Sîn mûter frowe Olympias, V 105
zestunt dô si *sîn* genas,
dô wart ein michil nôtfal:
Di erde irbibete ubir al,
der donre wart vil grôz,
ein starkiz weder nider gôz, V 110
der himel verwandelôte sih,
und di sunne vertunkelôte sih

130 si sîn] siv.

gegen König Xerxes.
Gewaltig
und überaus tapfer besiegte er den
mit seiner Heeresmacht.
Philipp nahm eine Frau,
die sah herrlich aus.
Ich sage euch, wie ihr Name war:
Sie hieß die schöne Olympias.
Die war Alexanders Mutter.
Die Dame hatte einen Bruder,
der war auch Alexander genannt,
der hatte sein Land in Persien.
Der war ein Fürst von solcher Art,
dass er nie irgendeinem König
untertan werden wollte;
das sage ich euch, ohne zu lügen:
Er wollte auch niemals
aus Kämpfen oder Schlachten
in irgendeiner Weise fliehen,
wie auch immer es ihm da erging.
Er war ein ausgezeichneter Krieger
und wollte gerechte Herrschaft ausüben.
Wolltet ihr nun alle schweigen,
so wollte ich euch
von Alexanders Geburt berichten,
wie die vor sich ging:
Zu der Zeit, als seine Mutter, die Herrin Olympias,
ihn gebar,
da kam es zu gewaltiger Bedrängnis:
Die Erde erbebte überall,
es donnerte sehr laut,
ein heftiges Unwetter ergoss sich nieder,
der Himmel wandelte sein Aussehen,
und die Sonne verfinsterte sich

und hete vil nâh irn schîn verlorn,
dô Alexander wart geborn.

Nû ne vereischetih ê nie noh sint
alsus geborn nie nehein kint.
Geloubit mir, des ih û sagen:
Er gedeih baz in drîn tagen
dan alle andere kint,
sô si drîer mânede alt sint.
Und alsime iht des gescach,
daz ime ubile ze hugen was,
sô sach er alse der wolf deit,
alser ubir sînem âze steit.
Daz ih von ime sagen, daz ist wâr:
Strûb unde rôt was ime sîn hâr,
nâh eineme vische getân,
den man in den mere sehet gân,
und was ime ze mâzen dicke
und crisp als eines wilden lewen locke.

Umbe sîn gesihte
wil ih ûh ouh berihten
unde rehte bescheiden:
Ein ouge was ime weiden,
getân nâh einen trachen.
Daz quam von den sachen:
Dô in sîn mûter bestunt ze tragene,
dô quâmen ir freislîche bilide ingagene,
daz was ein michil wunder.
Swarz was ime daz ander,
nâh einem grîfen getân.
Daz sult ir wizzen âne wân.

Sîn hals was ime wol geschaffin,
sîn brust starc und wol offin,
sîne arme wâren ime von grôzer maht.
Allis sînes mûtes was er wol bedâht.

und hätte beinahe ihren Schein verloren,
als Alexander geboren wurde.
Nun habe ich nicht gehört, dass früher oder später
je ein Kind unter solchen Umständen geboren wurde.
Glaubt mir, wovon ich euch berichte:
Er entwickelte sich in drei Tagen weiter
als alle anderen Kinder,
wenn sie drei Monate alt sind.
Und wenn ihm etwas widerfuhr,
das er für übel hielt,
so blickte er drein wie ein Wolf,
wenn er über seinem Fressen steht.
Was ich von ihm sage, das ist wahr:
Struppig und rot war sein Haar
wie bei einem Wassertier,
das man im Meer schwimmen sieht,
und war richtig dicht
und lockig wie die Mähne eines wilden Löwen.
Von seinen Augen
will ich euch auch berichten
und genau erzählen:
Eines seiner Augen war bläulich
wie bei einem Drachen.
Das kam daher:
Als ihn seine Mutter in ihrem Leib trug,
da überkamen sie schreckliche Traumbilder,
das war sehr verwunderlich.
Schwarz war sein anderes [Auge]
wie bei einem Greifen.
Das sollt ihr ganz sicher wissen.
Sein Hals war wohlgeformt,
seine Brust kräftig und schön breit,
seine Arme waren sehr kräftig.
In all seinem Sinnen und Trachten war er wohlüberlegt.

Sîn bûch ne was ime nit ze lanc noh ze breit;
vil wol daz deme jungelinge steit.
Beide ubir vûze und ubir bein
rîterlîch er ze tale schein.
Unde ubir allen sînen lîb
was er rehte hêrlîch.
Daz sagih û zewâre:
In sînen êristen jâre
wôhs ime maht und der lîb sîn
mêr dan einem anderen in drîn.
  Nû hôret, wî er sih fure nam:
Swâ ein frumich rîter zô ime quam,
den bôt er lîb unde gût
unde ne karte neheinen sînen mût
an neheinen tumben man;
vil harte wol im daz gezam.
Ime was sîn gebâre,
alser ein furste wâre
ubir alliz ertrîche.
Ih sage û wêrlîche:
Die meistere, di er dô gwan,
di wâren cunstige man.
Si begunden in wîsheit lêren
und zugen in ze grôzen êren.
Si larten ime strîten
und vermezzenlîchen rîten
in sturm unde in volcwîch,
sô daz is nie ne wart sîn gelîch.
Der liste, di er von in gwan,
der wart er ên vil vornême man.
  Der êriste meister sîn,
der lartin kriechisch und latîn
und scrîben ane pergemint
(noh dan was er ein lutzil kint)

188 alser *Ber.*] als er.

Sein Bauch war weder zu lang noch zu breit;
sehr gut steht das dem Jungen.
An Füßen und Beinen
sah er nach unten hin aus wie ein Ritter.
Und am ganzen Körper
sah er wahrhaft herrlich aus.
Das berichte ich euch wahrheitsgemäß:
In seinem ersten Lebensjahr
wuchsen seine Kraft und er selbst
mehr als bei einem anderen in dreien.
Nun hört, wie er sich hervortat:
Wo immer ein tapferer Krieger zu ihm kam,
bot er ihm sich und seinen Besitz an
und wandte sich
keinem Toren zu;
sehr gut stand ihm das an.
Sein Auftreten war,
als wäre er Fürst
über das ganze Erdreich.
Ich berichte euch wahrheitsgemäß:
Die Lehrer, die er da bekam,
waren gelehrte Männer.
Sie lehrten ihn Weisheit
und erzogen ihn so, dass er zu großem Ansehen kam.
Sie lehrten ihn zu kämpfen
und verwegen zu reiten
in der Schlacht und im Völkerkrieg,
so dass es darin nie seinesgleichen gab.
Durch die Fähigkeiten, die er von ihnen erlernte,
wurde er ein durch und durch ausgezeichneter Mann.
Sein erster Lehrer
lehrte ihn Griechisch und Latein
und auf Pergament zu schreiben
(damals war er noch ein kleines Kind)

und lartin vil manige bûch V 175
und andire wîsheit genûch.
  Sîn meister, den er dar nâh gwan,
der lartin wol mûsicam
und lartin di seiten zîhen,
daz alle tône dar inne gîhen, V 180
rotten unde der lîren clanc,
und von ime selben heben den sanc.
  Der dritte frumete ime wole:
Er lartin allir dinge zale
unde lartin al di wîsheit,
wî verre diu sunne von dem mânen geit, V 185
unde lartin ouh di list,
wî verre von den wazzeren zô den himelen ist.
  Der meister, den *er* dô gwan,
was Aristotiles, der *[14b]* wîse man.
Der lartin alle di cundicheit, V 190
wî der himel umbe geit,
und stach ime di list in sînen gedanc,
zerkennene daz gestirne und sînen ganc,
dâ sih *di* wîsen veren mite bewarint,
dâ si in dem tiefen mere varint. V 195
  Einen meister gwan er abir sint,
Alexander, daz edele kint,
der lartin mit gewêfene varen,
wî er sih mit einem schilde solde bewarn
und wî er sîn sper solde tragen V 200
zô deme, dem er wolde schaden,
und wî er den erkiesen mohte
und gestechen, alsiz ime tohte,
und alse der stich wêre getân,
wî er zô dem swerte solde vân V 205
und dâ mite kundiclîche slege slân
und wî er sînen vîant solde vân

219 er] *fehlt.* 225 di] *fehlt.*

und lehrte ihn, was in sehr vielen Büchern stand,
und viele andere Kenntnisse.
Sein Lehrer, den er danach bekam,
der unterrichtete ihn trefflich in der Musik
und lehrte ihn, die Saiten zu stimmen,
so dass alle Töne daran erklangen,
das Spiel der Rotte und der Leier
und selbst kunstvoll den Gesang anzustimmen.
Der dritte förderte ihn sehr:
Er lehrte ihn, alles zu berechnen,
und vermittelte ihm all die Erkenntnis,
wie weit die Sonne vom Mond entfernt geht,
und lehrte ihn auch zu wissen,
wie weit es von den Wassern zu den Himmeln ist.
Der Lehrer, den er danach bekam,
war Aristoteles, der weise Mann,
der lehrte ihn all das Wissen,
wie der Himmel sich dreht,
und pflanzte seinem Geist die Fähigkeit ein,
die Sterne und ihren Lauf zu erkennen,
womit sich die erfahrenen Schiffer absichern,
wo sie auf dem tiefen Meer fahren.
Später bekam er,
Alexander, der edle Junge, wiederum einen Lehrer,
der lehrte ihn, mit Waffen umzugehen,
wie er sich mit einem Schild schützen
und wie er seinen Speer führen sollte
gegen den, dem er Schaden zufügen wollte,
und wie er auf den zielen
und stechen konnte, wie es nützlich für ihn war,
und wenn der Stich getan wäre,
wie er zum Schwert greifen
und damit geschickte Schläge austeilen sollte
und wie er seinen Feind gefangen nehmen

und wî er sih selben solde bewaren
vor allen, di ime woldin schaden,
und wî er sînen vîanden lâgen solde,
di er danne untwirken wolde,
und wî er zô den rîteren solde gebâren
zô diu, daz si ime willich wâren.
Der se*h*ste bestunt in mit grôzen witzen
und lartin ze dinge sitzen
und lartin, wî er daz irdêhte,
wî er von dem unrehten beschiede daz rehte
und wî er lantreht bescheiden kunde
allen, den er is gunde.
Umbe daz und vil manich ander
alsus wart daz kint Alexander
listic, gwaldich unde balt.
Nû allir êrist was er zwelif jâr alt.
Alsô stêtich was ime sîn mût:
Durh alliz werltlîch gût
ne wolder nie geliegen
und niemanne betriegen,
noh durh lieb noh durh l*eit*
geswachen di wârheit.
Einem sînen meistere daz wol schein,
den stîz er ze tale ubir einen stein,
daz ime sîn hals in zwei brach,
wander ime eine lugene zû sprah.
Nû sprechent manige lugenêre,
daz der sîn vater wêre.
Vil ubile ih des gelouben mach,
wander ime den hals in zwei brach.
Von Philippis stûte wil ih û nû sagen:
Dar under was ein ros getragen.

245 sehste] seshte. 259 leit] lege.

und wie er sich selbst schützen sollte
vor allen, die ihm schaden wollten,
und wie er seinen Feinden einen Hinterhalt stellen sollte,
die er dann vernichten wollte,
und wie er sich gegenüber den Kriegern betragen sollte,
damit sie ihm bereitwillig dienten.
Der sechste begegnete ihm mit umfassendem Wissen
und lehrte ihn, zu Gericht zu sitzen,
und brachte ihm bei, was zu bedenken sei,
um Recht von Unrecht zu unterscheiden,
und wie er nach Landrecht urteilen könne
über alle, denen er das [d. h. ein Gerichtsverfahren] zugestand.
Darin und in vielem anderen
wurde der junge Alexander auf diese Weise
klug, stark und tapfer.
Nun war er erst zwölf Jahre alt.
So standhaft war sein Sinn:
Um alles Gut der Welt
wollte er niemals lügen
und niemanden betrügen
und weder aus Zuneigung noch aus Feindschaft
die Wahrheit herabsetzen.
An einem seiner Lehrer zeigte sich das deutlich,
den stieß er von einem Felsen hinunter,
so dass er sich den Hals brach,
weil er ihn angelogen hatte.
Nun behaupten viele Lügner,
der sei sein Vater gewesen.
Daran kann ich ganz schlecht glauben,
weil er ihm doch den Hals brach.
Von Philipps Gestüt will ich euch nun berichten:
Dorthin war ein Ross gebracht [worden].

Daz ros, daz was wunderlîch,
irre und vil strîtich,
snel und starc von gescafnisse. V 239f.
Des sult ir sîn gwisse.
Iz hete unzallîche craft
und ummâzlîche maht.
Iz irbeiz di lûte unde irslûch.
Iz was freislîch gnûch.
Ime was sîn munt,
daz wil ih û tûn kunt,
als eime esele getân.
Di nasen wâren ime wîte ûf geslân.
Sîne ôren wâren ime lanc, V 242
daz houbit magir unde slanc.
Sîne ougen wâren ime allir vare
glîch eineme fliegindin are*n*. V 245
Sîn hals was ime lockehte,
ih wêne, iz wêre lewingeslehte.
Ûf den goffen hâtiz rindis hâr,
an den sîten liebarten mâl.
Sô Sarrazîn joh cristinman V 250
nie nihein bezzer ros gwan.
Daz ros wart mit îsine gebunden,
alse daz dâ tobit zallen stunden.
Iz wart vor den kuninc Philippum geleit,
und als er vernam sîne gelegenheit, V 255
Bucival hîz erz namen.
Daz dûhte si gût alle samen.
Dô hîz man manigen starkin man
daz selbe ros leiten dan
und in einen marstal betûn,
daz man dâ vor mohte gerûn.
Zô ime ne torste nieman gân, V 260
wan der alsô hete getân,

286 aren] are.

Das Ross war außergewöhnlich,
wild und sehr angriffslustig,
schnell und kraftvoll von Gestalt.
Dessen sollt ihr sicher sein.
Es hatte unsagbare Stärke
und unermessliche Kraft.
Es biss und schlug die Leute zu Tode.
Es war überaus schreckenerregend.
Sein Maul war,
das will ich euch kundtun,
beschaffen wie bei einem Esel.
Seine Nüstern waren weit aufgebläht.
Seine Ohren waren lang,
der Schädel schmal und hager.
Seine Augen waren ganz von der gleichen Farbe
wie bei einem fliegenden Adler.
Sein Nacken war von einer lockigen Mähne bedeckt,
ich meine, sie war löwenartig.
Auf den Hinterbacken hatte es Haare wie ein Rind,
an den Flanken Flecken wie ein Leopard.
So hat weder ein Sarazene noch ein Christ
je ein besseres Ross gehabt.

Das Ross wurde in eiserne Ketten gelegt,
weil es dort die ganze Zeit tobte.
Es wurde vor König Philipp geführt,
und als er gehört hatte, was es mit ihm auf sich hatte,
befahl er, es Bucival zu nennen.
Das erschien ihnen allen gut.

Dann befahl man vielen starken Männern,
dieses Ross fortzuführen
und in einen Pferdestall einzusperren,
damit man davor Ruhe haben könne.
Zu ihm wagte niemand zu gehen,
nur den, der sich so vergangen hatte,

daz ime verteilet wart daz leben,
den môse man deme rosse geben.
[14c] Deme kuninge wart ein bote dô gesant
von deme, der daz ros het erkant,
und hîz iz sint baz bewarn,
wande man solde dar an irvarn,
weme nâh sînem lîbe
sîn kunincrîche solde blîbe,
und enbôt ime dâ bî,
iz solde rehte derre sî,
der iz allir êrist beschrite,
wandiz noh diu nehein man ne gerite.
Unde alse Alexander heim quam,
di scrift er harte wol vernam.
Wîs was er zunmâzen;
sîne meistere heter verlâzen.
Dannoh ne heter nit vernomen,
wî iz umbe daz ros was comen.
Eines tages dô der jungelinc
in der pelenze ginc,
dô volgetime Vestian,
der was ein edele juncman.
Daz ros hôrter dô weien
und tubi*l*îchen schrîen.
Vil starke er dô dâhte,
waz daz wesen mohte,
mit allen sînen sinne,
wes wêre di freislîche stimme.
Zô Vestiane er dô sprach:
»Nû sage mir, waz daz sîn mach,
daz mir schillit in mîne ôren
und ne lâzet mih nit gehôren.
Iz gebârit freislîche.
Sîn stimme, di is gelîche

328 tubilîchen] tubillichen.

dass er zum Tod verurteilt war,
musste man dem Ross preisgeben.
Dem König wurde da ein Bote gesandt
von dem, der das Ross kannte,
der forderte dazu auf, es von da an besonders gut zu hüten,
denn man werde an ihm herausfinden,
wem nach des Königs Tod
sein Reich zuteil werde,
und [er] richtete ihm dabei aus,
es werde genau der sein,
der es als Erster besteige,
denn bis dahin habe es noch nie ein Mann geritten.
Und als Alexander heimkam,
hatte er genau zur Kenntnis genommen, was geschrieben war.
Er war über die Maßen klug;
von seinen Lehrern hatte er Abschied genommen.
Da hatte er noch nicht gehört,
wie es um das Ross stand.
Eines Tages, als der junge Mann
auf dem königlichen Hof umherging,
da folgte ihm Vestian,
der war ein junger Adliger.
Das Ross hörte er [Alexander] da wiehern
und wütend schreien.
Scharf dachte er da nach,
unter Aufbietung seines ganzen Verstands,
was das sein könne,
wem die schreckliche Stimme gehöre.
Zu Vestian sprach er da:
»Nun sage mir, was das sein kann,
was in meine Ohren schallt
und macht, dass ich nichts mehr hören kann.
Es klingt furchterregend.
Seine Stimme gleicht der

einem freislîchem tiere.«
Dô antworte ime schiere
Ptolomeus unde sprach:
»Ih sage dir, waz daz wesen mach:
Iz ist ein ros freislîch.
Ime ne wart nie nehein gelîch
in alle kriechische lant.
Bucival ist iz genant.
Dîn vater hât iz în getân. V 290
Iz ne dorfte bezzer nie gegân
under neheiner stûte.
Iz ne hât nieman in hûte,
wandiz ist vil freislîch.
Sîn stimme, di ist eislîch.
Iz irbîzit man und wîb.
Nieman ne mach sînen lîb
vor ime gesunt behalden,
swes iz mûz gwalden.«
  Dô der hêre diz vernam,
schiere er zô deme rosse quam. V 295
Dô sîn daz ros wart gware V 304
und er iz begunde ane stare, V 305
iz vergaz allir sîner maht
unde woldime wesen dienisthaft.
Iz knête fur in der nider
und ne unsitete niwit sider.
Ime worden sîne gebêre, V 310
alsiz des kindes vil wol gewone wêre.
  Er begundiz streichen,
daz nieman geweichen
ne mohte neheine wîs,
wander was vil wîs:
Er ne legete zoum noh seil dar ane,
er begreif iz in sîne manen. V 315
Ellenthaft was sîn gedanc:
Ûf den rucke er ime spranc,

eines schrecklichen wilden Tieres.«
Da antwortete ihm
Ptolomeus gleich und sprach:
»Ich sage dir, was das ist:
Es ist ein schreckliches Ross.
Es gab nie eines seinesgleichen
in allen griechischen Landen.
Bucival ist es genannt.
Dein Vater hat es einschließen lassen.
Es könnte in keinem Gestüt
je ein besseres umherlaufen.
Niemand hat es in seiner Obhut,
denn es ist ganz schreckenerregend.
Seine Stimme ist fürchterlich.
Es beißt Männer und Frauen tot.
Niemand, den es in seine Gewalt bekommt,
kann sich
unversehrt vor ihm bewahren.«
Als der Herr dies vernommen hatte,
ging er sogleich zu dem Ross.
Als das Ross ihn bemerkte
und er ihm fest in die Augen sah,
vergaß es alle seine Gewalttätigkeit
und wollte ihm dienstbar sein.
Es kniete vor ihm nieder
und verhielt sich seither nie wieder ungestüm.
Es begann sich so zu verhalten,
als wäre es längst an den Jungen gewöhnt.
Er begann es zu streicheln,
das niemand in irgendeiner Weise
hatte lenken können,
denn er war sehr klug:
Er legte ihm weder Zaumzeug noch Seil an,
er packte es bei seiner Mähne.
Mutig war sein Plan:
Auf seinen Rücken sprang er,

ûz dem marstalle er iz reit.
Daz was ein michil baltheit.
  Dô wart daz langer nit verdaget, V 321
dem kuninge wart dô gesagit, V 320
waz sîn sun hete getân. V 322
Der kuni*n*c, der spranc ûf sân
und zehenzich sînes gesindes.
Er frowete sih sînis kindes, V 325
di mêre er gerne vernam.
Dô der kuninc dar quam
und in Alexander vernam,
dô tet er alsime wol gezam,
er warf sih nider unde ginc.
Vestian daz ros entfienc,
alsiz Alexander wolde,
mit einem breitele von golde,
mit gesteine wol beslagen.
Sînen vater ginc er ingagen.
Dô si zesamene quâmen, V 330
bî henden si sih nâmen.
Ir rede wart vile minnesam,
als ir hie mugit verstân.
»Heil dir«, sprach er, »sune mîn!
Mih dunkit, du salt kuninc sîn. V 335
Diu gwalt sî dir vil gerêt,
alsô verre, sô mîn rîche gêt.«
Alexander sprach zestunt:
»Vater, got lâze ûh sîn gesunt!
Allis gûtes ih û wol getrûwen. V 340
Got lâz ûh lange bûwen
mit froweden ûwer rîche
und ouh sêliclîche!
Noh sult ir, vater, mih geweren
eines dinges, des ih sêre geren:

380 kuninc] kunic.

aus dem Stall ritt er es.
Das war außerordentlich kühn.
Da wurde das nicht länger verschwiegen,
dem König wurde da berichtet,
was sein Sohn getan hatte.
Der König sprang sogleich auf
und hundert Männer aus seinem Gefolge.
Er freute sich über seinen Sohn,
die Mitteilung hörte er gerne.
Als der König dorthin kam
und Alexander ihn bemerkte,
da handelte er, ganz wie es sich für ihn gehörte,
er sprang ab und ging zu Fuß.
Vestian nahm das Ross entgegen,
wie es Alexander wollte,
mit einem goldenen Zügel,
schön beschlagen mit Edelsteinen.
Seinem Vater ging er [Alexander] entgegen.
Als sie zusammentrafen,
fassten sie sich an den Händen.
Ihre Unterhaltung gestaltete sich sehr liebenswürdig,
wie ihr hier verstehen könnt.
»Heil dir«, sprach er, »mein Sohn,
mir scheint, du sollst König sein.
Die Herrschaft soll dir ganz zur Verfügung stehen,
so weit mein Reich sich erstreckt.«
Alexander antwortete sogleich:
»Vater, Gott erhalte Euch gesund!
Gewiss erhoffe ich alles Gute für Euch.
Gott lasse Euch
Euer Reich lange mit Freude
und Glück regieren.
Doch sollt Ihr, Vater,
mir noch eines gewähren, das ich von ganzem Herzen begehre:

Nû bin ih funfzehen jâr alt,
daz hân ih rehte gezalt,
und bin sô komen zô mînen tagen,
[14d] daz ih wol wâfen mac tragen.
Swer diheine tugent sol gwinnen,
der sal is in sîner juginde beginnen.
Und swer dir zins sol geben,
wil er iht derwider streben,
der mûz en dir mit scanden
senden von sînen landen
und ouh l*a*sterlîche.«
Dô ne wolde der kuninc rîche
niwit langer beiten.
Er hîz daz kint bereiten.
Waz sol ih mêr dar umbe sagen?
Er hîz ime wâfen vor tragen,
sô man si under des kuninges gesinden
allirbest mohte vinden,
und verkore si Alexander,
man gewunne ime aber ander.
Dô daz kint nâh rîterlîchen site
wol gewêfent was und geriten,
dô was er ein scône jungelinc.
Si grûzten in alse einen kuninc.
Er sprach, wes si gedêhten,
daz si ime kuninges namen ane lehten,
sô er kunincrîches nit ne hête,
daz er sînen vinger ûf gesezte.
Er sprach: »Woldet ir eine wîle gerûn,
unze ih eine tugint mohte getûn!
An einen kuninc wil ih is beginnen,
und mach ih den verwinnen
und ih ime di crônen abe gezîhen
und ûz den velde getûn flîhen,

419 lasterlîche] leisterliche.

Fünfzehn Jahre bin ich nun alt,
das habe ich richtig gezählt,
und bin so weit herangewachsen,
dass ich mit Fug und Recht Waffen tragen kann.
Wer irgendeine Vortrefflichkeit erlangen soll,
der soll in seiner Jugend damit anfangen.
Und wenn jemand dir Tribut zahlen muss,
wenn er irgend dagegen Widerstand leisten will,
muss er ihn dir mit Schimpf
und Schande
aus seinen Landen senden.«
Da wollte der mächtige König
nicht länger warten.
Er befahl, den jungen Mann auszustatten.
Was soll ich mehr darüber berichten?
Er befahl, Waffen vor ihn zu tragen,
die allerbesten, die man im Gefolge des Königs
finden konnte,
und sollte Alexander sie zurückweisen,
brächte man ihm wieder andere.
Als der Junge nach ritterlichem Brauch
gut bewaffnet und beritten war,
da erschien er als schöner Jüngling.
Sie grüßten ihn wie einen König.
Er fragte, was sie sich dabei dächten,
ihm den Königstitel zuzulegen,
wenn er [doch] nicht so viel von einem Königreich
besäße,
dass er seinen Finger darauf legen könnte.
Er sprach: »Wolltet ihr eine Weile warten,
bis ich imstande war, eine große Tat zu vollbringen!
Mit einem König will ich den Anfang machen,
und kann ich den besiegen
und ihm die Krone abnehmen
und ihn vom Schlachtfeld in die Flucht schlagen,

sô mugit ir mir kuningis namen geben
al di wîle, di ih leben.«
Ein kuninc was Nicolaus genant.
Alexander fûr in sîn lant V 375
ze Cesaream vor die grôze stat.
Dâ wart der rîcher kuninc entsazt,
Alexander vaht ime den sige ane
und fûrte di crônen mit ime dane.
Dô er dô wider heim quam, V 380
ein vil leit mêre er vernam,
des gwan er ungemûte.
Iz was sîner mûter
sîn vater Philippus ab comen
und hete ein ander wîb genomen,
di was Cleopatra genant. V 385
Dô Alexander daz irvant
und erz rehte vernam,
vor sînen vater ginc er stân.
Er sazte di crônen dô,
di er Nicolaô
hete geroubit,
sînem vater ûf daz houbit.
»Her vater, nemet diz ze minnen, V 390
daz ih mit sturme hân gewunnen,
unz ih mêr mac getûn;
des habit ir êre unde rûm.
Wene ein dinc, daz ih û clagen
und in mînem herzen tragen,
des hân ih vil swêren mût,
ouh ne dunkit iz mir niwit gût, V 395
daz ir mîne mûter,
Olympiaden di gûten,
mir ze leide verlâzen hât
und einen ubirhûr begât V 397
mit einen anderen wîbe.
Ih swere û daz bî mîneme lîbe,

dann könnt ihr mir den Titel eines Königs geben,
solange ich lebe.«
Ein König hieß Nicolaus.
Alexander zog in sein Land
vor die große Stadt Caesarea.
Dort wurde der mächtige König abgesetzt.
Alexander erkämpfte den Sieg gegen ihn
und führte die Krone mit sich fort.
Als er danach wieder in die Heimat zog,
kam ihm eine sehr leidige Nachricht zu Ohren,
über die ärgerte er sich.
Sein Vater Philipp hatte
seine Mutter verlassen
und eine andere Frau genommen,
die hieß Cleopatra.
Als Alexander das herausgefunden
und zuverlässig gehört hatte,
trat er vor seinen Vater.
Er setzte da die Krone,
die er von Nicolaus
erbeutet hatte,
seinem Vater auf das Haupt.
»Herr Vater, nehmt dies als Geschenk,
was ich durch Kampf errungen habe,
bis ich mehr vollbringen kann;
Ansehen und Ruhm bringt Euch das ein.
Nur über eine Sache, die ich Euch klage
und die mir am Herzen liegt,
bin ich sehr betrübt;
auch halte ich nicht für richtig,
dass Ihr meine Mutter,
die edle Olympias,
zu meinem Leid verlassen habt
und Ehebruch begeht
mit einer anderen Frau.
Ich schwöre Euch das bei meinem Leben,

swer disen rât hat gefromit, V 402
daz iz ime ze grôzen unstaten noh comet.«
Ein rîter hîz Lysias,
der stolz und redehaft was, V 405
der was mit der brûte dar comen
(des gwan er lutzelen fromen).
Deme was vil harte ungemach,
daz Alexander sô irre sprach,
und antworte ime smêlîche
unde frevillîche
(des mohter gerne habin enborn).
Des gwan daz kint grôzen zorn.
Einen guldînen naph grôz und swâr, V 410
dar ane stunden blachmâl,
hete Alexander an di hande,
den slûch er Lysiam vor di zande,
daz si ime in di kele resen,
und sprach: »Lâ dîne bôse rede wesen!« V 415
Philippus ûf di tabelen spranc,
wande in sîn grôze zorn dwanc.
Der strît ime niht wol geviel.
Dô trat er fur baz unde viel,
daz ime sîn schenkel zebrach. V 420
Lasterlîchen er dô lac.
In andirhalb fiel di brût.
Dâ ne wart neheiner gâbe lût
nieren nehein spileman.
Wande dô iz alsô quam,
daz der kuninc der nider *viel,* V 422
⟨…⟩ [Blattverlust, Lücke V 423–719]
[15a] Nû vernemet ouh ein ander: V 720
Zô zin sante Alexander
und hiez sînen knehte
sagen in vil rehte:

507 viel] *fehlt (nicht App. Ki).* *nach* 507] *Ki nimmt 450 Fehlverse in S an (gezählt) und ergänzt 244 Verse aus B.*

dass, wer immer diesen Rat gegeben hat,
ihm der noch zu großem Nachteil ausschlagen wird.«
Ein Krieger namens Lysias,
der stolz und beredt war,
war mit der Braut dorthin gekommen
(davon zog er geringen Nutzen).
Der ärgerte sich sehr,
dass Alexander so erzürnt redete,
und antwortete ihm beleidigend
und vermessen
(das hätte er besser unterlassen).
Darüber geriet der junge Mann in großen Zorn.
Ein goldenes Gefäß, groß und schwer,
an dem sich Nielloverzierungen befanden,
hielt Alexander in der Hand,
das schlug er Lysias gegen die Zähne,
dass sie ihm in die Kehle rollten,
und sprach: »Lass dein übles Geschwätz bleiben!«
Philipp sprang auf die Tafel,
da ihn sein großer Zorn dazu zwang.
Der Streit gefiel ihm ganz und gar nicht.
Da trat er weiter vor und stürzte,
so dass er sich einen Schenkel brach.
Schmählich lag er da.
Auf der anderen Seite stürzte die Braut.
Da fing kein Spielmann
wegen einer Gabe an zu spielen.
Denn als es dazu kam,
dass der König niederstürzte,
⟨…⟩
Nun hört auch weiter:
Zu ihnen sandte Alexander
und befahl seinen Kriegern,
ihnen ganz genau zu sagen:

Ob si in ze kuninge wolden entfân
und ime werden undertân
und ime geben in sîne hant V 724
di burc unde daz lant,
er wolde si lâzen leben
und woldin mit êren geben
und mit gnâden lâzen
und faren sîne strâze.
Ob si des nit ne wolden,
er sagetin, daz er solde
ir lant zevôren
und ire stat zestôren
unde nemen in allen daz leben,
ob si ime wolden widerstreben
mit siheiner gwalt.
Dô wâren dar in helede balt. V 725
Dô si di rede vernâmen,
ze samene si quâmen.
Zô Alexandro si santen, V 726
wande si sîn niht nerkanten,
unde hiezen ime sagen,
er mohte gerne gedagen,
wande si sîn niht neforhten
und ze nihte ne bedorften,
doh trûgen si ime willigen mût V 730
und gâben ime gerne ir gût,
ob erz wolde durh minne.
Sus sprâchen si dar inne.
  Dô der bote wider quam V 732
und in Alexander vernam
und er ime gesagete rehte,
waz ime di gûten knehte
ûz von Tyren enboten,
von zorne begunder roten,

536 doh *Ber.*] doch.

Wenn sie ihn als König empfangen
und ihm untertan werden
und ihm die befestigte Stadt und das Land
in seine Gewalt geben wollten,
wolle er sie leben lassen,
sie ehrenvoll beschenken
und huldvoll verlassen
und seines Weges ziehen.
Wenn sie das nicht wollten,
so ließ er ihnen sagen, werde er
ihr Land verwüsten
und ihre Stadt zerstören
und ihnen allen das Leben nehmen,
wenn sie ihm irgend gewaltsam
Widerstand leisten wollten.
Da leben kühne Helden darin.
Als sie die Worte vernommen hatten,
kamen sie zusammen.
Sie sandten zu Alexander,
da sie ihn nicht kannten,
und befahlen, ihm zu sagen,
er hätte besser geschwiegen,
denn sie fürchteten ihn nicht
und bedürften seiner nicht,
doch seien sie bereit, ihm entgegenzukommen,
und gäben ihm gerne ihren Besitz,
wenn er es in gütlicher Einigung wolle.
So ließen die da drinnen ausrichten.
Als der Bote zurückgekommen war
und Alexander ihn gehört
und er ihm genau berichtet hatte,
was ihm die edlen Krieger
aus Tyrus entboten hatten,
wurde er rot vor Zorn,

vor ungemûte er nider saz.
Bî sîme lîbe er sih vermaz,
iz gienge in allen an den leben,
daz si ime torsten widerstreben.
Er solde sih wol gerechen
unde ir stat zebrechen.
Dô nam er sîner fursten drî
(ih ne weiz niht, wî ir name sî)
und sante si wider in di stat
und hîz den besten sagen daz:
wa*r* si ir wîsheit tâten,
daz si in versmâten,
der Rôme mit sîner craft
under sih hête brâht,
und alle kriechische lant
hête in sîner hant;
wes si wolden wênen,
durh waz er dare quême;
daz si sih baz bedê*h*ten.
Si ne kanten in nit rehte.
Er wolde mit sînen knehten
ir starke stat irvehten,
und iz ne soldin niemer gefromen,
iz solde in unrehte comen,
si ne wordin ime undertân.
Nû vernemet, wî iz dô quam:
Dô di boten în quâmen
und di burgêre vernâmen,
waz di boten sageten,
nit langer si ne dageten,
di boten si vingen,
schiere si sie verhingen.
Dô daz mêre ûz quam
und iz Alexander vernam,

556 war] wa. 564 bedêhten] bedecten *mit Haken über* c. 578 daz *Ber.*] das.

vor Ärger setzte er sich nieder.
Bei seinem Leben machte er sich anheischig,
es gehe ihnen allen an das Leben,
dass sie ihm Widerstand zu leisten wagten.
Er werde sich gewiss rächen
und ihre Stadt zerstören.
Da nahm er drei von seinen Fürsten
(ich weiß nicht, wie sie hießen)
und sandte sie wieder in die Stadt
und befahl, den Vornehmsten das zu sagen:
wo sie ihre Klugheit gelassen hätten,
dass sie ihn schändlich behandelten,
der mit seiner Macht Rom
unterworfen
und alle griechischen Lande
in seiner Gewalt habe;
was sie glauben wollten,
wozu er dorthin gekommen sei;
dass sie es sich besser überlegen sollten.
Sie würden ihn nicht richtig kennen.
Er wolle mit seinen Kriegern
ihre mächtige Stadt im Kampf erobern,
und es werde ihnen niemals Vorteil einbringen,
es werde ihnen schlecht ergehen,
wenn sie ihm nicht untertan würden.
Nun vernehmt, wie es da kam:
Als die Boten hineingegangen waren
und die Stadtbewohner gehört hatten,
was die Boten sagten,
hielten sie nicht länger still,
sie ergriffen die Boten,
schnell ließen sie sie hängen.
Als die Kunde [davon] nach außen gedrungen war
und Alexander sie vernommen hatte,

dô gwan der helt gût
eines zurnigen lewen mût.
Dô hîz er sîn here
mit schiffen varen in daz mere V 750
und hîz di burg al umbevân.
Daz wart schîre getân.
Und alse di Tyrêre
vernâmen dise mêre,
dô schûfen si ir were
wider daz creftige here
in der burh innen
und giengen an di zinnen.
Alexander trûch in ubelen danc. V 752
Mit sturme er si sêre dwanc. V 751
Und di dar inne wâren,
daz sagih û zwâren,
di werten ire selede
alse tûrlîch*e* helide
und vohten sêre her ze tale.
Ih wil û sagen ir zale:
Man zalte si dâ zestunt
mê dan an hundrit tûsunt.
Des geloube, swer sô wile.
Si irslûgen sô vile
Alexandris heris,
daz di unden des meris V 758
von dem blûte wurden rôt.
Der wint, der tet in starke nôt, V 760
wander vil stark was,
der selbe, der dâ Boreas
in den bûchen heizet
und di aller meist reizet
daz mere mit den unden.
Der schiffe slûch er ze grunde

597 tûrlîche *Hi*] tûrlîchen.

da wurde der edle Held
von der Gesinnung eines zornigen Löwen erfüllt.
Da befahl er seinem Heer,
mit Schiffen auf das Meer zu fahren,
und befahl, die befestigte Stadt ganz zu umzingeln.
Das wurde schnell getan.
Und als die Bewohner von Tyrus
diese Nachricht vernahmen,
da rüsteten sie sich
gegen das starke Heer
drinnen in der befestigten Stadt
und stellten sich auf die Zinnen.
Alexander hatte schlimme Absichten gegen sie.
Mit Kampfessturm bedrängte er sie heftig.
Und die drinnen waren,
das berichte ich euch wahrheitsgemäß,
die verteidigten ihre Häuser
wie tapfere Helden
und kämpften heftig von oben herunter.
Ich will euch ihre Zahl nennen:
Man zählte sie da zu der Zeit
auf mehr als hunderttausend.
Das glaube, wer mag.
Sie töteten so viele
von Alexanders Heer,
dass die Wogen des Meeres
rot wurden vom Blut.
Der Wind brachte sie in große Bedrängnis,
weil er sehr heftig wehte,
eben der, der da
in den Büchern Boreas heißt
und der das Meer mit den Wellen
am allermeisten aufwühlt.
Von den Schiffen trieb er viele

vile, daz si versunken
und di lûte dar in vertrunken.
Vil manic ouh dâ irslagen lach.
Dô Alexander daz gesach,
des sturmes hîz er abe stân
und hîz balde wider gân
di schif *[15^{b}]* in di habe,
ob ih rehte vernomen habe.

Dô clagete Alexander
mêr dan sihein ander
sînen scade*n* grôzen,
sîne liebe wîcgenôze.
Doh môser getrôsten sih
des scaden ummâzlîch,
wander was ein listich man:
Vil grôze boume er gwan
und hîz si ze samene spannen
von kundigen zimbermannen
und hîz si mit steinen fullen.
Daz was an sînen willen,
swanner iz gefulte vollen hôe,
daz er sîn ebinhôe
dar ûf zô den turmen brêhte
und lange boume dar abe rihte,
di ûf di zinnen mohten gân.
Mit nîde wolder si bestân.

*E*ilif tûsint von sînen here
santer nâh boumen von den mere
(und hîz di boume vellen
und berchfride stellen)
ûf einen berch, heizet Lybanus,
dâ ûf stêt manic cêdrus.
Lybanus in Arabien stêt,
dâ der Iordanis ûz gêt.

624 scaden] scade. – grôzen *Ber.*] grôze. 640 Eilif] Z ilif.

auf den Grund, so dass sie versanken
und die Leute darauf ertranken.
Sehr viele lagen dort auch erschlagen.
Als Alexander das sah,
befahl er, den Kampf abzubrechen,
und befahl, die Schiffe sollten schnell wieder
in den Hafen segeln,
wenn ich es richtig vernommen habe.
Da beklagte Alexander
mehr als irgendein anderer
seine großen Verluste,
seine lieben Kampfgefährten.
Doch sollte er sich
über den unermesslichen Verlust hinwegtrösten,
denn er war ein listenreicher Mann:
Er beschaffte sich sehr lange Baumstämme
und ließ sie von fähigen Zimmerleuten
zusammenbauen
und mit Steinen füllen.
In seiner Absicht lag,
sein Belagerungsgerüst,
wenn es bis ganz oben gefüllt wäre,
an die Türme zu rücken
und von dort lange Baumstämme hinunterzulegen,
die auf die Zinnen reichen könnten.
Feindselig wollte er sie angreifen.
Elftausend aus seinem Heer
sandte er weg vom Meer, um Baumstämme zu beschaffen,
(und befahl die Bäume zu fällen
und Belagerungstürme zu errichten),
[er sandte sie] auf einen Berg namens Lybanus,
auf dem wachsen viele Zedern.
Der Lybanus liegt in Arabien,
wo der Jordan entspringt.

Lybanus ist ouh der selbe walt,
den *[...]* der kuninc Salemon galt
wider einen kuninc, der hîz Hyram.
Dem gab er halb Galileam,
wandime di boume wol gevielen
ze zimbrin und ze kielen,
ze balken und ze sûlen.
Man saget, daz holz gefûlen
ne muge niemer mê
durh regen noh durh snê.
Dô Arabes daz befunden,
di Tyro gûtis gunden,
nit langer si ne twalten:
Di iren walt falten,
unsamfte si ane quâmen,
ein phant si in nâmen
und irslûgen ir dâ zestunt
mêr dan ein dûsunt.
Dô Alexander daz vernam,
vier dûsint er dô nam
ûz von sînen here.
Daz ander lîz er bî dem mere
und beval iz zwein fursten,
di iz wol bewaren tursten,
di er mit ime brâht hatte.
Der einer hîz Glatte,
der ander was Perdix genant.
Den bevalch er mit sîner hant,
di er dâ wolde lâzen,
unde vôr dô sîne strâze
hin zô den walde
vil wunderlîchen balde
und bewarte sîne holden,
di ime dâ zimberen solden

649 den] den den. 673 Glatte] Gratte? *Hi.*

Lybanus ist auch eben der Wald,
den König Salomon
einem König namens Hyram bezahlte.
Dem gab er halb Galiläa,
weil ihm die Bäume gut gefielen
als Bauholz und für Schiffe,
für Balken und für Säulen.
Man sagt, das Holz
könne niemals faulen,
weder durch Regen noch durch Schnee.
Als die Araber das herausfanden,
die Tyrus wohlgesonnen waren,
zögerten sie nicht länger:
Die ihren Wald fällten,
griffen sie heftig an,
ein Pfand nahmen sie ihnen
und töteten dort sogleich
mehr als tausend von ihnen.
Als Alexander das erfuhr,
nahm er viertausend Mann
aus seinem Heer.
Den anderen [Teil des Heeres] ließ er am Meer zurück
und vertraute es zwei Fürsten an,
die es gewiss zu beschützen wagten,
die er mit sich gebracht hatte.
Der eine von denen hieß Glatte,
der andere war Perdix genannt.
Denen vertraute er mit seiner Hand
die an, die er dort lassen wollte,
und zog da seines Wegs
hin zu dem Wald,
staunenswert schnell,
und schützte seine Untergebenen,
die für ihn dort

ebenhô und berchfride.
Di behûtter mit fride,
biz daz werc bereitet wart.
Dô karter an di widervart. V 810
  Alle di wîle dô Alexandris here
nâh den boumen fûr von dem mere,
dô wurden di Tyrêre,
di rîchen burgêre,
beide stolz unde balt.
Si ranten ûz mit gwalt.
Starke si sih râchen, V 815
ein castel si zebrâchen
undir Alexandris man.
Stolzlîche hûben siz an.
Eines morgenis frû
mit fûre giengen si ime zû.
Si slûgen unde viengen,
swaz si ir begiengen. V 820
Swem des bedûhte,
daz er untflîhen nit ne mohte,
der sencte sih an der stunt
nider an des meres grunt.
Vor wâr ih û daz sage,
daz man si in allem dem tage
nie nîren gesach,
biz man di gruntfeste brach.
Dô vant man si an des meres grunt, V 825
di quâmen wider ûz gesunt.
  Dô daz castel zebrochen wart, V 827
dô hûb sih dâ ein sturm hart. V 828
Dâ wart michel gedôz.
Dâ was der strît vil grôz,
dâ si volgeten den vanen.
Daz wart sêre ze banen

turmhohes Belagerungsgerät und Bergfriede zimmern sollten.
Die beschützte er, indem er ihnen Waffenruhe verschaffte,
bis die Arbeit fertig war.
Dann wandte er sich zur Rückkehr.
  Während Alexanders Heer
vom Meer weggezogen war, um Bäume zu beschaffen,
da wurden die Tyrer,
die mächtigen Stadtbewohner,
stolz und kühn.
Sie machten mit Gewalt Ausfälle aus der Stadt.
Gewaltig rächten sie sich,
sie zerstörten einen Belagerungsturm,
der von Alexanders Männern besetzt war.
Voll Stolz fingen sie es an.
An einem Morgen in der Frühe
näherten sie sich ihm mit Feuer.
Sie töteten und nahmen gefangen,
wie viele von ihnen sie auch antrafen.
Wem immer es schien,
dass er nicht entfliehen konnte,
der ließ sich sogleich
bis hinab auf den Grund des Meeres sinken.
Das berichte ich wahrheitsgemäß,
dass man sie die ganze Zeit
nirgends sah,
bis man die Grundmauern zerstört hatte.
Dann fand man sie auf dem Grund des Meeres,
gesund kamen sie wieder heraus.
  Als der Belagerungsturm zerstört worden war,
da begann ein harter Kampf.
Dort entstand großes Getöse.
Der Kampf war dort sehr heftig,
wo sie der Fahne folgten.
Das gereichte schmerzlich zum Verderben für den,

dem, der iz mit dem lîbe galt. V 831
An zwei hundrit wurden gezalt, V 832
di den lîb dâ verlorn
und den bitteren tôt corn.
Di dâ lâgen irslagen,
daz wi*l* ih û wêrlîchen sagen,
di wâren Alexandris man,
alsih mih versinnen kan.
Di von Tyre schieden dannen
gesunt mit irn mannen.
Vil lutzil ir tôt bliben.
Stolzlîche si triben
di Kriechen von der vesten.
Dô was dâ den gesten
gescadit vil sêre. V 835
Dô êrist quam *[15c]* ir hêre,
ze strîte harte wol gare
mit einer gewâfinder schare.
Dô entwichen ime di gaste
in di burch vaste.
Dô Alexander sih bedâhte,
waz er getûn mahte,
er hîz insamt heften
di schif mit manniscreften. V 842
Er hîz si starke spannen
mit îsenînen lannen,
ein benebin daz ander. V 843
Ouch hîz Alexander
di schif mit hûten bezîhen, V 845
daz di unden dar în nit ne gîen.
Des nam man gûte goume.
Von den langisten boumen,
di si ieren hatten,
berchfride si dar ûf sazten

721 wil ih] willih.

der es mit dem Leben bezahlte.
An die zweihundert wurden gezählt,
die dort das Leben verloren
und den bitteren Tod erlitten.
Die dort getötet lagen,
das will ich euch wahrheitsgemäß berichten,
die waren Alexanders Männer,
soviel ich weiß.
Die von Tyrus zogen
unversehrt mit ihren Männern ab.
Keiner von ihnen blieb tot zurück.
Voll Stolz trieben sie
die Griechen von der Festung weg.
Da hatten die fremden Krieger dort
einen schmerzlichen Verlust erlitten.
Danach erst kam ihr Herr,
bestens zum Kampf gerüstet,
mit einer bewaffneten Schar.
Da wichen die Feinde schnell vor ihm
in die befestigte Stadt zurück.
Als Alexander sich überlegt hatte,
was er tun könne,
befahl er, die Schiffe
mit Heeresmacht [darauf] zusammenzubinden.
Er befahl, sie fest
mit eisernen Ketten zusammenzuspannen,
eines neben das andere.
Auch befahl Alexander,
die Schiffe mit Häuten zu überziehen,
damit die Wellen nicht eindringen konnten.
Darauf achtete man sorgfältig.
Belagerungstürme aus den längsten Bäumen,
die sie irgend hatten,
stellten sie darauf

und tribin si zô den zinnen.
Alsus wolder gewinnen V 850
Tyrum di hêre stat,
di dâ bî dem mere lach.
Diz sult ir rehte merken:
Dô hîz er starc gewerk*e*
machen ûffe schîben
und zô der stat trîben
und hîz di mûren howen V 851
mit stehelînen gezowen.
Dô irhûb sih ein sturm grôz.
Starke man warf unde scôz
von den einen zô den anderen. V 855
Sêre mohtes deme wunderen,
der ie diheinen sturm gesach.
Von der werlde, di dâ tôt lac,
wart daz mere al ein blût.
Des wôhs Alexandro sîn mût. V 860
Er bestunt si mit nîde.
Von den berhfriden,
di wâren hôer dan di turme,
dô bestunt er si mit sturme.
Dâ wurden di scônen swibogen V 865
in daz wazzer gezogen
und di gemôseten steine.
Der mûren brach dô eine
Alexander und di geste,
di dâ was di beste.
Dô si zer anderen mûren quâmen,
cêdirboume si nâmen V 870
unde lange tannen.
Bercfride hîz man spannen
und rihte si ûf mit listen
und sazte si zô der vesten.

755 gewerke] gewerken.

und trieben sie zu den Zinnen.
So wollte er
Tyrus, die bedeutende Stadt, erobern,
die dort am Meer lag.
Darauf sollt ihr genau achtgeben:
Dann befahl er, gewaltige Bauwerke
auf Rädern zu fertigen
und zu der Stadt zu rollen,
und befahl, die Mauern
mit stählernen Werkzeugen einzuschlagen.
Da hob ein heftiger Kampf an.
Mit Gewalt warf und schoss man
von den einen zu den anderen.
Grund zum Staunen hatte der,
der jemals eine Schlacht gesehen hatte.
Von der Menge derer, die da gefallen waren,
wurde das Meer ganz wie Blut.
Dadurch nahm Alexanders Entschlossenheit zu.
Er griff sie voller Hass an.
Von den Bergfrieden hinunter,
die höher waren als die Türme,
griff er sie da kämpfend an.
Dort wurden die schönen gemauerten Bögen
in das Wasser gerissen
und die mit Mosaiken verzierten Steine.
Eine der Stadtmauern zerstörten da
Alexander und die fremden Krieger,
die, die dort die beste war.
Als sie zur zweiten Mauer kamen,
nahmen sie Zedern-
und lange Tannenstämme.
Belagerungstürme befahl man zusammenzufügen
und richtete sie klug auf
und lehnte sie an die Festung.

Dô steich Alexander V 875
und manic man ander
ûf di uberisten were
und hîz sturmen sîn here.
Dâ nider an der erden
hîz er den sturm werden.
Dô hîz man werch ûf schîben
zô der mûren trîben.
Mit gezowe man di mûre brach.
Vil manic man dâ tôt lach. V 880
Man mohte dâ scowen wunder.
Sêre vaht Alexander.
Sîn schilt, der was elfinbein,
bezzer ne wart nie nehein.
Sîn helm, der was ouh alsô gût,
daz nehein swert dar durh wût.
Ouh heter umbe di sîten
ein swert von gûter snîten
und an der hant einen gêren. V 885
Er frumte manigen sêren.
Daz sagih û vor ungelogen.
Dô gesah er den herzogen,
dem Tyre was undertân,
vor sih ûf di mûren stân. V 889
Den scôz er mit den gêren durh V 891
und faltin tôt in di burch.

Dô tete der kuninc einen sprunc
(und mit ime manic helt junc)
nider ûf di zinnen. V 895
Di burg wolden si winnen.
Vier tûsint lûtis mit ime spranc.
Ellenthaft was ire gedanc,
mir ne betriege mîn wân.
Dâ spranc iteslîch man, V 900

806 Tyre] tyren.

Da stieg Alexander
mit vielen anderen Männern
auf den höchsten Turm
und befahl seinem Heer anzugreifen.
Er befahl, unten am Boden
mit dem Angriff zu beginnen.
Da befahl man, Belagerungsmaschinen auf Rädern
zur Mauer zu treiben.
Mit Werkzeugen schlug man die Mauer ein.
Sehr viele Männer fielen dort.
Man konnte dort Staunenswertes sehen.
Heftig kämpfte Alexander.
Sein Schild war aus Elfenbein,
einen besseren gab es nie.
Sein Helm war auch so gut,
dass kein Schwert hindurchdrang.
Auch hatte er um die Seite
ein Schwert mit scharfer Schneide
und in der Hand einen Speer.
Er verwundete viele.
Das berichte ich euch, es ist nicht gelogen.
Da sah er den Herzog,
dem Tyrus untertan war,
vor sich auf der Mauer stehen.
Den durchbohrte er mit einem Speerwurf
und bewirkte, dass er tot in die befestigte Stadt fiel.
Da tat der König einen Sprung
(und mit ihm viele junge Helden)
hinunter auf die Zinnen.
Die befestigte Stadt wollten sie erobern.
Viertausend seiner Leute sprangen mit ihm.
Sie waren tapfer gesinnt,
wenn ich mich nicht täusche.
Dort sprangen viele so,

daz er nâh der stunt
niemer mêr ne wart gesunt.
Dâ was michele nôt.
Hundrit sneller helede tôt
von dem springene lach.
Ouh liden michil ungemach
die kriechischen geste,
dâ si brâchen di veste
nider zô der erden.
Nie ne mohte werden
ein mûre, di bezzer wâre,
daz sagih û zwâre.
Dâ was daz velt vil wît.
Dâ was der bitteriste strît,
von dem ih ie gehôrte sagen.
Man ne sah dâ niemannen verzagen.
Man mohte dâ degene scowen
durh den helmen verhowen.
Man sah dâ manigen rîter junc
durh den halsberch sô verwunt,
daz er nit ne gnas
in den strîte, der dâ was.
Durh di schilde fûr der gêr
und mahete manigen helt sêr.
In den selben nîtspile
leit unge*[15d]*machis vile
der eine joh der ander.
Der wunderlîh Alexander,
der machete in den stunden
freislîche wunden.
Er irslûc des lûtes de menige.
Gebeizet was sîn brunie
in eines wurmes blûte.
Manigen helt gûten
irlôseter des lîbes.
Des sît âne zwîbel.

dass sie danach
nie wieder gesund wurden.
Große Bedrängnis herrschte dort.
Hundert tapfere Helden lagen
tot vom Springen.
Auch duldeten die griechischen Krieger
großes Leid,
wo sie die Festung
zur Erde niederbrachen.
Nie konnte
es eine Mauer geben, die besser gewesen wäre,
das berichte ich euch wahrheitsgemäß.
Das Feld dort war sehr weitläufig.
Der erbittertste Kampf fand dort statt,
von dem ich je berichten hörte.
Man sah dort niemanden verzagen.
Man konnte dort Helden betrachten,
die Schläge durch die Helme erlitten hatten.
Man sah dort viele junge Krieger
die so durch die Panzerhemden verwundet waren,
dass sie im Kampf, der dort tobte,
nicht überlebten.
Speere drangen durch Schilde
und verwundeten viele Helden.
In eben diesem Kampf
duldete der eine wie auch der andere
viel Leid.
Der staunenswerte Alexander
schlug zu den Zeiten
schreckliche Wunden.
Er tötete eine Menge von Leuten.
Sein Brustpanzer war
im Blut eines Drachen gehärtet.
Vielen edlen Helden
raubte er ihr Leben.
Das bezweifelt nicht.

Sîn brunie was hurnîn vil vast. V 925
Er hete manige grôze list.
Ih wil û wêrlîchen sagen: V 930
Vor den, di dâ lâgen irslagen, V 929
sô ne mohte nieman
ûf die erden gegân.
Sô vil lach ir dâ tôt,
daz dâ ingagen wurden rôt
des tiefen meris unden.
In den selbin stunden
di helede von Tyre, V 931
des lebenes vil gîre,
di fuhten sô di wilden swîn,
wene daz nit solde sîn
ir lebenes dô mê.
I*n* was in beidenthalben wê.
Eine vil lange wîle
flugen di phîle
alse der snê unde der regen.
Dâ bleib manic tûre degen.
  Dâ fuhten Alexandris man,
alsiz heleden wol gezam.
Doh brâchen si Tyrêre durh
und wic*h*en wider in di burch.
Alexander tet in unreht. V 940
Er verlôs dâ manigen tûren kneht. V 939
Vil zurnic war*t* er dô.
Mit nîde ginc er der porten zô.
Di dar ûffe wâren,
di tâten ime scaden mâren.
Di porte hete drî turme. V 945
Dâ geschît er abe mit zurne,
wandime dâ leides vil gescach.
Mit sînen fursten er dô sprah

869 In was] im was. 876 si] di? *EL*. 877 wichen] wichchē. 880 wart] war.

Sein Brustpanzer war mit festem Horn überzogen.
Er besaß große Klugheit.
Ich will euch wahrheitsgemäß berichten:
Deretwegen, die dort erschlagen lagen,
konnte niemand
auf den Boden treten.
So viele von ihnen lagen da tot,
dass dort gegenüber
die Wogen des tiefen Meeres rot wurden.
Zur selben Zeit
kämpften die Helden aus Tyrus,
ganz begierig zu leben,
wie wilde Eber,
nur dass da ihr Leben
nicht länger dauern sollte.
Auf beiden Seiten litten sie.
Eine sehr lange Zeit
flogen die Pfeile
wie Schnee und Regen.
Dort blieben viele herrliche Helden [tot zurück].
Da kämpften Alexanders Männer,
wie es Helden gewiss zukam.
Doch den Bewohnern von Tyrus gelang ein Durchbruch,
dann zogen sie sich wieder zurück in die befestigte Stadt.
Alexander fügte ihnen Unrecht zu.
Er verlor dort viele herrliche Krieger.
Sehr zornig wurde er da.
Hasserfüllt rückte er auf das Tor vor.
Die darauf standen,
brachten ihm gewaltige Verluste bei.
Das Tor hatte drei Türme.
Von dort entfernte er sich voll Zorn,
weil ihm dort viel Leid widerfahren war.
Mit seinen Fürsten sprach er da

und nam iren heimlîchen rât,
wî er gehandelte di tât.
Er sprach: »Nû râtent mir, des ist zît,
wandir vil wîse lûte sît! V 950
Nement nû dise di uberin hant,
sô spotte*t* man unser in daz lant.«
Ime rieten sîne fursten,
di ime râten tursten,
daz er sante ubir sê
und lieze heris comen mê
und hieze mangen rihten V 955
und tête di turme brechen
mit sturmes gewalt.
Schiere wurden dâ gestalt
zwô und sibinzich mangen,
mit hurden wol behangen,
gemannet unde geseilet.
Di wurden in drî geteilet V 960
und wurden getriben zô der burch.
Dô wâre dâ eines friden durht.
In di burch wurfen si dô
beide spâte unde frô
kriechisc fûr unde wite. V 961
Daz was Alexandris site:
Kriechisc fûr cunder wirken
und ne liez daz niemanne merken,
von wilhen listen daz quam, V 965
daz iz in den wazzere bran.
Daz warf er în zô der burh
(dâ mite branter di turme durh)
und manigen vil herten stein.
Dô ne bleib der burgêre nehein, V 970
si ne môsten von den zinnen gân,
wande si ne tursten dâ niwit langer stân

893 spottet] spottetet.

und holte ihren vertraulichen Rat ein,
wie er sein Werk vollbringen solle.
Er sprach: »Nun ratet mir, es ist Zeit dazu,
da ihr sehr kluge Männer seid!
Wenn diese nun die Oberhand gewinnen,
so verbreitet sich Spott über uns über das Land.«
Ihm rieten seine Fürsten,
die ihm zu raten wagten,
über das Meer zu senden
und ein größeres Heer kommen
und Wurfmaschinen aufstellen
und die Türme
im Sturmangriff zerstören zu lassen.
Rasch wurden da
zweiundsiebzig Wurfmaschinen aufgestellt,
schön behängt mit Reisiggeflecht,
bemannt und mit Seilen versehen.
Die wurden in drei Gruppen geteilt
und zu der befestigten Stadt getrieben.
Da wäre dort eine Waffenruhe nötig gewesen.
In die befestigte Stadt warfen sie da
die ganze Zeit
griechisches Feuer und brennendes Holz.
Das war Alexanders Gewohnheit:
Griechisches Feuer verstand er herzustellen
und ließ das niemanden erkennen,
durch welche Kunstgriffe es kam,
dass es im Wasser brannte.
Das ließ er in die befestigte Stadt hineinschleudern
(so zerstörte er durch Brand die Türme)
und viele überaus harte Steine.
Da war keiner der Stadtbewohner,
der nicht die Zinnen verlassen musste,
denn sie wagten nicht, länger dort stehen zu bleiben,

vor des fûris forhten.
Alexander dranc zô der porten,
mit nîde er si der nider brach.
Sîner helede vil dâ tôt lach.
Ime wâre doch leides mê geschît,
ne forhten si daz fûr nit
unde maniger mangen worf.
Sô solde ime ouh di burh
wesen vil tûre,
ne hêter si mit den fûre
und mit den mangen nit bestân.
Daz sult ir wizzen âne wân.
Alexander wolde sih vollen rechen.
Er hîz di turme nider brechen,
di daz fûr hete verlâzen.
Der rîchestin burgêre, di dar inne sâzen,
hîz er drî dûsint fâhen
und blinden unde hâen
wider sînen fursten drîn,
di er sante dar în.
Des siges, des er dâr nam,
wêre er ein wol bedâht man,
er ne wurdis niemer frô,
wandiz gescah ime alsô,
daz ime mê lûte tôt bleip
(des sagen ih û di wârheit),
dan der in Tyro wâre
geste oder burgêre.
Zestôret lach dô Tyrus.
Di stifte sint *[16a]* der kuninc Apollonius,
von dem di bûch sagent noh,
den der kuninc Antioch
ubir mere jagete,
wander ime sagite

926 mê *EL*] me.

aus Furcht vor dem Feuer.
Alexander drang zum Tor vor,
feindselig brach er es nieder.
Viele seiner Helden waren dort gefallen.
Ihm wäre jedoch noch mehr Leid widerfahren,
hätten sie nicht das Feuer
und die Würfe der vielen Schleudermaschinen gefürchtet.
So hätte er die befestigte Stadt auch
schwerlich erobert,
hätte er sie nicht mit dem Feuer
und den Wurfmaschinen angegriffen.
Das sollt ihr sicher wissen.

Alexander wollte seine Rache vollenden.
Er befahl, die Türme niederzureißen,
die das Feuer verschont hatte.
Dreitausend der reichsten Stadtbewohner, die darin lebten,
befahl er gefangen zu nehmen
und zu blenden und aufzuhängen,
als Vergeltung für seine drei Fürsten,
die er dort hineingesandt hatte.
Über den Sieg, den er dort errungen hatte,
wäre er, wenn er ein besonnener Mann gewesen wäre,
niemals wieder froh geworden,
denn es war ihm so ergangen,
dass ihm mehr Leute gefallen waren
(darin sage ich euch die Wahrheit),
als es in Tyrus
Fremde oder Stadtbewohner gegeben hatte.

Zerstört lag da Tyrus.
Die [Stadt] baute später König Apollonius wieder auf,
von dem die Bücher noch berichten,
den König Antiochus
über das Meer verfolgte,
weil er ihm

ein rêtisle mit forhten. V 1000
Daz was mit bedecketen worten
gescriben in einen brief,
daz er sînes selbes tohter beslief. V 1001
Ouh ist Tyrus di selbe stat,
dâr Chananea unsen hêren bat,
daz er si getrôste
und ir tohter lôste
mit sîner volleiste
von den ubilen geiste. V 1005
Dâ gewerte si unser hêre
durh sînes selbes êre
unde machete dâ zestunt
ir tohter gesunt.

Dô cunte Dario ein man, V 1007
der ûz von Tyren entran,
wî der kuninc Alexander
hête in sînen lande
sîne lûte gevangen, V 1010
geblindet und irhangen
und gewôstet sîn lant,
unde daz ouh wêre verbrant
Tyrus unde lêge in colen.
Und *er* daz laster wolde dolen,
dar umbe mohter sih gescamen
sînes kuninclîchen namen, V 1015
daz er in mit gelfe
niwit ze helfe
schîre ne quême,
dô er ir nôt vernâme.

Der rîche kuninc Darius,
der antworte ime alsus:
»Der kûne Alexander, V 1020
der tût als ein tumber

979 er] *fehlt (nicht App. Ki).*

voll Furcht ein Rätsel gelöst hatte.
Mit verdeckten Worten war
in einem Schriftstück geschrieben,
dass er mit seiner eigenen Tochter schlief.
Auch ist Tyrus eben die Stadt,
in der die Kanaaniterin unseren Herrn bat,
ihr zu helfen
und ihre Tochter
mit seiner Allmacht
vom bösen Geist zu befreien.
Dort erhörte sie unser Herr
um seiner eigenen Ehre willen
und machte dort sogleich
ihre Tochter gesund.
Danach meldete Darius ein Mann,
der aus Tyrus entkommen war,
wie König Alexander
in seinem Land
seine Leute gefangen genommen,
geblendet und aufgehängt
und sein Land verwüstet habe,
und dass Tyrus auch verbrannt sei
und in Schutt und Asche liege.
Wenn er [Darius] die Schande dulden wolle,
habe er deswegen Grund, sich
seines königlichen Namens zu schämen,
dass er ihnen nicht mit Kampfgeschrei
schnell zu Hilfe
gekommen war,
als er von ihrer Bedrängnis vernommen hatte.
Der mächtige König Darius
antwortete ihm folgendermaßen:
»Der kühne Alexander
handelt wie ein Tor

unde alse ein kindischer man,
der sih versinnen nit ne kan.
Daz wirt vil lîhte sîn val,
wander dar umbe sal
sîne êre verliesen
oder den bitteren tôt kiesen,
er ne vare schiere wider heim.«
Doh wart er des inein,
dô er gienc ze râte,
daz er ime sante drâte
einen guldînen bal
scône unde sinewal. V 1021
Ouh santer ime zehant
zwêne hêrlîche scûchbant
und ein lutzil goldis in einer laden
(er wânde, daz er ime gescaden V 1025
mit nihte ne mohte,
biz daz erz besûhte)
und hîz von disen drîn sachen
ein*en* brief machen,
der ime rehte bescheinte,
waz dise gâbe meinte.
Mit dem balle meinter daz, V 1030
daz ime gezême michilis baz,
daz er mit anderen kinden
des balles spilen gienge,
dan er sîne lûte vienge
und di slûge oder hienge.
Dar zô meinten die scûchbant,
di er ime ouh hete gesant, V 1035
daz ime Alexander
und dar zô manic ander
tagelîch dienen solde,
alsô vil, sô er wolde. V 1037

1009 einen] ein.

und wie ein kindischer Mann,
der nicht verständig sein kann.
Das wird sehr leicht zum Anlass für seinen Sturz,
denn er wird deswegen
sein Ansehen verlieren
oder den bitteren Tod kennenlernen,
wenn er nicht schnell zurück in seine Heimat zieht.«
Doch kam er überein,
als er zurate ging,
ihm schnell
einen schönen, runden goldenen Ball
zu senden.
Auch sandte er ihm sogleich
zwei prächtige Schuhbänder
und ein wenig Gold in einem Kästchen
(er glaubte, dass er [Alexander] ihm
auf keine Weise schaden könne,
bis er [das Gegenteil] feststellen musste)
und befahl, in Bezug auf diese drei Dinge
einen Brief zu schreiben,
der ihm genau zeige,
was dieses Geschenk bedeute.

Mit dem Ball wolle er ihm bedeuten,
dass es ihm viel besser anstehe,
mit anderen Kindern
zum Ballspiel zu gehen,
als seine Leute gefangen zu nehmen
und sie zu erschlagen oder zu hängen.
Dazu bedeuteten die Schuhbänder,
die er ihm auch gesandt hatte,
dass ihm Alexander
und dazu viele andere
täglich dienen sollten,
so viel, wie er [Darius] wollte.

Ouh meinte daz golt
(daz ir vil rehte merken sult),
daz sîn vater wêre
sîn rehter cinsêre
und daz er ouh solde
leben mit dem golde,
biz daz er heim quême,
und niemanne niht ne nême
und ouh schiere heim rite.
Und ob er iwit lange bite
oder tâte wider sînen willen,
er hieze in mit besemen villen.
Dô Alexander den brieb gelas,
vil harte ummêre ime was,
daz er in mit besemen wolde slân.
Sîne boten hiez er alle hân.
Der boten einer zô ime sprah:
»Hêre, ne tût uns nehein ungemach,
wande daz ne wâre niwit reht,
swâ sihein uher kneht
uher botescaft tribe,
daz er dar umbe tôt blibe.
Ne schendet niwit uheren namen!
Wir jehen û alle samen,
daz under disen kuningen allen
neheiner mach zô û gevallen,
der mit sulher frumicheite
sîn here ubir lant leite,
alsir, hêre kuninc, tût.
Nû bedwingit uheren mût
unde habit unsir mâze!
Wî torste wir lâzen,
daz unser hêre uns gebôt,
durh siheiner slahte nôt?«

1025 ir] er? *Ki S. 450, Anm. zu 1477.*

Auch weise das Gold darauf hin
(das sollt ihr ganz genau beachten!),
dass sein Vater
ihm von Rechts wegen tributpflichtig gewesen sei
und dass er [Alexander] auch
von dem Gold leben solle,
bis er heimkomme,
und niemandem etwas nehmen
und auch schnell heimreiten solle.
Und wenn er etwa lange warte
oder gegen seinen [Darius'] Willen handle,
werde er befehlen, ihn mit Ruten zu züchtigen.
  Als Alexander den Brief gelesen hatte,
war ihm das sehr verhasst,
dass er ihn mit Ruten schlagen wollte.
Er befahl, seine Boten alle aufzuhängen.
Einer der Boten sprach zu ihm:
»Herr, tut uns kein Leid an;
denn das wäre nicht recht,
dass, wo immer einer Eurer Diener
Eure Botschaft verrichtete,
er darum stürbe.
Schändet Euren Namen nicht!
Wir alle gestehen Euch zu,
dass unter all diesen Königen
keiner mit Euch zu vergleichen ist,
dass er mit solcher Tapferkeit
sein Heer übers Land führte
wie Ihr, Herr König, es tut.
Nun beherrscht Euch
und mäßigt Euch, was uns betrifft!
Wie hätten wir es wegen irgendeiner Art von Bedrängnis
wagen können zu unterlassen,
was unser Herr uns geboten hat?«

Alexander bedâhte sih,
den boten wart er *[16^b]* gnêdich.
Er ne weiz in niwit durh di scult, V 1080
er gab in wider daz selbe golt,
daz ime von Dario quam.
Er sprah: »Vil ubile daz gezam,
daz mih drowete ze slân
Darius, uher hêre.
Waz sol der rede mêre?
Er ist ein unversunnen man.
Er hât glîche getân V 1085
alse der blôde hovewart.
Sulih ist sîn art:
Swenner nahtes iht vernemet,
durh sîne blôdicheit wirt er irgremet,
er ne tar dar nâher comen niet,
al bellender flîhet.
Alsô hât Darius getân.
Er ne tar mir niemer bestân,
wander ist ein tumber.
Er zuckit sih in einen cumber,
dâ er nit ûz ne mac comen.
Sînen brieb hân ih wol vernomen.
Diu gâbe ein ander meinet, V 1096
dan mir der brief bescheinet.
Den bal hât er mir gesant,
dâ mite hât er mir bekant,
daz iz alliz an mir sol stân, V 1100
daz der himel hât umbevân,
und ih hêre sule werden
noh an diser erden
ubir alle di rîche,
di sint in ertrîche,
unde ubir alle di lant,
di ie wurden genant.

1064 mih – ze slân *Ber.*] mich – zeslân.

Alexander besann sich,
die Boten begnadigte er.
Er machte ihnen deswegen keine Vorwürfe [mehr],
er gab ihnen eben das Gold zurück,
das ihm von Darius gekommen war.
Er sprach: »Ganz und gar nicht gehörte sich das,
dass Darius, euer Herr,
mich zu schlagen drohte.
Was soll weiteres Reden?
Er ist ein unverständiger Mann.
Er hat ebenso gehandelt
wie ein untüchtiger Hofhund.
So ist dessen Art:
Wann immer er nachts etwas hört,
wird er aus Zagheit wütend,
er wagt nicht, näher zu kommen,
laut bellend ergreift er die Flucht.
So hat Darius gehandelt.
Er wagt nie, mir entgegenzutreten,
denn er ist ein Tor.
Er bringt sich in eine Bedrängnis,
aus der er nicht herauskommen kann.
Seinen Brief habe ich genau verstanden.
Die Gabe bedeutet ⌊jedoch⌋ etwas anderes,
als mir der Brief erklärt.

Den Ball hat er mir gesandt,
damit hat er mir zu erkennen gegeben,
dass all das mir zustehen soll,
was der Himmel umfangen hält,
und dass ich auf dieser Erde
noch Herr werden soll
über alle die Reiche,
die es auf Erden gibt,
und über alle die Länder,
die jemals genannt wurden.

Er sante mir ouh zwê schûhbant.
Dâ mite hât er mir becant, V 1105
daz er sih mir ze eigene wil geben
und mit mînen gnâden leben
und mîn dienist wille sîn
zallen herverten mîn.
Mit dem golde, daz ir mir habet brâ*ht*, V 1110
dâ mite hât er gedâht,
daz mir eineme daz gezeme,
daz ih den zins von ime neme
und ouh alle erdische lant
bedwinge zô mîner hant.« V 1115
Diz screib Alexander dô
und santiz Dario
und embôt ime dâ mite, V 1120
daz er noh drî mânede bite.
Er ne woldiz niwit lengen,
zehenzic tûsint wolder bringen
ubir daz wazzer Eufraten V 1124
vor di mêre Babylonien. V 1126
Er sprah: »Sint daz er zinsis von mir geret,
er wirt is aldâ gewert
mit sô getâner mâzen, V 1130
daz er mir mûz lâzen
ze phande sîn houbit,
oder ih werde beroubit
mînes lîbes und mîner manne.
Und ob ih zagelîche danne
von dem volcwîge flîhe,
sô gelobe ih, daz mir geschie
dane vorder niemer mêre
frowede, gût noh êre.
Alsus wil ihz bestân.«
Unde alse Dario der brieb quam V 1136

1099 brâht] brach. 1113 Er sprah] *übergeschrieben (Roth).*

Er sandte mir auch zwei Schuhbänder.
Damit hat er mir zu verstehen gegeben,
dass er sich mir zu eigen geben
und unter meiner Gnade leben
und mein Diener
bei allen meinen Heereszügen sein wolle.
Mit dem Gold, das ihr mir gebracht habt,
damit hat er im Sinn gehabt,
dass es mir alleine anstehe,
Tribut von ihm zu nehmen
und auch alle Länder der Erde
unter meine Herrschaft zu zwingen.«
Dies schrieb Alexander da
und sandte es Darius
und entbot ihm dabei,
dass er noch drei Monate warten werde.
Länger wolle er es nicht hinziehen,
hunderttausend Mann wolle er
über den Strom Euphrat
vor das gewaltige Babylon führen.
Er sprach: »Da er Tribut von mir verlangt,
wird er ihm dort
auf solche Art gezahlt werden,
dass er mir zum Pfand
sein Haupt lassen muss,
es sei denn, ich werde
meines Lebens und meiner Männer beraubt.
Und wenn ich dann feige
aus der Völkerschlacht fliehe,
so schwöre ich, dass mir dann fortan
nie wieder Freude, Besitz
oder Ansehen zuteil werden sollen.
So will ich es in Angriff nehmen.«
Und als Darius der Brief erreichte

und er in gelas,
alse dâ gescriben was,
zornlîche er ûf fûr.
Bi sîneme rîche er swôr:
»Iz w*e*rde ze scanden
dem tumben Alexandren,
daz er *m*ich ie beschalt.
Er ist worden ze balt.
Er ne gewinnit is niemer fromen,
daz er ie getorste comen
durh mîn laster in mîn lant.
Des sol er werden gescant,
sô daz erz niemer mêr ne getû,
wander irhebet sih ze frû.«
Dô sante Darius einen brieb
zwein herzogen, di ime wâren lieb.
Der eine, der hîz Marius
(der brieb nennet in alsus)
und der ander Tybotes.
Er hîz si sêre biten des,
daz si gegen Alexandren kêrten
und im daz lant werten
und sînes hôhmûtes widerstiezen
und ubir daz wazzer nit ne liezen
Eufraten heim ze lande varn;
daz si daz wolden bewaren
unde mit strîte in bestunden
und brêhten in gebunden.
Nû er dar nâh strebete,
daz er ubir alliz, daz dâ lebete
ieren an der erden,
der hôiste wolde werden,
daz solde an einen galgen wesen.
Dô der brieb wart gelesen,

1131 werde] wrde. 1133 mich] t,rjch *verderbt (Roth).* 1156 daz er] dar er.

und er ihn gelesen hatte,
wie dort geschrieben war,
sprang er zornig auf.
Bei seinem Reich schwor er:
»Es möge dem törichten Alexander
zur Schande gereichen,
dass er mich je schmähte.
Er ist zu kühn geworden.
Er wird niemals Nutzen daraus ziehen,
dass er je um meiner Schande willen
in mein Land zu kommen wagte.
Dafür soll er zuschanden werden,
so dass er es nie wieder tun wird,
denn er überhebt sich zu früh.«
Darauf sandte Darius einen Brief
an zwei Herzöge, die ihm lieb waren.
Der eine hieß Marius
(der Brief nennt ihn so)
und der andere Tybotes.
Er befahl, sie eindringlich aufzufordern,
sich gegen Alexander zu wenden,
das Land gegen ihn zu verteidigen
und ihm seinen Hochmut auszutreiben
und ihn nicht über den Strom Euphrat
in das Land ziehen zu lassen,
[vielmehr] das zu verhindern
und ihn in einer Schlacht anzugreifen
und ihn gebunden zu bringen.
Da er nun danach strebte,
über alles, was irgend dort
auf der Erde lebte,
der Höchste zu werden,
solle das an einem Galgen sein.
Als der Brief gelesen worden war,

dô sprâchen di herzogen: V 1162
»Darius ist harte betrogen.
Er heizet uns den man vân,
dem alle di lant sint undirtân V 1165
und der di fursten hât gevangen
und des wille ist irgangen
ubir Jherusalem und ubir Tyre.
Sînes selbes ist er gîre.
Rôme und *[16c]* Egiptelant V 1170
stânt beide an sîner hant.
Er bedwanc Kartaginen di burch,
mit gwalt reit er dâ durh.
Er hât ouh manic ander lant
verwunnen und verbrant,
bedwungen und zestôret,
der ein teil Dario hôret. V 1175
Daz hât Darius al versezzen.
Alexander hât sich vermezzen,
iz gê ze scaden oder ze fromen,
wil ime Darius ingagen comen,
er wil in menlîchen entfân
unde mit volcwîge bestân.
Er wil unsen hêren
aller sîner êren
verstôzen oder crenken.
Darius sol sih bedenken
und handeliz noh mit sinnen. V 1180
Er mah sîn lîhte gwinnen
scaden unde scande
in sînes selbis lande.«
Von den zwein herzogen dô
reit ein bote ze Dario.
Unde alser vor ime quam V 1182
und dise botescaf vernam,

1161 sprâchen *EL*] sprachen 1167 Jherusalem] ihrtm.

da sprachen die Herzöge:
»Darius ist ganz verblendet.
Er befiehlt uns, den Mann gefangen zu nehmen,
dem alle die Lande untertan sind
und der die Fürsten gefangen genommen hat
und dessen Wille ergangen ist
über Jerusalem und über Tyrus.
Auf ihn [Darius] selbst hat er es abgesehen.
Rom und Ägypten
befinden sich beide in seiner Gewalt.
Er bezwang die befestigte Stadt Karthago,
mit Gewalt ritt er dort hindurch.
Er hat auch viele andere Länder
überwunden und gebrandschatzt,
bezwungen und verwüstet,
von denen ein Teil Darius angehört.
Das hat Darius alles durch Untätigkeit verloren.
Alexander hat sich vermessen,
ob es ihm zum Schaden oder zum Nutzen ausgeht,
wenn Darius ihm entgegenkommen will,
will er ihn tapfer empfangen
und mit einer Völkerschlacht bestehen.
Er will unseren Herrn
von all seinen Ehren
vertreiben oder zunichte machen.
Darius soll sich besinnen
und die Angelegenheit [doch] noch mit Verstand behandeln.
Er kann durch ihn leicht
Verlust und Schmach
in seinem eigenen Land erleiden.«
Von den zwei Herzögen ritt da
ein Bote zu Darius.
Und als er vor ihm ankam
und [Darius] diese Botschaft hörte,

sêre zurneter des. V 1184
Einen herzogen, der hîz Mennes, V 1185
und dar zô hundirt tûsint man
er vil schiere gwan.
Di santer dô
dem hêren Alexandro
wol ze strîte gare ingagen
und hîz den zwein herzogen sagen,
liezen si in ubir daz wazzer comen, V 1190
si ne gwunnen is niemer fromen.
»Wen laster unde cumber,
daz wesset in dar under
und scade unde scande.
Ob der mûlîche Alexander
sînen willen dâ geendet,
si werdent is geschendet V 1195
vil lîhte an irn lîbe
unde an kinden unde an wîbe
unde ouh an irn gûte.
Sus ist mir ze mûte.«
Den herzogen beiden
wart vil leide,
dô in der bote sagete,
waz er vernomen habite.
Si ne tursten is niwit lâzen,
si ne wereten di strâzen
dem stolzen Alexandro.
Ze râte gingen si dô,
Marios und Tybotes.
Ze râte wurden si dô *des*,
daz si sante*n* algerihte
ubir al ir gerihte.
Di si ze samene brâhten, V 1200
di mohte man ahten

1224 des] *fehlt.* 1225 santen] sante.

wurde er darüber sehr zornig.
Einen Herzog namens Mennes
und dazu hunderttausend Mann
bot er sehr schnell auf.
Die sandte er da
gut zum Kampf gerüstet
dem Herrn Alexander entgegen
und befahl, den zwei Herzögen zu sagen,
wenn sie ihn über den Strom gelangen ließen,
würden sie niemals Nutzen daraus ziehen.
»Nur Schande und Leid
erwachsen ihnen daraus
und Verlust und Schmach.
Wenn der lästige Alexander
dort zu Ende bringt, was er will,
werden sie dadurch sehr leicht zuschanden
in ihrer Person,
an ihren Kindern und an ihren Frauen
und auch an ihrem Besitz.
So ist mir zumute.«
Die beiden Herzöge
wurden von großem Leid erfüllt,
als ihnen der Bote sagte,
was er vernommen hatte.
Sie wagten es nicht zu unterlassen,
die Straßen gegen den stolzen Alexander
zu verteidigen.
Zurate gingen sie da,
Marios und Tybotes.
Sie beschlossen da,
alsbald ein Heer aufzubieten,
so weit ihre Gerichtsgewalt reichte.
Die sie zusammenbrachten,
konnte man

ane vierzich tûsunt.
Dar nâh in curzer stunt
genante sih Alexander
und mit ime manic ander,
wande si hâten stâten mût.
Si schiffeten ubir di eufrateischen flût.
Ze êrist si ze stade quâmen.
Dô di herzogen daz vernâmen,
mit zorne vôren si ime ingagen V 1205
und wolden ime flîzlîchen scaden.
Dâ hûb sih ein sturm grôz. V 1207
Ein dûsunt blieb dâ tôt
von kriechischeme kunne,
ê Alexander den vort gwunne. V 1210
Alexandro mûwete daz.
Ûf Bucifale er saz. V 1213
Er ne wolde niwit bîten,
er begunde rîten.
Ergremet was ime sîn mût.
Er slûc alse der donre tût
sîne vîande. V 1215
Swaz ir ime quam ze hande,
der ne genas nie nehein mûter barn.
Sih ne mohte nieman bewarn
von den slegen, die er slûch,
wander ein tûre swert trûch.
Ouh was sîn scaft starc und grôz. V 1221
Sweme sîn wart slach oder stôz, V 1222
der nembeiz niemer mêr brôtes, V 1224
wander was des gwissen tôtes. V 1223
Mennes der wîgant, V 1225
den Darius hete gesant
Alexandro ingagen,
alsih daz bûch hôrte sagen,

1253 von] vor? *EL.*

auf vierzigtausend Mann schätzen.
Kurze Zeit darauf
fasste Alexander einen Entschluss
und mit ihm viele andere,
denn sie waren von standhafter Gesinnung.
Sie setzten mit Schiffen über die Flut des Euphrat.
Sie kamen als erste ans Ufer.
Als die Herzöge das vernahmen,
zogen sie ihm voll Kampfzorn entgegen
und wollten ihm eifrig Verluste beibringen.
Da hob eine gewaltige Schlacht an.
Tausend Mann fielen da
aus dem Volk der Griechen,
bevor Alexander die Furt eroberte.
Alexander verdross das.
Er saß auf Bucifal.
Er wollte nicht warten,
er ritt los.
Er war ergrimmt.
Er erschlug seine Feinde,
wie der Donner es tut.
Wie viele von ihnen auch in seine Reichweite kamen,
kein Mensch von denen kam mit dem Leben davon.
Niemand konnte sich schützen
aufgrund der Hiebe, die er austeilte,
weil er ein treffliches Schwert trug.
Auch war sein Speer stark und lang.
Wen immer ein Schlag oder Stoß damit traf,
der aß nie mehr vom Brot,
denn ihm war der Tod gewiss.
Mennes, der Held,
den Darius Alexander
entgegengesandt hatte,
war, wie ich das Buch berichten hörte,

der hete manlîchen mût
und was ouh ein rîter gût.
Dô er di mêre vernam,
stolzer rîter er nam
ze sih zehen hundrit,
ûz sîneme here gesundrit,
di sîn solden hûten V 1230
mit ellenthaften mûten.
Der karte Alexandro ingagen.
Dô daz Alexander hôrte sagen,
umbe karter sînen vanen
und begunde sîne helede manen.
Bucifale er verhancte,
Mennese er zô sprancte. V 1235
Durh sîne *[16[d]]* rîtere er dô brach.
Ir iegweder den anderen stach V 1243
nider zô der erden.
Dô griffen si zô den swerten. V 1244
Dô slûgen di recken
mit den brûnen ecken,
daz daz fûr dar ûz spranc. V 1245
Ir iegweder dranc
vaste zô dem andren. V 1246
Dô slûch doh Alexandren
Mennes nider an daz gras. V 1252
Ob di rede alsô was,
des mach uns al besunder
nemen michel wunder.
  Dô hûbin sih ir lûte dare
beidenthalben mit der scare,
dâ di helede junge
mit nîde insamt rungen.
Dâ was michele nôt,
dâ bleib manic helt tôt.

1289 des] das.

von tapferer Gesinnung
und war auch ein trefflicher Krieger.
Als er die Nachricht vernahm,
zog er
tausend stattliche Reiter zu sich heran
aus seinem Heer heraus,
die ihn voll Tapferkeit
schützen sollten.
Er wandte sich gegen Alexander.
Als Alexander das sagen hörte,
wandte er seine Fahne um
und trieb seine Helden an.
Bucifal ließ er den Zügel schießen,
auf Mennes sprengte er zu.
Durch seine Krieger brach er da hindurch.
Jeder von ihnen beiden stach den anderen
nieder zur Erde.
Dann griffen sie zu den Schwertern.
Da schlugen die Helden
mit den funkelnden Schneiden zu,
dass das Feuer stob.
Jeder von ihnen beiden drang
heftig auf den anderen ein.
Da schlug doch Mennes
Alexander nieder auf das Gras.
Wenn sich die Sache [wirklich] so verhielt,
haben wir alle besonders
Grund, uns sehr darüber zu verwundern.
  Da begaben sich auf beiden Seiten
ihre Leute mit der Kriegerschar dorthin,
wo die jungen Helden
feindselig miteinander kämpften.
Dort herrschte große Kampfesnot,
viele Helden fielen dort.

Sêre stoub dâ der melm.
Dâ wart Alexandro sîn helm
von dem houbete gebrochen. V 1253
Dâ was vil nâh gerochen
Darius der tûre degen.
Alexandro wart dâ gegeben V 1255
manic stôz unde slach.
Di wîle, di er der nider lac,
leit er ein bittere nôt.
Er was vil nâh tôt,
doh half in, daz er genas,
daz er sô wol gewâfent was.
Vil schîre ime ouh ze helfen quam
Daclym, ein rîter lobesam, V 1259
der was mit Alexandro dare comen. V 1260
Der stunt ime ze grôzen fromen,
dâ er was bestanden
von sînen vîanden.
Sîn swert, daz heter bare
und hûb sih îlende dare.
Der hiu umbe sih
einen helede gelîch.
Des danctime sint Alexander.
D*â* was ouh ein ander,
ein rîter, der hîz Jubal, V 1262
der sih ungerne verhal, V 1263
swâ iz in di nôt ginc.
Der was ein edele jungelinc,
der was in andre sîte
in den selben strîte,
mit den zwein herzogen. V 1264
Sîn swert heter irzogen. V 1265
Der quam gedrungen dar zû
und wolde Alexandro

1320 Dâ] do.

Heftig flog da der Staub auf.
Dort wurde Alexander sein Helm
vom Haupt gerissen.
Da wäre Darius, der edle Krieger,
beinahe gerächt worden.
Alexander wurden dort
viele Stöße und Schläge versetzt.
Solange er unten lag,
litt er bittere Bedrängnis.
Er wäre beinahe gestorben,
doch half ihm zu überleben,
dass er so gut gerüstet war.
Sehr schnell kam auch, um ihm zu helfen,
Daclym, ein ruhmreicher Krieger,
der war mit Alexander dorthin gekommen.
Der war ihm von großem Nutzen,
wo er von seinen Feinden
angegriffen war.
Sein Schwert hatte er gezückt
und begab sich eilends dorthin.
Er schlug [mit dem Schwert] um sich
wie ein Held.
Dafür dankte ihm Alexander später.
Dort befand sich auch ein anderer,
ein Krieger namens Jubal,
der sich ungerne verbarg,
wo immer es in den Kampf ging.
Der war ein adliger junger Mann,
der stand auf der anderen Seite
in diesem Kampf,
zusammen mit den beiden Herzögen.
Sein Schwert hatte er gezückt.
Der drängte sich hinzu
und wollte Alexander

in den hals slân einen slach,
dâ er in blôz sach.
Daclym wart der êrre V 1268
und lôste sînen hêren.
Er slûc Jubale
zô dem selben mâle
obene von den zenden V 1270
nidene durh di lenden
und machete zwêne halbe man.
Vil michil lob er des gwan.

Daclym der ellenthafte man,
vil schîre er dô nam
den helm mit sîner hant,
Alexandro er in ûf bant. V 1275
Sîn houbit was ime verschellet,
dâ er nider was gevellet,
von den michelen slagen.
Ih wil û wêrlîchen sagen:
Er nerwîlt sih niwit sîner rede, V 1278
ime wâren zeblûwen sîne lide.
Des wart Daclym innen
unde rief mit hôer stimmen:
»Alexander, hêre kuninc,
gedenket hûte an ûwer tugint
und manet ûwer gesellen,
daz si diz here irschellen,
wandir ein tûre kneht sît. V 1284
Nû reget daz swert, des ist zît!« V 1285

Dô Alexander wart lôs,
dô spranc er ûf sîn ros.
Sîn gebêre, daz was eislîch,
sîn ougen wâren freislîch;
dar umbe vorhte in manic man.
Dô er zime selbin wider quam, V 1290
dô heter michelen zorn.
Sîn ros nam er mit den sporn

einen Schlag in den Hals versetzen,
wo er ihn entblößt sah.
Daclym war früher zur Stelle
und befreite seinen Herrn.
Er schlug Jubal
auf einen Streich
von oben von den Zähnen
bis nach unten durch die Lenden
und machte zwei halbe Männer [aus ihm].
Sehr großen Ruhm erlangte er dadurch.

Daclym, der tapfere Mann,
nahm da sehr schnell
den Helm in seine Hand,
Alexander setzte er ihn auf.
Er [Alexander] war ganz benommen,
wo er niedergestürzt war,
durch die heftigen Schläge.
Ich will euch wahrheitsgemäß berichten:
Er war seiner Worte nicht mächtig,
seine Glieder waren ihm zerschlagen.
Das bemerkte Daclym
und rief mit lauter Stimme:
»Alexander, Herr König,
besinnt Euch heute auf Eure Tapferkeit
und mahnt Eure Gefährten,
dieses Heer mit Gewalt auseinanderzutreiben,
weil Ihr ein edler Krieger seid.
Nun bewegt das Schwert, es ist an der Zeit dafür!«

Als Alexander befreit worden war,
da sprang er auf sein Ross.
Sein Betragen war furchterregend,
seine Augen waren schrecklich;
deshalb fürchteten ihn viele Männer.
Als er wieder zu sich selbst gekommen war,
fühlte er großen Zorn.
Seinem Ross gab er die Sporen,

unde sagite Daclyme danc
und frumete manigen swertis swanc
undir daz here, daz dâ was,
daz slûch er nider alsein gras. V 1295
Di menige was vil grôz,
di er irslûch und irschôz.
Unzallîch wâre uns ze sagen, V 1301
umbe di dâ lâgen irslagen, V 1300
Persen unde Kriechen,
sunder gewunten unde siechen.
Dâ was weinen unde clagen.
Von einen volcwîge hôre wir sagen,
der ûf Wulpinwerde gescach,
dâr Hilden vater tôt lach, V 1305
inzwischen Hagenen unde Waten.
Der ne mohte sih hî zô niht gegaten.
Herwîch unde Wolfwîn V 1309
ne mohten ime niwit gelîch sîn
noh nehein man ander,
[17a] alsô freislîch was Alexander.
Man sagit von gûten knehten, V 1312
di wol getorsten vehten,
in der Troiêre liede,
ê *sich* der sturm geschiede, V 1315
Achilles unde Hector,
Aiax unde Nestor,
di manic tûsint irslûgen
unde ouh scarfe gêre trûgen.
Iz ne mohte undir in allen V 1320
ze Alexandro niht gevallen.
Pynchun was ein grêbe genant,
der fûrte den vanen an der hant,
den er Alexandro abe brach,
dô in Mennes der nider stach. V 1325

1383 Wolfwîn] Ortwin? *App. Ki.* 1390 sich] *fehlt (nicht App. Ki).*

sagte Daclym Dank
und teilte viele Schwertschläge aus
unter dem Heer, das dort war,
das mähte er nieder wie Gras.
Sehr groß war die Anzahl derer,
die er erschlug und mit dem Speer tötete.
Unmöglich wäre es für uns,
von der Zahl derer zu berichten, die dort erschlagen lagen,
Perser und Griechen,
[auch] ohne die Verwundeten und Kranken.
Weinen und Klagen herrschten dort.
Von einer Völkerschlacht hören wir sagen
zwischen Hagen und Wate,
die auf dem Wulpinwerde stattfand,
wo Hildes Vater fiel.
Die [Schlacht] konnte sich hiermit nicht vergleichen.
Herwic und Wolfwin
konnten ihm nicht gleichen
und auch kein anderer Mann,
so schreckenerregend war Alexander.
Man erzählt in der Dichtung von den Trojanern
von edlen Kriegern,
die tapfer zu kämpfen wagten,
bevor der Krieg entschieden wurde,
von Achilles und Hector,
Ajax und Nestor,
die viele Tausende erschlugen
und auch scharfe Speere trugen.
Keiner unter ihnen allen konnte
Alexander gleichkommen.
Pynchun hieß ein Graf,
der führte die Fahne in der Hand,
die er Alexander entrissen hatte,
als Mennes ihn niedergestochen hatte.

Dô in Alexander hete irkorn,
er rûrte daz ros mit den sporn,
ingagen den grâben er reit.
Er sprach: »Daz was michil kintheit,
daz mîn vane ie quam an dîner hant. V 1330
Daz sol dir werden noh gewant
ze leide und ze rûwen.
Des mahtu mir getrûwen.«
Der grâbe, dô erz gehôrte,
Alexandro er antworte.
Er sprach: »Nû varet scône,
daz û mîn trehtîn lône!
Daz ih fôren ûweren vanen,
daz sol û werden ze banen.
Mûzih behalden mînen leben,
ih wil in û sô wider geben, V 1336
daz man der vone reden mac
biz an den jungisten tac.«
Er stach nâh dem worte
Alexandrum mit dem orte,
daz an sînen spere was. V 1340
Des stichis er wol genas,
wander was ime getân
obenwendich sînen ouchbrân.
  Alexander, der sprah,
dô in Pynkun gestah: V 1345
»Du salt lugenêre wesen,
ih sal des stichis wol genesen.«
Mit dem selben worte
slûch er in mit dem swerte.
Ûffe sîn houbit er in slûch V 1350
durh den stêlînen hût
einen sô freislîchen slach,
daz er an der erden tôt lach.
  Dô nam Alexander sînen vanen
und reit rîterlîche danen,

Als Alexander ihn wahrgenommen hatte,
spornte er das Ross an,
auf den Grafen ritt er zu.
Er sprach: »Das war großer Unverstand,
dass meine Fahne je in deine Hand kam.
Das wird dir noch
zu Leid und Schmerz ausschlagen.
Das kannst du mir zutrauen.«
Als der Graf das hörte,
antwortete er Alexander.
Er sprach: »Nur zu,
damit Gott es Euch lohne!
Dass ich Eure Fahne führe,
das wird Euch zum Verderben.
Wenn ich mein Leben behalte,
werde ich sie Euch so zurückgeben,
dass man bis zum Jüngsten Tag
davon reden kann.«
Nach diesen Worten versetzte er
Alexander einen Stich
mit der Speerspitze.
Den Stich überlebte er gewiss,
denn er traf ihn
über seinen Augenbrauen.
Alexander sprach,
als ihn Pynkuns Stich getroffen hatte:
»Du wirst als Lügner dastehen,
ich werde den Stich gewiss überleben.«
Mit diesen Worten
erschlug er ihn mit dem Schwert.
Auf sein Haupt versetzte er ihm
durch den stählernen Helm
einen so fürchterlichen Schlag,
dass er tot auf der Erde lag.
Dann nahm Alexander seine Fahne
und ritt auf ritterliche Weise von dort weg, [dorthin,]

dâ er wisse sîne man.
Mennes ime aber zû quam, V 1355
der in dâ vore der nider stach.
Er gab ime einen swertslach.
Ûf den arm er in slûc,
dâ er daz sper mite trûc.
Er slûch in mit grôzer craft. V 1360
Durh den arm und durh den schaft
quam daz swert gedrungen
und irwant ime an der lungen.
Mennes, der viel dâ tôt nider.
Di Perses vohten niwit sider, V 1365
si fluhin von den velde
und ne getrûweten an sih selben
neheiner manheite mê
unde riefen ach unde wê.
Des wart Alexander vile balt. V 1368
Al dâ bleib er mit gewalt
biz zô den stunden, V 1370
daz ime geheileten sîne wunden.
Er nâhete sih Dario baz.
Eine burh er ime besaz,
di was Sardis genant.
Schîre wart si verbrant. V 1375
Dô er si gwan,
der hêre dar ûf nam
michil silber unde golt V 1376
und machete ime sîne helede holt.
Di burh, di heizet Sardis,
von ir saget Apocalipsis,
daz si der siben burge ein wêre, V 1380
di unser heilêre
in den himelrîche nante
und dâ er ze boten sante
Ioh*ann*em, den heiligen man,
apostolum et evangelistam.

1471 Iohannem] iohem. 1472 apostolum et evangelistam] aptm et eugl̃i.

wo er seine Männer wusste.
Mennes kam abermals auf ihn zu,
der ihn zuvor niedergestochen hatte.
Er versetzte ihm einen Schwertschlag.
Auf den Arm schlug er ihn,
mit dem er den Speer führte.
Er schlug ihn mit großer Kraft.
Durch den Arm und durch den Speerschaft
drang das Schwert
bis in seine Lunge.
Mennes fiel dort tot nieder.
Die Perser kämpften danach nicht weiter,
sie flohen vom Schlachtfeld
und trauten sich selbst
keine Tapferkeit mehr zu
und riefen ach und weh.
Dadurch wurde Alexander sehr kühn.
Dort blieb er mit Macht
bis ihm
seine Wunden geheilt waren.
Er näherte sich [dann] Darius weiter.
Eine befestigte Stadt belagerte er ihm,
die war Sardis genannt.
Schnell wurde sie niedergebrannt.
Als er sie erobert hatte,
nahm der Herr darin
viel Silber und Gold
und machte sich seine Helden ergeben.
Von der befestigten Stadt namens Sardis
berichtet die Apokalypse,
dass sie eine der sieben befestigten Städte sei,
die unser Retter
im Himmelreich nannte
und wohin er Johannes, den heiligen Mann,
den Apostel und Evangelisten,
als Boten sandte.

Dô man Dario diz gesagete,
niwit langer er gedagete. V 1385
Er tete durh sînen ubirmût,
alse der stolze man tût,
der sih ze sêre verhebet
und ze jungist in de*m* laster liget. V 1391
Er swôr bî sînen rîche,
daz er vil lasterlîche
Alexander wolde vâhen
und ûf einen ast hân V 1395
und scantlîche nemen in daz leben
und wolde ouh sîn fleisc geben
den vogelen ze ezzen. V 1396
Daz er sih ie torste vermezzen V 1397
wider sînen hêren,
daz worde ime ze unêren.
Darius sîne boten sande V 1398
in wazzer und in lande
und hîz daz sînen fursten sagen V 1400
und flîzlîchen clagen
den kunigen di scande,
di ime tete Alexander.
Er bat herzogen *[17b]* und grâben,
daz si ime rât gâben
und ime mit gelfe
quâmen ze helfen
mit alsô tûren knehten,
di wol getorsten vehten, V 1405
mit aller ir manie.
Ze Mesopotamie
in der breiten ouwen
wolder daz here bescowen,
wander gerne vernême, V 1410
wî manich scare ime quême.

1478 dem] der.

Als man dies Darius berichtet hatte,
schwieg er nicht länger.
Aus Selbstüberschätzung heraus handelte er,
wie es ein stolzer Mann tut,
der sich zu sehr überhebt
und zuletzt in Schande liegt.
Er schwor bei seinem Reich,
dass er Alexander ganz schimpflich
fangen
und an einen Ast hängen
und ihm auf schmähliche Weise das Leben nehmen wolle,
und [er] wolle auch sein Fleisch
den Vögeln zu fressen geben.
Dass er je die Anmaßung
gegen seinen Herrn gewagt habe,
das werde ihm Ehrverlust einbringen.
Darius sandte seine Boten
zu Wasser und zu Lande aus
und befahl, das seinen Fürsten zu berichten
und eifrig
den Königen die Schande zu klagen,
die ihm Alexander zugefügt hatte.
Er bat Herzöge und Grafen,
ihm Unterstützung zuteilwerden zu lassen
und ihm mit Kampfgeschrei
zu Hilfe zu kommen
mit so herrlichen Kriegern,
die tapfer zu kämpfen wagten,
mit all ihren Scharen.
In Mesopotamien
auf der weitläufigen Ebene
wolle er das Heer inspizieren,
weil er gerne erfahre,
wie viele Scharen für ihn kämen.

Nû wil ih û cunden ubir al,
wî vil einer scare wesen sal,
alsihz in den bûchen hân gelesen:
Der sal sehs tûsint wesen
und sehs hundrit unde sehscich man, V 1415
alsih mih versinnen kan.
Alsô vil sal sîn in einer scaren.
Gagen Dario quâmen gevaren
zwêne und drîzich kuninge
(daz wizzit âne lugene),
di sîne nôt vernâmen. V 1425
Herzogen ime ouh quâmen
zwei hundrit unde sibinzich
unde dar zô manic grâbe rîch,
di zô ime kêrten
und sîne reise mêrtin.
Di quâmen alle mit gwalt.
Di grâben wâren gezalt V 1430
rehte an eilif hundrit.
Ob û der hêren wundrit,
des ne sult ir mir wîzen nit,
wandiz cundit uns daz liet
und daz bûch, dâ ihz ane las,
daz ir alsus vil was.
Von Persien worden ime gesant V 1432
helede sibinzic tûsant.
Ouh quâmen Cenonenses dare V 1435
mit einer hêrlîcher vare,
mit funfzich tûsint knehten,
di wol getorsten vehten.
Pamphilienses quâmen ouh wale
und brâhten ime di selben zale.
Dar nâh quam ime ein here grôz, V 1440
dem wîgis lutzil verdrôz,

1515 zwêne] zvo.

Nun will ich euch vor allem kundtun,
wie viele Männer üblicherweise zu einer Schar gehören,
wie ich es in den Büchern gelesen habe:
Sechstausend und sechshundert
und sechzig Männer sollen dazugehören,
soviel ich weiß.
So viele sollen in einer Schar sein.
Zu Darius kamen
zweiunddreißig Könige gezogen
(ungelogen, das sollt ihr wissen),
die von seiner Bedrängnis gehört hatten.
Zweihundertsiebzig Herzöge
kamen auch zu ihm
und dazu so viele mächtige Grafen,
die zu ihm stießen
und seinen Kriegszug vergrößerten.
Die kamen alle mit Macht.
Die Grafen zählte man
richtig auf an die elfhundert.
Wenn ihr euch über die Herren wundert,
sollt ihr mir deswegen keine Vorwürfe machen,
denn die Dichtung verkündet uns das
und das Buch, worin ich es las,
dass es so viele von ihnen waren.

Aus Persien wurden ihm
siebzigtausend Helden gesandt.
Auch kamen die Cenonenser dorthin
in einem herrlichen Zug
mit fünfzigtausend Kriegern,
die tapfer zu kämpfen wagten.
Die Pamphilienser kamen sicherlich auch
und führten ihm die gleiche Zahl herbei.
Danach kam ein großes Heer zu ihm,
dem kein Krieg zu viel wurde,

daz kuninges reisen wol gezam,
von Medintrîche daz quam.
Meden ist daz selbe lant,
da*r* der engel wart mit Tobien gesant. V 1445
Funfzich tûsint si brâhten,
alsus hôrtih si ahten.
Von Ninive worden ime gesant
zwei unde zwêncich tûsant.
Ime brâhten di von Armenie V 1450
ahte tûsant in einer menige
vil sneller jungelinge
zô sînen tagedinge.
Armenien ist daz rîche
(daz sagih û wêrlîche),
dâ daz wazzer di archam treib,
dâ Noe lebende inne bleib, V 1455
in den bergen si dâ besaz.
Vor wâr solt ir wizzen daz.
   Ouch santen dar zô
dem rîcheme kuninge Dario
di ubirmûtige Gâzen, V 1456
di ubir Philistim sâzen,
zehen hundrit starker risen,
di ime ze trôste solden wesen.
Ime santen sîne frîe man, V 1460
di dâ sâzen in Frigiam
mit vil gûten willen
zwênzich tûsint gesellen.
Si gunden ime wol sîner êren. V 1465
Ouch begunden dar kêren V 1464
von India di fursten,
di wol vehten torsten.
Dô siz vernâmen,
mit zwelif tûsinden si quâmen.

1544 dar] da.

das gut zu königlichen Kriegszügen passte,
aus dem Mederreich kam das.
Medien ist eben das Land,
wohin der Engel mit Tobias gesandt wurde.
Fünfzigtausend Mann brachten sie,
so hörte ich sie schätzen.
Aus Ninive wurden ihm
zweiundzwanzigtausend Mann gesandt.
Ihm brachten die von Armenien
achttausend überaus tapfere junge Männer
in einer Schar
für seine Schlacht.
Armenien ist das Reich
(das berichte ich euch wahrheitsgemäß),
wo das Wasser die Arche hintrieb,
in der Noah am Leben blieb,
in den Bergen dort landete sie.
Das sollt ihr als wahr wissen.

Auch sandten
die stolzen Leute von Gaza,
die im Land der Philister wohnten,
dorthin zu dem mächtigen König Darius
tausend starke Riesen,
die ihm eine Stütze sein sollten.
Ihm sandten seine freien Männer,
die dort in Frigia lebten,
voll gutem Willen
zwanzigtausend Kampfgefährten.
Sie gönnten ihm sicherlich sein Ansehen.
Auch wandten sich
die Fürsten aus Indien dorthin,
die tapfer zu kämpfen wagten.
Als sie es vernahmen,
kamen sie mit zwölftausend Mann.

Dannoh quam ime ein lutzil here, V 1470
daz vôr von dem rôten mere,
ein tûsint sneller helede,
ze wîge wol irwelede.
Nû merket, wî vile dis heres was: V 1474
Alsihz an den bûchen las,
sô ahte man iz dâ zestunt
an sehs hundrit unde drîzich tûsunt,
daz alliz Dario quam. V 1479
Und alse Alexander vernam, V 1480
daz ime Darius mit here
daz lant ze Persiam wolde were,
dô besanter sîne man,
di von Macedoniam.
Di quâmen ime gereite.
Dô hîz er here leiten
ubir ein wazzir, daz was breit.
Darius under des screib
einen brieb Alexandro
unde hîz ime dar zô
eine wâge mâhenes fur tragen
unde hîz ime sagen,
daz er zalte die korn.
Iz wâre ime leit oder zorn,
er neconde si nit gezellen.
Alsô ne mohter sîne gesellen
gezelen noh sîne heriscraft,
di er ime gagen hête brâht.
[17c] Ouh sagite ime der brieb,
Dario ne wêre niwit lieb,
daz er mit sulher gwalt
wolde ze Persiam in daz lant.
Er ne woldiz ime rûmen,
er vernême ein sulh gestrûme,

nach 1585] *Ki druckt (ohne sie an dieser Stelle zu zählen) parallel zu V 1480–1505 / Ki v. 1497–1523 Verse aus S 2796–2849 / Ki v. 3248–3301 ab.*

Außerdem kam noch ein kleines Heer zu ihm,
das zog vom Roten Meer her,
tausend tapfere Helden,
zum Krieg trefflich auserlesen.
Nun achtet darauf, wie groß dieses Heer war:
Wie ich es in den Büchern las,
schätzte man es dort zu der Zeit
auf sechshundertdreißigtausend Mann,
die alle zu Darius gestoßen waren.
Und als Alexander vernommen hatte,
dass Darius mit einem Heer
das Land Persien gegen ihn verteidigen wollte,
da sandte er nach seinen Männern,
denen aus Makedonien.
Die kamen bereitwillig zu ihm.
Da befahl er, das Heer
über einen Strom zu führen, der breit war.
Darius schrieb in der Zwischenzeit
einen Brief an Alexander
und befahl, ihm dazu
ein Pfund Mohnsamen zu bringen,
und befahl, ihm zu sagen,
dass er die Körner zählen solle.
Ob er es bedauere oder zornig darüber würde,
er werde sie nicht zählen können.
Ebenso wenig könne er seine Kampfgefährten
oder seine Heeresmacht zählen,
die er gegen ihn geführt habe.
Auch sagte ihm der Brief,
Darius sei es nicht lieb,
dass er mit solcher Gewalt
in das Land Persien wolle.
Wenn er sich nicht davonmache,
werde er ein solches Kampfgetöse vernehmen,

dâ er imer vone mohte zellen
in lîde und in bîspellen.
Dô Alexander gelas,
daz an den brieb gescriben was,
der wol geborne jungelinc,
den mâhen er frôlîche entfienc
unde warf in *an* der stunt
in sînes selbis munt
und az sîn ein vil michil teil
und sprach: »Wir haben gût heil.
Dise corner sint sô manicfalt,
si ne werdent von mir niemer gezalt.«
In sînen munt er si streich
und sprah: »Si sint sô weich
und smeckint sô wole,
ih hoffe, daz ih sîn here sole
harte wol verwinnen
mit mînen jungelingen.«
Sîn bote quam under des gerant,
dâ er Alexandrum vant.
Der sagite ime, daz Olympias
sîn mûter vil siech was
und bat in vil harte,
daz er dâ hine karte,
wande si des jêhe,
ob si in gesêhe,
si genêse curzlîche.
Alexander der rîche,
der screib dô selbe einen brief.
Die hant er in sînen bûtel stîz,
alsiz ime in den mût quam,
sîne hant fol pefferis er nam.
Ze Darien bote*n* er dô sprach:
»Diz ezze dîn hêre, ob er mach.

1615 an] *fehlt.* 1641 boten] bote.

dass er davon immer
in epischer Dichtung und belehrenden Geschichten werde erzählen können.
Als Alexander gelesen hatte,
was im Brief geschrieben war,
nahm er, der vornehme junge Mann,
den Mohn voller Freude
und steckte sogleich
etwas davon in seinen eigenen Mund
und aß einen großen Teil davon
und sprach: »Wir haben großes Glück.
Diese Körner sind so zahlreich,
sie werden nie von mir gezählt werden.«
In seinen Mund steckte er sie
und sprach: »Sie sind so weich
und schmecken so gut,
ich hoffe, dass ich sein Heer
mit meinen jungen Männern
sehr leicht überwinden werde.«
Ein Bote für ihn eilte währenddessen [dorthin],
wo er Alexander fand.
Er [der Bote] berichtete ihm [Alexander], dass Olympias,
seine Mutter, schwer krank sei
und ihn eindringlich bitte,
dorthin zurückzukehren,
denn sie sage,
wenn sie ihn sehe,
werde sie in kurzer Zeit geheilt werden.
Der mächtige Alexander
schrieb da selbst einen Brief.
Die Hand steckte er in seinen Beutel,
wie es ihm in den Sinn kam,
seine Hand füllte er mit Pfefferkörnern.
Zu Darius' Bote sprach er da:
»Dies möge dein Herr essen, wenn er kann.

Dise corner sint niht manicfalt,
si sint vil schiere gezalt.
Alsus bitter ist mîn here,
er ne mah sih niemer mih irweren.
Ouh sage du dîneme hêren:
Ih wil nû wider kêren,
alse mir mîn mûter enbôt,
andirs durh neheine nôt.
Iz sî ime leit oder lieb,
dar umbe ne lâz ih is niet,
ih wil schiere wider comen.
Des gewinnet er lutzelen fromen.
Di wîle mah er bî dem mere
gesamenen ein grôz here,
daz er mir frumelîche
erwere sîne rîche.«
Dô reit der bote von Alexandro
wider hin ze Dario
unde sagetime daz,
daz Alexander den mâhen az,
den er ime hete gesant,
und gab ime den peffer in di hant.
Den enfienc er mit zorne
und warf di peffercorner
nîtlîchen in sînen munt
unde beiz si an der stunt.
Dô begunder sih cremfen
und di nase remfen,
wand in der pheffer sêre beiz.
Sîn lîb, di wart ime allir heiz.
Er neigete si*h* nidere
unde wolde, daz Alexander widere
wêre ân sîne scande
heim in sînem lande.

1673 sih] si.

Diese Körner sind nicht zahlreich,
sie sind schnell gezählt.
So ungenießbar ist mein Heer,
er kann sich meiner niemals erwehren.
Auch sag du deinem Herrn:
Ich werde nun zurückkehren,
wie meine Mutter mir entboten hat,
aus keinem anderen Grund.
Ob es ihm passt oder nicht,
darum unterlasse ich es nicht,
ich werde schnell wiederkommen.
Keinen Nutzen wird er daraus ziehen.
In der Zwischenzeit kann er am Meer
ein großes Heer zusammenziehen,
um seine Reiche
tapfer gegen mich zu verteidigen.«
Da ritt der Bote von Alexander
wieder zurück zu Darius
und berichtete ihm,
dass Alexander den Mohn gegessen habe,
den er ihm gesandt hatte,
und gab ihm den Pfeffer in die Hand.
Den nahm er [Darius] zornig entgegen
und steckte die Pfefferkörner
hasserfüllt in seinen Mund
und biss sogleich darauf.
Da verzerrte er das Gesicht
und zog die Nase krampfartig zusammen,
denn der Pfeffer peinigte ihn mit beißender Schärfe.
Sein ganzer Körper wurde heiß.
Er beugte sich nieder
und wünschte, Alexander
wäre ohne Schande für ihn [Darius]
wieder daheim in seinem Land.

An dem wege, dâ Alexander
heim reit ze lande
in mitten Arabia,
dâ bestunt in Amenta,
der was Daries man
und was ein herzoge lobesam.
Des nêhesten morgenis frû
mit volcwîge reit er ime zû,
und vohten allen einen tach,
sô dâ nieman gesach
neheinen man entwîchen.
Si vohten freislîchen
zwêne tage al in ein,
daz di sunne nit ne geschein,
wande si ne wolde belûhten niht den mort.
Alsus fâhten si vort,
unze die helede gûte
wûten in den blûte
vaste biz an di knî.
Si vohten langer tage drî.
Vil manich in den blûte ertranc,
daz ime nie nehein swanc
ne wart von swerte noh von spere.
Manic tûsint was dere,
di dâ irslagen lâgen.
Dô Arabite daz gesâgen,
si entwichen Alexandro
und fluhen wider ze Dario.
Alexander der rîche
hîz dô flîzlîche
sîne liebe wîcgnôze begraben,
[17d] di dâ lâgen irslagen.
Di gwunten hîz er binden
und arzâte in gwinnen
und hîz, daz man ir wol plêge,
biz daz er gesêge,

Unterwegs, wo Alexander
auf dem Landweg heimritt,
mitten in Arabien,
dort griff ihn Amenta an,
der war ein Gefolgsmann des Darius
und ein ruhmreicher Herzog.
Am nächsten Morgen früh
ritt er zur Völkerschlacht auf ihn zu,
und [sie] kämpften einen vollen Tag so,
dass dort niemand
irgendeinen Mann entfliehen sah.
Sie kämpften fürchterlich,
zwei Tage lang ununterbrochen,
an denen die Sonne nicht schien,
denn sie wollte nicht auf das Gemetzel scheinen.
So kämpften sie weiter,
bis die tapferen Helden
bis zu den Knien
im Blut wateten.
Sie kämpften drei lange Tage.
Viele ertranken im Blut,
ohne dass sie von einem Schwerthieb
oder Speerstoß getroffen worden waren.
Viele Tausende
lagen dort erschlagen.
Als die Araber das sahen,
entwichen sie vor Alexander
und flohen zurück zu Darius.

Der mächtige Alexander
befahl da,
seine lieben Kampfgefährten mit Eifer zu begraben,
die dort erschlagen lagen.
Er befahl, die Verwundeten zu verbinden
und ihnen Ärzte zu beschaffen,
und gebot, dass man sie gut pflege,
bis er sehe,

ob si mohten genesen;
alsô lange wolder dâre wesen.
Des siges was er vil frô.
Rûwech was er dar zô,
wander dâ habete verlorn,
di ime dicke dâ bevorn
hulfin siner êren
zô Tyre der mêren.
Dô di wol genâren,
di dâ gwunt wâren,
dô fûr Alexander vor sih.
Manige burh hêrlîch
undir wegen er zebrach.
Er tete michil ungemach
sînen vîanden
in fremeden landen.
Sêre rach er sînen zorn,
wander hete verlorn
di kûnen Macedones.
Sus getânes mûtes
gesah er sîne mûter,
des genas di frowe gûte.
Vil frôhen mût er des gwan.
Dô besanter sîne man
in allenthalben bî dem mere.
Er hête gerne ein grôz here,
des gwan gnûc der helt balt.
Ze hundrit tûsinden wâren gezalt
di helede, di ime quâmen,
di sîne reise vernâmen,
die wol vehten kunden,
dô si sih is underwunden.
Dô fûr von Macedonia
Alexander wider in Persia.
Under wegen er bedwanc
manige burch unde lant

ob sie geheilt werden könnten;
so lange wolle er dort bleiben.
Über den Sieg war er sehr froh.
Dabei war er von Schmerz erfüllt,
denn er hatte dort die verloren,
die ihm zuvor oft
bei dem gewaltigen Tyrus
zu seiner Ehre verholfen hatten.
Als die richtig geheilt waren,
die dort verwundet worden waren,
da zog Alexander weiter.
Viele herrliche befestigte Städte
zerstörte er unterwegs.
Er tat seinen Feinden
in fremden Landen
großes Leid an.
Heftig rächte er sich dafür, dass man ihn erzürnt hatte,
denn er hatte
die tapferen Makedonen verloren.
In solcher Stimmung
sah er seine Mutter,
dadurch wurde die edle Dame gesund.
Das erfüllte ihn mit großer Freude.
Danach bot er seine Leute
überall am Meer auf.
Er wollte gerne ein großes Heer haben,
davon bekam der kühne Held genug.
Zu hunderttausenden zählte man
die Helden, die zu ihm kamen,
die von seinem Kriegszug vernommen hatten,
die tapfer zu kämpfen verstanden,
als sie sich darauf einließen.
Danach zog Alexander von Makedonien
zurück nach Persien.
Unterwegs zwang er
viele befestigte Städte und Länder

gewaldichlîche ze sînen handen.
Abdirus sih besante
nâh iren holden,
wande si weren wolden
di strâze Alexandro.
Si wâren holt Dario.
Abdirus was ein michel stat.
Under den bergen si lac.
Swer in Persen wolde,
dâ durh er varen solde.
Dâ wâren rîtere gemeit
und wâren zaller zît gereit
ze wîge und ze sturme.
Si beslozzen ir burge
und giengen vaste an di were.
Alexander unde sîn here
gewunnen schiere daz wal.
Si macheten fûr ubir al,
si branten di hûs in den graben.
Daz wart den burgêren ze schaden,
wande dô si daz gesâhen,
dô sûhten si gnâde.
Dô sprach Alexander:
»Ih ne gelobe û niwit andris:
Lâzent ir mih rîten hî durh,
ûwe lant und ûwe burh,
daz l*â*zih unverbrennet,
nû ir ûh mir bekennet.
Swanne ih Darium bedwinge
unde in gefangen bringe,
sô wil ih her wider kêren
und sprechen mit ûh hêren,
sô wil ih zefûren uher stat,
sô gezeige ih û, waz ih getûn mach.«

1775 lâzih *EL*] lazih.

mit Gewalt unter seine Herrschaft.
[Die Stadt] Abdirus sandte
nach ihren Verbündeten,
weil sie Alexander
den Durchzug verwehren wollten.
Sie waren Darius ergeben.
Abdirus war eine große Stadt.
Am Fuß der Berge lag sie.
Wer immer nach Persien wollte,
der musste dort hindurchziehen.
Dort gab es tüchtige Krieger,
die allezeit bereit waren
zum Kampf und zur Schlacht.
Sie verschlossen ihre Befestigungen
und gingen eifrig an die Verteidigung.
Alexander und sein Heer
eroberten schnell die [äußere] Ringmauer.
Sie zündeten überall Feuer an,
sie verbrannten die Gebäude bis zum Graben.
Das trug den Stadtbewohnern Verluste ein,
aber als sie das sahen,
da baten sie um Gnade.
Da sprach Alexander:
»Ich verspreche euch nichts anderes:
Lasst ihr mich hier durchreiten,
so verbrenne ich euer Land
und eure Stadt nicht,
wenn ihr euch mir untertan erklärt.
Sonst will ich, wenn ich Darius bezwinge
und ihn gefangen führe,
hierher zurückkehren
und mit euch Herren sprechen,
dann werde ich eure Stadt zerstören,
dann zeige ich euch, wozu ich imstande bin.«

Dô di burgêre
vernâmen dise mêre,
si underquâmen vil harte
und entslozzen ire porte.
Si liezen in rîten mit fride.
Mit in ne facht er niwit sider.
Durh sîne kuninclîche wort
bleib di stat unzestôrt.
Dannen fûr er ze Theben
und hiez dar în gebieten,
daz si ime santen dare,
di wol ze wîge wâren gare,
vier tûsint irwelete man.
Er wolde Darium bestân.
Dô di Thebêre
vernâmen daz mêre,
daz in Alexander enbôt,
iz dûhte si ein hôhmût
und kartenz ime ze scanden,
daz er ie dar gesande
nâh iren wineholden,
wande si selben wolden
mit ime vehten vor der stat.
Dô Alexander daz gesach,
di burch bevienc er mit here.
Si ne mohten sih niwit irweren
vor ime dicheine wîle.
Di armborst und di phîle
tâten ime vil grôzen scaden.
In andirhalb hiez er zô tragen
sinewelle steine,
grôz unde cleine.
Mit mangen wurfen si in di burch.
Dô wâre in gûtes râtis durft,

Als die Stadtbewohner
diese Aussage hörten,
erschraken sie sehr heftig
und schlossen ihr Tor auf.
Sie ließen ihn in Frieden reiten.
Mit ihnen kämpfte er danach nicht mehr.
Entsprechend seinen königlichen Worten
blieb die Stadt unzerstört.
Fort zog er nach Theben
und befahl, das Gebot dorthinein zu übermitteln,
dass sie viertausend
ausgesuchte Männer zu ihm schicken sollten,
die gut zum Krieg gerüstet wären.
Er wolle Darius angreifen.
Als die Thebaner
die Botschaft hörten,
die ihnen Alexander schickte,
hielten sie das für Hoffart
und schmähten ihn dafür,
dass er je dorthin
nach ihren dienstpflichtigen Kriegern gesandt hatte,
denn sie selbst wollten
vor der Stadt mit ihm kämpfen.
Als Alexander das sah,
schloss er die befestigte Stadt mit seinem Heer ein.
Sie konnten sich nicht lange
vor ihm erwehren.
Armbrüste und Pfeile
fügten ihm sehr große Verluste zu.
Da befahl er, auf die andere Seite
runde Steine zu tragen,
große und kleine.
Mit Steinschleudern beschossen sie die befestigte Stadt.
Da hätten sie [die Thebaner] wirksame Hilfe nötig gehabt,

mit sus getânen grimmen
begunde *[18a]* er si dwingen.
Si ne mohten ime niwit vor bestân,
si môsen den lîb verlorn hân.
Dô hîz der wunderlîche man
vier tûsint dare gân.
Mit îsenînen stangen
zebrâchen si di spangen,
di dâ lâgen vor den turen.
Dô ne bleib dâ nieman vore.
Mit grimme giengen si in di burh.
Dâ wêre eines friden durft,
den gab in dâ nieman.
Si slûgen wîb unde man
und branten si al in eine glût.
Dô gestillete deme kuninge sîn mût.
Dô Alexander der kûne man
di stat ze Theben gwan
und si gare was verbrant,
dô gebôt der kûne wîgant
sînen mannen an der stunt,
daz si brâchen daz fullemunt,
durh daz di burh hêre
ne mohte niemer mêre
nieman gebûwen.
Des mugint ir wol getrûwen.
Dô daz alsus was getân,
Alexander hûb sih sân
unde fûr dannen
frôlîche mit sînen mannen.
Des landes er vil gwan.
Chorinthia sînes frides gesan
und *crônt*en in an der stunt
und gâben ime funfzic phunt

1849 crônten] choryn.

mit solcher Wut
bedrängte er sie.
Sie konnten sich nicht gegen ihn halten,
sie mussten ihr Leben verlieren.
Da befahl der seltsame Mann,
dass viertausend Krieger dorthin gehen sollten.
Mit Eisenstangen
brachen sie die Riegel auf,
die sich dort an den Toren befanden.
Da blieb dort niemand davor [vor der Stadt].
Mit grimmiger Wut drangen sie in die befestigte Stadt ein.
Da hätte man Frieden nötig gehabt,
doch gab ihnen den dort niemand.
Sie töteten Frauen und Männer
und verbrannten sie alle im Feuer.
Da brachte der König sein [zorniges] Herz zur Ruhe.
Als Alexander, der tapfere Mann,
die Stadt Theben erobert hatte
und sie ganz verbrannt war,
da befahl der tapfere Held
seinen Männern sogleich,
die Grundmauern zu zerstören,
damit niemand
die gewaltige Stadt
je wieder aufbauen könne.
Das könnt ihr gewiss glauben.
Als das so vollbracht war,
hob sich Alexander sogleich
und zog
voll Freude mit seinen Männern fort.
Einen Großteil des Landes eroberte er.
Korinth sann auf Frieden mit ihm,
und [sie] krönten ihn sogleich
und gaben ihm fünfzig Pfund,

unde silber unde golt.
Des wart in der kuninc holt.
Chorinthia was ein michel stat,
di bekarte von der heidenscaf
dar nâh sanctus Paulus.
Alexander hûb sih dar ûz
und fûr ad Athenas,
di des vermêret was,
daz nehein lût ne mohte wesen,
von dem ih ie gehôrte lesen,
wîser zallen dingen.
Ze râte si dô giengen,
waz si tûn mahten.
Schiere si sih bedâhten,
si wolden gerne fride hân,
und wurden ime alle undertân.
Di kûnen Lacedemones,
di verhûben sih des,
daz si sâzen bî dem mere
und heten ein creftigiz here
und fâhten manic folcwîch
und verwunnen einen kuninc rîch,
den gwaldigen Xersem;
des wâren si vermezzen.
Si enboten Alexandro,
wolder scaden Dario,
daz dûhte si ummâze.
Si wereten ime di strâze.
Si widersagiten ime den fride
und wolden vehten mit ime.
Dô gereite sih in den strît
beide man unde wîb
und gingen vaste an di were;
wande si heten in dem mere
behalden grôze heriscraft.
Dâ mite heten si gedâht

Silber und Gold.
Deshalb wurde ihnen der König gewogen.
Korinth war eine große Stadt,
die bekehrte später
St. Paulus vom Heidentum.
Alexander zog von dort weg
und begab sich nach Athen,
das dafür berühmt war,
dass kein Volk,
von dem ich je lesen hörte,
klüger in allem sein konnte.
Zurate gingen sie da,
was sie tun konnten.
Schnell beschlossen sie,
sie wollten gerne Frieden haben,
und wurden ihm alle untertan.
  Die kühnen Lakedämonier
wurden überheblich,
weil sie am Meer lebten
und ein starkes Heer hatten
und viele Völkerkriege ausgetragen
und einen mächtigen König überwunden hatten,
den gewaltigen Xerxes;
deswegen waren sie vermessen.
Sie entboten Alexander,
wenn er Darius schaden wolle,
hielten sie das für Maßlosigkeit.
Sie sperrten ihm die Straße.
Sie kündigten ihm den Frieden auf
und wollten mit ihm kämpfen.
  Da bereiteten sich
Männer und Frauen auf den Kampf vor
und gingen eifrig an die Verteidigung;
denn sie hatten auf dem Meer
eine starke Kriegsmacht behalten.
Sie hatten geplant, damit

ze vehtene von den schiffen.
Ir berhfride si ûf rihten
und macheten ir were
gegen Alexandris here.
Alse Alexander daz gesach,
dô enbôt er in di stat,
weme si daz wazzer wolden weren,
er ne wolde niwit ubir mere.
Er hîz si halten ir burch,
des wêre in nôt unde durft.
Er wolde an in daz rechen,
daz si den kuninc Xersem
mit wîge torsten bestân.
Dô viel er umbe di burc sân
mit sînen jungelingen.
Ze sturme si dô giengen,
daz einmûtige here,
vaste unz an di burchwere.
Alexander was ze vorderôst
unde gab sînen heleden trôst.
Mit sîner ellenthaften hant
verhiu er maniges schildes rant
und manigen helm vil vast.
Der jener nie nehein genas,
dâ er mit nîde ûffe slûc.
Er hete eines lewen mût.
Di dâ lâgen irslagen,
di ne cunde û nieman gesagen.
Ist iz, alse daz bûch quît,
di naht, *di* sch*ît* dâ den strît.
Des nêhisten morgenes vil frû
der stat giengen si aber zû.
Und alse di burgêre
gesâhen sîne gebêre,

1916 di schît] scheid.

von den Schiffen aus zu kämpfen.
Ihre Kampftürme richteten sie auf
und bereiteten ihre Verteidigung
gegen Alexanders Heer vor.
Als Alexander das sah,
da sandte er Botschaft in die Stadt,
gegen wen sie das Wasser verteidigen wollten,
er wolle nicht übers Meer.
Er forderte sie auf, ihre befestigte Stadt zu halten,
das sei dringend notwendig für sie.
Er wolle das an ihnen rächen,
dass sie gewagt hatten, König Xerxes
im Krieg zu besiegen.
Da belagerte er sogleich die Stadt
mit seinen jungen Männern.
Zum Sturmangriff schritten sie da,
das einmütige Heer,
ganz bis an die Befestigung der Stadt.
Alexander war an vorderster Stelle
und erfüllte seine Helden mit Zuversicht.
Mit seiner tapferen Hand
zerschlug er viele Schilde
und viele sehr feste Helme.
Nie kam einer von jenen mit dem Leben davon,
auf die er feindselig geschlagen hatte.
Er hatte die Gesinnung eines Löwen.
Die dort getötet lagen,
die wüsste euch niemand zu nennen.
Wenn es so ist, wie das Buch sagt,
beendete dort die Nacht den Kampf.
Am nächsten Morgen in aller Frühe
rückten sie wieder gegen die Stadt vor.
Und als die Stadtbewohner
sein Vorgehen sahen,

si wurfin *[18b]* ûf ir tore
und stunden vaste der vore.
Si slûgen unde stâchen,
daz di vesten ringe brâchen.
Dâ wart manic helt gût
gewunt durh den stâlhût,
sô daz ime daz blût flôz ze tale.
Di swert striden vil wale.
Di veigen vielen der nider,
di andren fâhten vaste sidir.
Dâ mohte der schilt lutzil gefromen.
Si wâren durh rûm ûz comen,
di kûnin Macedones
gegen di Lacedemones.
In was lieber, daz si sturben,
dan si verwunnen worden.
  Durh disen grimmigen mût
quam geflozzen daz blût
vaste unz in daz mere.
Dô geschiet sih daz here
beidenthalben âne sige.
Ir nehein ne sûhte neheinen fride.
Unde alse Alexander den schaden gesach,
der ime dâr geschien was
an sînen jungelingen,
dô hiez er ime gwinnen
balde daz kriechische fûr.
Daz wart den burgêren vil sûr.
Er brante di schif in dem mere,
daz ne mohte daz wazzer niht irwere.
Daz sagih û zwâren.
Di in den schiffen wâren,
dô si de*s* fûris wurden innen,
dô wolden si ûz swimmen.

1953 des] de.

öffneten sie ihre Tore
und standen fest davor.
Sie schlugen und stachen,
dass die festen Panzerringe brachen.
Da wurden viele tapfere Helden
durch den Stahlhelm verwundet,
so dass ihnen das Blut herunterfloss.
Die Schwerter kämpften sehr gut.
Die Todgeweihten fielen nieder,
die anderen kämpften danach heftig weiter.
Da konnte ein Schild wenig nützen.
Sie waren um Ruhm ausgezogen,
die kühnen Makedonen
gegen die Lakedämonier.
Ihnen war lieber, dass sie stürben,
als dass sie überwunden würden.

Wegen dieser Unerbittlichkeit
floss das Blut
ganz bis ins Meer.
Da trennten sich die beiden Heere
unentschieden.
Keiner von ihnen bat um Waffenruhe.
Und als Alexander den Verlust sah,
den er dort erlitten hatte
an seinen jungen Kriegern,
da befahl er, ihm
schnell griechisches Feuer zu beschaffen.
Das wurde sehr bitter für die Stadtbewohner.
Er verbrannte die Schiffe auf dem Meer,
das konnte das Wasser nicht verhindern.
Das berichte ich euch wahrheitsgemäß.
Als die, die sich auf den Schiffen befanden,
das Feuer bemerkten,
da wollten sie wegschwimmen.

Des liden si michele nôt,
wande si forhten den tôt.
Daz lebent wart in vil sûr,
wande si brante daz wilde fûr.
In der selben wîlen
sturben si von den phîlen,
di man in engagen scôz.
Vil manich sînen genôz
in daz mere irtrancte,
alser sîn niht nerkante.
Dô branten di wîchûs.
Di gîsele gab man dar ûz
leider alze spâte,
wande si verlorn hâten
di allir kûnisten man
(alsih mih versinnen kann),
die ie beschein di sunne
oder imer mêr gwunnen
di kûnin Macedones.
Di burgen bâten si des,
daz si in fride wolden geben,
daz si behîlden daz leben,
unde liezen stân ir stat.
Alexander in dô fride gab,
daz er in niht ne scadete
an allen, des si habeten.
Dô fûr er dannen in Persiam.
Und alse daz Darius vernam,
er sprah zô sînen râtgeben:
»Nû mah mih rûwen, daz ih leben,
wande mir dise roubêre
mûwit alsus sêre.
Di sâlde volget sînen vanen.
Ih vorhte, er wirdit mir ze banen.

1957 sûr] tûr? *EL.*

Dadurch litten sie große Bedrängnis,
denn sie fürchteten den Tod.
Das Leben wurde für sie ganz qualvoll,
denn das unbeherrschbare Feuer verbrannte sie.
Zur gleichen Zeit
starben sie durch die Pfeile,
die man ihnen entgegenschoss.
Sehr viele ertränkten
ihre Gefährten im Meer,
als ob sie sie nicht erkannten.
Da brannten die Festungstürme.
Geiseln stellte man von dort
leider allzu spät,
denn sie hatten
die allerkühnsten Männer verloren
(soviel ich weiß),
auf die jemals die Sonne geschienen hatte
oder die die kühnen Makedonen
je wieder gewinnen würden.
Die Bürgen baten sie darum,
ihnen Frieden zu gewähren,
damit sie das Leben behielten,
und ihre Stadt stehen zu lassen.
Alexander gewährte ihnen da Frieden,
dass er ihnen keinen Schaden zufügte
in allem, was sie besaßen.
Danach zog er fort nach Persien.
Und als Darius das vernommen hatte,
sprach er zu seinen Ratgebern:
»Nun habe ich allen Grund zu bedauern, dass ich lebe,
denn dieser Räuber
belästigt mich so sehr.
Das Glück folgt seiner Fahne.
Ich fürchte, er wird mein Verderben werden.

Er vihtet in allenthalben sige.
Wolder mih lâzen mit fride
haben mîne rîche,
ih gelobete ime wêrlîche,
daz ich ze Kriechlande
nâch zînse gesande
von disen tage niemer mê,
mir werde wol oder wê.«
Dô sprâchen sîne fursten,
di ime wol râten torsten:
»Darius, vil lieber hêre,
du hâst sô wol dîn êre
ienoh unze here brâht.
Den zins, den dir sîn vater gab,
den sal dir ouh der sun geben,
oder wir verliesen den leben.
Swenne er dînes heris craft,
di du vil wol geleisten maht,
sehet ingagen ime varn,
sô wirt er des wol geware,
daz *er* wol mit êren
mac wesen dîn zinsêre.«
Dô sprah Occeatyr,
Darieses brûdir:
»Du hâs des grôze scande,
daz du Alexandre,
dem ungetrûwen roubêre,
ie gebûtis êre.
Du hâst gehôet sînen mût.
Jo ne dûhte mihz nie gût,
daz du ie getâtes di clage,
daz er dir mohte gescaden
in dîneme rîche.
Dir ne wollen dan geswîchen

1992 wêrlîche *Ber.*] werlîche. 2009 daz er] da du. 2010 mac] mac, ht *übergeschrieben*.

Er erkämpft ihnen überall Siege.
Wollte er mich meine Reiche
in Frieden regieren lassen,
ich würde ihm wahrlich geloben,
dass ich von diesem Tag an
nie wieder um Tribut
nach Griechenland senden würde,
ob es mir gut oder schlecht ergeht.«
Da sprachen seine Fürsten,
die ihm gewiss zu raten wagten:
»Darius, liebster Herr,
du hast deine Ehre bis jetzt
so gut bewahrt.
Den Tribut, den dir sein Vater entrichtete,
den soll dir auch der Sohn zahlen,
wenn wir nicht das Leben verlieren.
Wenn er deine Heeresmacht,
die du sehr leicht aufbieten kannst,
gegen sich ziehen sieht,
dann merkt er sicher,
dass er dir gut mit Ehren
tributpflichtig sein kann.«
Dann sprach Occeatyr,
Darius' Bruder:
»Du hast große Schande davon,
dass du Alexander,
dem treulosen Räuber,
je Ehre erweist.
Du hast ihn noch hochmütiger gemacht.
Wahrhaftig, es erschien mir nie gut,
dass du jemals die Klage geäußert hast,
er könne dir
in deinem Reich schaden.
Wenn dich nicht Verwandte und Gefolgsleute

beide frûnt unde man,
er hât eine reise getân,
der er niemer mêre
ne comet an sîne êre.
[18c] Ouh wil ih dir sagen:
Du salt des sînen site haben
umbe iteslîche dinc,
di dir vil gût sint.
Swâ er ane di nôt komit,
nieman sulhis nit ne fromit
ze sturme noh ze wîge
sô er mit sînen lîbe,
er ne sî imer ze vorderôst.
Dâ vone hânt si den trôst,
di edelen wîgande.
Man mac an den vîanden
neme*n* gût bilide,
dâ iz gêt an di tuginde.«
 Dô sprah ein ander râtgebe:
»Hêre, du salt mir vernemen
und salt vil rehte verstân,
wi sîne site sint getân,
wandihz dir wol gesagen kan
umbe den wunderlîchen man.
Iz ist mir allir best*e* kunt.
Ih was wîlen ze einer stunt
mit dînen mannen gesant
in sînes vater lant.
Dô solde wir holen den zins.
Dan noh was er ein lutzil kint
unde was doh wîser
dan dihein man grîser.
Er quam dicke drâte
ze sînis vater râte,
dâ er rât habite.
Vil sêre er daz clagete,

2039 nemen] nemet. 2047 beste] best.

im Stich lassen wollen,
hat er einen Kriegszug unternommen,
mit dem er niemals
zu Ansehen gelangt.
Auch will ich dir sagen:
Du sollst darin seine Gewohnheit haben
in vielerlei Hinsicht,
die dir sehr zustatten kommt.
Wo immer er in den Kampf zieht,
vollbringt keiner so viel
in Schlacht oder Krieg
wie er [Alexander] in eigener Person,
es sei denn, dass er immer in vorderster Front steht [wie Alexander].
Daraus beziehen sie Zuversicht,
die edlen Krieger.
Man kann sich an den Feinden
ein gutes Beispiel nehmen,
was Tüchtigkeit betrifft.«
Dann sprach ein anderer Ratgeber:
»Herr, du sollst mir zuhören
und sollst ganz genau verstehen,
was es mit seinen Gewohnheiten auf sich hat,
weil ich dir genau
von dem staunenswerten Mann berichten kann.
Es ist mir aufs genaueste bekannt.
Ich war vor Zeiten einmal
mit deinen Männern
in seines Vaters Land gesandt.
Da sollten wir den Tribut holen.
Damals war er noch ganz jung
und war doch klüger
als irgendein alter Mann.
Er kam oft schnell
in seines Vaters Ratsversammlung,
wo dieser Rat hielt.
Sehr heftig beklagte er das,

daz sîn vater wêre
dîn zinsêre.
Er swôr, sô ime sîn lîb
geleb*et* imer di zît,
daz gwaldiclîche
sînes vater rîche
an ime quême,
des zinsis er sih benême.
Nû ist er alsô here comen:
Hân ihz rehte vernomen,
er williz vollenbringen.
Nû saltu dih besenden
nâh dînen mannen,
di du hâst in de*n* landen,
di dir sint undertân,
daz dir ne muge nehein man
den sige an irwerben,
er ne wille sterben.
Daz ist der rât mîn.
Ih wêne, iz mah ouh wol sîn.«
  Dô sprah ein ander râtman,
des ih genennen nit ne kan:
»Der rât mir vil wol behaget.
Mir ist dicke daz gesaget,
daz er mêr mit wîsheite
dan mit degenheite
dih, kuninc, wil bedwingen
und den zins an dir gwinnen.
Wande eines hundis bellen
mac vil scâfe irschellen;
ob si rehtis hûtêris niht ne haben,
er tût in michelen scaden.«
Dâ mite meinter daz,
daz iz ein unstête folc was,

2062 gelebet] gelebēt. 2072 den] dem.

dass sein Vater
dir tributpflichtig war.
Er schwor, wenn er
je die Zeit erleben sollte,
dass seines Vaters Reich
mit Macht
ihm zufalle,
werde er sich des Tributs entledigen.
Dementsprechend ist er nun hergekommen:
Wenn ich es richtig vernommen habe,
will er das zu Ende bringen.
Du sollst nun
deine Männer aufbieten,
die du in den Ländern hast,
die dir untertan sind,
damit dir niemand
den Sieg abringen kann,
wenn er nicht sterben will.
Das ist mein Rat.
Ich glaube, das kann auch gut so sein.«
Dann sprach ein anderer Ratgeber,
den ich nicht mit Namen nennen kann:
»Der Rat gefällt mir sehr gut.
Mir ist das oft gesagt worden,
dass er dich, König,
mehr mit Klugheit
als mit Tapferkeit bezwingen
und Tribut von dir erringen will.
Denn das Bellen eines Hundes
kann viele Schafe aufschrecken;
wenn sie keinen rechten Hüter haben,
fügt er ihnen großen Schaden zu.«
Damit deutete er an,
dass es ein unbeständiges Volk war,

alliz Daries here,
dâ er sih mite wolde were.
Hinnen disen râte,
den der kuninc hâte,
quam Alexander
ze Dariusis lande.
Einhalben bî dem mere,
dâ liez er rûwen sîn here.
Di sunne schein vil heiz,
harte mûte si der sweiz.
Dô ginc Alexander
und mit ime manic ander
baden in den wâch.
Der rite bestunt in der nâh.
Des gwan sîn here grôz
vil michelen untrôst.
Si forhten vil sêre,
obiz Darius vernême,
daz dannen nimer ir nehein
ne quême lebinde heim.
Von disem untrôste
ein arzât si irlôste.
Philippus hîz der junge man.
Ein furste wa*s* ime gram,
geheizen Perminus.
Einen brieb screib er alsus,
er sprah: »Alexander, hêre,
vil lieb sint mir dîne êre.
Niwit ne nem du den tranc,
den dir der arzât hât gesant.
Iz ist Dariusis rât,
wander ime gelobet hât
ze gebene sîne swester.
Er wil in zeinem fursten

2116 was] waz.

das ganze Heer des Darius,
mit dem er sich verteidigen wollte.
Während dieser Beratung,
die Darius abhielt,
gelangte Alexander
ins Land des Darius.
Auf der einen Seite am Meer,
dort ließ er sein Heer ausruhen.
Die Sonne schien sehr heiß,
der Schweiß plagte sie sehr.
Da ging[en] Alexander
und mit ihm viele andere
in den Fluss baden.
Danach befiel ihn das Fieber.
Das versetzte sein großes Heer
in äußerste Besorgnis.
Sie fürchteten sehr,
dass, wenn Darius das hörte,
keiner von ihnen je wieder
lebendig von dort heimkäme.
Von dieser Mutlosigkeit
befreite sie ein Arzt.
Philippus hieß der junge Mann.
Ein Fürst namens Perminus
war ihm feindlich gesinnt.
So schrieb er einen Brief,
der lautete: »Alexander, Herr,
dein Ansehen liegt mir sehr am Herzen.
Nimm den Trank nicht ein,
den dir der Arzt gesandt hat.
Es ist der Plan des Darius,
denn er hat versprochen,
ihm seine Schwester zu geben.
Er will ihn in seinem Land

in sînen lande machen,
swenne er daz gescaffe,
daz er dir den tôt gegebe.
Des trankis ne saltu niwit nemen.«
Alexander las disen brieb.
Er ne lîz iz umbe daz niet,
er ne nême den tranc,
und gienc, dâ er Philippum vant.
Er sprach: »Geselle vil liep,
wî gevellet dir dirre brieb?«
»Ubile«, sprah der jungelinc.
»Du weist wol, hêre, mîne dinc.
Her zû wêrih ze gût.
Ih ne gwan des nie neheinen *mût*,
[18d] daz ih dir tête den tôt,
daz hêtistu unversculdigôt.
Doh wêriz ime lieb,
der dir sante disen brieb,
ob du des nêmes grôzen scaden.
Er wolde dih lîhte verclagen.
Nû heiz in dir gwinnen
und danke in der minnen,
di er dir, kuninc, tete,
dô er dih warnôte.«
Dô Alexander genas
und des wol gewis was,
daz ime der tranc wol bequam,
Perminen hîz er slân
ze sîner anesihte.
Philippo er dô rihte,
wander in habite belogen.
Dô hiz er sîne herzogen
sîn here leiten
(des wâren si ime gereite)

2140 mût] mvt *von Maßmann nachgetragen (Roth).* 2152 des] des libes, libes *durchgestrichen.*

zu einem Fürsten machen,
wenn er es bewerkstelligt,
dass er dich tötet.
Vom Trank sollst du nichts einnehmen.«
　Alexander las diesen Brief.
Er unterließ es deswegen nicht,
den Trank einzunehmen,
und ging dorthin, wo er Philippus fand.
Er sprach: »Lieber Freund,
wie gefällt dir dieser Brief?«
»Übel«, antwortete der junge Mann.
»Du weißt, Herr, genau über mich Bescheid.
Zu einer solchen Tat wäre ich nicht fähig.
Ich habe nie die geringste Absicht gehabt,
dich zu töten,
das hättest du nicht verdient.
Doch wäre es dem,
der dir diesen Brief sandte, lieb,
wenn du dadurch großen Schaden nähmst.
Er würde deinen Verlust leicht verschmerzen.
Nun befiehl, ihn zu dir zu bringen,
und danke ihm für die Zuneigung,
die er dir, König, erwies,
indem er dich warnte.«
　Als Alexander gesund geworden
und sich dessen ganz sicher war,
dass der Trank ihm zum Heile gereicht hatte,
befahl er, Perminus
vor seinen Augen zu töten.
Dem Philippus verschaffte er da sein Recht,
denn er [Perminus] hatte ihn verleumdet.
Danach befahl er seinen Herzögen,
sein Heer
(dazu waren sie für ihn bereit)

in daz lant ze Armenia.
Zimberen begunder dâ
eine burg unde eine stat.
Dannen fûr er vor baz
an eine breiten heide.
Dâ was ubil weide
rossen unde mannen.
Dô hûben si sih dannen
in kurzen stunden dar nâ
in eine stat, di heizet Andria.
Dâr quâmen si zeinem wâge,
dâ gescah in gnâde,
wande si sih gelabeten
von dem durste, den si habete*n*.
Der wâg hîz Eufrates.
In ein worden si des,
daz der kuninc hîz sîne man
grôze boume howan
und eine brucke machen.
⟨...⟩
Dô daz was gescaffit
und di brucke was gemachet,
alle zwîbeleten si dar an,
wande dâr ne was nieman,
der in den selben zîten
dar uber durste rîten.
Alexander sih genante,
uber di brucken her rante.
Den sînen wart vil gâch
unde ranten ime alliz nâh.
Dô si quâmen ubere,
Alexander karte widere
und zehiu alle di spangen,
dâ di brucke was ane gehangen.

2174 habeten] habete. *nach* 2179] *Ki nimmt Fehlzeile an.*

in das Land Armenien zu führen.
Dort erbaute er
eine Festung und eine Stadt.
Von dort zog er weiter
auf eine weitläufige wildbewachsene Ebene.
Das war dort ein schlechter Aufenthaltsort
für Rosse und Männer.
Da brachen sie
kurze Zeit danach auf und zogen weiter
in eine Stadt namens Andria.
Dort kamen sie zu einem Fluss,
da hatten sie Glück,
denn sie stillten
den Durst, den sie hatten.
  Der Strom hieß Euphrat.
Sie kamen überein,
dass der König seinen Männern befahl,
lange Bäume zu fallen
und eine Brücke zu bauen.
⟨…⟩
Als das getan
und die Brücke gebaut war,
trauten sie ihr alle nicht,
denn dort war niemand,
der zu eben der Zeit
wagte, darüber zu reiten.
Alexander fasste Mut,
über die Brücke sprengte er.
Die Seinen hatten es plötzlich eilig
und sprengten ihm immer nach.
Als sie hinübergelangt waren,
wandte sich Alexander zurück
und zerschlug alle Halterungen,
an denen die Brücke aufgehängt war.

Dô vlôz di brucke ze tale.
Daz ne geviel dâ niemanne wole.
Si redeten albesunder,
si nême des michel wunder,
durh waz der wunderlîche man
daz habete getân.
Ouh sprâchen si mê:
»Uns sol werden vil wê.
Werde wir hie sigelôs,
sô ne habe wir necheinen trôst
heim zunseme rîche,
sô sterbe wir jêmerliche.«

Sân an der stunt
sô wart d*i* rede kunt
deme kuninge Alexandro.
Vil wol behâtiz im*e* dô.
Er sprah ze sînen ubir al:
»Diz gevellet mir wol,
daz ir mînen gedanc
alsô rehte hât irkant
unde mîne liste
und ir sô gerne wistet,
durh waz ih dise brucken brach.
Daz tet ih alliz umbe daz,
ob man uns jagete,
daz wir neheinen trôst ne habeten
heim zô unseme lande,
sô gedêhte wir wol zen handen
unde fuhten alse helede.
Frumis mannis selide,
di sint in lande gelîch.
Nû weret, helide, den lîb,
wande quême daz heim mêre,
daz wir hin entrunnen wêren,

2207 di] du. 2209 ime *EL*] imo.

Da trieb die Brücke flussabwärts.
Das gefiel da niemandem gut.
Sie redeten alle für sich,
sie fragten sich sehr,
wozu das der seltsame Mann
getan habe.
Auch sprachen sie weiter:
»Uns wird großes Leid widerfahren:
Wenn wir hier unterliegen,
so haben wir keine Hoffnung,
heim in unser Reich zu gelangen,
dann sterben wir jämmerlich.«
Sogleich
kamen diese Worte
König Alexander zu Ohren.
Das war ihm da ganz recht.
Er sprach zu all den Seinen:
»Dies gefällt mir gut,
dass ihr meine Überlegung
so richtig erkannt habt
und meine List
und dass ihr so gerne wüsstet,
wozu ich diese Brücke zerstört habe.
Das tat ich alles deswegen,
damit wir, wenn man uns in die Flucht schlüge,
keine Hoffnung haben sollen,
heim in unser Land zu gelangen,
dann dächten wir daran, unsere Hände im Kampf zu rühren,
und würden kämpfen wie Helden.
Ein tapferer Mann
ist in jedem Land zu Hause.
Nun verteidigt, Helden, euer Leben,
denn gelangte die Nachricht in die Heimat,
dass wir entflohen wären,

wir môsen dan von den wîben
sulhen spot lîden,
daz uns lieber mohte wesen,
verlore wir alle hie den leben.
Nû gedenkit, helede, dar zô,
wî wir sô leide getûn
unsen widerwinnen,
daz wir si gefrumen hinnen
zirn wîben und zirn kinden,
daz si wol bevinden,
daz di von Macedonian
den zins here brâht hân;
wandiz ne wirt niemer gesehen,
daz wir hinnen geflîhen.
Al hie wil ih ê sterben
oder sige irwerben.
Wir vergelden den scaz,
den mîn vater hêre gab
[19a] diseme gûten knehte
mit grôzeme unrehte.«

Von disen grimmen worten
Darius sih irforhte.
Des wart er bescholden
sêre von sînen holden.
Dô gwan der helt gût
ein manlîchen mût
unde trôste sîne man.
Dô karte daz here dan.
Mit den rîchen fursten,
di wol vehten torsten,
quâmen si zô deme wâge
Vil wol sih dô besâgen
der zweier kuninge wartman,
alsih mih versinnen kan.
In den selben stunden
ir vanen si ûf bunden

müssten wir von den Frauen
solchen Spott erleiden,
dass uns lieber sein könnte,
wenn wir alle hier das Leben verlören.
Nun sinnt darauf, Helden,
wie wir unseren Gegnern
solches Leid zufügen,
dass wir sie von hier fort
zu ihren Frauen und zu ihren Kindern befördern,
damit sie genau herausfinden,
dass die aus Makedonien
den Tribut hierher gebracht haben;
denn man wird niemals sehen,
dass wir von hier fliehen.
Eher will ich hier sterben
oder [aber] den Sieg erkämpfen.
Wir üben Vergeltung für den Schatz,
den mein edler Vater
ganz zu Unrecht
diesem tapferen Krieger gegeben hat.«
Wegen dieser zornigen Worte
fürchtete sich Darius.
Deshalb wurde er
heftig von seinen Gefolgsleuten gescholten.
Da wurde der edle Held
von tapferer Gesinnung erfüllt
und gab seinen Männern Zuversicht.
Danach wendete sich das Heer fort.
Mit den mächtigen Fürsten,
die tapfer zu kämpfen wagten,
kamen sie an den Strom.
Sehr genau sahen sich da
die Kundschafter der beiden Könige um,
soviel ich weiß.
Zur selben Zeit
zogen sie ihre Fahne auf

under iegwederme here.
Si grummen alse daz mere,
sô iz di starken winde
trîbent an den unden,
unde quâmen zesamene
mit micheler manige.
Alexander mit den Kriechen
lîz dar zô strîchen.
Darius und sîne fursten,
di wol vehten torsten,
di armen und di rîchen,
fâhten freislîchen.
Si slûgen unde stâchen.
Irn scaden si dâ râchen,
wande si hâten grimmigen mût.
Under des daz sih der sturm hûb,
sô quam ein Daries man
(kriechische wâfen trûch er an)
unde dranc mit liste,
dâ er Alexandrum wiste,
in allen dem gebêre,
alser der sîner wêre,
und ginc hinder in stân
und gab ime einen slac sân.
Durh den stehelînen hût
verwundeter den helt gût.
Er hêtis gerne mêr getân,
wen daz in geviengen sîne man.
Alexander hinder sih gesach,
zô dem helede er sprah:
»Warumbe woldet ir mir slân?«
Dô sprah Dariesis man:
»Ih ne bin dînes heris niet.
Min stolzheit mih her zô verriet.

in jedem der beiden Heere.
Sie grollten wie das Meer,
wenn die starken Winde
auf die Wellen peitschen,
und trafen
in riesiger Zahl aufeinander.
Alexander
ließ die Griechen dorthin vorrücken.
Darius und seine Fürsten,
die tapfer zu kämpfen wagten,
die unbedeutenden und die mächtigen,
kämpften furchterregend.
Sie schlugen und stachen.
Ihre Verluste rächten sie dort,
denn sie waren von Grimm erfüllt.
Während die Schlacht begann,
kam ein Gefolgsmann des Darius
(griechische Waffen hatte er angelegt)
und drang mit List dorthin vor,
wo er wusste, dass Alexander war,
[er] verhielt sich ganz so,
als wäre er einer der Seinen,
stellte sich hinter ihn
und versetzte ihm sogleich einen Schlag.
Durch den stählernen Helm
verwundete er den edlen Helden.
Er hätte gerne mehr bewirkt,
aber seine [Alexanders] Gefolgsleute nahmen ihn gefangen.

Alexander sah sich um,
zu dem Helden sprach er:
»Warum wolltet Ihr mich töten?«
Da antwortete Darius' Gefolgsmann:
»Ich bin nicht aus deinem Heer.
Mein Stolz hat mich dazu verleitet.

Ih bin von Persia geborn.
Mih hete Darius irkorn
zeinen gûten knehte.
Er sprah, ob ih ime brêhte
dîn houbit abe geslagen
(daz wil ih dir zwâre sagen),
er gâbe mir ze lône
sîne tohter scône.
Di gâbe dûhte mir gût.
Dar zô stunt mir der mût,
daz ih si gerne irworbe
oder degintlîchen sturbe.
Nû ne mac des niwit wesen.
Sol ih verliesen daz leben,
sô rûwit mih daz scône wîb
mêr dan mînes selbes lîb.
Ouh ne bin ih der êriste niet,
der durh herzelîchiz lieb
sîn lîb sazte in wâge.
Grôz wâre mîn gnâde,
môste ih di selbe frowen
vor mîn ende noh bescowen.«
  Dô lîz Alexander den selben man
wider zô sînem here gân,
durh daz si mohten gesehen,
waz dâr wâre geschên.
Er fôr mit fride *in sin lant*.
Alexander sagetime grôzen danc,
daz erz ie torste getûn.
Sîne hulde gab er ime dar zô
und sprah zô sînen ubir al:
»Diz gezimet jungelingen wal,
daz sus getâne botescaft
von ime ze lande werde brâht.

2324 in sin lant] *fehlt, »Weismann l.* dan« *(App. Ki).*

Ich stamme aus Persien.
Mich hatte Darius
als tapferen Krieger auserwählt.
Er sprach, wenn ich ihm
dein abgeschlagenes Haupt brächte
(das will ich dir wahrheitsgemäß berichten),
gebe er mir
seine schöne Tochter zum Lohn.
Die Gabe schien es mir wert.
Darauf war mir der Sinn gerichtet,
dass ich sie gerne erringen
oder tapfer sterben wollte.
Nun kann das nicht sein.
Wenn ich das Leben verliere,
so dauert mich die schöne Frau
mehr als mein eigenes Leben.
Auch bin ich nicht der Erste,
der um inniger Liebe willen
sein Leben aufs Spiel setzte.
Es wäre ein großes Glück für mich,
dürfte ich diese Dame
vor meinem Ende noch einmal sehen.«
Da ließ Alexander diesen Mann
zurück zu seinem Heer gehen,
damit sie sehen könnten,
was dort geschehen war.
Er zog in Frieden in sein Land.
Alexander pries ihn sehr,
dass er je den Mut gehabt hatte zu dieser Tat.
Seine Huld schenkte er ihm dazu
und sprach zu all den Seinen:
»Dies steht jungen Männern gut an,
dass eine solche Nachricht
durch ihn im Land verbreitet wird.

Swâ daz comet mêre,
dâ beginnet man in êren,
beide wîb unde man.
Sîne lêhen gemêret man ime dan.
Ouh mugint in di frowen
deste gerner minnen tougen.«
Er liez den degen kêren wider.
Nâh den sige warb er sider.
Dô faht Alexander
mêr dan ein ander.
Er hete grimmigen mût,
alse der zornige bere tût,
sô in di hunde bestân:
Swâz er ir mit den clâwen mach gevân,
dar ane richet er sînen zorn.
Der kuninc faht imer fore.
Er slûch ros unde man
und alliz, daz ime zô quam
an den berch und in daz tal.
Daz gesâhen ubir al
sîne vîande.
[19b] Schiere hûben si sih danne
und fluhen hine ze Batra.
Vil schiere besaz er si dâ.
Dô gesweich ime der tach,
umbe di burh lach er al di naht.
Sân des morgenis frû
mit grimme ginc er in zû.
Schiere gewan er di stat.
Er nam, swaz dar inne was,
er nam dâ hêrlîche dinc.
Alle Dariesis kint,
dar zô sîne mûter,
di heter in scôner hûte.

Wo immer die Neuigkeit hingelangt,
dort ehren ihn
Frauen und Männer.
Seine Lehen vermehrt man ihm dann.
Auch haben die Damen
umso mehr Grund, ihn heimlich zu lieben.«
Er ließ den Helden zurückkehren.
Danach rang er um den Sieg.
Da kämpfte Alexander
mehr als andere.
Er war von Grimm erfüllt
wie ein zorniger Bär,
wenn ihn die Hunde angreifen:
Wie viele von ihnen er immer mit den Klauen packen kann,
an denen rächt er seinen Zorn.
Der König kämpfte immer vorne.
Er tötete Rösser und Männer
und alles, was ihm in die Quere kam
bis zum Berg und in das Tal.
Das alles sahen
seine Feinde.
Schnell hoben sie sich fort
und flohen hin nach Batra.
Sehr bald belagerte er sie dort.
Da ging ihm der Tag zu Ende,
um die befestigte Stadt lag er die ganze Nacht.
Gleich am Morgen früh
ging er voll Erbitterung auf sie los.
Schnell eroberte er die Stadt.
Er nahm, was darin war,
er nahm da Kostbarkeiten in Besitz.
Alle Kinder des Darius,
dazu seine Mutter,
die hielt er gefangen, wie es angemessen war.

Ouh fienc er Darien wîb.
Alexander frowete sih,
wandiz was ein kuninclîch roub.
Dar zô bedwanc er ouh
manige burch unde lant
und gwan iz alliz zô sîner hant.
Under des quam ein furste,
swî erz getûn torste,
von Persienlande.
Er sprah ze Alexandre:
»Ih bin Darien man
und hân ime dicke getân
manic dienist scône.
Des ist mir ungelônet.
Durh daz vernem, waz ih dir sagen:
Wiltu is minen rât haben
und wiltus mir wol lônen,
alsih mih zô dir verwênen,
mit helfe dîner manne
bringih in dir gevangen
und sîne fursten dâ mite.
Sint mahtu imer sîn mit fride.«
Alexander antworte ime sân:
»Niht ne gerent mîne man
dînere helfe.
Sint du ân nôt selbe
dîne hêren wilt verrâten,
di dir dike liebe tâten,
sô vare mit unêren
wider zô dînen hêren
und hilf ime weren sîn lant.
Iz wirt dir ze lastere bewant.
Dir ne sulen hêren noh frowen
niemer mêr getrûwen.«
Dô quam Dario ein brieb,
der ne was ime niwit lieb,

Auch nahm er Darius' Frau gefangen.
Alexander freute sich,
denn das war eine königliche Beute.
Dazu bezwang er auch
viele befestigte Städte und Länder
und eroberte alles unter seine Herrschaft.
Währenddessen kam
(wie immer er das zu tun wagte)
ein Fürst aus Persien.
Er sprach zu Alexander:
»Ich bin Darius' Gefolgsmann
und habe ihm oft
viele gute Dienste geleistet.
Dafür habe ich keinen Lohn erhalten.
Deshalb vernimm, was ich dir sage:
Willst du meine Hilfe dazu haben
und bist du bereit, mich gut dafür zu entlohnen,
wie ich es von dir erwarte,
bringe ich ihn dir
mit Hilfe deiner Männer gefangen
und seine Fürsten dazu.
Dann kannst du für immer in Frieden leben.«
Alexander antwortete ihm sogleich:
»Meine Männer begehren
deine Hilfe nicht.
Da du selbst ohne Not
deine Herren verraten willst,
die dir oft Gutes taten,
so ziehe mit Schande
zurück zu deinem Herrn
und hilf ihm, sein Land zu verteidigen.
Es [dein Verrat] wird zur Schande für dich.
Dir werden weder Herren noch Damen
jemals wieder vertrauen.«
Da erreichte Darius ein Brief,
der war ihm nicht angenehm,

dô er in ubirlas.
Daz der strît irgangen was,
daz stunt dar inne gescriben,
und wer dâr tôt was bliben
und wer dannen wâre comen
mit scaden und niht mit fromen
unde wî Batran di mêre
gare beroubit wêre
und wî sîn mûter und sîn wîb,
di ime wâren sô der lîb,
und sîne kint wâren gevangen
und wî iz dâ was irgangen,
daz enboten ime sîne man,
unde daz iz Alexander hête getân,
unde hiezen ime clagen
irn vil michelen scaden,
unde swanner daz vernême,
daz er in quême
schiere ze helfe
und selbe mit gelfe,
rêche sîn*en* and*en*.
Er lide grôze scande.
  Darius screib einen brieb dô
und santin Alexandro.
Dar stunt alsus gescriben an,
alsihz vernomen hân:
»Mir ist ze wizzene getân,
wî du hâst mîne man
beide gevangen und irslagen.
Ih ne mac iz langer nit vertragen,
wandiz mir wê tût.
Ih genidere dînen hômût,
daz du des ie gedâhtes,
daz du mir gestrîten mahtes

2422 sînen anden] sin ande. 2435 daz] da.

als er ihn las:
Dass die Schlacht geschlagen war,
das stand darin geschrieben,
wer dort gefallen
und wer davongekommen war
mit Verlust, nicht mit Vorteil,
und wie das gewaltige Batra
ganz geplündert sei,
wie seine Mutter und seine Frau,
die ihm so viel bedeuteten wie sein Leben,
und seine Kinder gefangen seien
und wie es dort ergangen war,
das teilten ihm seine Gefolgsleute mit,
und dass Alexander das getan habe,
und sie forderten ihn auf,
ihren großen Verlust zu beklagen
und ihnen, wenn er das vernommen habe,
schnell
zu Hilfe zu kommen
und selbst mit Kampfgeschrei
sein Leid zu rächen.
Er habe große Schande erlitten.
    Darius schrieb da einen Brief
und sandte ihn Alexander.
Darin stand Folgendes geschrieben,
wie ich es vernommen habe:
»Man hat mich wissen lassen,
wie du meine Gefolgsleute
gefangen genommen und getötet hast.
Ich kann es nicht länger hinnehmen,
weil es mich schmerzt.
Ich bringe deinen Hochmut zu Fall,
dass du je daran dachtest,
mir kämpfend standhalten zu können,

und ie torstis gejehen,
daz du mich woldes sehen
ûf einen velde mit mînem here.
Mahtu dih mih irwere,
sô mugen von himele mîne gote
zô der helle wesen bote.«
Ouh enbôt Darius
Alexandro alsus:
»Daz du mîneme gesinde,
mînen wîbe und mînen kinden
unde mîner mûter
hâs getân ze gûte,
daz hâstu ubile gewant.
Ih ne weiz dirs nit bezzeren danc,
wene alse du si hêtis irslagen.
Ih wil dir wêrlîchen sagen,
ih ne werde niemer dîn frûnt,
di wîle ih dih weiz gesunt;
wandih dih von rehte hazzen sol.
Mir ne is niwit wol
zô dir ze mûte.
Nû scaffe dîne hûte,
du hâs einen *[19c]* sturm an dîner hant.«
Alexander der wîgant,
der entfienc disen brieb
und ne forhtin betalle niet.
Einen andren hiez er schrîben
unde sprah: »Daz ih dînen wîbe
habe getân ze gûte,
dâ genôz si mîner mûter,
wandih durh ir liebe
allen wîben gerne diene.
Von dû hân ihz gerne getân.
Ih ne wil von dir entfân
neheinen lôn dar umbe.
Du entbûtis mir als ein tumbe.«

und je zu sagen wagtest,
du wolltest mich
auf einem Feld mit meinem Heer sehen.
Kannst du dich meiner erwehren,
so können meine Götter vom Himmel
zur Hölle fahren.«
Auch teilte Darius
Alexander das mit:
»Was du meinem Gefolge,
meiner Frau und meinen Kindern
und meiner Mutter
Gutes getan hast,
das hast du schlecht verwendet.
Ich weiß dir dafür keinen besseren Dank,
als hättest du sie erschlagen.
Ich will dir wahrhaftig sagen,
ich werde niemals dein Freund,
solange ich dich gesund weiß;
denn ich muss dich mit Recht hassen.
Ich bin dir
nicht wohlgesonnen.
Nun sorge für deinen Schutz,
dir steht ein Kampf bevor.«
Alexander, der Held,
empfing diesen Brief
und fürchtete ihn [Darius] keineswegs.
Einen anderen befahl er zu schreiben
und antwortete: »Was ich deiner Frau
Gutes erwiesen habe,
das hat sie meiner Mutter zu verdanken,
weil ich ihr zuliebe
allen Frauen gerne diene.
Deshalb habe ich es gerne getan.
Ich will von dir dafür
keinen Lohn empfangen.
Du schickst mir eine Botschaft wie ein Tor.«

Dô quam ein brieb Dario
von dem kuninge Poro
vil verre ûz von Indian
und bat, daz er ime sîne man
ze helfen wolde senden,
wande in di inlenden
in sîneme lande
mit roube joh mit brande
hêten starke bestân.
Dô enbôt er ime wider sân,
daz er ime gerne quême,
ob ime nit ne benême
urlouge und Alexandris herescraft,
di in lange hête belaht.
Doh wolder sih genenden
und wolde ime senden
von persischen lande
sîne wîgande,
di ime helfen solden,
swes sô er wolde.

Dar nâh hûben sih sân
Alexander unde sîne man
ze Persen in di rîche.
Er gedâhte wîslîche,
wî er daz mohte bewaren,
daz di vîande sîne scharen
niht ne konden gemirken.
Dô verhiu er manige birken
und manic oliboumes rîs,
wander was listic unde wîs.
Zô der rosse zagelen man si bant.
Der melm, der stoub ubir lant,
daz der Persen wartman
grôz wunder des nam,

Da erreichte den Darius ein Brief
von König Porus,
von sehr weit aus Indien,
der bat, dass er ihm seine Männer
zu Hilfe senden möge,
weil ihn die eigene Bevölkerung
in seinem Land
mit Raub und auch mit Brandschatzung
gewaltsam angegriffen habe.
Da entbot er ihm sogleich als Antwort,
dass er gerne zu ihm käme,
wenn ihm dies nicht
der Krieg und Alexanders Heeresmacht,
die ihn schon lange bedrängt habe, unmöglich machten.
Doch wolle er Mut fassen
und ihm
aus dem persischen Land
seine Krieger senden,
die ihm helfen sollten,
wobei er wolle.
Danach brachen
Alexander und seine Männer sogleich
in die persischen Reiche auf.
Er bedachte klug,
wie er das verhindern könne,
dass die Feinde seine Scharen
richtig einzuschätzen wüssten.
Da ließ er viele Birken
und viele Olivenbaumzweige abschlagen,
denn er war listig und klug.
An die Schwänze der Pferde band man sie.
Der Staub wirbelte über das Land,
so dass die Späher der Perser
sich sehr darüber verwunderten,

wannen der melm mohte wesen.
Ir nehein ne trûwete genesen.
Alexander was von der stat,
dâ Darius mit here lah,
funf tageweide.
Dâ enzwischen was ein heide
unde ein vil tiefer wâch.
Mit sînen fursten nam er rât,
wâ er einen man funde,
den er ze boten sande
deme kuninge Dario
und ime sagete dar zô,
daz er daz wol vernême,
daz er ime quême
mit dem kriechischeme here,
ob er sîn lant wolde weren,
daz er griffe dar zô
beide spâte unde frô,
wander wêre sicherlîche
mit*ten* in sînem rîche.
Der rât, der wart ûf gelaht.
Twerhes ubir di naht
dô troumete Alexandro, wî ein man
ginge vor ime stân
in allen dem gebêre,
alser sîn vater wêre.
In den bûchen hân ih gelesen,
daz ouh sîn vater solde wesen
ein gwaldiger got.
Daz ist der leien spot,
di des niht ne wizzen,
waz man tût mit listen.
Manic list ist sô getân,
swer is flîz wille hân,

2509 dâ] *fehlt.* 2525 mitten] mit.

woher die Staubwolke kommen könne.
Keiner von ihnen traute sich zu, zu überleben.
Alexander war von der Stätte,
wo Darius mit seinem Heer lagerte,
fünf Tagesmärsche entfernt.
Dazwischen lagen wildbewachsenes Land
und ein sehr tiefer Fluss.
Mit seinen Fürsten hielt er Rat,
wo er einen Mann finden könne,
den er König Darius
als Boten senden
und ihm dazu sagen lassen könne,
damit er [Darius] das genau vernehme,
dass er [Alexander] zu ihm ziehe
mit dem griechischen Heer,
dass er [Darius], wenn er sein Land verteidigen wolle,
das jederzeit [d. h. unermüdlich]
in Angriff nehmen solle,
denn er [Alexander] befinde sich gewiss
[bereits] mitten in seinem Reich.
Man dachte über den Plan nach.
In der Nacht zwischen diesem und dem folgenden Tag
träumte Alexander, wie ein Mann
sich vor ihn stellte
und ganz so auftrat,
als sei er sein Vater.
In den Büchern habe ich gelesen,
dass sein Vater angeblich auch
ein mächtiger Gott gewesen sein soll.
Das ist ein Gegenstand des Spotts für die Ungelehrten,
die nichts davon wissen,
was man mit Zauberkünsten bewirkt.
Viele Zauberkünste sind so beschaffen,
dass der Teufel jedem, der sich mit Eifer daran macht,

wil er got verkiesen
und *die* sêle verliesen,
der tûbel hilfet ime dar zô,
daz er spâte unde frô
tûn mah besunder
vil manicfalden wunder.
Vil manichfalder liste
Philippus vil wiste,
der Alexandris vater was,
alsihz an den bûchen las.
Dâ er an sînem bette lach,
in dem troume er ime zô sprah:
»Alexander, liebe sune,
durh dih bin ih here comen.
Ih wil dir lâzen schîn,
daz ih ein gwaldich got bin.
Ih wil dir sîn bereite
zô dîner arbeite.
Dir ne mac nieman gescaden,
di wîl ih dir holt herze tragen.
Tû du den rât mîn:
Du salt selbe bote sîn
hin zô Dario.«
Inrihte irwahter dô
und sagetiz sînen mannen.
Dô rieten si ime alle,
daz er wêre dem gote
gevolgich ze sînem gebote.
Alexander dô mit ime *[19d]* nam
einen einigen man,
der hîz Eomulus.
Si riten zwei snelle ros
und fûrten daz dritte in der hant
und riten verre ubir lant

2541 die sêle] g̃osele.

wenn er Gott abschwören
und die Seele verlieren will,
dazu verhilft,
dass er jederzeit
allein sehr vielfältige außergewöhnliche Dinge
vollbringen kann.
Auf viele mannigfaltige Zauberkünste
verstand sich Philipp,
der Alexanders Vater war,
wie ich es in den Büchern las.
Wo er [Alexander] im Bett lag,
sprach er [Philipp] im Traum zu ihm:
»Alexander, lieber Sohn,
um deinetwillen bin ich hergekommen.
Ich will dir offenbaren,
dass ich ein mächtiger Gott bin.
Ich will dir
bei deiner Mühe bereitwillig helfen.
Dir kann niemand schaden,
solange ich dir gewogen bin.
Handle meinem Rat entsprechend:
Du sollst selbst als Bote
zu Darius gehen.«
Sofort erwachte er da
und sagte es seinen Männern.
Da rieten sie ihm alle,
dem Gott
und seinem Befehl zu folgen.
Alexander nahm da
einen einzigen Mann mit sich,
der hieß Eomulus.
Sie ritten zwei schnelle Rosse
und führten ein drittes an der Hand
und ritten weit über das Land

und quâmen zô einem wâge,
der was geheizen Strâge.
Der flûzit allen den tach
und irfrûsit inne der naht,
daz man dar ubir mohte rîten.
Alexander hîz dô bîten
sînen man mit einen volen.
Al eine reit er dar ubir
und quam des tages an di stat,
dâ Darius lach
mit sînen grôzen here.
Jene sprâchen: »Wer ist dere?
Er glîchet sêre einem gote.«
Er sprah wider: »Ih bin ein bote,
mîn hêre ist Alexander.
Den nimet michil wunder,
wes Darius sûme,
wander gebeitet sîn vil kûme.«
Dô lîz ein Daries man
den boten vor den kuninc gân,
daz er wurbe sîne botescaf.
Zô Dario er dô sprah:
»Man saget, Daris, edele kuninc,
du sîs gwaldich unde frumich
und stolz dînes gemûtis
und milde dînis gûtis.
Daz ne schînet niwit wol.
Vernem, waz ih dir sagen sol:
Dir enbûtit Alexander,
und manic ander
enbietent dir besunder,
si nême des michil wunder,
wes du sô lange bîtes,
daz du niht ne rîtes
und riches di scande,
di dîne vîande

und kamen an einen Strom,
der hieß Strage.
Der fließt den ganzen Tag
und friert in der Nacht zu,
so dass man darüber reiten konnte.
Alexander befahl da seinem Gefolgsmann,
mit einem Pferd zu warten.
Ganz alleine ritt er dort hinüber
und kam an dem Tag an den Ort,
wo Darius
mit seinem großen Heer lagerte.
Jene sprachen: »Wer ist das?
Er gleicht sehr einem Gott.«
Er antwortete: »Ich bin ein Bote,
mein Herr ist Alexander.
Der fragt sich sehr,
weshalb Darius säumt,
denn er kann ihn kaum erwarten.«
Da ließ ein Gefolgsmann des Darius
den Boten vor den König treten,
damit er seine Botschaft ausrichte.
Zu Darius sprach er da:
»Man sagt, Darius, edler König,
du seist mächtig und tapfer
und stolz von Gesinnung
und freigebig mit deinem Besitz.
Das wird gar nicht sichtbar.
Vernimm, was ich dir sagen soll:
Dir entbietet Alexander,
und viele andere
entbieten dir einzeln,
sie fragten sich sehr,
worauf du so lange wartest,
dass du nicht reitest
und die Schande rächst,
die deine Feinde

dir tûn allir tagelîche.
Du sûmes zagelîche.
Dir sint di burge und daz lant
beroubit unde verbrant
und dîn lût gevangen.
Du sûmis al ze lange.
Diz ist dir gût vernomen:
Mîn hêre heizit dir comen
bî den Strâge an einen velde.
Den zins wil er dir gelden,
den er hât versezzen.
Dâ wil er dih is irgetzen,
er und sîne recken
mit irn scarfin ecken,
mit sulher mâzen,
daz du si mûzes lâzen
imer mêr âne nôt.
Diz ist, daz er dir enbôt.«
Darius der rîche,
der tete hêrlîche.
Er nam den boten bî der hant
und sprah: »Nû du here bist gesant,
sô mûstu gûten fride hân.
In mînen sal soltu gân
und wesen ze mîner wirtscaf.
Dîn hêre des selben sitis plach.
Alsô dicke sô ih sande
zô sîneme lande,
sô liez er di boten mîn
zô sîner wir*t*scafte sîn.«
  Alexander frowete sînen mût.
Daz geleite dûhte ime alsô gût,
daz in der rîche Darius
selbe leite in sîn hûs

2625 daz] da. 2639 wirtscafte] wirscafte.

dir täglich zufügen.
Du zauderst unentschlossen.
Dir sind die befestigten Städte und das Land
geplündert und gebrandschatzt
und deine Leute gefangen.
Du säumst allzu lange.
Es ist gut für dich, dies zu hören:
Mein Herr fordert dich auf,
auf ein Schlachtfeld am Strage zu kommen.
Den Tribut will er dir entrichten,
den er versäumt hat zu zahlen.
Dort will er dich dafür entschädigen,
er und seine Helden
mit ihren scharfen Schwertern,
auf solche Weise,
dass du sie für immer
wirst unbehelligt lassen müssen.
Dies ist, was er dir ausrichten ließ.«
Der mächtige Darius
handelte, wie es sich für einen Fürsten ziemt.
Er nahm den Boten an der Hand
und sprach: »Da du hierher gesandt bist,
sollst du ganz in Sicherheit sein.
In meinen Saal sollst du gehen
und an meinem Gastmahl teilnehmen.
Dein Herr hatte dieselbe Gewohnheit.
Sooft ich eine Gesandtschaft
in sein Land schickte,
ließ er meine Boten
an seinem Gastmahl teilnehmen.«

Alexander freute sich.
So gut schien ihm das Geleit,
dass ihn der mächtige Darius
selbst in seinen Palast

zô sîner wirtscaft.
Dâ was eine michele maht
der hêren von manigen landen.
Dô hîz man Alexandren
ingegen den kuninc sitzen gân.
Daz wart umbe daz getân,
daz Darius selbe sêge,
daz man sîn wol plêge.
Den fursten was daz ungemach,
daz man sîn sô wole plach.
Ih wil û sagen umbe waz:
Si versmâheten in umbe daz,
wander was sô cleine.
Si sprâchen al gemeine,
er wêre ein wênich twirgelîn,
waz boten er mohte sîn
eines alsô rîchen mannes.
Dannoh wisten si lutzil des,
daz an ime was gereit
alsô manich frumicheit.
Vil wol der hêre diz vernam,
der vil wunderlîche man.
Iz quam in rehte in den gedanc:
Diu goltfaz, dâ er abe tranc,
di warf er al in sîne scôz.
Dô den schenken des verdrôz,
daz er ime mêr brâhte,
dô stunt er unde dâhte,
daz er ein dieb wêre,
und sagetiz sînem hêren,
daz der bote, der dâ saz,
verstêle sîne goltfaz.
[20a] Darius sprah dem boten zû:
»Wî torstistu daz getû,

2677 torstistu] tortistu.

zu seinem Gastmahl führte.
Dort befand sich eine große Zahl
von Herren aus vielen Ländern.
Da forderte man Alexander auf,
sich dem König gegenüberzusetzen.
Das geschah deshalb,
damit Darius selber sehen könne,
dass man sich seiner gut annahm.

Die Fürsten ärgerten sich,
dass man ihn so zuvorkommend bediente.
Ich will euch sagen warum:
Sie schätzten ihn deshalb gering,
weil er so klein war.
Sie sprachen alle aus einem Munde,
er sei ein kleines Zwerglein,
was für ein Bote er sein könne
für einen so mächtigen Mann.
Da wussten sie noch wenig davon,
dass er über so viele
gute Eigenschaften verfügte.

Sehr genau hörte dies der Herr,
der überaus staunenswerte Mann.
Es kam ihm recht in den Sinn:
Die goldenen Gefäße, aus denen er trank,
die legte er alle in seinen Schoß.
Als der Schenke dessen überdrüssig wurde,
ihm mehr zu bringen,
da stand er und dachte,
er sei ein Dieb,
und sagte es seinem Herrn,
dass der Bote, der dort saß,
seine goldenen Gefäße stehle.

Darius sprach den Boten an:
»Wie konntest du wagen,

daz du stêle mîne goltvaz?«
Alexander dar wider sprah,
daz der site wêre
zô dem tische sînes hêren,
daz allirmanne gelîch
di vaz nême zô sih,
dâ er ûz trunke.
»Vil wol mih des bedunket,
man ne phlege hie des sit*e*s niet.
Nû diz alsus ist geschiet,
nû heiz nemen dîne goltfaz.
Zwâren sagen ih dir daz,
daz mir vil ummêre sîn
dîne goltfaz unde dîn wîn.«
Under disen worten
ein furste merkete harte
an des boten gebêre,
wî iz Alexander selbe wêre.
Er hetin wîlin bekant,
dô in Darius hete gesant
nâh deme zinse zô Philippo.
Dô sprah er ze Dario:
»Hêre, ih wil dir sagen
ein dinc, daz ih gemerkit habe:
Den boten, den wir hie gesehen,
wol ne wil er is niht bejehen,
daz is selbe Alexander.
Nû rich dînen anden
an den wunderlîchen man!
Sô mahtu imer mêre fride hân.«
Vil wol der listige man
der hêren gerûne vernam
und rûmete von deme sale.
Des gehalf ime vil wale

2686 sites] siten.

meine goldenen Gefäße zu stehlen?«
Alexander antwortete darauf,
dass es üblich sei
am Tisch seines Herrn,
dass jeder gleichermaßen
die Gefäße an sich nehme,
aus denen er getrunken hatte.
»Mir scheint aber denn doch,
dass man diesen Brauch hier nicht pflegt.
Da dies nun [aber] so geschehen ist,
so befiehl, deine goldenen Gefäße zurückzunehmen.
Wahrhaftig, das sage ich dir,
dass mir deine goldenen Gefäße und dein Wein
ganz gleichgültig sind.«

Bei diesen Worten
merkte ein Fürst genau
am Betragen des Boten,
wie es Alexander selbst war.
Er hatte ihn einstmals gekannt,
als ihn Darius, um Tribut einzufordern,
zu Philipp gesandt hatte.
Da sprach er zu Darius:
»Herr, ich will dir etwas sagen,
was ich bemerkt habe:
Der Bote, den wir hier sehen
(sicher will er es nicht zugeben),
das ist Alexander selbst.
Nun räche dein Leid
an dem seltsamen Mann!
Dann kannst du für immer Frieden haben.«

Ganz genau hörte der kluge Mann
das Geflüster der Herren
und verließ den Saal.
Dabei half ihm

ein brinninde vakele, di er nam
einen persischen man,
den slûch er vor di zande,
daz er sih verwânde,
daz er ê solde sterben,
ê er quême zô der erden.
Er dranc durh Darien man.
Schiere er vor di ture quam.
Ûf sîn ros er gespranc.
Ân ir allir danc
reit er zô dem Strâge.
Ê er dar ubir quême,
gwan er michil arbeit.
Daz îs undir ime spleiz,
daz ime sîn ros dâ entflôz.
Sîner craft er dâ genôz,
daz er den anderen stat gwan.
Ouh half ime wol sîn man.

Dô reit er hine zô sînem here.
Hundrit tûsunt was dere
und zwênzich tûsint dar zô.
Vil wol entphiengen si in dô
und hiezen in willecome sîn.
Alsus antworter in:
»O wol ûh, kriechische man,
ze heile mûz iz û irgân!
Ih ne wille niwit liegen
noh niemanne betriegen:
Wir ne mugin niwit gelîchen
Dario dem rîchen.
Ih wâne, daz ûf dir erden
nieman mohte gewerden,
der zô ime gestunde
oder alsô grôz here gewunne.

2712f. nam einen *Ki S. 478*] nam. einen.

eine brennende Fackel sehr gut, die er
einem Perser wegnahm,
den schlug er gegen die Zähne,
dass der glaubte,
er müsse sterben,
bevor er auch nur zur Erde gefallen wäre.
Er [Alexander] drängte sich durch Darius' Männer.
Schnell gelangte er vor die Türe.
Auf sein Ross sprang er.
Gegen ihrer aller Willen
ritt er zum Strage.
Bevor er darüber gelangte,
geriet er in arge Bedrängnis.
Das Eis barst unter ihm,
so dass ihm sein Ross dort weggetrieben wurde.
Da nützte ihm seine Kraft,
dass er das andere Ufer erreichte.
Auch half ihm sein Gefolgsmann tüchtig.
Danach ritt er hin zu seinem Heer.
Hunderttausend Mann umfasste es
und dazu zwanzigtausend.
Begeistert empfingen sie ihn da
und hießen ihn willkommen.
So antwortete er ihnen:
»Oh wohl euch, ihr griechischen Männer,
glücklich wird es für euch ausgehen!
Ich will nicht lügen
und auch niemanden betrügen:
Wir können uns nicht
mit dem mächtigen Darius vergleichen.
Ich glaube, dass es auf dieser Erde
niemanden geben könnte,
der ihm gleichstehen
oder ein ebenso großes Heer aufstellen könnte.

Dâ bî wil ih û sagen:
Ein her fliegen mach nit gescaden
zwein wênigen wespen,
dâ si varen ze neste.«

Alexandris gesellen
worden von disen bîspellen
vil wunderlîchen frô.
Vil kûme irbeiten si dô,
biz man begunde sturmen.
Darius von sînen burgen
reit zô dem wâge,
der dâ heizet Strâge.
Des nahtes fûren si dar ubir.
Der quam aber lutzil wider,
wande si wurden irslagen.
Ih wil û zwâren sagen:
Sân des morgenis frû
ze wîge gareten si sih dô,
beidenthalben di here,
und brummen alse daz mere,
di alden mit den jungen,
dâ si ze samene drungen.

Alexander der hêrre,
der was der êrre,
der dâ zô der zît
irhûb den freislîchen strît.
Ûf Bucifale er reit.
Nie man ne bescreit
dichein ros alsô gût.
Dar zô stunt ime der mût,
daz er den sige irwurbe
oder degintlîchen sturbe.
Vil wole half ime daz,
daz er sô wol gare was
nâch deme kriechischeme site.
Di ingegen im quâmen geriten,

Dabei will ich euch [aber] sagen:
Eine überwältigende Menge Fliegen
kann zwei kleinen Wespen nicht schaden,
wo sie ins Nest fliegen.«
Alexanders Gefährten
wurden durch dieses Gleichnis
auf wundersame Weise froh.
Kaum konnten sie erwarten,
bis man angriff.
Darius ritt von seinen befestigten Städten
zum Strom,
der dort Strage heißt.
Nachts setzten sie darüber.
Von denen kamen jedoch wenige zurück,
denn sie wurden getötet.
Ich will euch wahrheitsgemäß berichten:
Gleich am Morgen in der Frühe
rüsteten sie sich da zum Kampf,
die Heere auf beiden Seiten,
und rauschten wie das Meer,
Alte und Junge,
wo sie aufeinanderprallten.
Alexander, der Herr,
begann
dort zu der Zeit als Erster
den schrecklichen Kampf.
Auf Bucifal ritt er.
Nie hat ein Mann
ein so treffliches Ross bestiegen.
Sein Wille war darauf gerichtet,
den Sieg zu erringen
oder heldenhaft zu sterben.
Sehr kam ihm zustatten,
dass er so gut gerüstet war
nach griechischem Brauch.
Die gegen ihn geritten kamen,

di sprâchen, er wêre ein got.
Von beidenthalben flouch daz scoz
alsô dicke *[20b]* sô der snê.
Den recken wart dâ vil wê.
  Dâ wart ein michil schal.
Man blies di herehorn ubir al
und di trummen zô dem wîge.
Darius mit den sînen
mûste durh nôt vehten.
Er brâhte manigen Persen
zô deme strîte,
di wâren gesamenet wîte
und heten manlîchen mût.
Und alse der helt gût,
Alexander, diz vernam,
dô maneter sîne getrûwe man, vgl. V 1481
di ime wâren einmûte vgl. V 1483
zaller sîner nôte, vgl. V 1482
daz si sih wol bedêhten
und wâren gûte knehte,
wande si mit rehte
umbe den zins solden vehten,
dâ si Darius zô dwanc.
Dô hûb sih ze hant
di kriechische manige vgl. V 1484
den Persen ingegene. vgl. V 1485
Mit micheler frevele
quâmen si ze samene vgl. V 1487
bî dem Strâge an der ouwen. vgl. V 1488
Wer mohte ie bescowen vgl. V 1489
zwei sô hêrlîchen scaren? vgl. V 1490
Dâ was maniger mûter barn.
Dâ si ze samene quâmen vgl. V 1492
und grôzen scaden nâmen, vgl. V 1493
dâ was daz felt vil breit
mit den tôten ubirspreit.

die sagten, er sei ein Gott.
Von beiden Seiten flogen die Geschosse
so dicht wie Schnee.
Den Helden widerfuhr da großes Leid.
Da kam großer Lärm auf.
Man blies überall die Heerhörner
und die Trompeten zum Kampf.
Darius musste zusammen mit den Seinen
notgedrungen kämpfen.
Er führte viele Perser
in den Kampf,
die waren von weither versammelt
und hatten eine tapfere Gesinnung.
Und als der edle Held
Alexander dies vernahm,
da ermunterte er seine Getreuen,
die stets einmütig bereit waren,
für ihn zu kämpfen,
sich richtig zu besinnen
und tapfere Krieger zu sein,
weil sie mit Recht
um die Tributzahlung kämpfen sollten,
zu der sie Darius gezwungen hatte.
Da zog sogleich
die griechische Schar
den Persern entgegen.
Mit großer Kühnheit
trafen sie auf dem von Wasser umflossenen Land
am Strage aufeinander.
Wer hat je
zwei so herrliche Scharen betrachten können?
Vieler Mütter Söhne waren dort.
Wo sie aufeinandertrafen
und große Verluste erlitten,
dort war das weitläufige Feld
über und über mit Toten bedeckt.

Si slûgen unde stâchen,
sô daz di schefte brâchen.
Dô griffen di recken
zô den scarfin ecken
und vohten mit nîde.
Alle di volcwîge, vgl. V 1494
sturme unde strîte,
di von Darien gezîte vgl. V 1495
al biz her sint geschît, vgl. V 1496
di ne glîchen dar zô niet, vgl. V 1497
dâ Alexander der helt balt
Dario den zins galt.
Daz der zins ie gedâht wart,
daz gerou manigen in der vart,
wande si in dem blûte swebeten,
di dannoh gerne lebeten.
   Der sturm was grimme unde hart.
Dâ wart manich helm scart
und manige brunje durhstochen,
daz dâ durh quam geflozzen
daz blût den lîb al ze tale.
Man sah dâ in dem wale
manigen schilt verhowen.
Dâ mohten man scowen
di kriechischen recken
mit den scarfen ecken
di helme verscrôten.
Si frumeten manigen tôten
dem rîchem kuninge Dario,
der vil starke clagete dô,
daz er ze Kriechlande
nâh deme zinse ie gesande.
   Der Persen kuninc hêre,
der vil grôzir êre
wielt ubir manich rîche,
der trûrte grôzlîche,

Sie schlugen und stachen,
dass die Speerschäfte brachen.
Dann griffen die Recken
zu den scharfen Schwertern
und kämpften voller Feindseligkeit.
Alle die Völkerkriege,
Schlachten und Kämpfe,
die von Darius' Zeit
bis jetzt stattgefunden haben,
die können sich mit [der Schlacht] nicht vergleichen,
in der Alexander, der kühne Held,
Darius den Tribut zahlte.
Dass man je an Tribut gedacht hatte,
das schmerzte viele in dem Zug,
weil sie in Blut schwammen,
die gerne noch am Leben geblieben wären.
  Die Schlacht war erbittert und hart.
Da wurden viele Helme schartig
und viele Brustpanzer durchstochen,
so dass das Blut dadurch
den ganzen Körper hinunterfloss.
Man sah da auf dem Schlachtfeld
viele zerschlagene Schilde.
Da konnte man betrachten,
wie die griechischen Recken
mit scharfen Schwertern
Helme zerstückelten.
Viele töteten sie
dem mächtigen König Darius,
der da sehr heftig beklagte,
dass er jemals nach Griechenland
um Tribut gesandt hatte.
  Der erhabene König der Perser,
der großes Ansehen besaß
über viele Reiche,
der trauerte tief,

daz der wunderlîche man
durh sîn laster ûz quam.
Daz begunder sêre clagen,
wander sah in den walphade
manigen helt gûten
beflozzen mit dem blûte,
sîne tûrlîchen recken,
di ime dâ vore dicke
hulfen sîner êren.
Sint niemer mê*re*
ne wart Darius frô
(daz bûch sagit uns alsô),
wande dâ viel manic man,
der nie wunde ne gwan
von stiche noh von slage.
Ih wil û wêrlîchen sagen:
Si wâren gûte knehte
und sturben durh ir vehten
in Darien halbe.
Dô man si gezalde,
zwei hundirt tûsunt der was,
der nie nehein ne gnas –
ân di, di in den Strâge
ouh vertrunken lâgen,
der ne mohte man neheine zale
gescrîben noch gesagen wale.
Alse Darius gesah,
daz sîner sô vil tôt lah,
beide gewunt und irslagen,
dô begunder irzagen.
Er was der êriste man,
der dâ flîhen began.
Des gewan sîn her grôz
vil michelen untrôst,

2863 mêre] me *(Fleck über* e, *Roth).*

dass der staunenswerte Mann
um seiner Schande willen ausgezogen war.
Das beklagte er heftig,
denn er sah auf den Wegen übers Schlachtfeld
viele tapfere Helden
blutüberströmt,
seine teuren Krieger,
die ihm zuvor häufig
zu seinem Ansehen verholfen hatten.
Seither wurde Darius
nie wieder froh
(das Buch berichtet uns das),
denn dort fielen zahlreiche Männer,
die [zuvor] nie eine Verwundung
durch Stich oder Schlag erlitten hatten.
Ich will euch wahrheitsgemäß berichten:
Sie waren tapfere Krieger
und starben,
weil sie auf Darius' Seite gekämpft hatten.
Als man sie zählte,
waren es zweihunderttausend von ihnen,
von denen keiner am Leben blieb –
ohne die, die außerdem im Strage
ertrunken lagen,
von denen konnte man keine Zahl
genau aufzeichnen oder nennen.
Als Darius sah,
dass von den Seinen so viele tot lagen,
verwundet und erschlagen,
da verlor er den Mut.
Er war der erste Mann,
der dort die Flucht ergriff.
Dadurch packte sein großes Heer
ungeheure Mutlosigkeit,

si fluhin al gemeine.
Man mah noh hûte weinen
den mort, der dâ gescach.
Alexander reit in alliz nâh
und slûch si nider alsein vê.
Si schrûwen ach unde wê.
　Dô daz mêre dô quam
ubir alle Persiam,
daz der kuninc wêre sigelôs,
dô wart dâ michil untrôst
ubir alle *[20c]* di lant,
dâ der kuninc was bekant.
Der jâmer wart dâ vil grôz.
Vil manic sînen genôz
weinete unde clagete,
den er verlorn habite.
Der vater weinete sîn kint
(daz wâren jâmerlîche dinc),
manic man sînen eidem,
wande ime was vil leide,
di swester irn brûder,
irn lieben sun di mûter.
Ouh weinte di irn amîs,
di dâ stille was gehît.
Di frowen weinten irn trût,
den si minneten ubirlût.
Di man ze manne solde geben,
der leidete daz leben;
si weinte alsô sêre
alse si gehît wêre.
Di jungen an der strâzen,
dâ si ze spile sâzen,
di weineten vil sêre
ir mâge unde ir hêre*n*.

2921 hêren] here.

sie flohen alle miteinander.
Noch heute hat man Grund,
das Gemetzel zu beweinen, das sich dort abspielte.
Alexander ritt ihnen freilich nach
und schlug sie nieder wie Vieh.
Sie schrien ach und weh.
Als sich die Nachricht da
über ganz Persien verbreitete,
dass der König besiegt sei,
da kam dort große Verzweiflung auf
in all den Ländern,
wo der König bekannt war.
Die Klage erschallte dort sehr laut.
Sehr viele beweinten
und beklagten ihre Gefährten,
die sie verloren hatten.
Der Vater beweinte sein Kind
(das war eine jammervolle Angelegenheit),
viele Männer ihren Schwiegersohn,
denn es schmerzte sie sehr,
die Schwester ihren Bruder,
ihren lieben Sohn die Mutter.
Auch beweinte die ihren Geliebten,
die da heimlich vermählt war.
Die Damen beweinten ihren Gemahl,
den sie in aller Öffentlichkeit geliebt hatten.
Derjenigen, die man einem Mann geben sollte,
wurde das Leben verleidet;
sie weinte so heftig,
als wäre sie bereits verheiratet.
Die Jungen beweinten an der Straße,
wo sie zum Spielen saßen,
sehr heftig
ihre Verwandten und ihre Herren.

Di kint an den wagen,
sô si weinen sâgen
und also manz in gezalde,
si weineten alse di alde
und lebeten âne wunne.
Di mâne unde di sunne,
di verwandelôten ir lieht
und ne wolden schînen nieht
und ne wolden niet besehen
den mort, de*r* dâ was geschên.
Darius der blôde man
starke flîhende quam
von mannen und von mâgen
ubir den wâc Strâgen
und sînes heris ein michil teil.
Verlorn heter daz heil.
Er quam ûf sînen sal.
Daz lût weinte ubir al
und clagete grôzlîchen
Darium den rîchen.
Ûf sînen estrich er sih warf.
Er clagete, daz er niet ne starb.
Ime wêre lieber der tôt,
dan er sus wêre gelasterôt.
Er clagete, daz er ie genas,
und sprah: »Waz hilfit mir, daz ih was
kuninc ubir manige lant,
di ih selbe bedwanc
wîlen mit mîner frumicheit.
Zô mîneme dieniste was gereit
manic lant in dem mere.
Manic dûsint was dere,
di mir zins gâben
und mih doh nie gesâgen.

2931 der] den *(undeutlich)*.

Die Kinder in den Wagen
weinten, wenn sie das Weinen sahen
und wenn man es ihnen erzählte,
wie die Alten
und lebten freudlos.
Mond und Sonne
verdunkelten ihr Licht
und wollten nicht scheinen
und wollten das Gemetzel
nicht betrachten, das sich dort abgespielt hatte.
Darius, der zaghafte Mann,
entfernte sich in eilender Flucht
von Gefolgsleuten und Verwandten
über den Fluss Strage,
und [auch] ein großer Teil seines Heers.
Das Glück hatte ihn verlassen.
Er ging in seinen Palast.
Das Volk weinte ausnahmslos
und beklagte
den mächtigen Darius heftig.
Auf seinen Fußboden warf er sich.
Er klagte, dass er nicht starb.
Der Tod wäre ihm lieber,
als dass er so in Schande gestürzt wäre.
Er klagte, dass er überhaupt am Leben geblieben war,
und sprach: »Was nützt mir, dass ich
König über viele Länder war,
die ich selbst einst
mit meiner Tapferkeit bezwungen hatte.
Viele Länder am Meer
waren bereit, mir zu dienen.
Viele Tausende gab es,
die mir Tribut zahlten,
obwohl sie mich nie gesehen hatten.

Swâ si gehôrten mînen namen,
dâ dieneten si mir alle samen.
Nû bin ih verwunnen,
vil kûme her entrunnen
von einen kriechischen man.
Von mînen sunden daz leider quam
und durh mînen ubirmût.
Ungelucke, waz ir mir leides tût!
Fortuna, di ist sô getân:
Ir schîbe lâzet si umbegân.
Si hilfit den armen, sô si wile,
den rîchen hât si ze spile;
umbeloufet ir rat,
dicke vellet, der dâ vaste saz.«
Darius sih dô ûf hûb
unde trôste sînen mût.
Er dihte selbe einen brieb.
Mit sîner hant er in screib.
Er santin Alexandro.
Dar ane stunt gescriben sô:
»Frô wis unde gesunt,
Alexander, zaller stunt!
Iz ist mir nû alsô comen,
wiltu mir scaden oder fromen,
des hâstu gûten gwalt.
Mir is dicke gezalt,
daz iz dem manne wol stât,
alsime sîn heil vore gât,
daz er sîne mâze
an gûten dingen lâze.
Nit ne verhebe du des dih,
daz du hâs verwunnen mih!
Iz kumet dir rehte.
Nû gedenc ane mîn geslehte
unde an mînen gwalt.
Swer mir daz hête gezalt,

Wo immer sie meinen Namen hörten,
dort dienten sie mir alle zusammen.
Nun bin ich besiegt,
mit Mühe und Not hierher geflüchtet
vor einem Griechen.
Aufgrund meiner Verfehlungen geschah das leider
und aufgrund meiner Überheblichkeit.
Unglück, was Ihr mir Leid zufügt!
Fortuna ist so beschaffen:
Sie lässt ihr Rad sich drehen.
Sie fördert den Armen, wenn sie will,
den Mächtigen macht sie zum Spielball;
wenn ihr Rad sich dreht,
stürzt oft, der dort festsaß.«
Darius richtete sich da auf
und fasste Zuversicht.
Er verfasste selbst einen Brief.
Mit eigener Hand schrieb er ihn.
Er sandte ihn Alexander.
Darin stand Folgendes geschrieben:
»Mögest du allezeit froh und gesund sein,
Alexander!
Es ist mir nun so ergangen,
dass du, wenn du mir schaden oder nützen willst,
die rechte Macht dazu hast.
Mir ist oft erzählt worden,
dass es einem Mann wohl ansteht,
wenn er im Glück ist,
dass er Mäßigung zeigt,
wo das richtig ist.
Werde nicht überheblich,
dass du mich besiegt hast!
Es kommt dir mit Recht zu.
Nun denk an meine Abkunft
und an meine Macht.
Wenn einer mir das erzählt hätte,

daz mir sus solde geschên,
ih ne hêtis ime niet gejehen,
wandih ne mohtis niht getrûwen.
Mir mûz nû balde rûwen,
daz ih unde mîne man
den kuninc Xersem ie verwan,
den rîchen unde den frumigen,
und andre manige kuninge.
Ih nam in lant unde gût.
Owî, wî wê mir nû daz tût,
daz ih sol lîden
den spot von den wîben!
Iedoch sô verwêne ih mih,
daz du tûst sô kuninc*[20d]*lîch,
swen sô du verwinnes,
wande du dih wol versinnes,
di lâzestu sunderlingen
an dîne gnâde dingen
und lâzes si dir sîn undertân
und di lant vor dir hân.
Wiltu alsus mit mir tûn,
des hâstu êre unde rûm.
Sô gebe ih dir den meisten scaz,
der mîner forderen was,
den si zesamene trûgen
und in der erde grûben.
Der ligit zô Mynjatan,
ze Susis und ze Batran.
Daz saltu wizzen âne wân,
daz nie nehein man,
der ie an diser werlt quam,
sô vil scazzis gewan.
Dar zô vernim noh mêre:
Ih wil dih machen hêren

3019 Susis] sufis.

dass es mir so ergehen sollte,
hätte ich es ihm nicht zugestanden,
denn ich hätte es nicht glauben können.
Mich muss nun sogleich schmerzen,
dass ich und meine Männer
König Xerxes je besiegten,
den mächtigen und tapferen,
und viele andere Könige.
Ich nahm ihnen Land und Besitz.
Oh weh, wie weh mir das nun tut,
dass ich Spott
von den Frauen erdulden muss!
Doch glaube ich,
dass du so königlich handelst,
dass du (weil du verständig bist)
alle, die du besiegst,
ganz besonders
auf deine Gnade hoffen
und dir untertan sein
und ihre Länder von dir empfangen lässt.
Willst du so mit mir verfahren,
hast du Ansehen und Ruhm davon.
Dann gebe ich dir den größten Schatz,
der meinen Vorfahren gehörte,
den sie anhäuften
und in der Erde vergruben.
Der liegt in Mynjatan,
in Susa und in Batra.
Das sollst du sicher wissen,
dass nie ein Mann,
der je auf diese Welt kam,
so großen Schatz gewann.
Dazu vernimm noch mehr:
Ich will dich zum Herrn machen

ze Medentrîche ubir daz lant,
Persiam gebih an dîne hant.
Du maht dih frowen dirre geben,
di wîle di du solt leben.
Dar zô jehen ih dir des siges.
Nû bitte ih al ze spâte frides.«
Alexander las disen brieb.
Ein furste ime al di wîle riet,
daz er nême alliz daz,
beide lant unde scaz,
und Darium lieze leben
und hieze ime wider sîn wîb geben
und sîne mûter dar zô.
Alexander sprah dô,
daz er des nit ne tête,
wandime des wunder hête,
ob er si ime sande
wider heim ze lande,
ob er si nemen wolde.
Diz sprah er durh di sculde,
durh andris neheine nôt,
wander ime dâ vore enbôt,
er zugis wol ze râte,
waz er dâ mite tâte.
Aber sprah Alexander sus:
»Ob der kuninc Darius
nû ist verwunnen,
sô nimit mih michel wunder,
wes er sih noh wil irheben
oder waz er mir wille geben.
Nû stênt doh an mîner hant
beide burge unde lant
unde gwant unde scaz.
Ih mach ime geben michil baz,

3056 doh *Ber.*] doch.

über das Land im Mederreich,
Persien gebe ich in deine Hand.
Du kannst dich über diese Gaben freuen,
solange du leben wirst.
Dazu gestehe ich dir den Sieg zu.
Nun bitte ich dich viel zu spät um Frieden.«
Alexander las diesen Brief.
Ein Fürst riet ihm währenddessen,
dass er all das nehmen solle,
sowohl das Land als auch den Schatz,
und Darius leben lassen
und befehlen möge, ihm seine Frau zurückzugeben
und seine Mutter dazu.
Alexander sprach da,
er werde das nicht tun,
weil er sich frage,
ob er [Darius] sie, wenn er [Alexander] sie ihm
wieder in sein Land heimschickte,
[überhaupt] aufnehmen wollte.
Dies sagte er deswegen,
aus keinem anderen Grund,
weil er [Darius] ihm zuvor hatte sagen lassen,
es sei ihm [Darius] ganz gleichgültig,
was er [Alexander] mit ihnen anfange.
Weiter sprach Alexander folgendermaßen:
»Wenn König Darius
jetzt besiegt ist,
dann frage ich mich sehr,
worauf er noch stolz sein
oder was er mir geben will.
In meiner Hand sind nun doch
befestigte Städte und Länder
und Gewänder und Schatz.
Viel besser kann ich ihm Geschenke machen,

wande velt unde walt
stêt an mîner gewalt.
Wil er abir vehten
und mah er sih gerechen,
gwinnet er danne daz heil,
sô wirt ime wider âne teil
wîb, mûter unde kint.
Lêzet er mih danne leben sint,
sô mûz ime sîn undertân
und den lîb von sinen gnâden hân
unde leben nâh sînen gebote.«
Dô îlete danne der bote
unde reit dannen,
âne fride, doh ungevangen.
Dan nâh diser botescaf
Alexander reit an di walstat
und begrûb sîne tôten,
und di dâ lâgen in nôten
gwunt unde mohten genesen,
den hîz er vil gût wesen,
biz si wurden gesunt.
Al dâ bleib der hêre junc
des winteris eine wîle.
Dô gebôt er den sînen,
daz si brêchen den palas,
der des kuningis Xersen was.
Der sal, der was alsô gût,
sô nie nehein bezzer gestût
in aller dirre werilde.
Di sîne wâren gerinde,
daz er den sal lieze stân.
Des wart er in gehôrsam
unde gesamfte sînen mût.
Er liez in blîben, daz was gût.

3087 gestût] *aus* gestunt *ausgekratzt (Roth).*

denn Feld und Wald
stehen in meiner Gewalt.
Wenn er wieder kämpfen will
und sich rächen kann,
[und] wenn ihm dann Glück zuteil wird,
so erhält er, ohne teilen zu müssen,
Frau, Mutter und Kinder zurück.
Lässt er mich dann weiterleben,
so muss [ich] ihm untertan sein
und mein Leben seiner Gnade verdanken
und entsprechend seinem Gebot leben.«
Da eilte der Bote fort
und ritt weg,
ohne Frieden, doch ungefangen.
Danach, nach dieser Botschaft,
ritt Alexander aufs Schlachtfeld
und ließ seine Toten begraben,
und denen, die dort unter Qualen
verwundet lagen und gerettet werden konnten,
befahl er zu helfen,
bis sie gesund würden.
Dort blieb der junge Herr
eine Zeit lang im Winter.
Dann befahl er den Seinen,
den Palast zu zerstören,
der König Xerxes gehört hatte.
Das Gebäude war so herrlich,
dass nie ein besseres stand
auf dieser ganzen Welt.
Die Seinen begehrten,
dass er das Bauwerk stehen lassen solle.
Darin folgte er ihnen
und besänftigte sein Gemüt.
Er ließ ihn stehen, das war gut.

Alsih mich versinnen kan,
dâ grûben grebere sîn*e* man,
dâ si zô den stunden
inne genûc vonden
guldîner nepphe,
die ie verborgen heten,
di ê dâre wâren.
Ouh funden si zwâren
einen sarc glesen.
An den bûchen hân ih gelesen,
er wêre sô scône und sô clâr
(daz sult ir wizzen vor wâr),
daz man dar durh wol gesach
einen tôten, der dar inne lach.
Si besâhen vil garwe
sîn hâr und sîne varwe
unde wî er getân was.
Der sarc was grûne alse ein gras.
Des selbin tôten mannis name
[21a] was gegraben dar ane:
Er hîz Evilmerodach,
der kuninc in Babilonia was.
Ouh funden si ze leste
eine hêrlîche veste.
Dâ inne lâgen di man,
di Darius hete gevân,
gestummelet unde geblendet.
Si wâren dar versendet
ze pînlîcher hûte.
Alexander der gûte,
dô er ir nôt an gesach,
harte irbarmete ime daz.
Er lîz si alle ledic wesen
unde hîz in kuninclîchen geben

3095 sîne] sinen.

Soviel ich weiß,
gruben seine Männer da Gräber auf,
in denen sie zu der Zeit
viele
goldene Becher fanden,
die diejenigen verborgen hatten,
die früher dort gelebt hatten.
Auch fanden sie wahrhaftig
einen gläsernen Sarg.
In den Büchern habe ich gelesen,
er sei so schön und so klar gewesen
(wissen sollt ihr, dass das wahr ist),
dass man dadurch gut
einen Toten sehen konnte, der darin lag.
Sie besahen
sein Haar und sein Aussehen vollständig
und wie er beschaffen war.
Der Sarg war grün wie Gras.
Der Name eben dieses toten Mannes
war darin eingegraben:
Er hieß Evilmerodach,
der König in Babylon war.
Auch fanden sie zuletzt
eine herrliche Festung.
Darin befanden sich die Männer,
die Darius hatte gefangen nehmen,
verstümmeln und blenden lassen.
Sie waren dorthin
in grausame Gefangenschaft geschickt worden.
Als der edle Alexander
ihre Qual ansah,
erbarmte ihn das zutiefst.
Er ließ sie alle frei
und befahl, ihnen auf königliche Weise

golt unde silber.
Der tugint was er milder
unde gebôt, daz ir iegelîch
sîn eigen wider zô sih
nême und vorder mêre
lebete mit êren.
Ein brieb quam dô von Dario
dem kuninge Poro
vil verre hin in Indiam.
Dar stunt gescriben an:
»Di vil michele nôt,
di mir Alexander tût,
di hîz ih dir clagen
unde wolde dîne helfe haben,
daz ih mih irwerete,
wander mih starke herete.
Dô ne quême du mir niet,
des is mir ubile geschît,
ouh bin ih darumbe frowedelôs.
Mîn here wart dâ sigelôs,
dâ wir fâhten insamen.
Des mach ih mih sêre scamen,
daz ihz dir mûz sagen.
Dô begunder mih jagen.
Der mîner bleib dâ vil irslagen,
di mach ih niemer verclagen.
Dô quam ih flîhende heim.
Vil harte wol mir daz schein,
daz du dâ nierne wêre.
Des ist min herze swêre,
mit unfroweden geladen.
Lâ dir erbarmen mînen scaden
unde com mir gereite!
Ze grôzer arbeite
sal man got flêhen
und stâte frûntscaf besehen.

Gold und Silber zu geben.
In seiner Vortrefflichkeit war er [noch] großzügiger
und befahl, dass jeder von ihnen
sein Eigentum zurückerhalten
und in Zukunft
ehrenvoll weiterleben solle.
Ein Brief von Darius
erreichte da König Porus
sehr weit weg in Indien.
Darin stand geschrieben:
»Die gewaltige Not,
die mir Alexander antut,
die befahl ich dir zu klagen
und wollte deine Hilfe haben,
damit ich mich wehren könnte,
weil er mich mit gewaltiger Heeresmacht überzog.
Da kamst du nicht zu mir,
deshalb ist es mir schlimm ergangen,
auch bin ich deshalb freudlos.
Mein Heer wurde dort besiegt,
wo wir miteinander kämpften.
Dafür habe ich Grund, mich zutiefst zu schämen,
dass ich es dir sagen muss.
Danach verfolgte er mich.
Von den Meinen blieben dort viele erschlagen,
deren Verlust kann ich niemals aufhören zu beklagen.
Als Flüchtiger kam ich da heim.
Sehr genau merkte ich da,
dass du dort nirgends warst.
Deshalb ist mein Herz schwer,
mit Freudlosigkeit beladen.
Erbarme dich über meinen Verlust
und komm alsbald zu mir!
In großer Bedrängnis
soll man Gott anflehen
und beständige Freundschaft auf die Probe stellen.

Wiltu mir ze helfe comen
und mahtu mir noh gefromen,
sô ne wis niwit trâge!
Ih gebe dir âne wâge
golt unde michelen scaz,
daz du dîn zouwis deste baz.
Sorchlîche stânt mir mîne dinc:
Mîne mûter unde mîne kint
unde dar zô mîn wîb,
di mir ist sô der lîb,
di hât er gevangen.
Soldih noh lîden langer
dise lasterlîche nôt,
sô wêre mir lieber der tôt.
Vor dir ne wil ih niwit sparen:
Ahzic tûsint in einer scaren
sendih dir gegen frowen,
di mahtu gerne scowen.
Daz sint megide unde wîb,
di sulen frowen dînen lîb
und dîner helede alle.
Swaz sô dir gevalle,
daz scaffe in mînen lande,
wande mir tût Alexander
leit ze manigen mâle.
Sîn ros Bucifale
und sîne kuninclîche wât,
di ime alsô wol stât,
di gebih dir zeigen
und swere dir mit eiden,
daz nie nehein man
bezzer ros ne gwan
noh bezzere wâfen.
Du ne salt des niwit lâzen,
du sules mir bereite wesen.
Sô du den brieb hâs gelesen,

Willst du mir zu Hilfe kommen
und kannst du mir noch nützen,
so sei nicht langsam!
Ich gebe dir, ohne zu wiegen,
Gold und großen Schatz,
damit du dich umso mehr beeilst.
Bedenklich steht es um meine Sache:
Meine Mutter und meine Kinder
und dazu meine Frau,
die mir so viel bedeutet wie das Leben,
hält er gefangen.
Müsste ich dieses schändliche Leid
noch länger dulden,
so wäre mir der Tod lieber.
Dir gegenüber will ich nicht sparen:
Achtzigtausend Damen in einer Schar
sende ich dir entgegen,
die kannst du mit Vergnügen anschauen.
Das sind Mädchen und Frauen,
die sollen dich
und alle deine Helden erfreuen.
Was immer dir gefällt,
das tue in meinem Land,
denn Alexander fügt mir
sehr oft Leid zu.
Sein Ross Bucifal
und seine königliche Rüstung,
die ihm so gut steht,
die gebe ich dir zu eigen
und schwöre dir mit Eiden,
dass nie ein Mann
je ein besseres Ross
oder bessere Waffen erhielt.
Du sollst das nicht unterlassen,
mir darin zu willfahren.
Wenn du den Brief gelesen hast,

den ih dir sende,
sô vindestu an den ende:
Helt, niht ne sûme,
wandih erbeite dîn kûme!
Ze Caspen Porten
dâ wil ih dîn warten.
Unde lâz mir werden schîn,
ob in der werlt mugen sîn
ieren dihein trûwe,
wande ih lîde grôz*e* rûwe.«
Dô Porus disen brieb gelas,
alsime dar in gescriben was,
Dario er sus enbôt:
»Gehabe dih wol, helt gût!
Du gesehest êr iwit lanc,
daz ih dir brenge in dîn lant
sô manigen snellen swertdegen,
daz ih mih wille verplegen,
daz er dir leides hât getân,
daz sol ime an *[21b]* daz leben gân.
Ih antwortin dir gevangen
und vaste gebunden.
Sîne allir kûniste man,
di ih in den wîge irkennen kan,
di fûre ih mit mir in Indiam,
dâ sulen si mir sîn undirtân.
Ze Caspin Porten,
dâ saltu mîn warten.
Dâ k*u*me ih dir engegene
mit manigen snellen helede.«
Dise rât, di wart dô
vermeldet Alexandro.
Dô hûb er sih dannen
mit allen sînen mannen

3209 grôze] grozen. 3228 kume] kûme.

den ich dir sende,
so findest du am Ende [die Bitte]:
Held, säume nicht,
denn ich kann dich kaum erwarten!
Dort an den Kaspischen Toren
will ich nach dir ausschauen.
Und zeige mir,
ob es in der Welt
irgend Treue geben kann,
denn ich leide großen Schmerz.«
Als Porus diesen Brief gelesen hatte,
wie darin an ihn geschrieben war,
ließ er Darius folgendermaßen antworten:
»Gehab dich wohl, edler Held!
Du siehst in kurzer Zeit,
dass ich dir in dein Land
so viele tapfere Knappen bringe, die das Schwert nehmen sollen,
dass ich mich verpflichten will,
dass das, was er dir an Leid angetan hat,
ihn das Leben kosten soll.
Ich überantworte ihn dir gefangen
und fest gebunden.
Seine allerkühnsten Männer,
die ich im Krieg kennenlernen kann,
führe ich mit mir nach Indien,
dort sollen sie mir untertan sein.
Dort an den Kaspischen Toren
sollst du nach mir ausschauen.
Dort komme ich dir
mit vielen tapferen Helden entgegen.«
Dieser Plan wurde da
Alexander verraten.
Daraufhin brach er
mit all seinen Männern

ze Caspen Porten,
wander sagen hôrte,
daz Darius mit sînen holden
dar comen wolde.
Under des wâren zwêne man,
Bysan unde Arbazan,
Dariesis undertânen,
zesamene si beide quâmen.
Ir trûwe si des gâben,
daz si Darium irslûgen.
Sô mir got von himelrîche,
si tâten untrûwelîche!
Si tâten alse tumbe,
si verwâneten sih dar umbe
von Alexandro grôzes fromen.
Alsus hân ihz vernomen.
Si gingen in daz palas,
dâ Darius eine inne was,
unde trûgen in ir hant
verholne undir ir gwant
ir swert al bare.
Dô wart des Darius gware
und sprah in jêmerlîche zû:
»Owî, waz wollent ir nû tû?
Waz hân ih wider ûh getân,
daz ir mih willet irslân?
Lâzet mih leben, hêren,
und helfet mir mîner êren
unde slahet Alexandren,
di uns in disen lande
mit brande mûwet unde heret
und dar in mit sînen Kriechen veret.
Gedenket, helede, dar an,
daz ir sît beide mîne man,
und merket rehte mîne wort:
Wande begêt ir an mir nû disen mort

zu den Kaspischen Toren auf,
weil er hatte sagen hören,
dass Darius mit seinen Verbündeten
dorthin kommen wollte.
  Währenddessen gab es zwei Männer,
Bysan und Arbazan,
Darius' Untertanen,
sie beide kamen zusammen.
Sie schworen ihren Eid,
Darius zu töten.
Bei Gott im Himmelreich,
sie handelten treulos!
Sie handelten wie Toren,
sie erhofften sich dafür
großen Vorteil von Alexander.
So habe ich es vernommen.
Sie gingen in den Saal,
in dem sich Darius alleine aufhielt,
und trugen heimlich unter ihren Gewändern
in ihrer Hand
ihre bloßen Schwerter.
Das bemerkte da Darius
und sprach klagend zu ihnen:
»Oh weh, was wollt ihr nun tun?
Was habe ich euch angetan,
dass ihr mich töten wollt?
Lasst mich leben, ihr Herren,
und verhelft mir zu meinem Ansehen
und tötet Alexander,
der uns in diesem Land
mit Brandschatzung quält und verheert
und mit seinen Griechen einfällt.
Denkt, Helden, daran,
dass ihr beide meine Gefolgsmänner seid,
und achtet genau auf meine Worte:
Denn wenn ihr an mir nun diesen Mord begeht

und ne lâzet ir mir nit genesen,
sô ne mach daz neheine wîs wesen,
ir ne werdet is vermeldet.
Vil sêre irs dan engeldet;
wande alsirs lutzil wânet,
sô werdet is gehônet.
Waz wollet ir ane mich rechen?
Man sal û dar umbe sprechen
laster unde scande
wîten after lande.
Lâzet mih, helede, genesen
und lâzet û des gnûc wesen,
daz ih bin verwunnen.
Waz mugit ir mir vergunnen,
daz ih sus jêmerlîche leben.
Ih wil û zwâre verplegen:
Slahet ir mih mortlîche,
Alexander der rîche,
der sol mih an ûh rechen.
Vor wâr wil ih daz sprechen.
Ih getrûwe an sîner frumicheit:
Mordit ir mih, daz is ime leit.«
Zehant dô er diz gesprach,
ir iegweder slûch ime einen slach,
zwô verhwunden.
Si liezen in ungesunden
ligen an der erden.
Schiere si dannen karten.
Iedoh mit sorgen
ir wâfen si verborgen
und giengen offenbâre,
alse si unsculdich wâren,
und clageten jêmerlîchen
Darium den rîchen
und redeten jêmerlîche wort.
Disen freislîchen mort

und mich nicht am Leben lasst,
dann kann es unmöglich sein,
dass ihr nicht verraten werdet.
Schmerzlich müsst ihr dann dafür büßen;
denn [auch] wenn ihr es wenig glaubt,
so werdet ihr deswegen in Schande gebracht.
Was wollt ihr an mir rächen?
Man wird euch deswegen
weithin im Land
Schimpf und Schande nachsagen.
Lasst mich, Helden, am Leben,
und lasst es euch genug sein,
dass ich überwunden bin.
Was könnt ihr mir missgönnen,
dass ich so jämmerlich lebe?
Ich will euch wahrhaftig versichern:
Wenn ihr mich mörderisch tötet,
wird der mächtige Alexander
mich an euch rächen.
Fürwahr, das will ich sagen.
Ich vertraue auf seine Redlichkeit:
Wenn ihr mich ermordet, ist ihm das leid.«
  Gleich nachdem er dies gesprochen hatte,
brachte jeder von beiden ihm einen Schlag bei,
zwei tödliche Wunden.
Sie ließen ihn schwer verwundet
auf der Erde liegen.
Schnell wandten sie sich weg.
Jedoch verbargen sie voller Furcht
ihre Waffen
und gingen offen sichtbar,
als wären sie unschuldig,
und beklagten jammervoll
den mächtigen Darius
und sprachen Klageworte.
Diesen schrecklichen Mord

eine wîle si verhâlen.
Er wart in doch sint ze quâlen.
  Alexander und sîn here breit
al di wîle ubir den Strâch reit
mit vil grôzer gwalt.
Dô wart ime gezalt,
wî iz Dario was irgân.
Zô dem palase ranter sân
unde gienc ûffe daz hûs.
Dô flôz zô den wunden ûz
daz blût deme kuninge Dario.
Alexander sprach ime zû
weinende jêmerlîche
unde sprach: »Helt rîche,
du bist starke gewunt.
Mohtistu noh werden gesunt,
ih lieze dir dîne rîche
imer mêr *[21c]* fridelîche,
unverhert und unverbrant.
Kuningis name ist an dir gescant.
Westih, wer daz hête getân,
iz soldime an daz leben gân.
Du rûwis mih zummâzen.
Wî wârestu verlâzen
sus eine in di*seme* palas!
Ein michil ungelucke iz was,
daz dîn nieman ne plach.
Owî, daz ih disen tach
ie solde geleben,
daz ih dih, tûrlîcher degen,
alsus solde sehen verslagen.
Wî mohtih imer verclagen
disen freislîchen mort!«
Dise kuninclîche wort

3330 diseme] di.

verbargen sie eine Weile.
Später jedoch trug er ihnen Qualen ein.
Alexander und sein großes Heer
ritten in der Zwischenzeit
mit großer Macht über den Strage.
Da wurde ihm berichtet,
wie es Darius ergangen war.
Sogleich eilte er zu dem Palast
und ging in das Gebäude hinauf.
Da strömte König Darius
das Blut aus den Wunden.
Alexander redete ihn weinend
und jammervoll an
und sprach: »Mächtiger Held,
du bist schwer verwundet.
Könntest du noch gesund werden,
ich ließe dir deine Reiche
für immer in Frieden,
unverheert und unverbrannt.
Der Titel ›König‹ ist an dir geschändet.
Wüsste ich, wer das getan hat,
es müsste ihm ans Leben gehen.
Du dauerst mich ohne Maßen.
Wie warst du verlassen,
so allein in diesem Saal!
Ein großes Unglück war es,
dass niemand sich deiner annahm.
Oh weh, dass ich diesen Tag
je erleben musste,
dass ich dich, ausgezeichneter Held,
so verwundet sehen musste.
Wie könnte ich jemals aufhören,
diesen schrecklichen Mord zu beklagen!«
An diesen königlichen Worten

begunden wol gevallen
sînen mannen allen.
Aber sprah Alexander:
»Nû ne weiz nieman ander
wene got altirs eine,
helt, wî ih dich meine
und mit wilhen trûwen.
Du mûst mir iemer rûwen.
Ouh ne wil ih dih niemer verclagen,
daz mach ih wêrlîche sagen;
wande du wâris biderbe unde gût
und hetes manlîchen mût.
Du wêre vil milde,
gevôge zô dînem schilde,
getrûwe unde wârhaft,
hubisch unde êrhaft,
wol geborn unde rîche.
Ih sage dir wêrlîche:
Mohtistu behalden noh den leben,
sô woldih dir mîne trûwe geben,
daz ih dir, kuninc hêre,
ne scadete niemer mêre.
Hêtistu aber noh di craft
und an dem lîbe sulhe maht
und têtis ûf dînen munt
unde têtis mir kunt
umbe dise mordêren,
rehte wî si wêren,
woldistu si nennen
und mohtih si irkennen,
sô mah ih daz wol sprechen:
Ih wold*e* dih rechen
oder zwâre ih wolde geben
umbe ir lîb mînen leben.

3371 wolde] wolden.

fanden all seine Gefolgsmänner
Wohlgefallen.
Weiter sprach Alexander:
»Nun weiß kein anderer
als Gott ganz allein,
wie ich dich schätze
und mit welcher Treue.
Du musst mich immer dauern.
Auch will ich niemals aufhören, dich zu beklagen,
das kann ich wahrhaftig sagen;
denn du warst rechtschaffen und edel
und hattest eine tapfere Gesinnung.
Du warst sehr freigebig,
geschickt mit deinem Schild,
treu und wahrheitsliebend,
höfisch und ehrenhaft,
von vornehmer Abkunft und mächtig.
Ich sage dir aufrichtig:
Könntest du noch am Leben bleiben,
so wollte ich dir mein Wort geben,
dass ich dir, erhabener König,
nie wieder Schaden zufügen wollte.
Hättest du aber noch die Kraft
und wärst körperlich noch dazu imstande
und tätest deinen Mund auf
und teiltest mir
in Bezug auf diese Mörder mit,
wie genau sie waren,
wolltest du sie nennen
und könnte ich sie erkennen,
so kann ich das gewiss sagen:
Ich wollte dich rächen,
oder ich wollte wahrhaftig
mein Leben um ihr Leben geben.

Und ob ih daz lieze,
sô woldih, daz mih verwieze
got von sînen rîche
imer êwiglîche.«
Dô Alexander diz gesprach,
Darius, al dâ er lach
berunnen mit dem blûte
und mit trûrigem mûte,
ûf rihte sih der wîgant
und kuste Alexandris hant
mit vil grôzer ummaht
und vergaz allir vîentscaft.
Er sprah jêmerlîche:
»Gedenke, kuninc rîche,
Alexander, wer ih wêre!
Wer was gewaldigere,
der ie geborn worde,
lûtis unde burge?
Waz mach mir abir daz gefromen?
Nû iz alsus ist comen,
nû râtih dir unde mane:
Unde gedenke vaste dar ane,
daz dir al samen nit geschê!
Mir tûnt mîne wunden vil wê
unde smerzent mir sêre.
Noh sagen ih dir mêre:
Nû stânt an dîner hant
Kriechen unde mîn lant.
Mache fride under den zwein
und lâz si wesen beide al ein,
sô ne mac dir nieman widerstân.
Mîner frûnde saltu gnâde hân.
Durh dînes selbis gûte
wis gnêdich mîner mûter.

3405f. *Ber.*] *Interpunktion von Ki geändert.*

Und wenn ich das unterließe,
so wollte ich, dass mich Gott
für immer und ewig
aus seinem Reich verstieße.«
Als Alexander dies gesprochen hatte,
richtete sich Darius, der Held, dort wo er
mit Blut überströmt
und mit traurigem Herzen
dalag, auf
und küsste Alexanders Hand
in überaus großer Schwäche
und vergaß alle Feindschaft.
Er sprach jammervoll:
»Denk daran, mächtiger König
Alexander, wer ich war!
Wer, der je geboren wurde,
war mächtiger
über Menschen und befestigte Städte?
Was aber kann mir das nützen?
Da es nun so gekommen ist,
rate ich dir und mahne [dich]:
Denk eifrig daran,
damit dir so etwas nicht widerfahre!
Mir tun meine Wunden heftig weh
und schmerzen mich sehr.
Noch mehr sage ich dir:
Nun stehen Griechenland
und mein Land unter deiner Herrschaft.
Schließ Frieden zwischen den zweien
und lass sie beide eins sein,
dann kann dir niemand Widerstand leisten.
Meine Verwandten sollst du freundlich behandeln.
Um deiner eigenen Güte willen
sei meiner Mutter gnädig.

Mîn wîb wil ih dir ouh bevelen.
Owî, wî sêre ih nû quelen!
Sweder ih sterben unde genesen,
sô sol mîn liebe tohter wesen
dîn êlîche wîb.
Di bevele ih dir an dînen lîb,
wande si is von adele geborn.
Allir vîentscaft hân ih verkorn.«
Und alser diz vollensprach,
vil schiere er dernider lach
von dem blûte, daz ime ûz flôz,
tôt in Alexandris scôz.
Alexander weinte den hêren.
Mit vil grôzen êren
wart di bâre bereit
und der lîchame dar ûf geleit
mit pelle unde mit golde,
alsiz Alexander wolde,
nâh dem kriechis*cheme* site.
Gewâfent ginc man dâ mite
und mit trûrigen mûte.
Alexander der gûte
trûch selbe di bâren.
Di fursten, di dâ wâren,
[21d] jâmerete des sêre,
daz si irn hêren
sâgen weinen sînen vîant.
Daz wart al dâ bewant
Alexandro dem mêren
zô vil michelen êren.
Dô Darius was begraben,
Alexander hîz ubir al sagen
fride unde gnâde.
Herzogen unde grâben

3410 unde] oder? *EL.* 3426 kriechischeme] kriechis.

Meine Frau will ich dir auch anvertrauen.
Oh weh, wie ich nun Qualen leide!
Ob ich sterbe oder am Leben bleibe,
meine geliebte Tochter soll
deine Ehefrau sein.
Die vertraue ich dir bei deinem Leben an,
denn sie ist von adliger Herkunft.
Alle Feindschaft habe ich aufgegeben.«
Und als er dies zu Ende gesprochen hatte,
lag er sehr bald
aufgrund des Blutes, das er verloren hatte,
tot in Alexanders Schoß.
Alexander beweinte den Herrn.
Mit sehr großen Ehrbezeigungen
wurde die Bahre zugerichtet
und die Leiche darauf gelegt,
mit Seide und mit Gold,
wie es Alexander wollte,
nach griechischem Brauch.
Bewaffnet und traurig
ging man da mit.
Der edle Alexander
trug selbst die Bahre.
Die Fürsten, die dort waren,
erfüllte das mit großem Leid,
dass sie ihren Herrn
seinen Feind beweinen sahen.
Das wurde dort
dem berühmten Alexander
zu größter Ehre angerechnet.
Als Darius begraben war,
befahl Alexander, überall
Frieden und Vergebung zu verkünden.
Herzögen und Grafen

bevalch er di rîche
harte kuninclîche
und liez wîb unde man
ir iegelîch sîn reht hân,
und tete di wâfen alle tragen,
di er behalten wolde haben,
hôe ûf ein palas.
Und alse daz getân was,
dô gebôt er den fursten
(lâzen siz nit ne torsten),
daz si fride swôren
den, di durh daz lant fûren,
koufmannen unde gebûren,
und hîz, daz iz ze sûre
worde ime, swer in zebreche,
unde daz manz reche
an sînen hals und an sîn lîb,
er wêre man oder wîb.
Dô bôt er michelen scaz
allen den, di gerieten daz,
daz man Darium irslûge,
unde swôr in des genûge
bî sîner mûter heile.
Er wolde mit in teile
sîn lant und sîn rîche.
Dô tâten tumplîche,
di dâ sculdich wâren
(daz sagih û zwâren),
daz si vore quâmen,
dô si vernâmen,
daz man in gnûc wolde geben.
Si wâren zwêne geneben
und strebeten nâh gifte
und brâhten al gerihte
sih selben des ze mâren,
daz si daz beide wâren,

vertraute er die Reiche
in ganz königlicher Weise an
und ließ alle, Frauen und Männer,
ihr Recht haben,
und ließ alle die Waffen,
die er aufbewahrt haben wollte,
hoch hinauf in ein Gebäude tragen.
Und als das getan war,
da befahl er den Fürsten
(sie wagten nicht, es zu unterlassen),
denen, die durch das Land zogen,
Kaufleuten und Bauern,
Frieden zu schwören,
und befahl, dass es dem,
der ihn bräche, zu bitter werde
und dass man es an seinem Hals
und seinem Leben rächen solle,
ob es ein Mann sei oder eine Frau.
  Da bot er all denen großen Reichtum,
die das beschlossen hatten,
dass man Darius erschlüge,
und schwor ihnen
beim Heil seiner Mutter genug davon.
Er wolle sein Land und sein Reich
mit ihnen teilen.
Da handelten die, die da schuldig waren,
töricht
(das berichte ich euch wahrheitsgemäß),
dass sie vortraten,
als sie gehört hatten,
dass man ihnen genug geben wolle.
Sie waren zwei Verwandte
und hatten es auf Geschenke abgesehen
und brachten sich selbst
alsbald zur Anzeige,
dass sie beide das gewesen seien,

di den mort hêten getân.
Mit rehte soldiz in irgân,
alse si heten gewurben:
Mit scanden si worden
von dem lîbe getân.
Nû hôret, wî iz dar zô bequam.
Si giengen vor Alexandren stân.
Dô si des mordes verjân,
der kuninc ne wolde niht beiten,
er hîz *si* dannen leiten
unde daz man si irslûge.
Si bâten in gnûge:
Si ne gerten neheiner geben,
wen daz er si lieze leben,
wander daz selbe sprêche,
daz erz niemer ne gerêche
mit neheiner slahte leide,
und maneten im sîner eide,
daz er si lieze genesen
und lieze si imer arm wesen
in anderen rîchen.
Er sprah: »Wêrlîchen,
ir mûzet mit deme tôde streben,
wande ir sult curze wîle leben.«
*I*r gescrei und ir gedôz,
daz wart michel unde grôz,
dô man si zeinen galgen
zouch dâ behalben,
an eine vil unreine stat,
alse der kuninc hîz und bat.
Er hîz si schentlîchen hân
und sprah: »Hôret, alle mîne man:
Uher iteslîch hât gesprochen,
ih habe nû zebrochen

3487 si] *fehlt.* 3502 Ir] Er.

die die Tötung vollbracht hatten.
Mit Recht sollte es ihnen ergehen,
wie sie [selbst] gehandelt hatten:
Mit Schande wurde ihnen
das Leben genommen.
Nun hört, wie es dazu kam.
Sie traten vor Alexander.
Als sie die Tötung bekannt hatten,
wollte der König nicht warten,
er befahl, sie fortzuführen
und dass man sie töten solle.
Sie baten ihn sehr:
Sie verlangten nach keiner Gabe
als dass er sie leben lasse,
denn er habe das selbst gesagt,
dass er es niemals
mit irgendetwas Bösem rächen werde,
und [sie] erinnerten ihn an seine Eide,
damit er sie am Leben lassen
und sie für immer in anderen Reichen
arm leben lassen möge.
Er sprach: »Wahrhaftig,
ihr müsst mit dem Tod kämpfen,
denn ihr werdet [nur] noch kurze Zeit leben.«
Ihr Geschrei und ihr Lärm
wurden gewaltig und laut,
als man sie dort
zur Seite zu einem Galgen schleppte,
an eine ganz unreine Stätte,
wie es der König befohlen und verlangt hatte.
Er befahl, sie schändlich zu hängen,
und sprach: »Hört, alle meine Männer:
Einige von euch haben behauptet,
ich hätte nun mein Wort und meinen Eid

mîne trûwe unde mînen eit.
Nein ih, mir wêre vil leit,
daz meineide swôre.
Ih swôr, daz ih irfôre,
we*r* den mort hête getân.
Man ne sal dem untrûwen man
neheine trûwe leisten.
Swâ man in mach vereischen,
man sol in brinnen unde slân,
radebrechen oder hân,
alse dise zwêne bôse man,
di disen mort haben getân:
Di nerbarmen mir niet.«
Daz was gemeinlîchen lieb
den Persen und den Kriechin.
Lob si ime dô riefen
und sprâchen, daz er wêre
ein rehter rihtêre.
  Alexander warb mit sinnen
und hiez ime gewinnen
Darien tohter.
Vil wol er gedâhte,
wes ime der rîche kuninc bat,
dô er an sînem ende lac,
swîz mit ime quême,
daz er ze wîbe nême
Roxanien di scônen
und saztir ûf di crônen.
Alexandren des bedûhte,
daz iz wol wesen mohte.
Und dô daz brûtloft was bereit,
Alexander einen brieb screib.
Sîner mûter heim ze lande
[22a] er in vil schiere sande

3516 wer] wen.   3543 screib *Hi*] sreib.

gebrochen.
Nein, mir wäre sehr unlieb,
wenn [ich] einen Meineid geschworen hätte.
Ich habe geschworen, dass ich herausfinden würde,
wer den Mord begangen hat.
Man soll dem Treulosen
keine Treue halten.
Wo man ihn ausfindig machen kann,
soll man ihn verbrennen und erschlagen,
rädern oder hängen,
wie diese beiden Übeltäter,
die diesen Mord begangen haben:
Mit denen habe ich kein Erbarmen.«
Das war allen gleichermaßen lieb,
den Persern und den Griechen.
Sie priesen ihn da
und sprachen, er sei
ein gerechter Richter.
Alexander handelte klug
und befahl,
Darius' Tochter für ihn zu gewinnen.
Ganz genau dachte er daran,
worum ihn der mächtige König gebeten hatte,
als er sterbend dalag,
dass er, wie es mit ihm auch kommen sollte,
die schöne Roxane
zur Frau nehmen
und ihr die Krone aufsetzen solle.
Alexander schien es,
dass dies gut sein konnte.
Und als das Vermählungsfest vorbereitet war,
schrieb Alexander einen Brief.
Seiner Mutter in die Heimat
sandte er ihn sehr schnell

und enbôt ir, wî iz im was irgân,
daz er ze wîbe solde hân
Darien tohter.
Zô sînen brûtlofte
bat er, daz si quême,
swanner sîn wîb nême,
und dar nâh gelîche
di armen und di rîche.
Sîne boten er ouh sante
heim ze Kriechlande
und hîz daz lant berihten
und ein brûtlofte stiften
in allen dem gebêre,
alser dâ selbe wêre.
Daz teter alliz umbe daz,
daz man wiste deste baz
ubir manige rîche mêre,
wîz ime irgangen wêre
in persischen rîche.
Vil kuninclîche
stifte man di wirtscaf,
alsuns daz bûch hât innen brâht,
drîzich tage und ouh mê.
Weder sint noh ê
newart nihein wirtscaft
mit sulhen êren vollenbrâht,
iz ne tête der kuninc Salemon.
Vil michil was sin rîchtûm
ubir manige kuninge riche.
Er lebete keiserlîche,
wander kundiz wol bedenken.
Drî hundrit schenken
hâter aller tagelîch.
Daz wêre ungeloublîch

und teilte ihr mit, wie es ihm ergangen war,
dass er die Tochter des Darius
zur Frau haben solle.
Zu seiner Hochzeit
bat er sie zu kommen,
wenn er seine Frau nehme,
und danach [lud er] gleichermaßen
die Niedriggestellten und die Mächtigen [ein].
Seine Boten sandte er auch
heim nach Griechenland
und befahl, das Land solle die nötigen Anordnungen treffen
und ein Vermählungsfest veranstalten,
ganz so,
als wäre er selbst dort.
Das alles tat er darum,
damit man
in vielen bedeutenden Reichen umso besser wisse,
wie es ihm
im persischen Reich ergangen war.
In vollkommen königlicher Weise
setzte man da das Gastmahl ins Werk,
wie uns das Buch gewahr werden ließ,
dreißig Tage und noch länger.
Weder später noch früher
wurde je ein Gastmahl
so ehrenvoll zustande gebracht,
wenn es nicht König Salomon tat.
Sehr groß war sein Reichtum,
größer als der vieler mächtiger Könige.
Er lebte wie der Kaiser,
denn er verstand sich gut darauf.
Dreihundert Mundschenken
hatte er jeden Tag.
Es wäre unglaubwürdig,

iemanne ze sagene,
ne wêriz uns vil ebene
in den bûchen niht gescriben
und von der wârheite bliben.
Ouh heter ze sînen tische
fleisch unde vische
sô unmâzlîchen vile,
daz man is gelouben niht ne wile,
wander was hêr unde rîch.
Ouh heter allir tagelîch
drîzich malder simelen.
Des beriet in got von himele.
Ze sîner cuchenen man ouh gab
(des neheines tagis ne gebrach)
zehen sumersâzen,
veiz unde grôzen,
und da*r* zô drîzich rinder,
mêrre unde minder,
und da*r* zô hundrit wedere.
Sîn dienist, daz stunt ebene
an fugile unde wiltprât.
Der hêre hete sînen rât
gescaffit wol mit liste,
wander genûch wiste.
Diz môse man ime gewinnen
mit liebe und mit minnen,
âne roub und âne ungemach,
daz ime nihtis ne gebrach.
  Dô di brûtloft was gelant,
dô quam ein bote alzehant,
der sagete Alexandro sus:
»Hî comet der kuninc Porus
mit micheleme gelfe
Dario ze helfe.«

3598 dar] daz.

dass ich dies jemandem berichte,
wäre es uns nicht ganz genau
in den Büchern aufgeschrieben
und durch die Heilige Schrift überliefert.
Auch hatte er für seine Tafel
Fleisch und Fische,
so über die Maßen viel,
dass man es nicht glauben will,
denn er war mächtig und reich.
Auch hatte er alle Tage
dreißig Malter feines Weizenmehl.
Damit versah ihn Gott im Himmel.
Für seine Küche gab man auch
(an keinem Tag fehlte es daran)
zehn Stück Weidevieh,
fett und groß,
und dazu dreißig Rinder,
größere und kleinere,
und dazu hundert Widder.
In gleicher Weise wurde er
mit Geflügel und Wildbret bedient.
Der Herr hatte es
klug eingerichtet,
denn er kannte sich aus.
Dies musste man ihm
im Einvernehmen und in gütlicher Übereinkunft beschaffen,
ohne Raub und ohne jemandem Leid anzutun,
so dass es ihm an nichts fehlte.
Als das Hochzeitsfest beendet war,
da kam sogleich ein Bote,
der berichtete Alexander folgendermaßen:
»Hier kommt König Porus
mit lautem Kampfgeschrei
Darius zu Hilfe.«

Daz was Alexandro ungemach.
Dô der bote diz gesprach,
dô sameneter sîne heriscraft
und vôr mit micheler craft
ingagen im in Indiam
uber eine heide freisam.
Dâ liden si michil ungemach
von der sunnen den tach
und des nahtis von den wormen.
Ze râte si dô worden,
si ne mohten dise leit
unde sulich arbeit
langer niht verlîden.
Ze kinden und ze wîben
wolden si heim kêren.
Si sprâchen, ir hêre
wâre ein wunderlîch man,
waz er sûhte in Indiam.
Si sprâchen almeistich,
si hêten geleistit,
daz si ime swôren,
dô si von lande fûren,
si hulfin ime bedwingen
mit ir jungelingen
Darium den rîchen
vil ernistlîchen,
beide vân oder slân.
»Nû habe wir diz getân«,
sprâchen si algemeine,
grôz unde cleine.
»Nû gebrichit uns des lîbes,
ouh verdrûzit uns des wîges.
Unse lant stêt umbewart.
Waz ob manz brinnit unde heret?
Sô nist dâ nieman, der iz were.«
Dô wolde daz here

Das war Alexander unangenehm.
Als der Bote das berichtet hatte,
da versammelte er [Alexander] seine Heeresmacht
und zog ihm [Porus] mit großer Macht
nach Indien entgegen
über schreckenerregendes wildbewachsenes Land.
Dort duldeten sie große Qualen,
tagsüber von der Sonne
und nachts von den Schlangen.
Sie kamen da überein,
sie könnten diese Bedrängnis
und solche Strapazen
nicht länger zu Ende leiden.
Zu Kindern und Frauen
wollten sie heimkehren.
Sie sprachen, ihr Herr
sei ein unbegreiflicher Mann,
was er in Indien suche.

Sie sprachen zum größten Teil,
sie hätten geleistet,
was sie ihm geschworen hatten,
als sie aus der Heimat gezogen waren,
[nämlich] ihm kampfbereit
mit ihren jungen Männern zu helfen,
den mächtigen Darius
zu bezwingen,
entweder gefangen zu nehmen oder zu töten.
»Nun haben wir dies getan«,
sprachen sie alle gleichermaßen,
Große und Kleine.
»Nun mangelt es uns an Kraft,
auch sind wir des Krieges überdrüssig.
Unser eigenes Land ist schutzlos.
Was, wenn man es brandschatzt oder verwüstet?
Dann ist dort niemand, der es verteidigt.«
Da wollte das Heer

almeistic wider kêren
unde geswîchen ir hêren.
Ouh sprâchen si gelîche,
wolder dihein rîche
vorder mêr bedwingen,
sô môster gewinnen
nûwe urlouges man.
Si hêtens sô vil getân,
daz manz wol mohte scowen.
Si sprâ*[22b]*chen: »Wir sîn sô verhowen,
daz uns verdrûzit, daz wir leben.
Er mach uns wol urlob geben
und lâze uns wider kêren.«
Alexander der hêre,
der vernam ir gebêre
(des wart sîn herze swêre)
und gienc ûf einen berc stân
und bat dar zô ime gân,
di mit ime wâren comen,
wander hête vernomen
rehte ir aller willen.
Er sprah: »Vil liebe gesellen,
saget mir durh uher gûte
rehte uher gemûte.
Wollet ir von mir scheiden
an dirre wûsten heiden,
daz ist mir herzelîchen leit,
wande ir lâzt mih hie in arbeit.
Uns sint die Perses sô gram;
wir hân in leidis vil getân,
des ne hânt si niht vergezzen.
Helede vermezzen,
nû ihz sol sprechen:
Mugen si sih gerechen,

zum größten Teil umkehren
und seinen Herrn im Stich lassen.
Auch sprachen sie gleichermaßen,
wolle er irgendein Reich
fernerhin bezwingen,
so müsse er
neue Krieger gewinnen.
Sie hätten so viel vollbracht,
dass es sich wahrlich sehen lassen konnte.
Sie sprachen: »Wir sind so zerschlagen,
dass uns das Leben zur Last wird.
Er hat allen Grund, uns die Erlaubnis zu geben zu gehen,
und möge uns zurückkehren lassen.«
Alexander, der Herr,
hörte von ihrem Betragen
(davon wurde sein Herz schwer)
und stieg auf einen Berg
und bat diejenigen, die mit ihm gekommen waren,
dorthin zu ihm zu gehen,
denn er habe genau vernommen,
was sie alle wollten.
Er sprach: »Liebste Gefährten,
sagt mir um eurer Redlichkeit willen
genau, was ihr denkt.
Wollt ihr euch in diesem öden Landstrich
von mir trennen,
ist mir das von Herzen leid,
denn ihr lasst mich hier in Mühsal zurück.
Die Perser sind gegen uns so aufgebracht;
wir haben ihnen viel Leid zugefügt,
das haben sie nicht vergessen.
Ihr verwegenen Helden,
da ich es nun aussprechen soll:
Wenn sie sich rächen können,

dar zô sint si vil gereit.
Ih sagiz û mit der wârheit:
Vernement si disen unmût,
den ir âne nôt tût,
sô sîn wir alle verlorn,
iz sî uns lieb oder zorn.
Ih ne spreche diz darumbe *niet* –
ist û heim ze lande lieb,
ih mûz û varen lâzen;
ih ne were û niht di strâzen.
Doh gedenkit dar ane,
wes ih û nû hie mane:
Ob ir dâ heime ûwit sagit,
des ir hie getân habit,
daz ist alliz ein wiht,
ir ne habit hie getân niht.
Ih was jener, der dâ vaht.
Sît ir rehte bedâht,
ir mûzt der wârheite jehen,
wandir hât iz alliz wol gesên,
daz iz alliz was mîn rât,
swaz ir hie getân hât.
Mir ne sah nie nehein man
in dem sturme ubir hôer gân
noh ubir rucke zîhen
noh zagelîchen dannen flîhen.
Ih vaht imer zevorn.
Âne scult hân ih verlorn
uher aller frûntscaft.
Er was ubile bedâht,
der ûh dar ane brâht hât.
Nû sol is werden der rât,
der is nû werden mac:
Ih gelebe lîhte noh den tac,

3690 niet] lieb.

sind sie dazu voll und ganz bereit.
Ich sage es euch wahrheitsgemäß:
Wenn sie von dieser Aufgebrachtheit hören,
die ihr ohne Notwendigkeit veranstaltet,
so sind wir alle verloren,
ob es uns freut oder zornig macht.
Ich sage das nicht deswegen –
wenn es euch nach Hause in die Heimat verlangt,
werde ich euch ziehen lassen;
ich versperre euch nicht den Weg.
Doch denkt daran,
woran ich euch hier nun erinnere:
Wenn ihr daheim etwas berichtet,
was ihr hier getan habt,
das ist alles unbedeutend,
ihr habt hier nichts vollbracht.
Ich war derjenige, der da kämpfte.
Wenn ihr es euch richtig überlegt,
müsst ihr die Wahrheit eingestehen,
denn ihr habt es alles genau gesehen,
dass es alles mein Beschluss war,
was ihr hier getan habt.
Mich sah nie ein Mann
im Kampf zurückweichen
oder zur Flucht wenden
oder feige von dort entfliehen.
Ich habe immer ganz vorne gekämpft.
Ohne Schuld habe ich
euer aller Freundschaft verloren.
Er hat es sich schlecht überlegt,
der euch dazu gebracht hat.
Nun wird es die Abhilfe dafür geben,
die jetzt möglich ist:
Ich erlebe leicht noch den Tag,

mûz ih dar under genesen
und mûz ih dan mit gnâden wesen,
sô gwinnih noh di man,
di mir suln bî stân.«
Dô Alexander diz gesprach,
al sîn here, daz dâ lach,
scamete sih durh nôt.
Iz war*t* bleich unde rôt,
wande si wolden kêren
von irem lieben hêren.
Si bejâhen ir sculde,
und er gab in sîne hulde.
Zehant si ûf sprungen,
frôlîchen si sungen.
Ane bunden si ir vanen
unde sprâchen alle samen,
si ne wolden von der stunt,
di wîle si wâren gesunt,
ime niemer mê geswîchen.
Si hûbin sih frôlîchen
und fûren hin in Indiam.
Zegegen si dô quam
ein bote starke gerant
und fûrte briebe in daz lant,
di sante dar in Porus.
Dar ane stunt gescriben sus:
»Hie veret after lande
der roubêre Alexander
und gewinnet lutzele statelîn.
Si mugen wol vertorben sîn,
di ime daz weren solden.
Vil ungerne ihs ime wolde
ze langer wîle gestaten.
Ih wêne, ih wil in gesaten

3725 wart] war.

dass ich, wenn ich dabei am Leben bleibe
und wenn ich dann Glück habe,
noch die Männer gewinne,
die mir beistehen werden.«
Als Alexander dies gesprochen hatte,
schämte sich sein ganzes Heer,
das dort lag, mit Grund.
Sie wurden bleich und rot,
denn sie hatten sich
von ihrem lieben Herrn abwenden wollen.
Sie gestanden ihre Schuld,
und er wurde ihnen [wieder] gewogen.
Sogleich sprangen sie auf,
fröhlich sangen sie.
Sie zogen ihre Fahne auf
und sprachen alle zusammen,
sie wollten ihn von dieser Zeit an,
solange sie gesund wären,
niemals wieder im Stich lassen.
Sie brachen fröhlich auf
und zogen nach Indien.
Ihnen entgegen kam
ein Bote eilig gerannt
und brachte Briefe in das Land,
die hatte Porus dort hineingesandt.
Darin stand Folgendes geschrieben:
»Hier zieht
der Räuber Alexander durchs Land
und erobert unbedeutende kleine Orte.
Sie sind sicher leicht vernichtet worden,
die ihm das hätten verwehren sollen.
Sehr ungerne wollte ich ihm das
für lange Zeit gestatten.
Ich denke, ich werde ihn satt machen

sturmis unde vehte.
Mit manigem snellen knehte
come ih ime ingegene,
mit mînen snellen degenen.
Ih wil in bringen inne,
daz ih sîne minne
niemer ne gesûche,
wandih ir nit ne rûche.
Mir ne geswîchen di mîne,
ih trîbin und di sîne
wider heim ze lande.
Wes wânet Alexander?
Ih ahte ûffe sîne rede
lutzil und ûf sînen fride.
Her fûr ouh wîlen in diz lant
Dionisius der wîgant,
ein kuninc mit grôzeme here.
Manic tûsint was dere,
[22c] di mit ime quâmen
und scaden hie nâmen.
Si worden alle sigelôs.
Des heres, des er hie verlôs,
des was unmâzlîchen vile.
Ih wil bestân mit nîtspile
disen selben roubêre.
Joh mûwet mih vil sêre,
daz ih dise rede tûn sal.
Iz weiz doch die werlt al,
daz di Macedonien
deme hêren von Indien
hie vore zins sanden
von irn landen,
biz Crelus wart geborn.
Daz wir den zins dâ verlorn,

3752 vehte] uehten. 3780 di Macedonien] di von Macedonien? *Ki S. 490.*

mit Kampf und Gefecht.
Mit vielen tapferen Kriegern
ziehe ich gegen ihn,
mit meinen tapferen Helden.
Ich werde ihm zeigen,
dass ich sein Wohlwollen
niemals suchen werde,
weil ich mir nichts daraus mache.
Wenn mich nicht die Meinen im Stich lassen,
treibe ich ihn und die Seinen
wieder heim in sein Land zurück.
Was bildet Alexander sich ein?
Ich achte wenig auf seine Worte
und auf seinen Frieden.
Hierher in dieses Land zog einstmals auch
Dionisius, der Held,
ein König mit großem Heer.
Es waren viele Tausende,
die mit ihm kamen
und hier Verluste erlitten.
Sie wurden alle besiegt.
Das Heer, das er hier verlor,
war über die Maßen groß.
Ich will mit Kampf
ebendiesen Räuber [Alexander] angreifen.
Wahrhaftig, es ist eine große Belästigung für mich,
dass ich dies [überhaupt] sagen muss.
Die ganze Welt weiß doch,
dass die Makedonen
dem Herrn von Indien
früher Tribut sandten
aus ihren Ländern,
bis Crelus geboren wurde.
Dass wir dort den Tribut verloren,

daz was uns ummêre.
Wir sprâchen, daz dâ ne wêre
niht sulhis, sô wir wolden,
durh daz wir setzen solden
lîb und gût an ein heil
und ouh an ein urteil.
Umbe dise rede, wânich,
wurde wir des zinsis ânich.
Alexander, ih dir doh râte
baz dan du mir tâtes,
ob mirs durft wâre.
Ih râte dir zwâre,
daz du mih êres
unde wider kêres
heim zô dînen lande,
ê dir dihein scande
begagene von mir.
Daz râtih trûwelîche dir.
Ne kêristu niwit widere,
ih gesetze dih vil nidere
von allen dînen êren.
Unde dâ du hêre
niwit an ne maht wesen,
daz lâz nâh mînen râte wesen.
Ouh sagih dir wêrlîche:
Daz du mir mîn rîche
wênis an gewinnen,
daz comet von unsinnen;
du mûst mirz doh lâzen.
Ih mûze sîn verwâzen,
ob ihz dir niht ne were
mit mînem kreftigen here.«
Dô Alexander der kûne man
Poren botescaft vernam

3795 tâtes] tate.

das war uns gleichgültig.
Wir sprachen, dass es dort
nichts von der Art gebe, wie wir [es] wollten,
um dessentwillen wir
Leben und Besitz aufs Spiel setzen
oder wagen sollten.
Deswegen, glaube ich,
gingen wir des Tributs verlustig.
Alexander, ich rate dir doch
besser, als du mir rietest,
wenn ich dessen bedürfte.
Ich rate dir wahrhaftig,
dass du mich ehren
und heim in dein Land
zurückkehren sollst,
bevor dir Schande
durch mich widerfährt.
Das rate ich dir aufrichtig.
Wenn du nicht umkehrst,
werde ich dich
von all deinen Ehren herunterholen [und erniedrigen].
Und worüber du
nicht Herr sein kannst,
das lass entsprechend meinem Rat bleiben.
Auch sage ich dir wahrhaftig:
Dass du mir mein Reich
abzugewinnen glaubst,
das kommt durch Unverstand;
du musst es mir doch lassen.
Verwünscht möge ich sein,
wenn ich es nicht
mit meinem starken Heer gegen dich verteidige.«
Als Alexander, der kühne Mann,
die Botschaft des Porus vernommen

unde er sînen brieb gelas,
vil harte smâhe iz ime was.
Er sprah zô sînen allen:
»Wî sol uns diz gevallen?
Woldir tûn mînen rât,
tût ane uher sarwât.
Wir suln dem stolzen Poren
mit den swerten lônen,
daz er Dionîsen,
den frumigen und den wîsen,
ie torste bestân.
Daz sol ime an den leben gân.
Ouh was des luzele nôt,
daz er uns her enbôt
sô smêlîche eine botescaft.
Mir ne geswîche mîne craft,
er solis ze wandele stân.«
Daz lobeten alle sîne man.

Dô dise rede was getân,
Alexander screib sân
deme kuninge Poro einen brief.
Starke er in dar in berief,
alser wol mohte,
von sîner unzuhte,
wande er hête gehôrt
an sînen brieve schel*t*wort.
Er enbôt ime ouh mêre,
daz daz ubil wêre,
daz sihein edele man
solde wesen hônsam.
Er sprah, daz brûn îsen,
daz solde wol gewîsen,
wâ der helt mêre
in der nôt wêre.

3845 scheltwort] schelwort.

und seinen Brief gelesen hatte,
empfand er das als große Schmach.
Er sprach zu all den Seinen:
»Wie soll uns dies gefallen?
Wollt ihr meinem Rat folgen,
legt eure Rüstungen an.
Wir werden dem stolzen Porus
mit den Schwertern den Lohn dafür geben,
dass er den tapferen und klugen
Dionisius
je anzugreifen wagte.
Das wird ihm an sein Leben gehen.
Auch bestand wenig Notwendigkeit dazu,
dass er uns
eine so schmähliche Botschaft hierher sandte.
Wenn mich meine Kraft nicht im Stich lässt,
wird er dafür büßen.«
Das lobten alle seine Männer.
Als er dies gesagt hatte,
schrieb Alexander sogleich
dem König Porus einen Brief.
Heftig tadelte er ihn darin,
wie er guten Grund hatte,
wegen seiner Ungezogenheit,
denn er habe
in seinem Brief Schimpfworte gehört.
Er entbot ihm auch des Weiteren,
es sei schlecht,
wenn ein vornehmer Mann
höhnisch sei.
Er sprach, das glänzende Eisen
werde genau zeigen,
wo ein berühmter Held
im Kampf stehe.

Dâ man solde stechen
unde sper*e* brechen
und di scilde howen,
dâ mohte man scowen
mannegl̂ichis ellen
under den gesellen
und degenis gebêre.
Ime wêre vil unmêre,
waz der hunt gebulle
und grene unde sculle,
der ime, alsime dûhte,
gescaden niht ne mohte.

Dô Porus disen brieb gesach,
dô was ime daz vil ungemach,
daz dar ane stunt gescriben.
Ime wêre lieber, wârer bliben.
Er ne sante Alexandro sider
neheinen anderen wider,
wandin dwanc der grôze zorn,
den sin hêter nâh verlorn.
Doh gebôt er sîne hervart.
Dô quam ime manich môr swarz,
di ime woldin helfin.
Si brâhten manich elfent.
Von den wil ih û sagen,
wiliche sterke *[22d]* si haben.
Si ne hânt in ir gebeine
(nû merket, waz ih meine!)
nieren nehein marc.
Si sint ûzer mâze stark.
Man mach ûf si bûwen
(willit irs getrûwen)
turme unde berchfride.
Vil stark sint in di lide,

3855 spere] speren.

Wo man stechen solle
und Speere brechen
und die Schilde zerhauen,
da könne man
unter den Kampfgefährten
bei jedermann sehen, ob er tapfer sei
und sich verhalte wie ein Held.
Ihm sei ganz gleichgültig,
was ein Hund belle
und jaule und knurre,
der ihm, wie ihm scheine,
nicht schaden könne.
Als Porus diesen Brief sah,
da war ihm das ein großes Ärgernis,
was darin geschrieben stand.
Ihm wäre lieber gewesen, er [der Brief] wäre unterblieben.
Er sandte Alexander darauf
keinen anderen zurück,
denn großer Zorn überwältigte ihn,
den Verstand hätte er beinahe verloren.
Doch ordnete er seine Heerfahrt an.
Da kamen viele schwarze Mohren zu ihm,
die ihm helfen wollten.
Sie brachten viele Elefanten.
Von denen will ich euch berichten,
über welche Stärke sie verfügen.
Sie haben nirgendwo in ihren Knochen
(nun achtet darauf, was ich sagen will)
irgendwelches Mark.
Sie sind über die Maßen stark.
Man kann auf ihnen
(wenn ihr das glauben wollt)
Türme und Kampfbauten errichten.
Sehr stark sind ihre Glieder,

ouh sint selbe vil grôz.
Si ne vorhten slach noh stôz
in neheinen stunden.
Man ne mac si niwit wunden,
wen in den nabel under.
Daz ist ein michil wunder.
Ist abir ieman sô tumb,
er sî alt oder junc,
der iz in den nabel wil irslahen,
der mac niemer sô gegâhen,
er ne gwinnis grôze nôt
und den bitteren tôt;
wande swenne sô erz stichit,
schîre iz sih selben richet
und vellet ûf in dernider
und ne lebet niwit langer sider.
Sus wirt in beiden der lîb benomen,
ob ihz rehte hân vernomen.

Ouh hâtiz eine natûre,
daz wirdit ze sûre
den alden joh den jungen:
Swen ez mit sîner zungen
in dem sturme mac irlangen,
des leben ist irgangen.
Alsiz gevellet ouh dernider,
ûf ne komet iz niwit sider;
ez mûz dâ ligende blîben,
wandiz ne hât niht knieschîben
(wellent irs gelouben),
des ne mach iz niht gebôgen
an den schenkelen sîn gebeine.
Iz ist vil harte reine
an allen sînen lîbe.
Iz treget wol âne zwîbel
in strîte und in sturme
berhfriden unde turme

auch sind sie selbst sehr groß.
Sie fürchten weder Schlag noch Stoß
zu irgendeiner Zeit.
Man kann sie nicht verwunden,
nur in den Nabel unten.
Das ist sehr verwunderlich.
Ist aber jemand so töricht,
sei er alt oder jung,
dass er einen durch den Nabel töten will,
kann er [der Angreifer] niemals so schnell sein,
dass er nicht deswegen große Qual
und den bitteren Tod erleidet;
denn wenn er ihn [den Elefanten] sticht,
rächt der schnell sich selbst
und lässt sich auf ihn niederfallen
und lebt danach nicht länger.
So verlieren sie beide das Leben,
wenn ich es richtig gehört habe.
Auch hat er eine angeborene Art,
das wird für Alte und Junge
zu bitter:
Wen immer er im Kampf
mit seiner Zunge [d. h. dem Rüssel] erreichen kann,
dessen Leben ist zergangen.
Auch kommt er, wenn er niederfällt,
später nicht wieder hoch;
er muss dort liegen bleiben,
denn er hat keine Kniescheiben
(wollt ihr es glauben),
deshalb kann er seine Beine
an den Schenkeln nicht beugen.
Er ist sehr rein
an seinem ganzen Leib.
Er trägt gewiss ohne Zweifel
im Kampf und in der Schlacht
Kampfaufbauten und Türme

und rîter dar inne.
Iz wîset mit grôzeme sinne
sîn meister, der dâ mite kan.
Iz ne mac nieren gegân,
daz lant ne sî dâr ebene.
Beginnit man ime ze gebene
rôten wîn oder blût,
des gewinnet iz freislîchen mût.
Sus mac man iz bedwingen
und dar zô bringen,
daz manz wîset, swâ man wile,
ze froweden und ze nîtspile.
Alexander der rîche
gedâhte wunderlîche;
zehant dô er vernam,
daz Porus gegen ime quam
und elefande brâhte,
wîslîchen er dâhte.
Mit listiclîchen sachen
hiez der hêre machen
êrîne bilede,
gescaffen alse helide.
Enbinnen wâren si hol
und wâren kriechisches fûris vol.
Mit den bilden hiez er laden
manigen îsenînen wagen
und scûf sîne gewarheit
gegen Poren here breit
und hiez sîne holden,
di ime helfen wolden,
daz si dâhten dar an,
er wolde Porum bestân.
Des morgenis, alsiz tagete,
di wartman ûz dô draveten
von iewedere menige
und bescoweten di degene.

und Krieger darin.
Ihn führt mit großem Verstand
sein Meister, der sich darauf versteht.
Er kann nirgendwo gehen,
wenn das Land dort nicht eben ist.
Gibt man ihm
roten Wein oder Blut,
wird er fürchterlich gereizt.
So kann man ihn beherrschen
und dazu bringen,
dass man ihn führen kann, wohin man will,
zum Vergnügen oder zum Kampf.
Der mächtige Alexander
dachte sich einen staunenswerten Plan aus;
gleich als er vernahm,
dass Porus gegen ihn zog
und Elefanten mit sich führte,
stellte er kluge Überlegungen an.
Mit listigen Vorkehrungen
befahl der Herr
erzene Statuen zu fertigen,
geformt wie Krieger.
Innen waren sie hohl
und gefüllt mit griechischem Feuer.
Mit den Statuen befahl er
viele eiserne Wagen zu beladen
und schuf sich Sicherheit
vor Porus' großem Heer
und befahl seinen Gefolgsleuten,
die ihm helfen wollten,
daran zu denken,
er wolle Porus besiegen.
Am Morgen, als es tagte,
ritten die Späher
beider Scharen aus
und beobachteten die Helden.

Sân des morgenis frô
dô gereite sih dar zû
di menige in beiden sîten,
alse si wolten strîten.
Porus dâ vore sande
sîne elefande
ze vorderist vor siner schare.
Des wart Alexander geware
und schickete dâ ingegene
di brinninde bilid*e*
vor sînen wîganden.
Man gab den elfanden
rôten win unde blût.
Des wart irgremet in der mût.
Des hugeten wol zem sturme,
di dâ wâren in di turme
ober di elfande,
di kûnen wîgande
und di tûrlîche recken.
Dô begunden lecken
elfande di bilede.
Si wânde*n*, daz iz helede
wêren sicherlîchen.
Si gebârten freislîchen,
wande si heten grôze nôt.
Der tiere bleib dâ vil tôt,
wande si branten ir mûlen
an den glûndigen sûlen
von des fûris flammen.
Di dâ quâmen dannen,
[23a] di fluhin durh daz here wider.
Si ne scadeten niwit mêr sider,
wen daz si di frûnt irtrâten,
dâ si dannen gâheten.

3969 bilide] biliden. 3981 wânden] wande.

Gleich am Morgen früh
rüstete sich
die Schar auf beiden Seiten dazu,
als wollten sie kämpfen.
Porus schickte da
seine Elefanten vor,
ganz vorne vor seiner Schar.
Das bemerkte Alexander
und schickte ihnen dort
die brennenden Statuen entgegen,
vor seinen Kriegern.
Man hatte den Elefanten
roten Wein und Blut gegeben.
Dadurch wurden sie ergrimmt.
Deshalb verlangten
die, die dort in den Türmen
auf den Elefanten waren, gewiss zum Kampf,
die kühnen Helden
und die herrlichen Recken.
Da begannen die Elefanten,
die Statuen zu belecken.
Sie glaubten, dass es sicherlich
Helden wären.
Sie führten sich schrecklich auf,
denn sie litten große Qualen.
Viele von den Tieren blieben dort tot,
denn sie verbrannten ihre Mäuler
an den glühenden Bildsäulen
wegen der Feuerflammen.
Die dort davonkamen,
die flohen durch das Heer zurück.
Sie verursachten danach keine Verluste mehr,
nur dass sie ihre Freunde zertrampelten,
wo sie forteilten.

Dô begundiz gân an di nôt,
dâ mannelîch den tôt
vor sînen ougen sach gereit.
Mit vil grôzer arbeit
Alexander den sînen half.
Porus in andirhalf
manete di môre,
alsir wol mugit gehôren:
»Dirre tûbiles Alexander
stellet michil wunder.
Er ist ein ungehûre man.
Vil manige bôse list er kan.
Er tût uns grôze scande.
Er hât unse elefande
verbrant und verjaget.
Sehet, daz ir nit ne verzaget!
Denket zô den handen,
tûre wîgande,
wande er ne mac uns niht gescaden.
Wir suln strîtis gesaten
in und sîne recken
mit den brûnen ecken.
Vil blôde sint di Kriechen.
Si ne sulens niht geniezen,
daz si lûd*er*êre
ie durh unse unêre
in diz lant torsten comen.
Si ne gewinnint is niemer fromen.
Mir ne gebreche daz swert in der hant,
si mûzen rûmen mir diz lant.
Si wênent tumplîche,
daz in unsem rîche
niht ne sîn sô tûre recken
zô den scarfen ecken

4018 lûderêre] lv̊dere.

Danach begann die Kampfesnot [erst richtig],
wo viele den Tod
unmittelbar vor Augen sahen.
Mit sehr großer Mühe
half Alexander den Seinen.
Porus auf der Gegenseite
trieb die Mohren an,
wie ihr genau hören könnt:
»Dieser Teufelskerl Alexander
vollbringt viele staunenswerte Taten.
Er ist ein schrecklicher Mann.
Viele üble Listen beherrscht er.
Er tut uns große Schande an.
Er hat unsere Elefanten
verbrannt und verjagt.
Seht zu, dass ihr nicht mutlos werdet!
Besinnt euch auf eure Tapferkeit,
edle Krieger,
denn er kann uns nicht schaden.
Wir werden ihn und seine Helden
mit den glänzenden Schwertern
satt machen mit Kampf.
Sehr schwach sind die Griechen.
Sie sollen keinen Vorteil davon haben,
dass sie, diese Räuber,
jemals um unserer Schande willen
in dieses Land zu kommen wagten.
Sie werden davon niemals Nutzen erlangen.
Wenn mir nicht das Schwert in der Hand bricht,
müssen sie mir dieses Land räumen.
Sie glauben törichterweise,
dass in unserem Reich
nicht so auserlesene Helden
mit scharfen Schwertern sind

noh sô kûne wigande
alse in Kriechlande.
Ih verliese, swaz ih hân,
oder ih verleide in den wân
und bringe si der nider.
[...] Ih ne bringe niemer wider
heim gesunt mînen lîb,
oder ih mache sûhtende wîb
dâ heim in irn landen.
Si mûzen mit scanden
von uns hinne rûmen.
Ouh gebeite ih vil kûme.«
Dô der wîse Alexander
an den elefanden
den sige mit listen gwan,
des frowete sih der stolze man.
Ouh gwan is sîn here grôz
einen michelen trôst.
Di Indi begunden verzagen.
Si heten michelen scaden
vil nâh dâr gewunnen.
Zesamene si dô sprungen
und begunden sih weren
ingegen dem kriechischen here
und spienen ire hornbogen.
Uns ne habe daz bûch dan gelogen,
sô wêren di Kriechin sigelôs,
ne wêre Alexander, ir trôst,
mit den bileden niwit comen.
Iz comet dicke ze fromen,
daz der hêre sîne man
ze nôte wol getrôsten kan
unde williget mit dem gûte.
Daz machet in stolzgemûte

4033 Ih] oder ih.

und auch nicht so kühne Krieger
wie in Griechenland.
Ich verliere alles, was ich besitze,
oder ich mache ihnen diese trügerische Hoffnung zunichte
und werfe sie nieder.
Ich komme
nie wieder gesund zurück nach Hause,
es sei denn, ich bringe Frauen
daheim in ihren Landen zum Seufzen.
Sie müssen mit Schande
von uns abziehen.
Auch kann ich es kaum erwarten.«

Als der kluge Alexander
mit List den Sieg
über die Elefanten errungen hatte,
freute sich der stolze Mann darüber.
Auch schöpfte sein riesiges Heer dadurch
große Zuversicht.
Die Inder verloren den Mut.
Sie hätten dort beinahe
einen großen Verlust erlitten.
Zusammen eilten sie da
und verteidigten sich
gegen das griechische Heer
und spannten ihre Hornbogen.
Wenn uns das Buch nicht belogen hat,
so wären die Griechen ohne Sieg geblieben,
wäre nicht Alexander, ihre Stütze,
mit den Statuen gekommen.
Es bringt oft Nutzen ein,
wenn der Herr seine Männer
in der Bedrängnis gut mit Mut erfüllen kann
und dienstwillig macht mit seinem Besitz.
Das macht ihn hochgesinnt

und *d*erwider si sûze
mit minlîche*m* grûze,
und er ze vorderist an den scaren
sîn here selbe tar bewarn.
Dô Indi solden verzagen
und man si begunde jagen,
dô gwan Porus, der helt gût,
einen grimmigen mût.
Der tûrlîche wîgant,
under sîn here er dô spranc
und manete si vaste zô der nôt.
Mildiclîche er in bôt
phellil unde sîde,
golt unde gesmîde.
Er sprah: »Untrôst nist niet gût.
Habet manlîchen mût
unde weret alse helide
uher lant und uher selide,
beide gût unde lîb
unde kint unde wîb
unde irwirbet êre unde rûm.
Ne wollint ir des niwit tûn,
sô solt ir des gelouben,
si sulin vor uheren ougen
uhere liebe kint schenden
und uns in ellende
trîben ûzer dem lande,
in zêren unde uns ze scanden.
Durh waz solde wir diz dolen?
Wir mugin vil wole
in wîgis gestaten.
Weiz got, wir sulin si gesaten
strîtis unde vehte.
Wir habin sô gûte knehte

4062 derwider] er wider. 4063 minlîchem] minlicher.

und sie im Gegenzug gutwillig
bei freundlicher Ansprache,
wenn er an vorderster Front vor den Scharen
sein Heer selbst zu schützen wagt.
Als die Inder verzagen mussten
und man ihre Verfolgung aufnahm,
da wurde Porus, der tapfere Held,
von Grimm gepackt.
Der auserlesene Krieger
sprang da mitten in sein Heer
und spornte sie eindringlich zum Kampf an.
Freigebig bot er ihnen
Brokat und Seide,
Gold und Edelsteine.
Er sprach: »Verzweiflung ist nicht gut.
Seid mannhaft gesinnt
und verteidigt wie Helden
euer Land und eure Häuser,
sowohl Besitz als auch Leben
und Kinder und Frauen
und erringt Ehre und Ruhm.
Wollt ihr das nicht tun,
so sollt ihr das glauben,
sie werden vor euren Augen
eure lieben Kinder zuschanden machen
und uns aus dem Land
in die Verbannung treiben,
ihnen zur Ehre und uns zur Schande.
Weswegen sollten wir das dulden?
Wir können ihnen sehr gut
den Kampf zugestehen.
Weiß Gott, wir werden sie satt machen
mit Kampf und Gefecht.
Wir haben so tapfere Krieger

und sô manigen dietdegen,
wir suln mit starken swertslegen
uns an in rechen
und ir scare durhbrechen.
Si mugin sih uns nit irweren
[23b] noh den lîb vor uns generen.
Wir suln in ûf ir laster
widerstân michil vaster,
dan Darius habe getân,
den Alexander hîz slân
mortlîchen in sîn palas.
Hei, wî grôz untrûwe daz was!
Weret ûh, helede gût,
und haldet manlîchen mût.
Ir sult in wîsen
daz scarfe brûn îsin.
Tûre wîgande,
gedenket wol zô den handen
und lâzet û rûwen
Darium mit trûwen
unde rechet sînen tôt.
Warumbe solde wir dise nôt
von in langer lîden?
Joh willent si uns vertrîben
ûz von unsem rîche,
weret ûh sô frumichlîche,
daz man von den môren
hernâh sagen hôre,
wî si ir lant werten,
dô si di Kriechen hereten.
Ir sult slân unde stechen
unde ir schare durhbrechen,
swer daz heil gewinnet,
daz er hin entrinnet,
daz er dâ heime muge sagen,
waz er hie gesehen habe,

und so viele im Volk bekannte Helden,
wir werden uns mit heftigen Schwertschlägen
an ihnen rächen
und ihre Scharen durchbrechen.
Sie können sich unserer nicht erwehren
und auch ihr Leben nicht vor uns retten.
Wir werden ihnen zu ihrer Schande
viel heftiger Widerstand leisten,
als Darius getan hat,
den Alexander
mörderisch in seinem Palast zu töten befahl.
Ach, was für eine große Treulosigkeit war das!
Wehrt euch, ihr tapferen Helden,
und bewahrt eure mannhafte Gesinnung!
Ihr sollt ihnen
das scharfe, glänzende Eisen zeigen.
Treffliche Helden,
besinnt euch gut auf eure Tapferkeit
und lasst euch
Darius mit Treue Leid tun
und rächt seinen Tod.
Warum sollten wir diese Bedrängnis
durch sie länger erleiden?
Fürwahr, sie wollen uns
aus unserem Reich vertreiben,
wehrt euch so tapfer,
dass man künftig von den Mohren
erzählen hören möge,
wie sie ihr Land verteidigten,
als die Griechen sie mit Heeresmacht überzogen.
Ihr sollt schlagen und stechen
und ihre Scharen durchbrechen,
damit der, dem das Glück zuteil wird,
dass er von hier davonkommt,
daheim berichten kann,
was er hier gesehen hat,

wî si worden entfangen
in indischen landen.«
Dô Porus dise rede
zô sînen heliden getete,
dô gewunnen si einen stâten mût.
Dô was dâ manich helt gût,
den niht sô liebis ne was,
sô daz si di scarfen sas
teilten mit den gesten.
Ze wîge si sih dô rusten,
wande aller manne gelîch
gehugete an daz volcwîch.
Manic irwarb dâ den tôt.
Dâ mohte man scowen daz blût
von den Kriechin fliezen.
Di môre ouh dâ liezen
manigen urlouges man.
Swer mit dem lîbe dannen quam,
der mohtis imer frô sîn.
Di kuninge fâhten under in
unz ane den dritten tac,
sô nieman dâ ne gesach
blôdis mannis gebêre.
Wî vil der wêre,
di dâ lâgen irslagen,
daz ne hôrtih noh nie gesagen.
Der den grôzern scaden dâ gwan,
daz was Alexander und sîne man.
Dô Alexander gesach,
daz dâ sô vil tôt lach
sîner wigande
(alsô getâner scande
was er ê vil ungewone),
vil schiere was er dô comen,
dâ er Porum gesach.
Vermezzenlîche er zô ime sprah:

wie sie in indischen Landen
empfangen wurden.«
Als Porus diese Ansprache
an seine Helden gehalten hatte,
wurden sie von Standhaftigkeit erfüllt.
Da gab es dort viele tapfere Helden,
denen nichts so lieb war
wie scharfe Schwerthiebe
an die Feinde auszuteilen.
Zum Krieg rüsteten sie sich da,
denn alle Männer gleichermaßen
verlangten nach der Völkerschlacht.
Viele erlitten dort den Tod.
Dort konnte man das Blut
von den Griechen fließen sehen.
Die Mohren ließen dort auch
viele Kriegsleute [tot] zurück.
Wer immer mit dem Leben davonkam,
der konnte für immer froh darüber sein.
Die Könige kämpften
bis zum dritten Tag auf solche Weise gegeneinander,
dass niemand dort sah,
dass jemand sich zaghaft verhielt.
Wie viele es waren,
die dort erschlagen lagen,
das hörte ich noch nie sagen.
Wer dort den größeren Verlust erlitt,
das waren Alexander und seine Männer.
Als Alexander sah,
dass dort so viele
von seinen Kriegern tot lagen
(solche Schande
war er früher gar nicht gewöhnt),
da war er sehr schnell dorthin gekommen,
wo er Porus sah.
Verwegen sprach er zu ihm:

»Des habe wir, kuninc, laster,
daz unser zweier geste
sô lange samt vehten,
unz di gûten knehte
beidenthalp werdent irslagen.
Sô ne muge wirz niemer mêr verclagen
noh niemer mêr verwinden
under unsen ingesinden.
Nû lâze wir di here stân
und in beidenthalben fride hân,
und swer den zebreche,
daz manz an ime reche.
Nû nem du, kuninc, wider mich
und ih ein einwîch wider dich!
Swer daz heil gewinne
und mit gnâden comet hinne,
dem werden des anderen man
mit ir dieniste undirtân.«
Porus der rîche,
der globete frôlîche,
daz Alexander dâr sprah.
Ime was zô dem camphe gâch.
Er was vil langer
dan der kuninc Alexander,
zweier clâftere unde mêr.
Porus was stark unde hêr.
Des getrôster sih
unde gelobete daz einwîch.
Daz wart ime sint ze leide.
Di kuninge kûme beide
des kamphis irbeiten,
dar zô si sih bereiten.
Dô si solden strîten,
dô stunden in beiden sîten

»Es ist, König, eine Schande für uns,
dass unser beider Krieger
so lange miteinander kämpfen,
bis die tapferen Helden
auf beiden Seiten erschlagen werden.
Dann werden wir niemals wieder aufhören können, das zu beklagen,
und auch nie wieder
unter unseren Gefolgschaften [ihren Verlust] verschmerzen.
Lassen wir nun die Heere einhalten
und auf beiden Seiten Waffenruhe für sie haben,
so dass man, wenn einer die brechen sollte,
es an ihm rächt.
Nun nimm du, König, gegen mich
einen Zweikampf auf – und ich gegen dich!
Wer immer das Heil erlangt
und mit Glück davonkommt,
dem sollen die Männer des anderen
dienstbar untertan werden.«
Der mächtige Porus
pries voll Freude,
was Alexander dort gesagt hatte.
Er hatte es eilig zu kämpfen.
Er war viel größer
als König Alexander,
um zwei Ellen und mehr.
Porus war kräftig und stattlich.
Darauf setzte er seine Zuversicht
und sagte den Zweikampf zu.
Das wurde danach sein Verderben.
Die Könige konnten beide
den Kampf kaum erwarten,
auf den sie sich vorbereiteten.
Als sie kämpfen sollten,
da standen auf beiden Seiten

di here, alse dâ gelobit was.
Di hêren zucten di sahs,
zesamene si dô sprungen.
Woh, wî di swert clungen
an der fursten handen,
dâ sih di wîgande
hiwen alse di wilde swîn!
Dâ was nît under in.
Michil wart der stahilscal.
Daz fûr *[23c]* blickete ubir al,
dâ si des schildes rande
zehiwen vor di hande.
Si giengen alle wîle
wider ein ander ze bîle.
Wol nutzeten di ecken
di tûrlîche recken,
ir geweder wider den anderen.
Dô dûhte Alexanderen,
daz er daz bezzer habete.
Poren lût des irzagete
und ouh von unheile
vercrîsten algemeine.
Under des Porus dare sach,
unde Alexander gab ime einen slah
und tetime an den stunden
eine sô grôze wunden,
daz der michele man
zô der erde gevallen quam.
Swî gerne er wider wolde streben,
er ne mohte langer niwit leben.
Er lach dâr zehant tôt.
Daz môse wesen durh di nôt,
wandime Alexander
selbe mit sînen handen

4212 des] di? *App. Ki.*

die Heere, wie es dort vereinbart war.
Die Herren zückten die Schwerter,
aufeinanderstürzten sie sich da.
Hei, wie die Schwerter
in den Händen der Fürsten erklangen,
wo die Krieger aufeinander
einschlugen wie wilde Eber!
Feindschaft war dort zwischen ihnen.
Laut klirrte der Stahl.
Feuer blitzte überall,
wo sie
die Schilde in den Händen zerschlugen.
Sie gingen die ganze Zeit
aufeinander los zum Kampf.
Geschickt benutzten die auserlesenen Recken
die Schwerter,
jeder von beiden gegen den anderen.
Da schien es Alexander,
dass er im Vorteil sei.
Porus' Leute verzagten daher
und stöhnten auch alle zusammen auf
wegen des Unheils.
Währenddessen sah Porus dorthin,
und Alexander versetzte ihm einen Schlag
und fügte ihm zu der Zeit
eine so schlimme Wunde zu,
dass der große Mann
zu Boden stürzte.
Wie gerne er sich auch wehren wollte,
er konnte nicht länger leben.
Er lag dort sogleich tot.
Das musste notwendig so sein,
da ihm Alexander
selbst eigenhändig

daz houbit von dem bûche slûch.
Dô heter des camphes genûch.
Dô Poren here gesach,
daz ir hêre tôt lach,
si ne verzageten niwit umbe daz,
si fâhten alle deste baz,
wande dô begunden strîten
di here von beiden sîten,
unde gemischete sih ze samene
mit grimme di menige.
Dô hûb sich êrist der wîch.
Dâ verlôs manic man den lîb.
Di grûnen wisen worden rôt.
Der môre lach dâ vile tôt,
sô tetiz ouh der Kriechen.
Ze gîsele si dâ liezen
manigen ellenden gast.
Nehein helm ne was sô vast,
Alexander ne slûge der durh.
Dâ wart gevollit manic furh
mit dem blûte al rôt.
Dâ was di grimmiste nôt,
di dâr ie dehein man
in folcwîge vernam.
Getunget wart di heide.
Dâ vielen di veige,
unz man ûf si mohte gân.
Dâ wart vil leide getân
manigen stolzen manne,
di niemer mê quam danne.
Di hêren von India,
di holeten grôzen scaden dâ,
wande Alexander
frumete sulh wunder,
daz is alle di mac jâmer haben,
di iz imer gehôren sagen.

das Haupt vom Rumpf schlug.
Da hatte er genug vom Kampf.
Als Porus' Heer sah,
dass ihr Herr tot lag,
verloren sie deswegen nicht den Mut,
sie kämpften alle umso besser,
denn da nahmen
die Heere auf beiden Seiten den Kampf auf,
und mit Grimm mischten sich
die Scharen untereinander.
Da fing die Schlacht erst richtig an.
Viele Männer verloren dort das Leben.
Die grünen Wiesen wurden rot.
Von den Mohren lagen dort viele tot,
ebenso auch von den Griechen.
Als Geiseln [des Todes] ließen sie dort
viele fremde Krieger.
Kein Helm war so fest,
dass Alexander nicht hindurchgeschlagen hätte.
Dort wurden viele Furchen
mit tiefrotem Blut gefüllt.
Dort herrschte die grimmigste Kampfesnot,
von der je ein Mann
im Völkerkrieg vernahm.
Gedüngt wurde die Heide.
Dort fielen die Todgeweihten,
bis man auf ihnen gehen konnte.
Viel Leid wurde dort
zahlreichen stattlichen Männern zugefügt,
die nie wieder von dort wegkamen.
Die Herren von Indien
erlitten dort große Verluste,
denn Alexander
vollbrachte solch staunenswerte Taten,
dass alle Grund zum Schmerz darüber haben,
die es jemals berichten hören.

Daz lût von Mauritanie,
daz habite sih zesamene
und gulden ein herte widergelt.
Dâ flôz daz blût ubir velt.
Di scare si durhbrâchen,
irn hêren si dâ râchen,
und di Kriechen slûgen si wider.
Dâ viel manic tôt nider,
dâ viel man ubir man.
Alexander doh den sige nam
ubir di grimmigen diet.
Si ne gereten neheines friden niet,
unz Alexander gelobete,
daz nieman in ne scadete
ane wîben unde an kinden.
Dô entfiengen si daz gedinge
und wurden alle undertân
deme hêren von Macedonian.
Alexander in dô urlob gab,
daz si fûren an di walstat
unde bewareten mit êren
Porum, irn hêren.
Bereite wâren si dar zû.
Sciere hûben si sih dô,
dâ si irn hêren funden.
In den selben stunden
bestatten si hêrlîchen
Porum den rîchen
unde andre ire holden.
Di si begraben wolden,
mit êren si di grûben.
Si folten manige grûben
mit frûnden unde mit mâgen,
di dâ irslagen lâgen.

4285 daz] da.

Das Volk von Mauretanien
scharte sich zusammen
und übte harte Vergeltung.
Da strömte das Blut über das Schlachtfeld.
Die Scharen durchbrachen sie,
ihren Herrn rächten sie dort,
und die Griechen schlugen sie zurück.
Dort sanken viele tot nieder,
dort fielen Männer über Männer.
Alexander trug dennoch den Sieg davon
über das grimmige Volk.
Sie verlangten nach keinem Frieden,
bis Alexander gelobte,
dass ihnen niemand Schaden zufügen werde
an Frauen und an Kindern.
Da nahmen sie den Vertrag an
und wurden alle
dem Herrn von Makedonien untertan.
Alexander gab ihnen da die Erlaubnis,
auf das Schlachtfeld zu gehen
und Porus, ihren Herrn,
ehrenvoll zu begraben.
Sie waren dazu bereit.
Schnell begaben sie sich da dorthin,
wo sie ihren Herrn fanden.
Sogleich
bestatteten sie
den mächtigen Porus prunkvoll,
und andere, die ihnen nahe standen.
Die sie begraben wollten,
setzten sie mit Ehren bei.
Sie füllten viele Gräber
mit Freunden und mit Verwandten,
die dort erschlagen lagen.

Daz sagih û zewâren.
Di dâ gewunt wâren,
di fûrten si heim in ire lant.
Ouh bleib dâ manic wîgant,
biz daz sîne wunden
heilen begunden.
  Dô Darius was begraben
und Porus irslagen,
Alexander fûr in ein lant,
daz was Occidratis genant.
Daz lant is von der sunnen warm.
Daz lût dar inne, daz is arm
und ne hât neheinen ubirmût.
Vil mêzlîch ist ir gût.
Si gânt nackit allizane
und hânt lutzil umbe und ane.
Ir rîchtûm ist cleine.
Si sint mit zigen*/23[d]/*beine
alle gewâfent.
Si ne rûchent, wâ si slâfent.
Si ne hânt dorf noh stat.
Swâ si der naht ane gât,
dâ blîbet mannegelîch.
Ir vihe unde ir wîb,
di sint von in gescheiden
an di breiten beiden.
Si lebent jêmerlîche.
Der kuninc von dem rîche,
dô er rehte vernam,
daz Alexander in sîn lant quam,
dô santer ime engagen
sîne boten, wol geladen
mit sô getâner gâben,
sô si dâ ze lande plâgen.

4320 allizane] alliz ane.

Das berichte ich euch wahrheitsgemäß.
Die dort verwundet waren,
die brachten sie heim in ihre Länder.
Auch blieben viele Krieger dort,
bis ihre Wunden
heilten.
Als Darius begraben war
und Porus erschlagen,
zog Alexander in ein Land,
das war Occidratis genannt.
Das Land ist warm von der Sonne.
Die Menschen darin sind arm
und kennen keine Selbstüberhebung.
Sehr gering bemessen ist ihr Besitz.
Sie gehen immerfort nackt
und haben nichts an.
Ihr Reichtum ist gering.
Sie alle sind mit Ziegenknochen
bewaffnet.
Es kümmert sie nicht, wo sie schlafen.
Sie haben keine Dörfer oder Städte.
Wo die Nacht sie antrifft,
dort bleibt ein jeder.
Ihr Vieh und ihre Frauen
leben abgesondert von ihnen
in Richtung auf das weite wildbewachsene Land zu.
Sie führen ein elendes Leben.
Als der König des Reichs
genau vernommen hatte,
dass Alexander in sein Land kam,
da sandte er ihm
seine Boten entgegen, die gut beladen waren
mit solchen Geschenken,
wie sie dort im Land üblich waren.

Ouh santer ime einen brieb,
dar ane gût und alliz lieb
ân allirslahte leit.
An dem briebe er screib:
»Bistu comen in mîn lant
durh roub oder durh brant
oder durh vehte?
Daz saltu wizzen rehte
(du bist ein harte wîs man,
der sih wol versinnen kann),
ih wil, du dih versinnis:
Den rûm, den du gwinnis
hie, der nist niht grôzlîch.
Alexander, wes mûwestu dih?
Du vindis hie niht ze nemene.
Wir ne hân dir niht ze gebene.
Hie nist der schilt noh daz swert.
Iz nist der arbeite wert,
kuninc, daz du bist comen here.
Nû saltu varen andirsware,
daz mach dir gefromen baz.
In trûwen râtih dir daz.«
Alexander las disen brieb
und enbôt im, er ne quême niet
zô zin unfridelîche.
Er ne wolde ir rîche
niwit zestôren.
Gagen in si dô vôren
und hiezen in willecome sîn.
Alexander, der genâdete in
und sîne wîgande.
Er frâgete di von dem lande,
wâ si des jâres wâren.
Ouh frâgeter si zwâren,
wes si sih betrageten
und wilehes sites si phlegeten,

Auch sandte er ihm einen Brief
und darin Gutes und alles Liebe,
ohne irgendetwas Unangenehmes.
In dem Brief hatte er geschrieben:
»Bist du in mein Land gekommen,
um zu rauben oder zu brandschatzen
oder zu kämpfen?
Das sollst du genau wissen
(du bist ein sehr kluger Mann,
der zu großer Einsicht fähig ist),
ich will, dass du begreifst:
Der Ruhm, den du hier erringst,
ist nicht groß.
Alexander, wozu quälst du dich?
Du findest hier nichts, was du nehmen kannst.
Wir haben nichts, was wir dir geben könnten.
Hier gibt es weder Schild noch Schwert.
Es ist die Mühe nicht wert,
König, dass du hergekommen bist.
Nun sollst du anderswohin ziehen,
das kann dir mehr Nutzen bringen.
Bei meiner Treue rate ich dir das.«
Alexander las diesen Brief
und entbot ihm, er sei
nicht in unfriedlicher Absicht zu ihnen gekommen.
Er wolle ihr Reich
nicht zerstören.
Da zogen sie ihm entgegen
und hießen ihn willkommen.
Alexander dankte ihnen
und [ebenso] seine Krieger.
Er fragte die [Leute] aus dem Land,
wo sie das Jahr über lebten.
Auch fragte er sie fürwahr,
wovon sie sich ernährten
und welche Bräuche sie hätten,

und alse si irsturben,
wâ si begraben wurden,
und ob si sih plêgen ze graben.
Dô begunden si ime sagen:
»Wir ne haben hûs noh burge
und leben âne sorge.
Wir ne hân ze verliesene niet,
wene rehte, alse man uns gesihet,
daz ist di rehte wârheit.
Uns ist in alle zît gereit
beide woninge unde grab,
erweren uns nieman daz ne mach.
Swenne wir irsterben,
al ein wir nit ne werden
begraben in nehein*em* grabe,
einen trôst habe wir doh dar abe,
daz uns bedecke der himel.«
Dô ne frâgeter si nihtes mêr sider.
Dô hîz in Alexander,
daz si under einander
gingen ze râte
und ime einer bete bâten,
di wolder in leisten.
Dô begunden si ime eischen,
daz er in daz wolde geben,
daz si imer môsten leben
und niht ne dorften sterben.
Dô ward ime unwerde.
Mit zorne sprah er in zû,
wî er daz mohte getûn,
er môste selbe sterben;
wer des ubir mohte werden.
Diz lût wêre dar an glîch,
iz wêre alliz sterblîch.

4390 neheinem] nehein.

und wenn sie gestorben seien,
wo sie begraben würden,
und ob sie [überhaupt] ihre Toten zu bestatten pflegten.
Da antworteten sie ihm:
»Wir haben weder Häuser noch befestigte Städte
und leben ohne Sorge.
Wir haben nichts zu verlieren
als das Leben,
das ist wirklich wahr.
Uns stehen zu jeder Zeit
Wohnung und Grab bereit,
das kann uns niemand verwehren.
Wenn wir sterben,
haben wir, obschon wir nicht
in irgendeinem Grab bestattet werden,
doch Zuversicht davon,
dass uns der Himmel bedeckt.«
Danach fragte er sie nichts weiter.
Dann forderte Alexander sie auf,
miteinander
zurate zu gehen
und ihm eine Bitte vorzulegen,
die wolle er ihnen erfüllen.
Da verlangten sie von ihm,
dass er ihnen die Gabe verleihen möge,
dass sie immer leben könnten
und nicht zu sterben bräuchten.
Das ärgerte ihn.
Voll Zorn fragte er sie,
wie er das tun könne,
er müsse [ja] selbst sterben;
wer das vermeiden könne.
Dieses Menschengeschlecht sei in der Hinsicht gleich,
dass sie alle sterblich seien.

Er ne solde niht sterben eine,
iz wêre ein dinc gemeine
allen lûten in ertrîche.
Dô sprah vil wîslîche
einer von deme land*e dô*
zô deme kuninge Alexandro,
ober selbe ouh solde sterben,
warumber an der erden
wunder alse manicfalt
sô lange hête gestalt;
er mohtiz gerne lâze:
»Alles dingis mâze
gezimet manneglîche.«
Alexander der rîche
sprah: »Dise sache
ist uns alsô gescaffen
von des uberisten gwalt:
Swaz uns dannen wirt gezalt,
daz mûze wir alliz ûbin.
Daz mere ne mac nieman trûben,
iz ne trûbe der wint;
angist hânt, di dar inne sint.
Di wîle ih vor den tôde mac genesen,
wen lâzent ir mih wesen
meister von mînen sinnen?
Ih mûz beginnen
ettewaz, daz *[24a]* mir wol tût.
Hêten si alle uheren mût,
di in der werilde wollent wesen,
waz solde in danne daz leben?«
  Er hiez si blîben gesunt.
Dar nâh in curzer stunt
leit er arbeite gnûch.
Beide berge unde brûch

4414 lande dô] lando. 4438 di] *fehlt.*

Er müsse nicht alleine sterben,
das sei etwas, das
allen Menschen auf Erden gemeinsam sei.
Da sprach
einer aus dem Land sehr weise
zu König Alexander,
wenn er selbst auch sterben müsse,
warum er [dann] so lange Zeit auf Erden
so mannigfaltige staunenswerte Taten
vollbracht habe;
er habe allen Grund, es zu lassen:
»Mäßigung in allem
ziemt sich für jeden.«
Der mächtige Alexander
sprach: »Dies
ist uns so bestimmt
durch die Gewalt des Höchsten:
Was immer uns von dort zugeteilt ist,
das müssen wir alles tun.
Das Meer kann niemand trüben,
wenn der Wind es nicht aufwühlt;
Angst haben die, die sich darauf befinden.
Warum lasst ihr mich nicht,
solange ich am Leben sein kann,
Herr sein über das, was ich will?
Ich muss etwas anfangen,
was mir gemäß ist.
Hätten sie alle eure Einstellung,
die auf der Welt leben wollen,
was sollte ihnen dann das Leben?«
Er wünschte ihnen, dass sie gesund blieben.
Kurze Zeit danach
litt er viel Mühsal.
Berge und Sümpfe

macheten ime di wege lanc.
Vil selden er gemach fant,
biz der wunderlîche man
mit grôzer arbeite quam
der werlt an ein ende.
In dem ellende
wart ime ze mûte,
wî er sîner mûter
und sînem meistere gescrîbe
di nôte, di er irlîde
in fremeden landen
mit sînen wîganden.

Alsus hebet sih der brieb,
dar an leit unde lieb
screib Alexander,
di er und manich ander
leit in fremedem lande.
Sîner mûter er in sande,
der scônen Olympiadi,
und sînem meistre Aristotili.

Wellt ir ein lutzil gedagen,
sô wil ih û rehte sagen,
daz an dem briebe gescriben was,
alsihz an einen bûche las.
Er quît: »Mir ist ze mûte,
daz ih dir, liebe mûter,
und mîneme lieben meister
vil gerne wille leisten,
daz ih û beiden gehîz,
dô ih û dâ heime liez.
Vernemet, waz hie gescriben stâ,
unde denket wol dar nâ,
wandih cunde û di dinc,
di mir zevorn comen sint.

Dô ih Darium verwan
und alliz daz lant ze Persiam

machten ihm die Wege lang.
Sehr selten fand er Ruhe,
bis der staunenswerte Mann
unter großen Strapazen
ans Ende der Welt gelangte.
In der Fremde
kam er auf den Gedanken,
seiner Mutter
und seinem Lehrer zu schreibem
von den Qualen, die er
mit seinen Kriegern
in fremden Landen erleiden würde.
So beginnt der Brief,
in den Alexander
von Leid und Freude schrieb,
die ihm und vielen anderen
in fremdem Land widerfahren waren.
Seiner Mutter sandte er ihn,
der schönen Olympias,
und seinem Lehrer Aristoteles.
Wollt ihr ein wenig schweigen,
so will ich euch genau berichten,
was in dem Brief geschrieben war,
wie ich es in einem Buch las.
Er [der Brief] lautet: »Mir ist zumute,
dass ich dir, liebe Mutter,
und meinem teuren Lehrer
sehr gerne erfüllen will,
was ich euch beiden versprach,
als ich daheim von euch Abschied nahm.
Vernehmt, was hier geschrieben steht,
und denkt gut darüber nach,
denn ich tue euch kund,
was mir zuvor begegnet ist.
Als ich Darius überwunden
und mir das ganze Land zu Persien

und ouh di mêren Indiam
mir brâhte undertân,
dannen hûb ih mih sân
und mîne vil liebe man
ze Caspen Porten.
Leides unde vorhten
wânedih wesen âne.
Wir quâmen zeinem wâge,
dâ liez ih rûwen mîn here.
Durstes wânede wir uns irweren.
Dô wir zem wazzere quâmen
undiz in dem munt genâmen,
dô was iz bitter als ein galle.
Ungelabet blibe wir alle.
Dô brâche wir ûf unse gezelt
unde sâhen ubir ein felt,
wâ ein scône stat was,
di was geheizen Barbaras,
ubir daz wazzir eine mîle.
Mîne rîter al di wîle
wolden swimmen in den wâch.
Dâr ginc uns der scade nâh.
Cocodrillen quâmen,
mîner gesellen si nâmen
sibene unde zwênzic,
di verloren dâ den lîb.
Vor wâr ih û daz sagen mach,
wandihz selbe ane sach.
In irn munt si sie âzen.
Di môstih varen lâzen.
Dô hûb sih mîn heriscraft,
wandiz rehte was bedâht,
ûf bî daz wazzer,
daz ê was bitter,
daz wart dô sûze unde gût.
Des wart gefrowet unse mût.

und auch das gewaltige Indien
untertan gemacht hatte,
zogen ich und meine überaus teuren Gefolgsmänner
sogleich weg
zu den Kaspischen Toren.
Von Leid und Furcht
glaubte ich frei zu sein.
Wir kamen zu einem Strom,
dort ließ ich mein Heer ruhen.
Unseren Durst hofften wir zu stillen.
Als wir zu dem Wasser kamen
und es in den Mund nahmen,
da war es bitter wie Galle.
Ohne Labung blieben wir alle.
Da brachen wir unsere Zelte ab
und sahen über ein Feld [dorthin],
wo eine schöne Stadt lag,
die hieß Barbaras,
eine Meile weit jenseits des Wassers.
Meine Krieger wollten da
währenddessen im Strom schwimmen.
Daraus folgte Schaden für uns.
Krokodile kamen,
von meinen Gefährten packten sie
siebenundzwanzig,
die verloren da ihr Leben.
Das kann ich euch wahrheitsgemäß berichten,
weil ich es selbst mitangesehen habe.
In ihr Maul schlangen sie sie.
Die musste ich aufgeben.
Dann zog meine Heeresmacht,
weil es genau bedacht war,
hinauf zum Wasser,
das vorher bitter gewesen war,
das wurde da süß und gut.
Darüber freuten wir uns.

Dô slûge wir unse gezelt
bî dem wâge an daz velt
unde mahten michel fûr.
Di rûwe wart uns dâ vil sûr,
wande ûz dem walde quam gegân
manih tier freisam
und freislîch gewurme.
Mit de*n* begunde wir stormen
vil nâh alle di naht.
Der durst hete si dare brâht,
des wazzers wânden si sih laben.
Scorpiones tâten uns grôzen scaden
(si wâren breit unde lanc
unde heten freislîchen ganc),
beide wîz unde rôt.
Si tâten uns michele nôt,
si irbizzen uns manigen man.
Dô quâmen lewen gegân,
di wâren grôz unde starc.
Mêrre vorhte nie ne wart
under neheineme here.
Den lewen môste wir uns were.
Dar nâh quam zô zuns gegân
manic eber freisam,
grôzere dan di lewen.
Mit den zanden si hiwen
alliz, daz vor in was.
Daz unsir ie dehein genas,
des habe got danc.
Di zande wâren in lanc
einer clâfter oder mê.
Di tâten uns vil wê.
Dô quâmen elefande
manige ge*[24b]*gangen

4523 den] dem.

Da schlugen wir unsere Zelte
auf dem Feld am Strom auf
und machten ein großes Feuer.
Die Rast wurde da sehr bitter für uns,
denn aus dem Wald kamen
viele furchterregende Tiere
und schreckliche Drachen.
Mit denen kämpften wir
fast die ganze Nacht hindurch.
Der Durst hatte sie dorthin geführt,
am Wasser hofften sie sich zu laben.
Skorpione fügten uns großen Schaden zu
(sie waren breit und lang
und hatten eine schreckenerregende Art der Fortbewegung),
weiße und rote.
Sie fügten uns großes Leid zu,
sie bissen uns viele Männer tot.
Dann kamen Löwen,
die waren groß und stark.
Größere Furcht kam nie
in irgendeinem Heer auf.
Gegen die Löwen mussten wir uns verteidigen.
Danach kamen
viele schreckliche Eber auf uns zu,
größer als die Löwen.
Mit ihren Hauern griffen
sie alles an, was vor ihnen war.
Dass je einer der Unseren überlebte,
dafür habe Gott Dank.
Ihre Hauer waren
einen Klafter lang oder mehr.
Die fügten uns großen Schmerz zu.
Dann kamen viele
Elefanten

trinken zô dem wâge.
Wir liden ungenâde.
Ouh sûhten uns slangen,
ummâzen lange
mit ûf gerihter brust.
Wir liden michil unlust.
Dô quâmen lûte gegân,
alse tûbele getân.
Si wâren alse affen
under den ougen gescaffen.
Si heten sehs hande,
lanc wâren in di zande.
Harte mûweten si mîn here
⟨den lûten môste wir uns were⟩
mit speren joh mit scozzen.
Di sturben ungenozzen.
  Unse nôt, di was manicfalt.
Dô brante wir den selben walt.
Daz was durh daz getân,
daz wir fride môsten hân
vor den freislîchen tieren.
Da*r* nâh vil schiere
sah ih daz grûwelîchiste tier,
daz sint oder êr
ieman mohte gescowen,
daz sah ih mit mînen ougen.
Freisamer tier niemer ne wirt.
Iz was gezwîget alsein hirz,
iz hete drî stangen,
grôze unde lange.
Ne wêre *ih* der mîn*en* trôst,
iz hête des lîbis irlôst

Nach 4562 den – were] *fehlt (Konjektur Ki aufgrund der ›Historia‹:* et cum lanceis et sagittis eiecimus eas a nobis, *Vers nicht gezählt).* 4570 Dar] daz. 4579 ih der mînen] d' min.

zum Trinken an den Strom,
Unglück traf uns.
Auch suchten uns Schlangen heim,
übermäßig lange
mit aufgerichtetem Vorderteil.
Wir litten großen Schmerz.
Dann kamen Leute,
wie Teufel beschaffen.
Sie sahen im Gesicht
wie Affen aus.
Sie hatten sechs Hände,
lang waren ihre Zähne.
Sehr quälten sie mein Heer
⟨*gegen die Leute mussten wir uns verteidigen*⟩
mit Speeren und auch mit Pfeilen.
Die starben, ohne Nutzen zu haben.
Unsere Bedrängnis war vielfältig.
Da setzten wir diesen Wald in Brand.
Das geschah deswegen,
damit wir Frieden hätten
vor den schrecklichen Tieren.
Sehr bald danach
sah ich das grauenerregendste Tier,
das je einer später oder früher
betrachten konnte,
das sah ich mit eigenen Augen.
Nie wieder wird es ein schrecklicheres Tier geben.
Es hatte ein gegabeltes Geweih wie ein Hirsch,
es hatte drei
große und lange Hörner.
Wäre ich nicht der Beschützer der Meinen gewesen,
es hätte einen Großteil meines Heeres

ein michil teil von mînem here.
Sehs und drîzic wâren dere,
di iz mit den hornen irslûh.
Iz was freislîch genûch.
Ouh sagih û zwâren,
daz ir funfzic wâren,
di iz irtrat mit den vûzen,
nû wirz û sagen mûzen.

Dar nâh in der nâhesten naht
(des hân ih ouh mir bedâht,
alse wirz dâ vernâmen)
fôchse dar ouh quâmen,
grôze ûzir mâzen.
Di lîchamen si âzen.
Daz ne mohte wir niwit irwere,
ih unde al mîn here.
In dem velde, dâ wir lâgen,
fliegen wir sâgen
alse tûben unde lederswalen.
Daz ne beviel uns niwit wale.
Si heten menschen zane.
Si âzen uns allizane
nasen unde ôren.
Hie mugit ir wunder hôren.
Di ros mûweten si dar zû.
Dannen hûbe wir uns dô
an ein *velt*, heizet Accia.
Unse gezelt slûge wir dâ
und rûweten an dem velde
under unsen gezelde.
Froweden dâr mîn here plach.
Wir nâmen sulich gemach,
sô wir dâr vonden.
Dar nâh in curzen stunden

4607 velt] *fehlt.*

des Lebens beraubt.
Es waren sechsunddreißig,
die es mit den Hörnern tötete.
Es war schrecklich genug.
Auch berichte ich euch wahrheitsgemäß,
dass es fünfzig waren,
die es mit den Füßen zertrampelte,
da wir es euch nun [einmal] sagen müssen.
Danach in der folgenden Nacht
(auch daran habe ich gedacht,
wie wir es dort vernommen haben)
kamen auch Füchse dorthin,
über die Maßen große.
Sie fraßen die Leichen.
Das konnten wir nicht verhindern,
ich und mein ganzes Heer.
Auf dem Feld, wo wir lagerten,
sahen wir fliegende Tiere
[groß] wie Tauben und Fledermäuse.
Das gefiel uns nicht gut.
Sie hatten Menschenzähne.
Sie fraßen uns immerfort
Nasen und Ohren weg.
Hier könnt ihr Staunenswertes hören.
Außerdem quälten sie die Pferde.
Da begaben wir uns von dort weg
auf ein Gefilde, das Accia heißt.
Unsere Zelte schlugen wir dort auf
und ruhten auf dem Gefilde
in unseren Zelten.
Dort gab sich mein Heer Vergnügungen hin.
Wir bedienten uns solcher Bequemlichkeit,
wie wir sie dort fanden.
Kurze Zeit danach

vôre wir mit gewalt
in einen harte scônen walt.
Dâ stunden hôe boume.
Des nâme wir allis goume.
Ûf den boumen wôhs alliz daz,
daz daz lantlût az,
dâ si sih mite nereten.
Di uns daz lant wereten,
di wâren ummâzlîchen grôz.
Owî, wî starke uns der verdrôz,
wandiz wâren gigande
und trûgen an ir hande
stahelîne stangen
und quâmen uns zô gegangen
vil unfridelîche.
Ih gedâhte wîslîche
unde begunden râten,
waz wir da*r* wider tâten.
Wir wôchzeten alle insamen,
wande si nie mêr ne vernâmen
neheines menschen stimme.
Sô fluhen si vil grimme
verre in einen grôzen walt.
Al dâ wurden si gezalt
an sehs hundrit.
Dô wurden ir gesundrit
von den andren fier und drîzic,
di verlorn dâ den lîb.
Daz ne wil ih niemer geclagen.
Ouh wart der mîner dâ verslagen
rehte vier und zwênzic.
Drî tage bleib ih
aldâ mit mînen mannen.
Dô hûb ih mih dannen.

4632 dar] daz. 4633 wôchzeten *Ber.*] wochzeten.

zogen wir mit Macht
in einen sehr schönen Wald.
Dort standen hohe Bäume.
Das nahmen wir alles prüfend wahr.
Auf den Bäumen wuchs all das,
was die Bevölkerung des Landes aß,
womit sie sich ernährten.
Die das Land gegen uns verteidigten,
waren über die Maßen groß.
Oh weh, wie überlästig die uns wurden,
denn es waren Giganten
und trugen in ihrer Hand
stählerne Stangen
und schritten so
ganz unfriedlich auf uns zu.
Ich überlegte klug,
und wir berieten,
was wir dagegen tun sollten.
Wir brüllten alle miteinander,
denn sie hatten niemals
eines Menschen Stimme vernommen.
Daher flohen sie ganz ergrimmt
weit weg in einen großen Wald.
Man zählte sie dort
auf sechshundert.
Da wurden vierunddreißig von ihnen
von den anderen getrennt,
die verloren da das Leben.
Das will ich niemals beklagen.
Auch wurden dort von den Meinen
genau vierundzwanzig getötet.
Drei Tage lang blieb ich
dort mit meinen Mannen.
Dann zog ich fort.

Dô slûge wir unse gezelt
ûf an ein breit felt.
Grôz wunder ih dâ sah:
Des morgenes dô uns quam der tach,
dô sah ih wassen boume,
des nam ih rehte goume,
di wôhssen harte scône
ûzer erde unz an di nône,
dar under blûmen unde gras.
Dô di nône liden was,
dô sunken di boume nider
tiefe under der erden wider.
Ûf den boumen wôhs gût fruht.
Dâ beginc ih grôz unzuht:
Ih gebôt mînen knehten,
daz si mir des *[24c]* obezes brêhten.
Grôz nôt in dar vone bequam.
Swilich irre daz obiz nam,
der wart sô zeblûwen,
daz ime daz môste rûwen,
daz er ie geboren wart.
Si worden ouh an der vart
mit geislen sêre zeslagen.
Si ne wisten, ubir wen doh clagen,
wande si ne gesâhen niemanne;
doh hôrten si eine stimme,
di gebôt unde sagete,
daz nieman ne scadete
dem obize noh den boumen,
daz si des nâmen goume,
neweder wâfen noh man.
Wurdiz ubir daz getân,
dar umbe solde lîden nôt
und den bitteren tôt
oder scaden vil grôz,
der des obezis nie ne genôz.

Danach schlugen wir unsere Zelte
auf einem weiten Feld auf.
Dort sah ich etwas ganz Wundersames:
Am Morgen, als uns der Tag erschien,
da sah ich Bäume wachsen,
das nahm ich genau wahr,
die wuchsen sehr schön
aus der Erde, bis zum Nachmittag,
darunter Blumen und Gras.
Als die None vorübergegangen war,
da sanken die Bäume
wieder tief unter die Erde nieder.
Auf den Bäumen wuchs gute Frucht.
Da beging ich eine große Ungehörigkeit:
Ich befahl meinen Dienern,
mir von dem Obst zu bringen.
Sie kamen dadurch in große Bedrängnis.
Wer ungestüm das Obst nahm,
der wurde so zerbläut,
dass ihn das schmerzen musste,
dass er jemals geboren wurde.
Sie wurden auch auf dem Weg
schmerzhaft mit Peitschen zerschlagen.
Sie wussten jedoch nicht, über wen sie klagen sollten,
denn sie sahen niemanden;
doch hörten sie eine Stimme,
die befahl und sagte,
dass niemand
dem Obst oder den Bäumen schaden solle,
weder Waffen noch Männer,
dass sie darauf achthaben sollten.
Würde gegen den Befehl verstoßen,
werde derjenige darum Qual
und den bitteren Tod
oder größten Schaden leiden,
der [doch] von dem Obst nie genoss.

Ouh sâhe wir dâr
cleine fugele, daz ist wâr,
di wâren samfte gemût
und ne forhten niwit den tôt.
Grôze nôt er lîden solde,
swer in scaden wolde,
den brante das himelfûr,
dem wart daz leben vil sûr.
Ein wunder scowetih dâ*r* ouh:
einen boum âne loub,
der ne hatte blat noh fruht,
dâ saz ein scône vogel ûf,
deme was sîn houbet,
ob irs mir geloubet,
lûtir sô di sunne.
Er was allir fugele wunne.
Er ist Fenix genant.
Ubir alle di lant
und ubir al ertrîche,
daz wizzit wêrlîche,
nist wen der eine.
Er nist ouh niht ze cleine.

Dô wir fûren bî den mere,
dô reit ih ûzer dem here
mit drîn dûsint mannen.
Dô hûbe wir unsih dannen
und wolden wundir besehen.
Dô sâhe wir verre dannen stên
einen hêrlîchen walt.
Daz wunder, daz was manicfalt,
daz wir dâ vernâmen.
Dô wir dâ bî quâmen,
dô hôrte wir dar inne
manige scône stimme,

4693 dâr] daz.

Auch sahen wir dort
kleine Vögel, das ist wahr,
die waren sanftmütig
und fürchteten den Tod nicht.
Große Qual musste leiden,
wer ihnen schaden wollte,
den verbrannte das Himmelsfeuer,
dem wurde das Leben ganz bitter.
Noch etwas Wundersames schaute ich dort:
einen Baum ohne Laub,
der weder Blätter hatte noch Frucht,
darauf saß ein schöner Vogel,
dessen Haupt war,
wenn ihr es mir glaubt,
strahlend wie die Sonne.
Er war der herrlichste aller Vögel.
Er ist Phoenix genannt.
In allen Ländern
und auf dem ganzen Erdreich,
das wisst wahrhaftig,
gibt es nur den einen.
Er ist auch nicht zu klein.

Als wir am Meer entlangzogen,
da ritt ich vom Heer weg
mit dreitausend Mann.
Da zogen wir fort
und wollten wundersame Erscheinungen betrachten.
Da sahen wir weit weg
einen herrlichen Wald stehen.
Das Wunderbare, das wir dort vernahmen,
war vielfältig.
Als wir dort in die Nähe kamen,
da hörten wir darin
viele schöne Stimmen,

lîren unde harfen clanc
und den sûzesten sanc,
der von menschen ie wart gedâht,
wêrer allir zesamene brâht,
der ne kunde sih dar zô niet gegaten.
Vil harte wunniclîch der scate
under den boumen dâr was.
Dâ entsprungen blûmen unde gras
und wurze maniger kunne.
Ih wêne, ie walt gewunne
alsô manige zîrheit.
Er was lanc unde breit.
Der selbe walt, der lach,
alsih û der von sagen mach,
an einer scônen ouwen.
Dâr môste wir scowen
manigen edelen brunnen,
der ûz den walde quam gerunnen,
lûtir unde vil kalt.
Ih und mîne helede balt
heten dâ wundiris gemach,
daz uns ze liebe dâ gescah.
Daz ne wil ih sô niwit verdagen,
ih ne wil iz û flîzlîche sagen.

Der edele walt frône
was wunderlîchen scône.
Des nâme wir allis goume.
Hô wâren di boume,
di zelgen dicke unde breit.
Nâh der rehten wârheit,
daz was ein michil wunne.
Dâ ne mohte di sunne
an di erde niht geschîne.
Ih unde di mîne,

den Klang von Leiern und Harfen
und den lieblichsten Gesang.
[Der lieblichste Gesang], der je von Menschen ersonnen wurde,
wäre er ganz vereinigt,
könnte er sich damit nicht vergleichen.
Überaus angenehm war der Schatten
unter den Bäumen dort.
Dort sprossen Blumen und Gras
und vielerlei Kräuter.
Ich glaube, nie war ein Wald
von solcher Schönheit.
Er war lang und breit.
Dieser Wald lag,
wie ich euch davon berichten kann,
auf einem schönen, von Wasser umflossenen Land.
Dort erblickten wir
viele vorzügliche Quellen,
die aus dem Wald flossen,
klar und sehr kalt.
Ich und meine kühnen Helden
hatten da Annehmlichkeit in Fülle,
die uns dort zu unserer Freude zuteil wurde.
Das will ich so nicht verschweigen,
ich will es euch mit Eifer berichten.

Der prächtige, herrliche Wald
war erstaunlich schön.
Das alles nahmen wir aufmerksam wahr.
Hoch waren die Bäume,
die Zweige dicht und breit.
Es ist wirklich wahr,
das war eine große Wonne.
Dort konnte die Sonne
nicht auf den Erdboden durchscheinen.
Ich und die Meinen,

wir liezen unse ros stân
und giengen in den walt sân
durh den wunniclîchen sanc.
Di wîle dûhte uns harte lanc,
biz wir dare quâmen,
dâr wir vernâmen,
waz wunderis dâ mohte sîn.
Vil manich scône magetîn
wir al dâ funden,
di dâ in den stunden
spilten ûf den grûnen clê,
hundirt tûsint unde mê,
di spileten unde sprungen.
Hei wî scône si sungen,
daz beide cleine unde grôz
durh den sûzlîchen dôz,
den wir hôrten in den walt,
ih und mîne helede balt
vergâzen unse herzeleit
und der grôzen arbeit
und alliz daz ungemah
[24d] und swaz uns leides ie gescach.
Uns allen dô bedûhte,
alsiz wol mohte,
daz wir genûc habeten,
di wîle daz wir lebeten,
frowede unde rîcheit.
Dâ vergaz ih angist unde leit
unde mîn gesinde,
unde swaz uns von kinde
ie leides gescach
biz an den selben tach.
Mir dûhte an der stunt,
ih ne wurde niemer ungesunt,

4764 hundirt tûsint] hundirt, tûsint *EL?* 4769 hôrten] hoten. 4786 ungesunt] ungest̃.

wir ließen unsere Rosse stehen
und gingen sogleich in den Wald
wegen des wundervollen Gesangs.
Die Zeit erschien uns sehr lang,
bis wir dorthin kamen,
wo wir wahrnahmen,
was dort an Wunderbarem sein konnte.
Sehr viele schöne Mädchen
fanden wir dort,
die da zu der Zeit
auf dem grünen Klee spielten,
hunderttausend und mehr,
die spielten und tanzten.
Hei, wie schön sie sangen,
so dass um des süßen Klangs willen,
den wir im Wald hörten,
alle, Klein und Groß,
ich und meine kühnen Helden,
unser Herzeleid vergaßen
und die großen Strapazen
und all die Unannehmlichkeiten
und was immer uns je an Leid widerfahren war.
Uns allen schien da,
wie es gut sein konnte,
dass wir,
solange wir am Leben waren,
Freude und Reichtum genug hätten.
Da vergaßen ich und mein Gefolge
Bedrängnis und Kummer
und was immer uns von klein auf
bis zu demselben Tag
je an Leid widerfahren war.
Mir schien zu der Zeit,
mir würde nie wieder etwas fehlen,

ob ih dâr imer mûste wesen,
sô wâre ih garwe genesen
von aller angistlîcher nôt
und ne forhte niwit den tôt.
Woldir nû rehte verstân,
wî iz umbe di frowen quam,
wannen si bequâmen
oder wilich ende si nâmen,
des mach û wol besunder
nemen michil wunder.
Swanne der winter abe ginc
und der sumer ane ginc
und iz begunde grûnen
und di edelen blûmen
in den walt begunden ûf gân,
dô wâren si vil wol getân:
Lieht was ir glîze;
ir rôte unde ir wîze
vil verre von in schein.
Blûmen ne wart nie nehein,
di scôner wesen mohte.
Si wâren, alsuns bedûhte,
rehte sinewel als ein bal
und vaste beslozzen ubir al.
Si wâren wunderlîchen grôz.
Alse sih di blûme obene entslôz
(daz merket an uheren sinne),
sô wâren dar inne
megede rehte vollencomen.
Ih sagû, alsihz hân vernomen.
Si giengen unde lebeten,
menschen sin si habeten
unde redeten unde bâten
rehte, alse si hâten

4798 ginc] vinc? *App. Ki.*

wenn ich für immer dort wäre,
dann wäre ich ganz und gar
vor jeder furchterregenden Not gerettet
und würde den Tod nicht fürchten.
Wenn ihr nun genau verstehen wollt,
wie es um die Damen bestellt war,
woher sie kamen
oder welches Ende sie fanden,
könnt ihr euch darüber
gewiss ganz besonders verwundern.
Als der Winter zu Ende ging
und der Sommer anfing
und es zu grünen begann
und die herrlichen Blumen
im Wald zu sprießen begannen,
da waren sie wunderschön:
Strahlend war ihr Glanz;
ihre rote und weiße Farbe
verbreitete ihren Schein weit von ihnen weg.
Es gab nie eine Blume,
die schöner hätte sein können.
Sie waren, wie uns schien,
ganz rund wie ein Ball
und überall fest geschlossen.
Sie waren wundersam groß.
Wenn die Blume oben aufblühte
(habt mit Verstand darauf acht),
dann befanden sich
ganz vollkommene Jungfrauen darin.
Ich berichte euch, wie ich es erfahren habe:
Sie konnten gehen und waren lebendig,
sie verfügten über Menschenverstand
und redeten und baten,
ganz als ob sie

aldir umbe zwelif jâr.
Si waren gescaffen, daz is wâr,
scône an ir lîbe.
Ih ne sach nie von wîbe
scôner antluzze mê,
noh ougen alsô wol stê.
Ir hande unde ir arme
wâren blanc alseinen harme
unde fûze unde bein.
Undir in ne was nehein,
si ne phlêge scôner hubischeit.
Si wâren mit zuhten wol gemeit
unde lacheten unde wâren frô
unde sungen alsô,
daz ê noh sint nehein man
sô sûze stimme ne vernam.
Mugint irs getrûwen,
sô solden dis*e* frowen
alliz an den scate wesen,
sîne mohten andirs nit genesen.
Swilhe di sunne beschein,
der ne bleib ze lîbe nie nehein.
Daz wunder, daz was manicfalt.
Dô war*t* irschellet der walt
von der sûzer stimme,
di dâ sungen inne,
di fugele und di magetîn
(wî mohtiz wunniclîcher sîn?),
frô unde spâte.
Al ir lîbis gewête
was ane si gewassen,
ane hûte und ane vasse.
In was getân di varwe
nâh den blûmen garwe

4838 dise] disen. 4844 wart] war.

um die zwölf Jahre alt wären.
Sie waren, das ist wahr,
schön gestaltet.
Ich sah nie wieder an einer Frau
ein schöneres Gesicht
und auch keine Augen, die so schön lagen.
Ihre Hände und ihre Arme
waren weiß wie Hermelin,
ebenso Füße und Beine.
Unter ihnen war keine,
die nicht feines höfisches Betragen gezeigt hätte.
Sie waren höfisch gesittet und fröhlich
und lachten und waren froh
und sangen so,
dass weder früher noch später je ein Mann
eine so süße Stimme vernommen hat.
Wenn ihr es glauben könnt,
diese Damen mussten sich
stets im Schatten aufhalten,
sie konnten sonst nicht überleben.
Welche auch immer die Sonne beschien,
die blieb nicht am Leben.
Es gab vielfältigen Grund zum Staunen.
Da wurde der Wald
vom Klang süßer Stimmen derer erfüllt,
die darin sangen,
Vögel und Mädchen
(wie hätte es wonnevoller sein können?),
früh und spät.
All die Kleidung an ihrem Leib
war angewachsen,
an Haut und Haar.
Ihre Farbe war,
ganz nach den Blumen,

rôt und ouh wîz sô der snê.
Dô wir si zuns sâgen gê,
zô zin spilete uns der lîb.
Sus lussame wîb
sint der werlt unkunt.
Nâh mînen here santih zestunt.
Dô si ze mir quâmen
unde ouh vernâmen
di hêrlîchen stimme,
dâ vôren si mit sinne
unde slûgen ir gezelt
in den walt, niht an daz felt.
Dô lâge wir dâr mit scalle
und froweten unsih alle
der seltsênen brûte.
Ih und mîne lûte,
wir wolten dâr blîven
unde nâmen si ze wîben
und hatten mêr wunnen
dan wir ie gewunnen,
sint daz wir worden geborn.
Owê, daz wir sô schiere verlorn
daz michele gemach!
Diz wunder ih alliz sah
selbe mit mînen ougen.
Des mugent ir gelouben.
Diz werte, alsih û sage,
drî mânede unde zwelif tage,
daz ih und mîne helede balt
wâren in *dem* grûnen walt
und bî der scônen owen
mit den lieben *[25a]* frowen
und wunne mit in habeten
und mit froweden lebeten.

4884 dem] *fehlt.*

rot und auch weiß wie Schnee beschaffen.
Als wir sie auf uns zugehen sahen,
bewegten wir uns ihnen froh entgegen.
So anmutige Frauen
sind der Welt unbekannt.
Nach meinem Heer sandte ich sogleich.
Als sie zu mir kamen
und auch
die herrlichen Stimmen vernahmen,
da zogen sie entschlossen herbei
und schlugen ihre Zelte
im Wald auf, nicht auf dem Feld.
Da lagen wir dort mit Freudenschall
und freuten uns alle
an den wundersamen Bräuten.
Ich und meine Männer,
wir wollten dort bleiben
und nahmen sie zu Frauen
und hatten mehr Wonnen,
als uns jemals zuteil geworden waren,
seit wir geboren worden waren.
Oh weh, dass wir
das große Wohlbehagen so schnell verloren!
Dieses ganze Wunder sah ich
selbst mit eigenen Augen.
Das könnt ihr glauben.
Es dauerte, wie ich euch berichte,
drei Monate und zwölf Tage,
dass ich und meine kühnen Helden
in dem grünen Wald
und auf dem schönen, von Wasser umflossenen Land
mit den lieben Damen zusammen
und glücklich mit ihnen waren
und voll Freude lebten.

Vil jâmerlîche uns dô gescach,
daz ih verclagen nit ne mach.
Dô di zît vollenginc,
unse frowede, di zeginc:
Di blûmen gare verturben,
und di scônen frowen sturben.
Di boume ir loub liezen
und di brunnen ir fliezen
unde di fugele ir singen.
Dô begunde dwingen
unfrowede mîn herze
mit manicfalder smerze.
Freislîch was mîn ungemah,
daz ih alle tage sah
an den scônen frowen.
Owê, wî si mih rûwen!
Dô ih si sah sterben
und di blûmen verterben,
dô schiet ih trûrich dannen
mit allen mînen mannen.
Dô gesah ih und mîne man
eine scône burch vor uns stân.
Di was gemachit mit sinne.
Ih wêre gerne dar inne.
Dô ne mohtis niwit sîn.
Ih und daz here mîn,
wir sâhen einen grôzen man,
der was freislîchen getân,
der quam dar ûz gegangen.
Sîne hût was ime bevangen
al mit swînis bursten.
Mih noh mîne fursten
ne wolder nîwit forhten.
Ime dûhte, daz er ne dorfte.
Er wânde, daz in nieman
mit wîge torste bestân.

Größter Schmerz widerfuhr uns da,
was ich nicht aufhören kann zu beklagen.
Als die Zeit zu Ende ging,
zerging unsere Freude:
Die Blumen welkten vollständig,
und die schönen Damen starben.
Die Bäume ließen ihr Laub,
die Quellen ihr Fließen
und die Vögel ihr Singen.
Da tat Freudlosigkeit
meinem Herzen mit vielerlei Schmerz
Gewalt an.
Entsetzlich war mein Unglück,
das ich alle Tage
an den schönen Damen sah.
Oh weh, wie sie mich dauerten!
Als ich sie hatte sterben
und die Blumen verwelken sehen,
da entfernte ich mich traurig von dort
mit all meinen Männern.
Danach sahen ich und meine Männer
eine schöne befestigte Stadt vor uns liegen.
Die war kunstvoll erbaut.
Ich wäre gerne darin gewesen.
Das konnte da nicht sein.
Ich und mein Heer,
wir sahen einen großen Mann,
der sah schreckenerregend aus,
der kam daraus gegangen.
Seine Haut war
ganz mit Schweinsborsten bedeckt.
Mich oder meine Fürsten
wollte er nicht fürchten.
Ihm schien, dass er das nicht nötig habe.
Er bildete sich ein, dass ihn niemand
im Kampf zu bestehen wage.

Daz liez er wol schînen.
Dô gebôt ih den mînen,
daz si den man viengen.
Dô si zô zin giengen,
er ne vorhte noh ne flô,
âne sorge stunt er dô.
Dô hiez ih eine magit gân
schiere unde vor in stân.
Ih wolde scowen dar an,
ob wêre dihein man,
dem di wîbis minne
nit ne brêhte ûzem sinne.
Dô di magit zô zime ginc,
under sîne arme er si gevienc
und îlete vile balde
mit ir zô dem walde.
Des wurde wir vil unfrô.
Zô den rossen quâme wir dô.
Uns wart vil harte gâh.
Vaste îlete wir ime nâh.
Dô wir den man bequâmen
und ime di maget nâmen,
dô gwan er eine stimme,
di was harte grimme,
grôz unde freislîch,
eines lewen stimme gelîch.
Uns quam von ime michil nôt,
wander vorhte den tôt.
Dô ime mîn here zô ginc,
dô gebôt ih, daz man in vinc
unde brâhtin gebunden
vor mih an den stunden.
Ih hiez in brinnen in ein fûr.
Ime wart sîn leben vil sûr;
unlange er lebete,
swî sêre er widerstrebete.

Das zeigte er deutlich.
Da befahl ich den Meinen,
den Mann gefangen zu nehmen.
Als sie zu ihm gingen,
fürchtete er sich nicht und floh nicht,
ohne Angst blieb er da stehen.
Da befahl ich einem Mädchen,
schnell zu gehen und sich vor ihn zu stellen.
Ich wollte daran sehen,
ob es irgendeinen Mann gebe,
dem das Begehren nach einer Frau
nicht den Verstand raubte.
Als das Mädchen zu ihm gegangen war,
packte er es mit seinen Armen
und eilte sehr schnell
mit ihm zum Wald.
Darüber wurden wir sehr betrübt.
Zu den Rossen gingen wir da.
Wir hatten es sehr eilig.
Schnell eilten wir ihm nach.
Als wir den Mann eingeholt hatten
und ihm das Mädchen wegnahmen,
ließ er eine Stimme ertönen,
die war sehr grimmig,
laut und schreckenerregend
wie die Stimme eines Löwen.
Wir kamen durch ihn in große Bedrängnis,
denn er fürchtete den Tod.
Als mein Heer gegen ihn vorrückte,
da gebot ich, dass man ihn gefangen nehmen
und sogleich gebunden
vor mich bringen solle.
Ich befahl, ihn im Feuer zu verbrennen.
Sein Leben wurde sehr bitter für ihn;
lange blieb er nicht am Leben,
wie heftig er auch Widerstand leistete.

Dô hûb ih mih dannen
mit allen mînen mannen
unde quam an einen hôen berc.
Dâ ûf stunt ein scône werc,
ein hêrlîcher palas,
der von edelen gesteine was,
alse wirz an den bûchen haben.
An den palase was irgraben
maniger slahte wunder.
Ein scône wâch flôz dar under.
Von dem palase wâren
(daz sagih û zwâren)
ketenen gehangen,
di wâren vil lange,
gemachit von golde.
Swer ûf den berc wolde,
der solde sih halden dar an,
alsih mih versinnen kan.
Ouh gingen ûf den berc
biz an daz hêrlîche werc
zwei dûsint grâde,
di wâren mit râde
von saphîre gemachet.
Sus lussame sache
is al der werlt unkunt.
Ûf den berc quam ih gesunt
unde besah den palas,
wi wol der gezîret was.
Di venster wâren dar inne
gemeisteret mit sinne.
Di ture unde glockelîn,
di wâren alliz guldîn.
Dâ gesach ih ein betehûs,
di ture, di ginc selbe ûf.
[25b] Dô ih dar în quam,
grôz wunder ih dâ vernam:

Danach zog ich weg
mit all meinen Mannen
und kam an einen hohen Berg.
Darauf stand ein schönes Bauwerk,
ein herrlicher Palast,
der aus Edelsteinen bestand,
wie wir es in den Büchern stehen haben.
In den Palast
war vielerlei Staunenswertes mit Zierrat eingelegt.
Ein schöner Strom floss darunter.
Von dem Palast hingen
(das sage ich euch wahrheitsgemäß)
Ketten herunter,
die waren sehr lang,
aus Gold gefertigt.
Wer immer auf den Berg wollte,
der sollte sich daran festhalten,
soviel ich weiß.
Auch führten auf den Berg
bis zu dem herrlichen Gebäude
zweitausend Stufen,
die waren klug
aus Saphir gefertigt.
Etwas so Schönes
ist der ganzen Welt unbekannt.
Auf den Berg kam ich wohlbehalten
und betrachtete den Palast,
wie schön der geschmückt war.
Die Fenster darin waren
mit Verstand kunstreich geschaffen.
Die Türen und kleinen Glocken
waren ganz aus Gold.
Dort sah ich einen Tempel,
die Türe ging von allein auf.
Als ich dort hineinkam,
nahm ich da etwas sehr Verwunderliches wahr:

Ein bette sah ih dar in stân,
daz was harte lussam,
mit golde gezîret,
mit gesteine wol gewieret.
Alsô verr*e* sô daz bette ginc,
ein wînrabiz al umbevinc,
di was geworht von golde.
Daz di trûbelen wesen solden,
daz was edele gesteine,
grôz unde cleine.
Ûf den bette ein man lac,
sô mîn ouge nie ne gesah
mêr sô scônen alden man.
Michil wunder mih nam,
wer der man wêre.
Er lach an dem gebêre,
alser wêre vil rîche.
Er lach vil hêrlîche.
Vil sûzlîch er slief.
Ih ne sprah noh ne rief,
dô ih stunt vor sînen bette,
ih ne wolde in niwit wecke.
Gezogenlîche ih ime neich.
Den hôen berc ih dô steich
vil gemechlîche nider
und quam zô mînen lûten wider.

Dô ih nider quam ze tale,
d*ô* fôre wir rehte drî tage
unde quâmen in ein lant,
daz was Brasiacus genant.
De*r* kuninc von dem lande
sîne gâbe mir sande.
Ouh brâhten mir di lantlûte
rûhe vischis hûte

5001 verre] uerro. 5024 dô] di. 5027 Der] des.

Ein Bett sah ich darin stehen,
das war sehr schön,
mit Gold geziert,
mit Edelsteinen schön geschmückt.
Um das ganze Bett herum
rankte ein Weinstock,
der war aus Gold gefertigt.
Was die Trauben darstellen sollten,
das waren Edelsteine,
große und kleine.
Auf dem Bett lag ein so schöner alter Mann,
wie mein Auge nie wieder
einen gesehen hat.
Ich fragte mich sehr,
wer der Mann sei.
Er lag in solcher Aufmachung da,
als sei er sehr reich.
Ganz herrlich lag er da.
Sehr süß schlief er.
Ich sprach nicht und rief nicht,
als ich vor seinem Bett stand,
ich wollte ihn nicht wecken.
Höflich verneigte ich mich vor ihm.
Den hohen Berg stieg ich da
ganz langsam hinunter
und gelangte zurück zu meinen Leuten.
Als ich hinunter ins Tal gekommen war,
da zogen wir genau drei Tage lang weiter
und kamen in ein Land,
das hieß Brasiacus.
Der König des Landes
sandte mir seine Geschenke.
Auch brachte mir die Bevölkerung des Landes
zusammengebundene

zesamene gebunden.
An den hûten stunden
scône liebarten mâl.
Ouh brâhten si mir, daz is wâr,
vil manige lamprîden hût.
Ih tar iz wol sagen ubirlût:
Si wâren sehs clâftere lanc.
De*r* gâbe sagetih in danc.
Daz lant liez ih mit fride stân.
Dannen hûb ih mih sân
mit mînen ingesinde
der werlt an daz ende,
dâ der werlt *n*abe stât
und der himel umbe gât
alse umbe die ahsen daz rat.
Dô hôrtih, wâ man sprah
(ouh hôrtiz mîn here)
kriechische sprâche in dem mere.
Des wunderte uns ûzer mâzen.
Mîne man sih des vermâzen,
si wolden swemmen in daz mere
(rehte zwênzich wâren dere),
wande si wunder habeten,
wâ di lûte woneten,
di si hôrten dar inne
mit menschlîcher stimme.
Si wolden swimmen ûf einen wert.
Daz wart in starke bewert
von den tieren in dem mere.
Daz wunder scowete mîn here,
wâ di zwêncich an der stunt
sunken an des meres grunt.
In der gegenôte
stunt ein burg gûte.

5038 Der] de. 5043 nabe] abe.

raue Fischhäute.
Auf den Häuten waren
schöne Flecken wie bei einem Leoparden.
Auch brachten sie mir, das ist wahr,
sehr viele Muränenhäute.
Ich wage gewiss, es ganz laut zu sagen:
Sie waren sechs Klafter lang.
Für das Geschenk sagte ich ihnen Dank.
Das Land ließ ich in Frieden bestehen.
Fort zog ich sogleich
mit meinem Gefolge
bis zum Ende der Welt,
wo die Nabe der Welt ist
und der Himmel sich dreht
wie das Rad um die Achse.
Da hörte ich, dass man
(auch mein Heer hörte es)
im Meer Griechisch sprach.
Das versetzte uns über die Maßen in Erstaunen.
Meine Männer vermaßen sich,
sie wollten in das Meer hinausschwimmen
(genau zwanzig waren es von ihnen),
weil sie sich fragten,
wo die Leute wohnten,
deren menschliche Stimme sie
darin hörten.
Sie wollten zu einer Insel schwimmen.
Daran wurden sie
von den Tieren im Meer gewaltsam gehindert.
Mein Heer musste das seltsam-grausige Ereignis sehen,
wo die zwanzig sogleich
auf den Grund des Meeres sanken.
In der Gegend
lag eine treffliche befestigte Stadt.

Meroves hîz di burch rîch
unde was vil hêrlîch.
Si was al umbevangen
mit eime velse, der was langer.
Di lûte von deme lande
wâren tûre wîgande
und lebeten hêrlîche
und wâren al gelîche
einer frowen undertân,
di hîz Candacia.
Si was ein kuninginne
und lebete mit sinne.
Zwêne sune hete si.
Dô hîz ih dâ bî
ûf slân mîn gezelt
an ein harte scône velt.
Dô enbôt ih der frowen
mîn dienist mit allen trûwen
und santir zô den mâle
ein bilide wol gemâlet
nâh Amon mînen gote.
Dô brâhte mir wider ir bote
vil hêrlîche gâben
unde hiez mir frâgen,
ob ih wêre alsein andir man
und mir wêre undertân
di werlt alle biz al dâ.
Dô hîz ir sagen jâ.
Von der gâben wil ih û sagen,
di siu mir hîz vore tragen:
hundrit guldîne gote.
Ouh brâhte mir ir bote
andirhalp hundrit môre,
di hâten lange ôren

5068 langer] langen.

Meroves hieß die mächtige Stadt
und war sehr prachtvoll.
Sie war ganz umgeben
von einer Felsenkette, die war lang.
Die Leute aus dem Land
waren edle Helden
und lebten wie Herren
und waren alle gleichermaßen
einer Dame untertan,
die hieß Candacis.
Sie war die Königin
und lebte mit Verstand.
Zwei Söhne hatte sie.
Da befahl ich, dort in der Nähe
meine Zelte
auf einem sehr schönen Feld aufzuschlagen.
Dann entbot ich der Dame
in aller Aufrichtigkeit meinen Dienst
und sandte ihr bei dieser Gelegenheit
ein schön gemaltes Bild
von Ammon, meinem Gott.
Da brachte ihr Bote wiederum mir
ganz fürstliche Gaben,
und [sie] hatte befohlen, mich zu fragen,
ob ich sei wie andere Männer
und ob mir die ganze Welt
bis dorthin untertan sei.
Da befahl ich, ihr zu antworten: Ja.

Von den Geschenken will ich euch berichten,
die sie befahl, vor mich zu tragen:
hundert Götterbilder aus Gold.
Auch brachte mir ihr Bote
einhundertfünfzig Mohren,
die lange Ohren hatten

und wâren alle kinder.
Mînen gesinde
gab ih si an ir hûte.
Ouh sante mir di gûte
drîzic gûte goltfaz,
nûnzich elfande *[25[c]][...]* unde baz.
Si sante mir pantêre,
seszich unde mêre,
und hundrit liebarte,
di dâ loufint harte.
Ouh sante mir di kuningîn
funf hundrit fugelîn,
sitige unde s*pi*ngen,
di sprechent unde singen,
und hundrit balkin vein.
Nie ne wart holz nehein
sô gût noh sô tûre.
Iz ne mac in den fûre
neheine wîs verbrinnen.
Ouh brâhte durh minne
der selben kuninginnen bote
Amone mînen gote
eine crône wol gezieret
unde harte wol gewieret
mit edelen gesteine,
grôz unde cleine,
alsiz di frowe wolde.
Zehen ketenen von golde
wâren dar ane gehangen,
dâ mite was bevangen
di crône hêrlîche.
Di kuninginne rîche
sante mir ouh ein tier,
daz was edele unde hêr,

5104 elfande] elfand' elfande. 5111 spingen] springen.

und alle [noch] Kinder waren.
Meinem Gefolge
gab ich sie in Obhut.
Auch sandte mir die Edle
dreißig kostbare Goldgefäße,
neunzig Elefanten und mehr.
Sie sandte mir
sechzig und mehr Panther
und hundert Leoparden,
die da schnell laufen.
Auch sandte mir die Königin
fünfhundert Vöglein,
Papageien und Sphingen,
die sprechen und singen,
und hundert Ebenholzbalken.
Nie gab es ein
so edles oder so kostbares Holz.
Es kann im Feuer
auf keine Art und Weise verbrennen.
Auch brachte als Zeichen der Verbundenheit
der Bote dieser Königin
Ammon, meinem Gott,
eine Krone, schön geschmückt
und prächtig verziert
mit edlen Steinen,
großen und kleinen,
wie es die Dame wollte.
Zehn Ketten aus Gold
waren daran gehängt,
damit war die Krone
prachtvoll umschlungen.
Die mächtige Königin
sandte mir auch ein Tier
(das war edel und herrlich),

daz den carbunkel treget
und daz sih vor di magit leget.
Monosceros ist iz genant.
Der ist luzzil in diz lant.
Dar zô ne frumet nehein jaget,
man sol iz vâhen mit einer magit.
Sîn gehurne, daz ist freisam,
dâ ne mac niwit vor bestân.
Und dô di gâbe was brâht,
dô was di frowe des bedâht,
daz si zô mir sante einen man,
der was alsô getân,
daz er konde mâlen.
Der mâlede zô dem mâle
an einer tabelen mînen lîb.
Niht nist sô listic sô daz wîb
unde ouh ir kint.
Des quam ih in grôz angist sint.
Candaulus, der frowen alder sun,
dâhte, was er mohte tûn.
Er nam sîne wîse man.
Dô er rehte vernam,
daz ih dare comen was,
d*ô* volgeter mir an ein gras
und sûhte mih an daz velt.
Dô lach ih under mîn gezelt.
Dô er bî mînen here quam
unde mîne wartman
sîn worden geware,
dô hûben si sih dare
und viengen den helt junc
unde brâhten in zestunt,
dâr Tholomeus lach.
Der frâgetin unde sprah,

5156 dô] da.

das den Karfunkel trägt
und das sich der Jungfrau zu Füßen legt.
Einhorn ist es genannt.
Von denen gibt es wenige in diesem Land.
Keine Jagd nützt etwas dazu,
fangen wird man es [nur] mit einer Jungfrau.
Sein Horn ist schreckenerregend,
niemand kann davor bestehen.
Und als das Geschenk überbracht war,
da dachte sich die Dame aus,
dass sie einen Mann zu mir sandte,
der so begabt war,
dass er zu malen verstand.
Der malte mich zu dieser Zeit
auf eine Holzplatte.
Nichts ist so klug wie die[se] Frau
und auch ihre Söhne.
Dadurch geriet ich später in große Bedrängnis.

Candaulus, der ältere Sohn der Dame,
dachte darüber nach, was er tun könne.
Er versammelte seine weisen Männer.
Als er genau gehört hatte,
dass ich dorthin gekommen war,
da ging er mir auf eine Wiese nach
und suchte mich auf dem Feld auf.
Dort hielt ich mich in meinem Zelt auf.
Als er zu meinem Heer kam
und meine Wachen
seiner gewahr wurden,
da begaben sie sich dorthin
und hielten den jungen Helden fest
und brachten ihn sogleich dorthin,
wo Tholomeus sich befand.
Der fragte ihn,

waz sîn gewerb wêre.
Dô sprah der junchêre:
›Candacis is mîn mûter.
Vernim durh dîne gûte
mîn herzeleit, daz ih dir clagen.
Ih wolde dîne helfe haben.
Ih hân verloren mîn wîb,
di mir lieb was sô der lîb.
Daz is mir ze unheile comen.
Di frowe, di hât mir genomen
ein kuninc, der is vermezzen
und ist hie bî gesezzen.
Durh trôst bin ih comen zô dir,
und mahtu des gehelfen mir,
daz ih si wider gewinnen,
des lônih dir mit minnen.‹
Dô Tholomeus mîn man
des hêren clage vernam,
dô sweich er vil stille
und ginc mit gûten wille*n*
rehte under mîn gezelt,
dâ ih lach an daz velt,
und sagete mir, wî iz was comen
unde waz er hête vernomen.
Dô rihtih mih ûf scône
und gab ime mîne crône
unde hiez in sân
wider in sîn gezelt gân
und mit sinne handelen sîn dinc.
Ih sprah: ›Dirre jungelinc
ne mah dîn niht irkennen.
Alexander saltu dih nennen
und jehe des neheine wîs,
daz du Tholomeus sîs,

5186 willen] wille.

was sein Anliegen sei.
Da antwortete der junge Herr:
›Candacis ist meine Mutter.
Vernimm um deiner Güte willen
mein tiefes Leid, das ich dir klage.
Ich hätte gerne deine Hilfe.
Ich habe meine Frau verloren,
die mir lieb war wie das Leben.
Zu meinem Unglück ist das geschehen.
Die Dame hat mir
ein König entrissen, der ist anmaßend
und residiert hier in der Nähe.
Um Unterstützung bin ich zu dir gekommen,
und kannst du mir dazu verhelfen,
dass ich sie zurückgewinne,
belohne ich dich dafür in Freundschaft.‹
  Als mein Gefolgsmann Tholomeus
die Klage des Herrn gehört hatte,
da schwieg er ganz still
und ging in guter Absicht
geradewegs in mein Zelt,
wo ich mich auf dem Feld aufhielt,
und sagte mir, wie es gekommen war
und was er gehört hatte.
Da richtete ich mich würdig auf
und gab ihm meine Krone
und befahl ihm sogleich,
zurück in sein Zelt zu gehen
und seine Sache mit Verstand zu betreiben.
Ich sprach: ›Dieser junge Mann
kann dich nicht kennen.
Alexander sollst du dich nennen,
und gib in keiner Weise zu,
dass du Tholomeus bist,

und heiz mih dir gewinnen.
Antigonus saltu mih nennen,
und gebût mir alse dînen man,
daz schiere werde widertân,
daz dir hêre hât geclagit.
Alse wir haben hie gesaget,
daz tû wir mit sinne;
und heiz mir ime gewinnen
schîre widere sîn wîb,
alsô lieb, sô mir sî der lîb.‹
Di hêren beide tâten,
des si wâren berâten.
Tholomeus di crône entfienc.
Zô sinen gezelde er gienc
in allen den gebêre,
alser Alexander wêre.
Nâh Alexandere er sante,
Antigonus er in nante.
Dô sprah er zô *[25d]* Candaulo:
›Gehabe dih wol und wis frô,
dîn bete wirt geleistet.
Du hâs wol vereischet,
daz ih Alexander bin genant.
Macedonia is mîn lant,
dannen bin ih here comen.
Daz mahtu haben wol vernomen.
Persen ist mir undertân,
Parthis unde Indiân,
di stênt an mîner gewalt.
Ih wil mit dir, helt balt,
hinnen senden disen man,
der dir wol gehelfen kan.
Ih gebe ime heris alsô vile,
alse er is selbe nemen wile.
Er ist Antigonus genant.
Den fûre in daz selbe lant,

und befiehl, mich zu dir holen zu lassen.
Antigonus sollst du mich nennen,
und befiehl mir, als wäre ich dein Gefolgsmann,
damit schnell wieder gutgemacht wird,
was dieser Herr beklagt hat.
Wie wir es hier besprochen haben,
wollen wir es mit Verstand ausführen;
und befiehl mir,
schnell seine Frau für ihn zurückzuerobern,
wenn mir mein Leben lieb sei.‹
Die Herren taten beide,
was sie sich überlegt hatten.
Tholomeus nahm die Krone entgegen.
Zu seinem Zelt ging er,
im Auftreten ganz so,
als wäre er Alexander.
Nach Alexander sandte er,
Antigonus nannte er ihn.
Dann sprach er zu Candaulus:
›Gehab dich wohl und sei fröhlich,
deine Bitte wird erfüllt.
Du hast genau herausgefunden,
dass ich Alexander genannt bin.
Makedonien ist mein Land,
von dort bin ich hergekommen.
Das kannst du gewiss gehört haben.
Persien ist mir untertan,
Parthis und Indien
stehen unter meiner Herrschaft.
Kühner Held, ich will mit dir diesen Mann
aussenden,
der dir gewiss helfen kann.
Ich gebe ihm so viel von dem Heer,
wie er selbst davon nehmen will.
Er ist Antigonus genannt.
Den führe in eben das Land,

dâ dîn wîb is inne.
Er veret mit grôzen sinne.
Er gwinnet dir widere dîn wîb,
oder er verlieset den lîb.‹
Dô wânede Candaulus,
daz mîn man Tholomeus
Alexander wêre.
Des frowete sih der mêre.
Dô gwan der helt gût
einen frôlîchen mût,
daz er sulhe helfe gewan.
Dô gereite sih manic man
von mînen gesinde.
Dô vôre wir mit dem kinde.
Dô sagete ih vil stille
mînen lûten mînen wille*n*,
di mih wol irkanten,
daz si alle nanten
mih *Antigonus*.
Dô iz geahtit was alsus,
daz verwandelet was mîn name,
selbe fûrte ih mînen vane*n*.
Mîn volch ih bereitte.
Candaulus uns leitte
ze Bala vor di veste.
Sô getâner geste
wâren si vil ungewone,
alsin dô wâren comen.
Ir state slozzen si zô.
Ze râte gingen dô
di helede vermezzen,
di dâ wâren besezzen,
und sprâchen al besunder,
si nême michil wunder,

5252 willen] wille. 5255 Antigonus] tholomeus. 5258 vanen] uane.

in dem sich deine Frau befindet.
Er geht mit großer Klugheit vor.
Er gewinnt dir deine Frau zurück,
es sei denn, er verliert sein Leben.
Da glaubte Candaulus,
dass mein Gefolgsmann Tholomeus
Alexander wäre.
Darüber freute sich der Gewaltige.
Da wurde der edle Held
von Freude erfüllt,
dass er solche Hilfe erlangt hatte.
Da rüsteten sich viele Männer
aus meinem Gefolge.
Danach zogen wir mit dem jungen Mann.
Da sagte ich ganz heimlich
meinen Leuten, die mich genau kannten,
was ich wollte,
dass sie mich alle
Antigonus nennen sollten.
Als es so angeordnet worden war,
dass mein Name geändert war,
führte ich selbst meine Fahne.
Mein Kriegsvolk machte ich bereit.
Candaulus führte uns
nach Bala vor die Festung.
Solche Fremden
waren sie gar nicht gewöhnt,
wie sie da zu ihnen gekommen waren.
Ihre Stadt schlossen sie zu.
Zurate gingen da
die verwegenen Helden,
die dort belagert waren,
und sprachen alle einzeln,
sie fragten sich sehr,

waz daz here wolde
oder waz iz dâre solde.
Der kuninc, der was ûz gevaren
mit einer creftigen scharen
ûf einen sînen genôz.
Dô wart der angist vil grôz,
di in der stat wâren,
daz sagih û zwâren.
Dô si in allen sîten
daz here gesâhen rîten
ubir di marke,
dô forhten si starke,
daz Porus dannoch lebete
unde dar zô strebete
mit sînes heres craften.
In ir mût si dâhten,
daz er si stôren solde
unde er lôsen wolde
di frowe, wande er was ir mâch,
dar ih was gevarn nâh.
Nû vernemet rehte, waz ih û sage:
Dar nâh ubir drî tage
Candaulus mih bat,
daz wir riten vor di stat,
dâ di frowe was inne.
Daz tâte wir mit sinne.
Dô wir dar quâmen
undiz jene vernâmen,
di in der stat wâren,
si gingen offinbâre
an ir zinnen stân
unde frâgeten uns sân
von ir brustwere
umbe daz uncundige here,
wannen daz comen wêre.
Ouh frâgeten si mêre,

was das Heer wolle
oder was es dort solle.
Der König war
mit einer gewaltigen Schar
gegen einen anderen König ausgezogen.
Da wurde die Furcht derer sehr groß,
die sich in der Stadt befanden,
das berichte ich euch wahrheitsgemäß.
Als sie auf allen Seiten
das Heer über ihr Gebiet
reiten sahen,
da fürchteten sie sehr,
dass Porus noch lebe
und mit seiner Heeresmacht
herbeieile.
In ihrem Innersten dachten sie,
dass er sie vernichten werde
und dass er die Dame
befreien wolle, denn er war ein Verwandter von ihr,
nach der ich ausgezogen war.
Nun vernehmt genau, was ich euch berichte:
Drei Tage später
bat mich Candaulus,
dass wir vor die Stadt reiten sollten,
in der die Dame sich befand.
Das taten wir mit Verstand.
Als wir dorthin kamen
und jene es vernahmen,
die in der Stadt waren,
stellten sie sich offen
auf ihre Zinnen
und fragten uns sogleich
von ihrer Brustwehr herunter
nach dem fremden Heer,
woher das gekommen sei.
Auch fragten sie weiter,

waz si uns hêten getân
unde ob wir si bestân
mit urlûge solden.
Wir sageten, daz wir wolden
ir stat gare zebrechen
unde an in rechen,
beide an ir êre und an ir lîb,
daz si Candaulis wîb
dar in hêten gevân
und dar zô sîne liebe man.
Daz ne wurde schiere widertân,
sô môstens imer scaden hân.
  Dô di burgêre
vernâmen diz mêre
und alsiz in di burg quam,
michil angist si des nam.
Ûf brâchen si daz palas,
dâ di juncfrowe inne was,
zô uns santen si nider
und gâben uns di frowe wider.
Dô lieze wir ir stat stân
unde fûren dannen sân
mit hêren Candaulo.
Dem was sîn herze vil frô.
Der sprah offinbâre,
daz ih des gwis wâre,
woldih mit ime heim comen,
ih gwunnis michelen fromen
von im und von sîner mûter.
Er weste si in den gûten,
si solde mir mîner arbeit
mit liebe lônen âne leit.
  [26a] Dô enbôt ih Tholomeo,
daz ih mit Candaulo
wolde heim ze lande,
durh daz ih irkande

was sie uns getan hätten
und ob wir sie
mit Krieg überfallen würden.
Wir sagten, dass wir ihre Stadt
ganz zerstören
und an ihnen rächen wollten,
an ihrer Ehre und an ihrem Leben,
dass sie Candaulus' Frau
darin gefangen hielten
und dazu seine teuren Gefolgsmänner;
wenn das nicht schnell rückgängig gemacht würde,
so müssten sie für immer Schaden haben.
Als die Stadtbewohner
diese Nachricht hörten
und als sie in die befestigte Stadt gelangte,
ergriff sie große Furcht davor.
Sie brachen den Palast auf,
in dem sich die junge Dame befand,
zu uns sandten sie hinunter
und gaben uns die Dame zurück.
Da ließen wir ihre Stadt stehen
und zogen sogleich
mit Herrn Candaulus fort.
Dessen Herz war von großer Freude erfüllt.
Er sprach öffentlich,
dass ich dessen sicher sein solle,
wenn ich mit ihm heimkommen wolle,
würde ich großen Vorteil
von ihm und von seiner Mutter erlangen.
Er wisse, sie sei so gut,
dass sie mir meine Mühe
mit Freude ohne Leid lohnen werde.
Da ließ ich Tholomeus mitteilen,
dass ich mit Candaulus
heim in dessen Land wolle,
damit ich erkennen

unde mit listen irfunde,
wî iz dâ ze lande stunde,
und ouh daz ih irsêge,
wilher site man dâ phlêge.
Dô wir dannen solden rîten,
des weges in beiden sîten
di hôisten berge ih gesach
(mit wârheit ih daz sagen mach),
dar ie dehein man
in diser we*rl*t zô quam
und di hie an der erden
ie mohten gewerden.
Dô frâgetih mit listen
di lûte, diz wol wisten,
waz ûf den bergen wâre.
Di sageten uffenbâre,
dar ûf wâren besunder
manicfalde wunder:
tier, di wâren eislîch,
und wurme vil freislîch.
Ih sah dâ lange boume,
des nam ih allis goume.
Daz obiz, daz dar ûf wôchs,
daz wa*s* sô ummâzlîchen grôz,
daz ihs nit ne tar sagen.
Ir mohtis uheren spot haben,
wandiz dûhte û ungeloublîch.
Wîntrûbelen, di sach ih,
von den mach ih û sagen,
di ne mohte ein man niht getragen.
Ouh sah ih dâ nuzze,
grôz und niwit lutzil,
grôzer si wâren
danne phedemen zwâren.

5352 werlt] welrt. 5366 was *Hi*] waz.

und klug herausfinden könne,
wie es dort im Land stehe,
und auch damit ich sähe,
welche Gewohnheiten man dort habe.
Als wir fortreiten sollten,
sah ich zu beiden Seiten des Weges
die höchsten Berge
(wahrheitsgemäß kann ich das berichten),
zu denen je ein Mann
auf dieser Welt gekommen war
und die es hier auf Erden
jemals geben konnte.
Da fragte ich klug
die Leute, die es genau wussten,
was auf den Bergen sei.
Die sagten offen,
darauf seien besonders
vielfältige seltsame Erscheinungen:
Tiere, die schrecklich waren,
und überaus grauenerregende Schlangen.
Ich sah dort hohe Bäume,
das alles nahm ich prüfend wahr.
Das Obst, das darauf wuchs,
das war so über die Maßen groß,
dass ich es nicht zu sagen wage.
Ihr könntet darüber spotten,
denn es erschiene euch unglaublich.
Weintrauben sah ich,
von denen kann ich euch sagen,
die konnte ein Mann nicht tragen.
Auch sah ich Nüsse dort,
große, nicht kleine,
größer waren sie wahrhaftig
als Melonen.

Ouh sach ih dâ trachen
und andre manige sachen
und manige grôze slange,
grôze unde lange.
Ûf den boumen sâzen affen
und wilde merekatzin
und freislîch gefugele,
daz hete dâ sîn gesidele.
Vernemet noch mêr, waz ih û sage:
Dô wir gefûren funf tage,
dô sâge wir vor uns stân
ein burch, di was wol getân.
Dar ûf stunt ein palas,
dâ Candacis inne was,
di phlac grôzer gûte.
Di was Candaulis mûter.
Dô si hete vernomen,
daz ir sun was wider comen
und sîn wîb brâhte,
vil liebe si sih gedâhte.
Ingagen uns si dô ginc,
mit grôzen êren si uns entphinc.
Ûf ir houbit si trûc
eine crône von golde sô gût,
daz nie nihein man
neheine bezzere gewan.
Si selbe was harte lussam,
von rehten prîse wol getân.
Si ne was ze kurz noh ze lanc.
Mir was in mînen gedanc
alsô wol ze mûte,
alsih mîne mûter
gesêhe vor andren wîben;
alsô wol was mînem lîbe.

5410 lîbe *Ber.*] libe.

Auch sah ich dort Drachen
und viele andere Dinge
und viele große Schlangen,
große und lange.
Auf den Bäumen saßen Affen
und wilde Meerkatzen
und schreckenerregende Vögel,
die hatten dort ihre Nester.
Vernehmt noch mehr, was ich euch berichte:
Als wir fünf Tage lang gezogen waren,
da sahen wir eine befestigte Stadt vor uns liegen,
die war schön erbaut.
Oben stand ein Palast,
darin lebte Candacis,
die über außerordentliche Großmut verfügte.
Die war Candaulus' Mutter.
Als sie vernommen hatte,
dass ihr Sohn zurückgekommen war
und seine Frau brachte,
war sie erfüllt von freundlichen Gedanken.
Sie ging uns da entgegen,
mit großen Ehren empfing sie uns.
Auf ihrem Haupt trug sie
eine Krone aus so reinem Gold,
dass nie ein Mensch
eine bessere besaß.
Sie selbst war sehr angenehm,
schön, wie es recht zu preisen ist.
Sie war nicht zu klein und nicht zu groß.
Mir war in meinem Herzen
so wohl zumute,
als sähe ich meine Mutter
vor anderen Frauen,
so wohl war mir.

Die edele kuninginne
frâgete dô mit sinne
umbe den man irn sune,
di mit ime was comen,
wande si gerne vernême,
von wilhen lande er quême
und waz sîn gewerb wêre.
Candaulus der mêre
antworte sîner mûter sus:
›Der hêre heizet Antigonus
und is geborn von Kriechlant.
Den hete mit mir gesant
der rîche Alexander
here zô unsen lande.
Zô dînem hûs nie ne quam
sô rehte biderbe ein man.
Von rehte mûzih in loben,
wander is harte wol gezogen
und hât einen kûschen lîb.
Er gwan mir widere mîn wîb.
Diz habe in dînen sinnen
und dankis ime mit minnen
unde mit gûten,
Candacis, trût mûter.‹
Dô entfienc mih mit minnen
di edele kuninginne
und kuste mich an mînen munt
unde leite mih zestunt
in ein scône palas,
daz von ônichîno geleget was.
Di sûlen wâren reine
von edelem gesteine.
Daz dach, daz was guldîn.
Manic wunder stunt dar in.
Di spanbette wâren
(daz sagih û zwâren)

Die edle Königin
fragte ihren Sohn da mit Verstand
nach dem Mann,
der mit ihm gekommen war,
denn sie wolle gern hören,
aus welchem Land er komme
und was sein Treiben sei.
Der edle Candaulus
antwortete seiner Mutter folgendermaßen:
›Der Herr heißt Antigonus
und stammt aus Griechenland.
Den hatte
der mächtige Alexander mit mir
her in unser Land gesandt.
In dein Schloss ist noch nie
ein so wirklich tüchtiger Mann gekommen.
Mit Grund muss ich ihn rühmen,
denn er ist sehr fein gebildet
und gesittet.
Er hat mir meine Frau zurückgewonnen.
Dies bedenke
und danke es ihm mit Freundschaft
und Güte,
Candacis, geliebte Mutter.‹
Da empfing mich
die edle Königin freundlich
und küsste mich auf den Mund
und geleitete mich sogleich
in einen schönen Saal,
der mit Onyx ausgelegt war.
Die Säulen waren makellos
[und] aus Edelsteinen.
Das Dach war aus Gold.
Viel Staunenswertes stand darin.
Die Spannbetten waren
(das sage ich euch wahrheitsgemäß)

von gelûterten golde,
alsiz di frowe wolde.
[26b] Dar ûffe lâgen bettewât,
von rôtem golde wol genât.
Di tabele, dâ si zô saz,
sô si geswêslîchen az,
di was von elfenbeine,
gezîret mit gesteine.
Di benche wâren rôt golt.
Noh mêr ir vernemen sult:
Der palas was hêre,
gezîrt mit manigen êren.
Obene di swibogen
wâren mit golde ubirzogen.
Di manicfalden wunder,
di obene unde under
dar ane stunden irgraben,
di ne mah û nieman gesagen.
Ein wâch ouh dar under flôz,
der was mâzlîchen grôz,
orpimento gelîch,
nâh dem golde verweter sih.
Dâ was michil wunne.
Swenne sô di sunne
obene an den palas schein,
sô schein daz golt al ein
und der wâch der under.
Daz dûhte mir grôz wunder,
dô ihz rehte besach.
Vor wâr ih daz sagen mach.
Dâ was lûtes ein michil maht.
Dô machete eine wirtscaft
di rîche kuninginne
mit grôzeme sinne
iren lieben kinden
und iren ingesinden.

aus reinem Gold,
wie es die Dame wollte.
Darauf lagen Bettdecken,
schön mit rotem Gold genäht.
Die Tafel, an der sie saß,
wenn sie für sich allein aß,
war aus Elfenbein,
geschmückt mit Edelsteinen.
Die Bänke waren aus rotem Gold.
Noch mehr sollt ihr vernehmen:
Der Saal war prächtig,
geschmückt mit vielerlei Zierden.
Oben die Gewölbe
waren mit Gold überzogen.
Die vielfältigen wunderbaren Motive,
die oben und darunter
darin eingegraben waren,
die kann euch niemand nennen.
Ein Fluss strömte auch unterhalb [des Palasts],
der war mäßig breit
[und] glich dem Auripigment,
ähnlich wie Gold war er gefärbt.
Dort herrschte große Wonne.
Immer wenn die Sonne
oben auf den Palast schien,
da leuchteten das ganze Gold
und der Fluss darunter gleichermaßen.
Das schien mir sehr staunenswert,
als ich es genau betrachtete.
Das kann ich als wahr berichten.
Dort befand sich eine große Menge von Leuten.
Da veranstaltete die mächtige Königin
wohlüberlegt
ein Fest
für ihre lieben Söhne
und ihr Gefolge.

Zêrist unde ze leste
hîz si ire geste
vil harte flîzlîchen plegen
und hîz uns genûc geben
allis, des wir wolden
unde des wir haben solden,
beide ih und mîne man.
Siu selbe unsir ware nam.
  Der edelen kuninginnen sal,
der was, alsih û sagen sal,
daz si ze mûse inne ginc,
sô si liebe geste entfienc,
hêrlîch unde reine,
gezîret mit gesteine.
Nidene unde ouh obene
was er wol ze lobene.
Dâ di frowe ze tabelen saz,
alse si tranc unde az,
dâ hinc ein tûre umbehanc,
der was breit unde lanc,
von edelen golde durhslagen.
Mit sîdin wâren dar în getragen
vogele unde tiere
mit manicfalde*r* ziere
unde mit *[...]* manigerslahte varwe.
Daz merketih alliz garwe.
Man mohte dar an scowen
rîter unde frowen
obene unde nidene
mit wunderlîchen bilide.
Zô den enden und an den orten
wâren tûre borten
und elfenbeinîne crapfen,
di hangeten an den ricken.

5485 flîzlîchen] flielichen. 5493 daz] dâ? *EL.* 5506 manicfalder] manicfalden. 5507 mit] mit mit.

Sie befahl,
ihre Gäste die ganze Zeit
überaus eifrig zu bedienen,
und befahl, uns reichlich zu geben
von allem, was wir wollten
und wovon wir haben sollten,
sowohl ich als auch meine Männer.
Sie selbst kümmerte sich um uns.

Der Saal der edlen Königin,
in den sie zu ihrer Mahlzeit hineinging,
wenn sie liebe Gäste empfing,
der war, wie ich euch berichten soll,
prachtvoll und makellos,
verziert mit Edelsteinen.
Unten und auch oben
war er gewiss zu preisen.
Wo die Dame zu Tisch saß,
wenn sie trank und aß,
da hing ein kostbarer Wandteppich,
der war breit und lang,
mit kostbarem Gold durchzogen.
Mit Seide waren dort
Vögel und Tiere eingewebt und gestickt,
mit vielfältiger Verzierung
und in vielerlei Farben.
Das nahm ich alles ganz wahr.
Man konnte darauf
oben und unten
Ritter und Damen
von staunenswertem Aussehen sehen.
An den Kanten und an den Säumen
befanden sich kostbare Borten
und Ringe aus Elfenbein,
die hingen an Gestellen.

Alse man zouh den umbehanc,
manic goltschelle dar an irclanc.
Der umbehanc was hêrlîch,
ime ne wart nie nehein gelîch.
Den meisterde Candacis,
wande si was listich unde wîs,
di rîche kuninginne
mit iren tiefen sinne.
Ouh sah ih dâ ze stunden,
daz vor ir tabele stunden
zwei edele kerzestallen
von lûteren cristallen.
Dâ was gesazt inne
manic scône gimme.
Obene stunden ouh dar an
(daz scowete dâ manic man)
zwêne lîhte carbuncel.
Di naht ne was nie sô tunkel,
si lûhten sô die sterren
nâh unde verre
und sô, daz man in den sal
wol gesach ubir al
in allen enden,
alse dâ vackelen brenten.
Sus hêrlîche
was di frowe rîche
allezît berâten.
In ir kemenâte
was gnâde unde heil.
Dâ ne gebrast nehein teil,
des dâ wesen solde
und des man haben wolde.
*I*h wil û sagen mêre
von der kuninginnen hêre,

5549 Ih] Och.

Wenn man am Wandbehang zog,
erklangen viele goldene Schellen daran.
Der Wandbehang war prächtig,
es gab niemals einen seinesgleichen.
Den hatte Candacis entworfen,
denn sie war kunstreich und klug,
die mächtige Königin
mit ihrer tiefen Einsicht.
Auch sah ich da zu der Zeit,
dass vor ihrer Tafel
zwei kostbare Leuchter
aus lauterem Kristall standen.
Darin waren
viele schöne Juwelen eingesetzt.
Oben befanden sich
(das sahen dort viele Männer)
auch zwei strahlende Karfunkel daran.
Die Nacht war nie so finster,
dass sie nicht wie die Sterne geleuchtet hätten,
nah und fern
und so, dass man im Saal
überall
an allen Enden gut sehen konnte,
als ob dort Fackeln brannten.
So prächtig
war die mächtige Dame
jederzeit ausgestattet.
In ihrer Kemenate
herrschten Behagen und Glück.
Dort fehlte nie etwas,
wovon da etwas sein sollte
und wovon man etwas haben wollte.
Ich will euch weiter berichten
von der vornehmen Königin,

wî ir spil was getân,
sô si ze mûse solde gân:
Mitten in ir palas
ein scône tier geworht was,
daz was alliz golt rôt,
alse siz selbe gebôt.
Daz tier was vil hêrlîch,
eineme hirze gelîch.
An sîn houbit vorne
hattiz dûsint horne.
Ûf allir horne gelîch
stunt ein fugil hêrlîch.
Ûf dem tiere saz ein man,
scône unde wol getân,
der fûrte zwêne hunde
unde ein horn ze sînen munde.
Nidene an dem gewelbe
lâgen *[26[c]]* viere und zwênzich blâsebelge.
Zaller belge gelîch
gingen zwelif man creftich.
Sô si di belge drungen,
di fugele scône sungen
an deme tiere vorn,
sô blies ouh der man sîn horn,
sô galpeden ouh di hunde.
Ouh lûtte an der stunden
daz hêrlîche tier
mit der stimmen alsein pantier,
dem gêt under stunde
ein âdem ûz dem munde,
sûzer den wîrouch.
Der frowen dienist werte ouh
von prîme biz ze nône.
Sô di frowe scône
Candacis ze mûse ginc,
sô stunden dâr an einen rinc

wie ihre Unterhaltung beschaffen war,
wenn sie zur Mahlzeit ging:
Mitten in ihrem Saal
war ein schönes Tier gefertigt,
das bestand ganz aus rotem Gold,
wie sie selbst es befohlen hatte.
Das Tier war ganz prächtig
und glich einem Hirsch.
Auf seinem Kopf vorne
hatte es tausend Hörner.
Auf jedem Horn gleichermaßen
befand sich ein herrlicher Vogel.
Auf dem Tier saß ein Mann,
schön und gut gebaut,
der führte zwei Hunde
und an seinem Mund ein Horn.
Unten an der Wölbung
befanden sich vierundzwanzig Blasebälge.
Zu allen Blasebälgen gleichermaßen
traten je zwölf kräftige Männer.
Wenn sie die Blasebälge betätigten,
sangen die Vögel
vorn auf dem Tier schön,
dann blies auch der Mann sein Horn,
dann kläfften auch die Hunde.
Auch ließ zu der Zeit
das herrliche Tier laut
seine Stimme erschallen wie ein Panther,
dem geht bisweilen
ein Atem aus dem Mund,
der süßer ist als Weihrauch.
Die Aufwartung für die Herrin dauerte auch
von morgens bis nachmittags.
Wenn die schöne Herrin
Candacis zur Mahlzeit kam,
dann standen dort in einem Ring

tûsint jungelinge
von irn ingesinde,
di plâgen hubischeite vile
mit allir slahte seitspile,
unde funf hundrit junchêren,
di mit allen êren
des hobis wol plâgen
unde wazzer gâben
und di dâ ware nâmen
der geste, di dâ quâmen.
Ouh mohte man dâ scowen
funf hundrit juncfrowen
wol gewassen unde smal
und rîterlîch ubir al,
scône under den ougen,
mit guldînen bougen.
Di trûgen an ir lîb
manigen scônen samît,
beide grûne unde rôt,
alsiz di frowe gebôt.
Alse di harfen clungen,
di juncfrowen sungen
und tanzeten unde trâten.
Hei, wî wol daz tâten,
dô sis begunden,
wande siz wol kunden.
Und alse di frowe lussam
ubir hob solde gân,
vor si gingen getwerge
zô der herberge,
di wâren alle wol gezogen.
Daz merket vor ungelogen.
Di trûgen phellîne wât,
di was mit golde wol genât.

5610 tâten *EL*] taten.

tausend Jünglinge
aus ihrem Gefolge,
die verstanden sich auf vielerlei höfische Unterhaltung
mit allerlei Saitenspiel,
und fünfhundert Pagen,
die sich mit aller Ehrerbietung
des Hofes annahmen
und Wasser reichten
und die sich dort
um die Gäste kümmerten, die da ankamen.
Auch konnte man dort
fünfhundert junge Damen anschauen,
schön gewachsen und schlank
und alle höfisch,
schön von Angesicht,
mit goldenen Hals- und Armreifen.
Die trugen am Leib
viele schöne Seidengewänder,
grüne und rote,
wie es die Herrin befohlen hatte.
Wenn die Harfen klangen,
sangen die jungen Damen
und tanzten und schritten einher.
Hei, wie schön sie das taten,
als sie damit begannen,
denn sie verstanden sich gut darauf.
Und wenn die anmutige Herrin
über den Hof schritt,
gingen ihr Zwerge voran
zur Unterkunft für die Gäste,
die [Zwerge] waren alle gut erzogen.
Das nehmt als wahr zur Kenntnis.
Sie trugen seidene Kleidung,
die war schön mit Goldfäden genäht.

Si trûgen grâ unde bunt.
Mir ne wart nie mê kunt
nehein frowe sô lussam
unde alse rehte wol getân.
Si was vor allen wîben
an frumicheit und an ir lîbe
vor allen frowen ûz irkorn.
Si ginc in allen bevorn,
di in den gezîten
in der werlt wâren wîten.
Des nêhisten morgenis frû
di frowe leitte mich dô
in eine andre kemenâten.
Di di geworht hâten,
di wâren listige man.
Dâ stunden rôte steine an,
di lûhten sô di sterren
nâh unde verre.
Des nahtes was dar inne tah
und von lîhte michil gemach.
Dô leitte mih di kuningîn
di dritte kemenâten în,
di was vil hêrsam.
Mit uns ne ginc nieman,
wan wir einigen zwei.
Von edelen holze aspindei
was daz gewerke.
Daz solt ir rehte merken.
Daz holz, daz is tûre,
iz ne mah in den fûre
neheine wîs verbrinnen.
Dô leitte si mih dannen
in eine kemenâten hô,
di was gemachit alsô

Sie trugen graue und graugeränderte weiße Eichhornfelle.
Mir wurde nie wieder
eine Dame bekannt, die so angenehm
und so wahrhaft schön gewesen wäre.
Sie war allen Frauen
an Tüchtigkeit voraus und an körperlicher Schönheit
allen auserlesenen Damen.
Sie übertraf sie alle,
die zu diesen Zeiten
in der weiten Welt lebten.
Am nächsten Morgen früh
führte die Dame mich da
in eine andere Kemenate.
Die sie erbaut hatten,
waren kunstfertige Männer.
Dort befanden sich rote Steine,
die leuchteten nah und fern
wie die Sterne.
Nachts war Tag darin
und große Annehmlichkeit durch das Licht.
Danach führte mich die Königin
in die dritte Kemenate hinein,
die war sehr prächtig.
Mit uns ging niemand,
nur wir zwei allein.
Aus dem edlen Holz Aspindei
war der Bau.
Das sollt ihr genau zur Kenntnis nehmen.
Das Holz ist kostbar,
es kann im Feuer
in keiner Weise verbrennen.
Dann führte sie mich fort
in eine hohe Kemenate,
die war so

von starken balken veinen,
grôzen und niwit cleinen,
di meisterde di frowe.
Man mohte dar ane scowen
manige list besunder.
Dâ wâren gesazt under
starkir radere viere.
Starker elfentiere
sehs unde drîzich
(daz was vil hêrlîch)
zugen di kemenâten.
Diz hatte al berâten
di wîse kuninginne.
Ih dâhte in mînen sinne,
dô ih diz alliz besach,
dô hûb ih an unde sprah:
›Wolde got der gûte,
hêtih und mîn mûter
dise kemenâten
alsus wol berâten
mit disen elfanden
heim ze Kriechlande!‹
Ze hant dô ih alsus gesprach,
di kuningîn mih ane sah
und sprah: ›Alexander,
daz wêre ein michil wunder,
hêtistu alsus lîhte
mir nû mîn gestifte
mit dînen worten benomen,
und wâriz ze Kriechen comen
mit sus samfter arbeit,
[26[d]] wênistu, iz ne wêre mir leit?‹
  Vile harte ih underquam,
dô ih der frowen wort vernam

5683 benomen] bonomen.

aus mächtigen Ebenholzbalken erbaut,
großen, nicht kleinen,
die [Kemenate] hatte die Herrin gestaltet.
Man konnte daran
viele besondere Kunstfertigkeiten betrachten.
Darunter befestigt waren da
vier gewaltige Räder.
Sechsunddreißig
starke Elefanten
(das war ganz herrlich)
zogen die Kemenate.
Dies alles hatte
die kluge Königin angeordnet.
Ich dachte nach,
als ich das alles betrachtete,
dann hob ich an und sprach:
›Wollte der gute Gott,
dass ich und meine Mutter
diese Kemenate
so wohl versehen
mit diesen Elefanten
daheim in Griechenland hätten!‹
Gleich nachdem ich das gesagt hatte,
sah die Königin mich an
und sprach: ›Alexander,
das wäre sehr verwunderlich,
hättest du mir nun
das von mir Erbaute
so leicht mit deinen Worten genommen,
und wäre es so mühelos
nach Griechenland gekommen,
glaubst du, es wäre mir nicht leid?‹
   Ganz heftig erschrak ich,
als ich die Worte der Dame vernahm

und ih gehôrte mînen namen;
dô begundih forhten unde scamen.
Sih verwandelôte garwe
mîn sin und mîn varwe.
Dô sprah si: ›Alexander,
nemet dih des wunder,
daz ih dih hie nenne?
Vil wol ih dih irkenne,
daz saltu noh bescowen.‹
Dô leitte mih di frowe
in eine kemenâte,
dâ si behalden hâte
ein bilide nâh mir getân,
dan abe ih û gesagit hân.
Vil leide ih mir gedâhte,
dô di frowe brâhte
daz bilide ze lîhte
unde ze mînen anesihte
daz hatte in irn handen.
Si sprah: ›Alexander,
nû du dîn bilide hâst gesehen,
nû mûstu mir von rehte jehen,
daz ih dih wol irkenne,
wandih dih rehte nenne.
Ih weiz wol, wer du bist.
Dih ne hilfit neheine dîne list,
di du canst, helit balt,
du ne stês an mîner gewalt.
Waz hilfit dir nû dîn craft
unde daz du sigehaft
ubir manic lant wêre?
Persiam di mêre
hâstu zestôret
und Indiam zefûret,
Partos ubirwunden.
Nû hât dih bedwungen

und meinen Namen hörte;
da fürchtete und schämte ich mich.
Meine Stimmung und meine Gesichtsfarbe
wandelten sich vollkommen.
Da sprach sie: ›Alexander,
wundert dich das,
dass ich hier deinen Namen nenne?
Ganz genau erkenne ich dich,
das wirst du noch sehen.‹
Darauf führte mich die Dame
in eine Kemenate,
wo sie ein nach mir gemaltes Bild
aufbewahrte,
wovon ich euch berichtet habe.
Von schmerzlichen Gedanken war ich erfüllt,
als die Dame
das Bild sehen ließ
und es in ihren Händen
vor mein Gesicht hielt.
Sie sprach: ›Alexander,
da du nun mein Bild gesehen hast,
musst du mir jetzt mit Grund zugestehen,
dass ich dich genau erkenne,
weil ich dich richtig nenne.
Ich weiß genau, wer du bist.
Keine deiner Listen,
auf die du dich verstehst, kühner Held, verhilft dir dazu,
dass du nicht in meiner Gewalt stehst.
Was helfen dir nun deine Macht
und dass du siegreich warst
über viele Länder?
Das berühmte Persien
hast du zerstört
und Indien vernichtet,
die Parther überwunden.
Jetzt hat dich

âne fehten ein wîb.
Waz hilfit dir nû manic strît,
den du lange hâs getân?
Nû mahtu rehte wol verstân,
daz nû nieman ne lebet,
swenner sih ze hô verhebet,
swî ime di sâlden volgen,
werdent si ime verbolgen,
si ne kêre zornlîche wider
und wirfit den rîchen der nider
alsô schiere sô den armen.
Des mûz ih dih warnen.
Ouh hâstuz selbe wol gesehen,
wiltu der wârheite jehen.‹
  Mîn zorn mih dar zô dwanc,
daz ih mih karte zô der want
von der kuninginnen.
Dô wart si wol innen
mîner ungebêre
und frâgete, waz mir wêre.
Ih sprah, mir wêre vil zorn,
daz ih hette verlorn
beide witze unde sin.
›Daz ih nû sus vertôret bin,
daz ist mir vil unwert.
Ih hête gerne mîn swert,
ih wolde dih ze tôt*e* slân.
Sê, wî torstistu mih vân!
Sol ih abir hin comen
unde wirt iz danne vernomen
dâ heim ze mînen lande,
dô habih is imer scande,
daz mih bedwungen hât ein wîb.
War zô sol mir nû der lîb?

5751 tôte] tot. 5752 torstistu] tortistu.

eine Frau ohne Kampf bezwungen.
Was helfen dir nun die vielen Kämpfe,
die du lange Zeit geführt hast?
Jetzt kannst du ganz genau verstehen,
dass nun niemand lebt,
der sich zu hoch erhebt,
dessen Glück, wie es ihm auch folgt,
sich nicht voll Wut ins Gegenteil verwandelt,
wenn es gegen ihn aufgebracht wird,
und den Mächtigen ebenso schnell darnieder wirft
wie den Geringen.
Davor muss ich dich warnen.
Auch hast du es selbst genau gesehen,
wenn du bereit bist, die Wahrheit einzugestehen.‹
Mein Zorn zwang mich dazu,
mich von der Königin weg
zur Wand zu kehren.
Da bemerkte sie genau
mein unziemliches Betragen
und fragte, was mit mir sei.
Ich sprach, ich sei sehr zornig,
dass ich Klugheit und Verstand
verloren hätte.
›Dass ich jetzt so zum Narren gemacht worden bin,
das ärgert mich sehr.
Ich hätte gerne mein Schwert,
totschlagen wollte ich dich.
Sieh, wie konntest du es wagen, mich gefangen zu nehmen!
Komme ich wieder von hier fort
und wird es dann
daheim in meinem Land vernommen,
dann habe ich für immer Schande davon,
dass mich eine Frau bezwungen hat.
Was soll mir nun das Leben?

Er is mir ummêre.‹
Sô sprah di frowe hêre:
›Ne zurne nûwit, helt gût,
und habe manlîchen mût.
Ih bin an dir inne
worden grôzer sinne
unde grôzer wîsheit.
Ne lâ dir niwit wesen leit,
daz ih dih alsus hân irvarn.
Dir ne scadet neheiner mûter barn.
Du ne salt den frowen
neheine wîs drowen
noh slân noh schelden.
Ih ne wil dih niwit melden.
Gehabe dih wol und wis frô!
Du hâs Candaulo
wider gewunnen sîn wîb,
daz behaldet dir den lîb.
Irkanten dih di lûte,
dih ne irnerte hûte
von den tôte nehein man;
wande dir ist vil gram
Caracter mîn junger sun,
wande du irslûge Porum,
den vater sînis wîbis.
Du ne darf dînes lîbes
rehte neheine sorge haben,
dir ne mach nieman hie gescaden.‹
Dô leitte siu mih vore baz,
dâ ir slâfgadem was.
Dar inne hienc ein umbehanc,
der was breit unde lanc.
Dô sih der umbehanc entlou*ch*,
dô quam dar ûz der beste rouch,

5791 entlouch] entlou (u *aus* z *gebessert, Roth*).

Es ist mir verhasst.‹
Doch antwortete die hohe Herrin:
›Zürne nicht, edler Held,
und besinne dich auf deine Mannhaftigkeit.
Ich habe an dir
hohen Verstand
und große Klugheit wahrgenommen.
Lass dir nicht leid sein,
dass ich dich so erwischt habe.
Dir tut kein Mensch etwas an.
Du sollst Damen
in keiner Weise drohen
oder sie schlagen oder schelten.
Ich werde dich nicht verraten.
Gehab dich wohl und sei froh!
Du hast Candaulus
seine Frau zurückgewonnen,
das bewahrt dir dein Leben.
Würden dich die Leute erkennen,
würde dich heute
niemand vom Tod retten;
denn mein jüngerer Sohn Caracter
ist feindlich erzürnt gegen dich,
denn du hast Porus erschlagen,
den Vater seiner Frau.
Du brauchst um dein Leben
wirklich nicht zu fürchten,
dir kann hier niemand Schaden zufügen.‹
Dann führte sie mich weiter, dorthin,
wo ihr Schlafgemach war.
Darin hing ein Vorhang,
der war breit und lang.
Als sich der Vorhang öffnete,
da strömte der angenehmste Geruch heraus,

den ie dichein man
umbe ein bette vernam.
Ir bette stunt hêrlîche.
Di kuninginne rîche
bescheinte mi ir wille*n*.
Dô minnetih si stille.
Si sprah, dô ih si gwan
ze wîbe, ih wêre ir man,
[27a] daz ih min trûren lieze stân,
mir ne wurde argis niwit getân.
Dô bat mih di frowe gût,
daz ih getrôste iren mût
unde schiere wider quême
unde ih ir benême
den freislîchen smerzen,
den si an ir herzen
durh mih lîden solde.
Dô sprah ih, daz ih wolde
vil schiere zô ir komen wider.
Dô gienge wir nider,
dâ ir sun*e* wâren.
Dâ sprah si offinbâre
zô den junchêren:
›Mit wî getânen êren
wir disen wîgande
gelônen âne scande,
dem boten des kuninges?
Wêre hie iht sulchis,
des er nemen wolde,
vil gerne manz ime solde
geben unde in lâzen
varen sîne strâze.‹
Des antworte der jungelinc
Karacter, de*r* frowen junger kint.

5797 willen] wille. 5813 sune] sunen. 5826 der] den.

den je ein Mann
um ein Bett herum wahrnahm.
Ihr Bett stand prächtig da.
Die mächtige Königin
zeigte mir, was sie wollte.
Da liebte ich sie heimlich.
Sie sprach, als ich sie
zur Frau gewonnen hatte, ich sei ihr Mann,
dass ich mein Trauern sein lassen solle,
mir werde nichts Schlimmes angetan.
Dann bat mich die edle Dame,
sie zu trösten
und schnell wiederzukommen
und ihr
den schrecklichen Schmerz zu nehmen,
den sie in ihrem Herzen
um meinetwillen leiden müsse
Da sagte ich, dass ich sehr bald
zu ihr zurückkehren wolle.
Dann gingen wir hinunter,
wo sich ihre Söhne befanden.
Da sprach sie öffentlich
zu den jungen Herren:
›Mit welchen Ehren belohnen
wir diesen Helden,
ohne dass es uns Schande macht,
den Boten des Königs?
Gäbe es hier etwas,
wovon er nehmen wollte,
sollte man es ihm sehr gerne
geben und ihn
seines Wegs ziehen lassen.‹
Darauf antwortete der junge
Karacter, der jüngere Sohn der Dame:

›Ih wil ime eine gâbe geben,
di ime hûte gêt an daz leben:
mit mînem swerte einen slach,
den er verwinnen nit ne mach,
Alexandro ze leide,
wander slûch mînen eidem.
Des bin ih imer unfrô.‹
Sus antwortime dô
Candaulus unde sprah:
›Swer ime hie tût diheinen slach,
mir ne breste daz swert,
er wirt eines grôzeren gewert
von mînes selbis handen,
wander rach mînen anden
und gwan mir widere mîn wîb.
Ih wil ime hûte sînen lîb
gesunt al hie behalden,
sol is gelucke walden.‹
Karacter zô sînem brûder sprach:
›Mir is vil harte ungemah,
daz du den wilt vor stân,
des hêre mir hât getân
harte vil ze leide:
Er slûch mir mînen eidem.
Dar umbe wil ih hûte geben
mîn lîb umbe sînen leben
oder kiesen mit ime den tôt,
wandih stunt in grôzer nôt
vor sînen hêren Alexandren.
Daz wirt ime nû ze scanden.‹
Dô wart mir vil leide.
Di junchêren beide
griffen zô den schilden.

5831 ze leide] zeleiden.

›Ich will ihm ein Geschenk geben,
das ihm heute ans Leben geht:
einen Schlag mit meinem Schwert,
den er nicht verwinden kann,
Alexander zuleide,
denn der hat meinen Schwiegervater erschlagen.
Darüber werde ich für immer traurig sein.‹
Da antwortete ihm
Candaulus folgendermaßen und sprach:
›Wer immer ihm hier einen Schlag versetzt,
der wird, wenn mir nicht das Schwert zerbricht,
einen heftigeren bekommen
von meiner eigenen Hand,
denn er hat meinen Schmerz gerächt
und mir meine Frau zurückgewonnen.
Ich will ihm heute hier Leib und Leben
ganz unversehrt bewahren,
wenn das Glück es will.‹
  Karacter sprach zu seinem Bruder:
›Mich stört sehr,
dass du den verteidigen willst,
dessen Herr mir
sehr viel zuleide getan hat:
Er hat mir meinen Schwiegervater erschlagen.
Darum will ich heute
mein Leben um sein Leben geben
oder den Tod mit ihm wählen,
denn ich war von großem Leid erfüllt
durch seinen Herrn Alexander.
Das bringt ihm jetzt Schande ein.‹
  Das schmerzte mich da sehr.
Die jungen Herren griffen beide
zu den Schilden.

Dô sprach di frowe milde,
Candacis di kuninginne,
mit michelen sinne
zô mir verholenlîche:
›Alexander, helt rîche,
du salt durh den willen mîn
hûte lâzen werden schîn,
ob du bist alsô wîs,
alse man saget, daz du sîs.
Sô scheit mit listen disen strît.‹
In der selber zît
sprah ih zô den junchêren:
›Des hêttir lutzil êre,
slûgit ir einen ellenden man.
Ouh wêriz ubile getân.
Iz ne was nie reht,
daz sihe*ini*me kneht
oder siheineme bote
dihein hêre missebote.
Iz ne wêre des wert,
daz ieman sîn swert
ubir mih hie irzoge.
Ih bin mînis hêren herzoge,
er hiez mih fûren sînen vanen.
Hêtih û gedienet wol dar ane,
des wêre mir nû nôt,
ih lige noh ungerne tôt.
Lâzent mir den leben hân,
daz ist û bezzer getân.
Sô wil ih û sweren daz,
daz irs getrûwet deste baz,
ih bringe û Alexanderen
und mit ime niemanne anderen

5876 siheinime] sihemme. 5879 Iz] ih? *App. Ki.*

Da sprach die gütige Herrin
Candacis, die Königin,
sehr verständig
im Verborgenen zu mir:
›Alexander, mächtiger Held,
du sollst um meinetwillen
heute zeigen,
ob du so klug bist,
wie man sagt, dass du seist.
Dann schlichte diesen Streit mit Verstand.‹
Sogleich
sprach ich zu den jungen Herren:
›Ihr hättet wenig Ehre davon,
erschlügt ihr einen landfremden Mann.
Auch wäre es eine üble Tat.
Es war nie recht,
dass ein Herr einen Diener
oder einen Boten
angreift.
Es wäre seiner unwürdig,
wenn jemand sein Schwert
hier gegen mich zöge.
Ich bin der Heerführer meines Herrn,
er hieß mich seine Fahne führen.
Hätte ich euch dabei guten Dienst geleistet,
sollte mir das nun zustatten kommen,
ich sterbe noch nicht gerne.
Lasst mich am Leben,
das ist besser für euch.
Dann will ich euch das schwören,
damit ihr es umso mehr glaubt,
ich bringe euch sehr bald Alexander
und niemand anderen mit ihm

vil schiere an uhere gwalt,
und lâzt ir dan den helt balt
genesen, sô tût ir wole.
Den tôt ih noh ungerne dole.‹
Dô sprah di frowe rîche
zô irn kinden lieblîche:
›Ir ne sulit niwit scaden
mînen gaste, den ih haben.
Er ist ein unsculdich man.
Û hât leide getân
sîn hêre Alexander,
der veret hie in dem lande.
Sendet disen hêren
wider mit uheren êren.
Woldet ir an einen gaste
tûn uher laster,
des wurde after lande
gebreitet uher scande.‹
Sus behîlt ih den lîb.
Daz vil listige wîb
ne sagite niemanne daz,
[27b] daz ih Alexander was.
Nâh dise sûze wort
wart garwe zestôrt
unsir allir vîentscaft,
und wart ein stête frûntscaft
zô mir von den hêren,
und gâben mir mit êren
hêrlîche gâbe,
golt âne wâge
unde einen halsperg gût.
Des wart gefrowet mîn mût,
wander was maniger marke wert.
Den ne mohte spere noh swert
durhsnîden noh durhstechen
noh nieren durhbrechen

in eure Gewalt,
und wenn ihr dann den kühnen Helden
am Leben lasst, so handelt ihr richtig.
Ich möchte noch nicht gerne sterben.‹
Da sprach die mächtige Herrin
freundlich zu ihren Söhnen:
›Ihr sollt meinem Gast,
den ich habe, keinen Schaden zufügen.
Er ist ein unschuldiger Mann.
Euch hat sein Herr Alexander
Leid zugefügt,
der hier in diesem Land umherzieht.
Sendet diesen Herrn
mit euren Ehrerweisungen zurück.
Wolltet ihr einem Gast
antun, was schimpflich ist für euch,
würde deswegen im Land
eure Schande verbreitet.‹
So behielt ich das Leben.
Die überaus kluge Frau
sagte es niemandem,
dass ich Alexander war.
Nach diesen freundlichen Worten
wurde unser aller Feindschaft
ganz beigelegt,
und es kam zu einer beständigen Freundschaft
der Herren mir gegenüber,
und sie gaben mir mit Ehren
prächtige Geschenke,
Gold, ohne es abzuwiegen,
und ein treffliches Panzerhemd.
Darüber freute ich mich,
denn es war viele Mark wert.
Das konnte weder Speer noch Schwert
durchschneiden oder durchstechen
oder irgend durchbrechen

noh der wâfene nichein,
daz di sunne ie beschein.
Si gâben mir noh dan
eine gâbe vil hêrsam,
di was mir wol ze danke:
einen sô gûten mantel,
daz nie nehein man
neheinen bezzeren gwan.
Ouh gab mir ze minnen
di liebe kuninginne
eine gûte crône.
Di was vile scône,
von einem adamante hart
mit allen flîze gewart.
Si sprah, si wêre mir reht,
wandih wêre ein gût kneht
lîbis unde gûtes
und eines harten mûtes.

Dô leite mih mit sinne
di rîche kuninginne
heimlîche in ire behalt,
in eine cruft, di was alt.
Gerne ginc ih mit ir.
Dô sagete si mir,
wî dâ gote sâzen
zô irn tische und âzen.
Dô ih dô dar în quam,
di wârheit ih dâ vernam:
Dâ vant ih gote manige,
di sâzen dâ ze samene.
Al ne mugit is nit gelouben,
in lûhten di ougen
alse brinninde liehtfaz.
Harte irforhtih mih daz.
Ein der gote, der grûzte mih,
der sprah: ›Ganc here unde sih!

und auch keine andere Waffe,
auf die die Sonne jemals schien.
Sie gaben mir außerdem noch
eine ganz herrliche Gabe
als Dank für mich:
einen so kostbaren Mantel,
dass nie ein Mann
einen besseren bekam.
Auch gab mir
die liebe Königin zur Erinnerung
eine kostbare Krone.
Die war sehr schön,
aus einem harten Diamanten
mit ganzer Sorgfalt gefertigt.
Sie sprach, sie sei passend für mich,
denn ich sei ein edler Krieger,
meine Person und meinen Besitz betreffend,
und von fester Gesinnung.
Danach führte mich
die mächtige Königin wohlüberlegt
an ihren heimlichen Ort,
in eine Gruft, die war alt.
Gerne ging ich mit ihr.
Da berichtete sie mir,
wie dort Götter
an ihren Tischen saßen und speisten.
Als ich dort hineinkam,
sah ich da, dass das wahr war:
Dort fand ich viele Götter,
die saßen dort zusammen.
Obgleich man es nicht glauben kann,
leuchteten ihnen die Augen
wie brennende Lampen.
Das versetzte mich sehr in Furcht.
Einer der Götter grüßte mich,
der sagte: ›Komm her und schau!

Wiltu bescowen wunder,
sô ganc her vorder under *[…]*.‹
Dô ih dar under in quam,
grôz wunder ih dâr vernam.
Ein genibele was dâ vil grôz.
Vil starke mih des verdrôz.
Ouh lûhten dâ sterren
nâh unde verre.
Dâ sach ih einen grôzen man,
der was alse ein got getân.
Sîn gesidele was hêrlîch.
Der redete vile wider mih.
Der got alsus ze mir sprach:
›Dô ih dih allerletzist sah,
ze Libien, des nist niht lanc.
Nû habe michelen danc,
daz du ze mir bist comen.‹
Ih sprah: ›Des nâm*ih* gerne fromen,
ob tu mir sagen woldes,
wî lange ih leben solde.
Wiste ih wêrlîche daz,
mir wêre lange deste baz
beide naht unde tach;
sô sturbih ouh âne ungemach.‹
Dô antworte mir der got
und sprah: ›Ih sage dir âne spot,
daz nehein erdische man
sînen tôt wizzen ne kan,
wandiz ne wêre ime niwit gût,
er ne wurde niemer wol gemût.
Iz ne quême ime niwit rehte,
swanner dar ane dêhte.
Ime ne wêre niwit deste baz,
wane alser sturbe al den tach.

5966 vorder under] uor der under under do *(App. Ki und Korrektur Roth nicht eindeutig).* 5982 nâmih] nam̄

Willst du Wundersames betrachten,
so geh hierher vorwärts.‹
Als ich dorthin unter sie trat,
nahm ich dort ganz Staunenswertes wahr.
Sehr dichtes Gewölk war dort.
Das war mir sehr lästig.
Auch leuchteten dort Sterne,
nah und ferne.
Dort sah ich einen großen Mann,
der sah aus wie ein Gott.
Sein Sitz war prächtig.
Der redete viel mit mir.
Der Gott sprach folgendermaßen zu mir:
›Als ich dich zuletzt sah,
in Libyen, das ist nicht lange her.
Nun hab großen Dank,
dass du zu mir gekommen bist.‹
Ich sprach: ›Ich zöge gerne Vorteil daraus,
wenn du mir sagen wolltest,
wie lange mir bestimmt ist zu leben.
Wüsste ich das wahrheitsgemäß,
ginge es mir Nacht und Tag
viel besser;
dann stürbe ich auch, ohne zu klagen.‹
Da antwortete mir der Gott
und sprach: ›Ich sage dir ohne Scherz,
dass kein Mensch auf Erden
das Wissen um den Zeitpunkt seines Todes ertragen kann,
denn es wäre nicht gut für ihn,
er würde nie wieder froh.
Es käme ihm nicht gelegen,
wann immer er daran dächte.
Ihm ginge es nicht besser,
als wenn er jeden Tag stürbe.

Wene ih sage dir ein dinc,
daz saltu wizzen, jungelinc:
Eine stat hâstu gebûwet,
di hâstu wol vernûwet,
di heizet Alexandria:
Man sol dih noh begraben dâ.‹
Niwit mêr ne sprah er mir zû.
Wider ûz gienc ih dô
zô den junchêren.
Di liezen mih mit êren.
Ouh schiet ih mit minnen
von der kuninginnen.
Di kustih an irn munt
und hiez si blîben gesunt
und quam zô mînen mannen.
Dâ wart ih wol entfangen.
Vil wol si mîn phlâgen,
wande si mih gerne sâgen.
Dannen fûre wir dô
durh berge, di wâren hô,
unde slûgen unse gezelt
ûf an ein breit felt,
und hiez briebe scrîben
zô den urlûges wîben,
di sîn Amazones genant,
[27c] Amazonia hîz ir lant.
Ih enbôt ir kuninginnen
mîne holde minne
in mînen brieve
und harte vil ze liebe
und hiez, daz si mir sande
den zins von irn lande.
Dô mîn bote dar quam
und si von ime den brieb genam
und si rehte gelas,
daz dar in gescriben was,

Nur eines sage ich dir,
das sollst du wissen, junger Mann:
Eine Stadt hast du erbaut,
die hast du prachtvoll neu gegründet,
die heißt Alexandria:
Man wird dich dort noch begraben.‹
Weiter sprach er da nicht zu mir.
Da ging ich wieder hinaus
zu den jungen Herren.
Die ließen mich mit Ehren ziehen.
Auch schied ich in Freundschaft
von der Königin.
Die küsste ich auf ihren Mund
und wünschte ihr, dass sie gesund bleibe,
und kam zu meinen Männern.
Da wurde ich angemessen empfangen.
Sehr gut nahmen sie sich meiner an,
denn sie sahen mich gerne.
Fort zogen wir da
durch Berge, die hoch waren,
und schlugen unsere Zelte
auf einem weiten Feld auf,
und [ich] befahl, Briefe zu schreiben
an die kriegerischen Frauen,
die sind Amazonen genannt,
Amazonia hieß ihr Land.
Ich entbot ihrer Königin
in meinem Brief
meine Gewogenheit und Zuneigung
und sehr viel Angenehmes,
und forderte, sie solle mir
Tribut aus ihrem Land senden.

Als mein Bote dorthin gekommen war
und sie den Brief von ihm genommen
und genau gelesen hatte,
was darin geschrieben war,

dô antwortime mit sinne
der frowen kuninginne:
›Waz wil der mêre wîgant
here in unser magede lant
mit alsô creftegen here?
Beginne wir ime di rîche weren
unde irslehet er uns dan alle samen,
des mah er imer sih gescamen,
wander hât is lutzil êre.
Ouh sage ih dir mêre:
Man wenttiz ime ze scanden
hie unde in allen landen,
dat er mit sînen knehten
wider magede wolde vehten.
Gibit uns abir got daz heil,
daz wir daz bezzere teil
gewinnen inne den strît
(des sal er denken enzît),
unde wirt er danne sigelôs,
sô ist er imer êrenlôs
under sînen genôzen,
cleinen unde grôzen.
Wil er fridelîche
comen in unse rîche,
wir dienen ime mit êren.
Diz sage dîneme hêren.‹
Mit sus getânen urbote
quam wider zô mir mîn bote.
 Ingagen mir dô sande
di frowe von dem lande
magide driu tûsant,
di trûgen phellîn gwant.
Daz was ein hêrlîch scare.
Vor mir quâmen si gare
vil gezogenlîche
und nigen mir algelîche

da antwortete ihm
die Königin der Damen voll Klugheit:
›Was will der berühmte Held
hier in unserem Mädchenland
mit einem so gewaltigen Heer?
Verteidigen wir die Reiche gegen ihn
und tötet er uns dann alle zusammen,
hat er Grund, sich dessen für immer zu schämen,
denn er hat wenig Ehre davon.
Auch sage ich dir mehr:
Man rechnet es ihm als Schande an,
hier und in allen Ländern,
dass er mit seinen Kriegern
gegen Jungfrauen hatte kämpfen wollen.
Verleiht uns jedoch Gott das Glück,
dass wir die Oberhand
im Kampf gewinnen
(das soll er beizeiten bedenken),
wenn er dann besiegt wird,
dann ist er für immer ohne Ansehen
unter allen
seinesgleichen.
Wenn er friedlich
in unser Reich kommen will,
dienen wir ihm mit Ehren.
Dies sag deinem Herrn.‹
Mit solchem Anerbieten
kam mein Bote zu mir zurück.
Mir entgegen sandte da
die Herrin des Landes
dreitausend Jungfrauen,
die trugen seidene Gewänder.
Das war eine prächtige Schar.
Vor mich kamen sie alle
in höfisch gesitteter Weise
und verneigten sich alle gleichermaßen vor mir

mit magedelîchen sinnen.
Dô entfienc ih si mit minnen.
Dô sprah der frowen eine,
di was ein magit reine:
›Heil sî dir, kuninc hêr,
beide nû und imer mêr!
Dir entbûtit unse frowe
âne valsc mit rehter trûwe
ir dienist unde alliz lieb.
Si hât gesant dir einen brieb
unde hêrlîche lînwât,
phellil unde cindât.‹
Dô danketih der frowen
der minnen und der trûwen
und der grôzen liebe.
Dô greif ih zô den briebe.
Selbe ih dar inne las,
daz dar an gescriben was,
wî sih di frowen trageten
und sih bewaret habeten
vor andre wîgande,
di bî irn lande
wâren gesezzen,
rîche und vermezzen:
›Swî gwaldich si wâren,
si bewarten wol zwâren,
daz si ie roub oder brant
gestiften in unse lant,
sint daz Cyrus irstarb,
der ouh mit urlôge warb.
Der quam zeinen stunden
mit grôzer samenunge
gevaren in unse marke
und urlougete uns starke.

6102 samenunge] samenungen.

mit jungfräulichem Sinn.
Da empfing ich sie liebenswürdig.
Da sprach eine der Damen,
die war eine reine Jungfrau:
›Heil sei dir, erhabener König,
jetzt und für immer!
Dir entbietet unsere Herrin
ohne Falsch in wahrer Treue
ihren Dienst und alles Liebe.
Sie hat dir einen Brief gesandt
und herrliches Leinenzeug,
Seidenbrokat und Taffet.‹
Da dankte ich der Dame
für die Liebenswürdigkeit, die Aufrichtigkeit
und die große Freundlichkeit.
Dann griff ich zu dem Brief.
Selbst las ich darin,
was darin geschrieben war,
wie sich die Damen verhielten
und sich geschützt hatten
vor anderen Kriegern,
die in der Nachbarschaft ihres Landes
ansässig waren,
mächtigen und verwegenen:
›Wie gewaltig sie auch waren,
sie hüteten sich ganz gewiss,
jemals Raub oder Brandschatzung
über unsere Länder zu bringen,
seit Cyrus gestorben war,
der auch einen Krieg begonnen hatte.
Der war einstmals
mit einer großen Schar
in unser Grenzland gezogen
und hatte uns heftig bekriegt.

Des verlôs er den lîb.
Den slûg ein urlôgis wîb,
geheizen Cassandra.
Di was in unsem lande *dâ*
kuningîn und frowe.
Daz sage wir dir in trûwen.‹
  Dô ih den brief dô gelas,
alser mir gescriben was,
und ih ouh hete gehôrt
dirre scônen juncfrowen wort,
dô trôstih di magetîn.
Ih sprah: ›Ir sult gwis sîn,
wandirz wol sult irvaren:
Daz ih here bin gevarn,
daz ne sal û, frowen, *comen*
ze neheinen unfromen.
Ih tetiz durh di scu*l*de,
daz ih irvaren wolde
di manicfalden wunder,
di mir dicke besunder
von û wâren gesagit.
Sage dîner frowe, maget,
daz si mit gnâden sî
und von allen sorgen frî.
Ih bin ir stêtige frûnt.
Sage ir, daz s*i* sî gesunt.‹
Di frowen kuster an irn munt.
Dô hûben si sih an der stunt
und fûren heim ze lande.
Mîne wîgande,
di wurden inniclîchen frô.
Dannen fûre wir dô.
Sint irfûr ih manich lant.
Manic wundir ih irvant,

6108 dâ] *fehlt.* 6119 comen] *fehlt.* 6121 sculde] scude. 6130 si] sv.

Deshalb hatte er das Leben verloren.
Ihn hatte eine Kriegerin
namens Cassandra erschlagen.
Die war dort in unserem Land
Königin und Herrin.
Das berichten wir dir wahrheitsgemäß.‹

Als ich da den Brief gelesen hatte,
wie er an mich geschrieben war,
und auch die Worte
dieser schönen jungen Dame gehört hatte,
da sprach ich den Mädchen Zuversicht zu.
Ich sagte: ›Ihr sollt sicher sein,
denn ihr werdet es genau erfahren:
Dass ich hierher gezogen bin,
das soll euch, ihr Damen, nicht
zu irgendeinem Nachteil ausschlagen.
Ich tat es aus dem Grund,
weil ich die vielfältigen verwunderlichen Dinge
erkunden wollte,
die mir oft besonders
von euch berichtet waren.
Sag deiner Herrin, Jungfrau,
dass sie glücklich
und von allen Sorgen frei sein möge.
Ich bin für immer ihr Freund.
Sag ihr, sie möge gesund bleiben.‹
Die Damen küsste er auf ihren Mund.
Da brachen sie sogleich auf
und zogen heim in ihr Land.
Meine Krieger
wurden von Herzen froh.
Fort zogen wir da.
Seither durchzog ich viele Länder,
viel Wundersames lernte ich kennen,

daz ih sah und vernam.
Vil dicke mir ouh missequam.«
  [27d] Hie endet sih der brieb,
dar ane leit unde liep
*Al*exander screib,
di er in fremeden landen leit,
und den er heim sande
sîner mûter ze lande,
der frowen Olympiadi,
und sînen meistre Aristotili.
  Sint erfûr er gnûch,
beide velt unde brûch
unde lant unde walt.
Ouh erfûr sint der helt balt
ze staten unde burgen
mit froweden und mit sorgen.
Sint môster entwîchen
den armen und den rîchen.
Des wart sîn gewalt
vil verre gezalt
in allin ertrîche
ubir manigen kuninc *rîche*,
di in alle êreten
und sînen lob mêreten
und ime zins sanden
alle von irn landen.
Des ne dûhte ime allis niht genûc.
Sin hôhmût in dar zû trûc,
daz er sih hîz wîsen
gegen den paradîse.
Daz wolder bedwingen
und zins ouh dannen bringen
von den engelischen chôren.
Hî muget ir tumpheit hôren,

6143 Alexander] anlexander. 6160 rîche] *fehlt.*

das ich sah und hörte.
Sehr oft ist es mir auch schlimm ergangen.«
Hier endet der Brief,
in dem Alexander
Leid und Freude niederschrieb,
die ihm in fremden Landen widerfuhren,
und den er heimsandte
an seine Mutter in ihr Land,
die Herrin Olympias,
und an seinen Lehrer Aristoteles.
Seither bereiste er vieles,
Feld und Sumpf
und Land und Wald.
Auch zog der kühne Held
zu Städten und Burgen
mit Freude und mit Leid.
Danach musste er
Niedriggestellte und Mächtige hinter sich lassen.
Deshalb wurde
weithin auf dem ganzen Erdreich
von seiner Macht
über viele mächtige Könige erzählt,
die ihn alle ehrten
und seinen Ruhm vergrößerten
und ihm alle aus ihren Ländern
Tribut sandten.
Das schien ihm alles nicht genug.
Sein Hochmut trieb ihn dazu,
dass er befahl, ihn zum Paradies
zu führen.
Das wollte er bezwingen
und auch von dort Tribut davontragen
von den Engelschören.
Hier könnt ihr von Torheit hören,

wî er des begunde.
An der selben stunde
frâgeter sîne holden,
waz si ime râten wolden,
wî er dar zô solde comen,
daz er daz mohte gefromen,
daz er mit here quâme dare,
dâ er di engelische scare
mohte bedwingen
und ime undertânich bringen.
Dô sprâchen sîne fursten,
di iz getûn torsten,
wande si wîs wâren.
Si rieten ime offinbâre,
daz er sih vil rehte
hî umbe bedêhte
und mit gnâden lebete
und wider gote niht ne strebete,
sô têter wîslîche.
Dô sprâchen al gelîche
di tumben jungelinge
zô disem tegedinge:
»Kuninc Alexander,
wir râten dir ein ander.
Du salt gedenken, helt balt,
dise lûte, di sîn alt
und unlustich unde laz,
di dir haben gerâten daz,
daz du hî blîbis.
Si vorhten des lîbis.
Heiz dih, hêre, wîsen
zô den paradîse.
Daz saltu bedwingen
mit dînen jungelingen.
Dar sole wir dir helfen zô
beide spâte unde frû.

wie er es anfing.
Sogleich
fragte er seine Untergebenen,
was sie ihm raten wollten,
wie er dazu kommen solle,
dass er das bewirken könne,
dass er mit dem Heer dorthin komme,
wo er die Scharen der Engel
bezwingen
und ihm untertan machen könne.

Darauf sprachen seine Fürsten,
die das zu tun wagten,
weil sie klug waren.
Sie rieten ihm öffentlich,
dass er sich hierin
ganz richtig besinnen
und glücklich leben
und nicht gegen Gott streben solle,
dann handle er weise.
Da sprachen die unerfahrenen Jünglinge
alle gleichermaßen
bei dieser beratenden Versammlung:
»König Alexander,
wir raten dir etwas anderes.
Du sollst bedenken, kühner Held,
diese Leute sind alt
und missvergnügt und träge,
die dir das geraten haben,
dass du hier bleiben sollst.
Sie fürchten um ihr Leben.
Befiehl, Herr, dich zum Paradies
zu führen.
Das wirst du
mit deinen jungen Männern bezwingen.
Dazu werden wir dir
jederzeit verhelfen.

Jo hâstu dînes willen
offenlîche und stille
irworben ein vil michil teil.
Wir lâzenz, hêre, ane daz heil
und îlen dar hine varen
mit einer hêrlîchen scaren,
wande wir haben ein michil here.
Wir suln mit schilde und mit spere
dînen willen irwerben
oder genendiclîchen sterben.«

Alexandro dûhte in sînen mût
der tumber lûte rât gût.
Daz was ein michil tumpheit.
Des quam in manich arbeit
der tobende wûterîch.
Der was der hellen gelîch,
di daz abgrunde
begenit mit irn munde
und den himel zô der erden,
und ir doh niht ne mac werden,
daz si imer werde vol;
si is daz ungesatlîche hol,
daz weder nû noh nie ne sprah:
»Diz ist, des ih niht ne mach.«
Alsô tete Alexander,
di fromete manich wunder.
Der quam durh sîne giricheit
in vil michil arbeit.
Er ne wolde niwit sûmen,
er begundiz dâr rûmen
unde fûr dannen
mit allen sînen mannen
ubir berg unde tal
unde manigen stîch smal,
dâ er mûste sturmen
mit freislîchen wurmen

Fürwahr, du hast einen sehr großen Teil dessen,
was du willst,
öffentlich und im Verborgenen erreicht.
Wir lassen es, Herr, auf das Glück ankommen
und ziehen eilends dorthin
mit einer herrlichen Schar,
denn wir haben ein großes Heer.
Wir werden mit Schild und mit Speer
deinen Willen durchsetzen
oder tapfer sterben.«
Alexander erschien in seinem Herzen
der Rat der törichten Leute gut.
Das war eine große Torheit.
Dadurch kam der rasende Wüterich
in große Bedrängnis.
Der glich der Hölle,
die den Abgrund
mit ihrem Maul gähnend verschlingt
und den Himmel zur Erde dazu,
doch kann es ihr nicht zuteil werden,
dass sie jemals voll wird;
sie ist das unersättliche Loch,
das weder jetzt noch jemals sprach:
›Dies ist, was ich nicht vermag.‹
So handelte Alexander,
der vielerlei staunenswerte Taten vollbracht hatte.
Der geriet durch seine Unersättlichkeit
in sehr große Bedrängnis.
Er wollte sich nicht aufhalten,
er entfernte sich dorthin
und zog
mit all seinen Männern fort,
über Berg und Tal
und viele schmale Steige,
wo er
mit schrecklichen Drachen

unde *mit* den tieren.
Dô hoffeter, daz er schiere
quâme ûz der nôt.
Iedoh vorhter den tôt,
swî stolzmûte sô er was.
Daz er dâ genas,
daz was gotis wunder.
Dô gerou besunder
allen, di dâ wâren,
stille und offinbâre
di tumplîche herevart,
wande si liden manigen sturm hart
von stark*en* gewidere.
Daz treib si dicke widere
in ir ungewalt.
Des verzwîbelte der helt balt,
der mûlîche Alexander
und vil manich *[28a]* ander,
manich jungelinc gemeit.
Di vart *[…]*, di was vil leit
Alexandro zô dem mâle,
swî erz dô verhâle
dur werltlîche scande.
Wârer dô ze lande,
er ne quême niemer mêr dar
(daz sult ir wizzen vor wâr),
wande si liden ungemach
beide naht unde tach
von dunre und von blicke.
Er manete sîne dicke,
daz si balde fûren.
Er hîz si starke rûren,
biz si dar quâmen,
dâ si volc vernâmen

6245 mit] uon. 6257 starken] starke. 6264 Di vart] di uart di uarth.

und mit wilden Tieren kämpfen musste.
Da hoffte er, schnell
aus der Bedrängnis herauszukommen.
Er fürchtete doch den Tod,
von wie stolzer Gesinnung er auch war.
Dass er da überlebte,
das war ein Wunder Gottes.
Da reute
der törichte Heereszug
alle, die da waren, besonders,
im Verborgenen und öffentlich,
denn sie erduldeten viele schwere Stürme
durch heftige Unwetter.
Das zeigte ihnen oft
ihre Ohnmacht.
Darüber verzweifelte der kühne Held,
der Quälgeist Alexander,
und sehr viele andere,
viele stattliche junge Männer.
Die Fahrt war
zu der Zeit Alexander sehr leid,
obwohl er es da verbarg
um der Schande vor der Welt willen.
Wäre er damals in seinem Land gewesen,
er wäre nie wieder dorthin gegangen
(das ist wahr, das sollt ihr wissen),
denn sie litten
Tag und Nacht Beschwernis
durch Donner und durch Blitze.
Er mahnte die Seinen oft,
schnell zu ziehen.
Er befahl ihnen, sich angestrengt fortzubewegen,
bis sie dorthin kamen,
wo sie Leute bemerkten

unde gemach funden.
Dar nâh in curzen stunden
quâmen si an eine flûme
grôz und gerûme,
di was Eufrates genant.
Di lûte, di er dâr vant,
beide cleine unde grôz,
di sagetin ime, daz iz flôz
ûz dem paradîse.
Dô hîz er mit spîsen
sîne schif bereiten.
Er ne wolde niwit beiten.
Daz der wunderlîche man
hîz, daz wart schiere getân.
Dô si ze schiffe quâmen,
ir rûder si nâmen
und swaz si haben solden,
wande si varen wolden
in di starke flûme.
Dô mohten si vile kûme
wider dem strâme iht gevarn.
Dô leit dâ maniger mûter barn
angist unde pîne grôz,
wande daz wazzer starke flôz.
Ouh mûweten daz gesinde
di freislîchen winde
und donre unde blicke.
Ouh nôte si dicke
regen, hagel unde snê.
In wart dicke vil wê
von unrehten gewidere,
daz treib si sêre widere.
Si liden michil arbeit.
Si mohten ir manheit

6291 man] *»vergessen und nachgetragen« (Roth).*

und Bequemlichkeit fanden.
Kurze Zeit danach
kamen sie an einen
großen und breiten Strom,
der hieß Euphrat.
Die Leute, die er dort fand,
kleine und große,
die sagten ihm, dass er
aus dem Paradies floss.
Da befahl er, seine Schiffe
mit Proviant zu versehen.
Er wollte nicht warten.
Was der staunenswerte Mann
befahl, das wurde sogleich getan.
Als sie aufs Schiff kamen,
nahmen sie ihre Ruder
und was immer sie haben sollten,
weil sie
den mächtigen Strom befahren wollten.
Da konnten sie kaum
gegen die Strömung ankommen.
Da litten dort viele Männer
Furcht und große Qual,
denn das Wasser floss reißend.
Auch quälten das Gefolge
die schrecklichen Winde
und Donner und Blitze.
Auch peinigten sie häufig
Regen, Hagel und Schnee.
Sie litten oft sehr
unter schlimmem widrigem Wetter,
das warf sie heftig zurück.
Sie duldeten große Strapazen.
Sie konnten dort keinen großen Nutzen ziehen

niwit vile dâ geniezen.
Dô sâhen si fliezen
dar in obiz unde loub,
daz vil sûzlîchen rouch.
Daz loub was breit unde lanc.
Di dâ woneten in daz lant,
dahten ir hûs dâ mite;
des was dâre lantsite.
Des obizzis si wol genozzen.
Ouh quam dâ mite geflozzin
manic scône blûme
gele unde grûne,
der viengen di hêren vile
und hete*n* si zô einen spile.

Dô di helede gemeit
irliden michil arbeit,
di mit dem wâge strebeten,
dô rou in, daz si lebeten.
Dô Alexander daz gesach,
dô trôster si unde sprach:
»Gehabet û wol, helede gût,
unde habet manlîchen mût!
Daz ist di rehte wârheit:
Wir haben michil arbeit
nû gehabit lange
dar ûz an dem lande
und ouh in disen wâge
vil michil ungenâde
irliden lanc stucke.
Geschê uns daz gelucke,
daz wir mit siheiner wîs
bed*w*ungen daz paradîs
und di dâ wonent inne,
sô solde wir mit sinne

6326 heten] hete. 6344 bedwungen] bedungen.

aus ihrer Tapferkeit.
Da sahen sie darin
Obst schwimmen und Laub,
das sehr süß roch.
Die Blätter waren breit und lang.
Die dort in dem Land wohnten,
deckten ihre Häuser damit;
das war dort Brauch im Land.
An dem Obst erfreuten sie sich gewiss.
Auch kamen
viele schöne Blüten mitgeschwommen,
gelbe und grüne,
von denen fischten die Herren viele auf
und vergnügten sich damit.
  Als die wackeren Helden,
die gegen den Strom ankämpften,
große Strapazen erlitten,
da bedauerten sie, dass sie am Leben waren.
Als Alexander das sah,
da ermutigte er sie und sprach:
»Gehabt euch wohl, edle Helden,
und seid tapfer gesinnt!
Es ist vollkommen wahr:
Wir haben nun schon lange
große Strapazen erlitten
da draußen auf dem Land
und auch auf diesem Strom
einen ganz trostlosen Zustand
lange erduldet.
Widerführe uns das Glück,
dass wir auf irgendeine Weise
das Paradies bezwängen
und die darin wohnen,
so würden wir mit Verstand

und ouh mit grôzen êren
heim ze lande kêren
und leben frôlîche.
Ih gelobe û trûwelîche,
mir werde wol oder wê,
daz ih sint niemer mê
ne wille mit here
noh mit schilde noh mit spere
neheine burg mêr gewinnen
noh urlûges beginnen.
Sint lâz ihz alliz an daz heil.«
Er nam behalben dô ein teil
sîner heimlîchen holden,
mit den er sprehen wolde.
Den sageter vil stille
allen sînen wille*n*.
Zehant si dâr swôren,
daz si mit im vollenfûren,
iz gie ze scaden oder ze fromen.
Swîz joh darumbe mohte comen,
si wolden mit ime blîben
ze tôde und ze lîbe.
  Dô fûren si mit sorgen
den âbunt und den morgen
und irliden manige grôze nôt.
Vil dicke sâgen si den tôt
vor irn ougen gereit.
Manic recke gemeit
lebete dâ mit pînen.
Alexander hiez dô sînen,
daz si balde fûren
unde er lide rûren.
Dô wart dâ manic wârer helit
genôtet und gequelet,

6353 mit here] mit mînem here? *App. Ki.* 6362 willen] wille.

und auch mit großen Ehren
in unser Land heimkehren
und voll Freude leben.
Ich gelobe euch aufrichtig,
dass ich danach, ob es mir gut oder schlecht ergeht,
nie wieder
mit einem Heer
oder mit Schilden oder Speeren
eine befestigte Stadt erobern
oder einen Krieg beginnen will.
Daher verlasse ich mich ganz auf das Glück.«
Er nahm da einen Teil
seiner engsten Vertrauten beiseite,
mit denen er sprechen wollte.
Denen sagte er ganz im Geheimen
alles, was er wollte.
Sogleich schworen sie dort,
dass sie es mit ihm zu Ende bringen wollten,
ob es zum Nachteil oder zum Vorteil ausgehen werde.
Wie es doch auch ausgehen könne,
sie wollten auf Tod und Leben
bei ihm bleiben.
Da zogen sie mit Sorgen
den ganzen Tag
und erlitten viele große Qualen.
Sehr oft sahen sie den Tod
unmittelbar vor Augen.
Viele stattliche Recken
lebten da unter Qualen.
Alexander befahl da [den] Seinen,
schnell zu ziehen
und ihre Glieder zu rühren.
Da wurden dort viele rechte Helden
bedrängt und gequält,

wande si rûeten unde schielden,
daz si den lîb behielden.
Swanne *[28b]* ze grôz was ir nôt
und si wânden wesen tôt,
sô wurfen si ûz ir anker.
Mit manigen gedanken
wâren si dicke bevân,
waz si mohten ane gân.
Alse si dan gerûweten,
dar nâh si sih mûweten
und fûren aber ûf baz.
Vor wâr sagen ih û daz:
Sô si ie langer fûren,
sô si mûder wâren.
Dô di vile tumbe
lange gevôren umbe
in dem wâge erre,
dô quâmen si sô verre,
daz die jene gesâgen,
di der schiffe phlâgen,
verjen unde stûren,
eine hêrlîche mûren,
di was lanc unde breit.
Des worden di hêren gemeit
sumelîche vil unfrô,
wande di mûre was vil hô,
gebûwit vil reine
von edelen gesteine.
Lange si dô fûren
bî der hôhen mûren
und ne mohten nehein ende
an der steinwende
nêren gevinden.
Doh quam daz ingesinde
ubir lanc zeiner ture.
Dâ riefen si lange fure.

denn sie ruderten und schoben,
um ihr Leben zu retten.
Wann immer ihre Qual zu groß war
und sie zu sterben glaubten,
da warfen sie ihren Anker aus.
Oft waren sie
in vielerlei Gedanken versunken,
was sie versuchen könnten.
Wenn sie dann geruht hatten,
quälten sie sich nachher
und fuhren wieder weiter flussauf.
Fürwahr, ich sage euch das:
Je länger sie fuhren,
umso müder waren sie.
Als die Toren
lange Zeit sinnlos
auf dem Strom umhergefahren waren,
da kamen sie so weit,
dass diejenigen,
die für die Schiffe verantwortlich waren,
Schiffer und Steuermänner,
eine prächtige Mauer sahen,
die war lang und breit.
Darüber wurden manche der stattlichen Herren
sehr unfroh,
denn die Mauer war sehr hoch,
ganz makellos
aus Edelsteinen erbaut.
Lange fuhren sie da
die hohe Mauer entlang
und konnten
an der Steinwand
nirgends ein Ende finden.
Doch kam das Gefolge
nach langer Zeit an ein Tor.
Davor riefen sie lange.

Dô begunden si bôzen,
slân unde stôzen
mit grôzem unsinne.
Di sêlen dar inne
und di engelische scare,
di ne nâmen des neheine ware.
Iedoh quam ein alt man
zô der ture gegân,
der frâgete si, waz si wolden.
Si sageten, daz si solden
lâzen ir singen
unde zins bringen
irem hêren Alexandro.
Der man frâgete si dô,
wer Alexander wêre.
Dô sageten si ime ze mêre,
iz wêre der Alexander,
dem nehein man ander
an allen ertrîche
lebete gelîche.
Er wêre rîche unde gût
und hête manlîchen mût,
kûne unde êrhaft,
getrûwe unde wârhaft
und hête michelen gewalt.
Ime wâre velt unde walt
unde lant unde mere
und maniges rîchen kuningis here
al biz dar undertân.
Dô antworte der alde man
und sprah: »Ir mûzit beiten,
biz daz ih ûh bereiten.
Ih wil an disen stunden
mînen gesellen kunden
uheris hêren wille*n*.«
Dô ginc er dane stille

6451 willen] wille.

Dann begannen sie mit großem Unverstand
zu klopfen,
zu schlagen und zu stoßen.
Die Seelen darin
und die Engelsscharen
nahmen das in keiner Weise wahr.
Doch kam ein alter Mann
zum Tor gegangen,
der fragte sie, was sie wollten.
Sie erklärten, dass sie
ihr Singen lassen
und ihrem Herrn Alexander
Tribut bringen sollten.
Der Mann fragte sie da,
wer Alexander sei.
Da gaben sie ihm zur Auskunft,
es sei der Alexander,
dem kein anderer lebender Mann
auf dem ganzen Erdreich
gleichkomme.
Er sei mächtig und edel
und von tapferer Gesinnung,
kühn und ehrenhaft,
treu und wahrheitsliebend
und habe große Macht.
Ihm seien Feld und Wald
und Land und Meer
und die Heere vieler mächtiger Könige
alle bis dorthin untertan.
Da antwortete der alte Mann
und sprach: »Ihr müsst warten,
bis ich euch Nachricht bringe.
Ich will sogleich
meinen Gefährten
den Willen eures Herrn kundtun.«
Dann ging er still weg

und merrete niwit lange
und quam wider gegangen.
Er sprach: »Nû merket wol
di wort, di ih û sagen sol.
Ir sult sagen alsô
dem hêren Alexandro,
wî langer alsus wil leben
und nâch ungenâden streben.
Er was ubile bedâht,
daz er mit sîner heriscraft
heim sûhte di gotis kint,
di enbinnen diser mûren sint.
Ouh sult ir ime sagen,
er muhte gerne mê gedagen
von sulher unmâze
und varen sîne strâze.
Wil her den lîb behalden,
sô vare hine balde,
und ob er wille genesen,
sô sal er ôtmûte wesen.
Er weiz daz wol âne wân,
er hât vil ubelis getân.
Wider got ist er sculdih,
und got is vil geduldich.
Claget er ime sîne sculde,
got gibet ime sîne hulde.
Wil er sih niht bekêre,
sîn scade wirt deste mêre.
Wes wênet Alexander?
Ein man ist als ein ander,
beide fleisc unde bein.
Sehet, bringet ime disen stein.
Er is vile tûre,
stark is sîn natûre.
Iz wizzen lutzil lûte,
waz der stein bedûte.

und hielt sich nicht lange auf
und kam zurück.
Er sprach: »Nun achtet gut
auf die Worte, die ich euch sagen soll.
Ihr sollt das
Herrn Alexander fragen,
wie lange er so leben
und nach Heillosigkeit streben will.
Er hat einen schlimmen Plan gefasst,
dass er mit seiner Heeresmacht
die Gotteskinder heimsuchte,
die innerhalb dieser Mauer leben.
Auch sollt ihr ihm sagen,
er habe guten Grund, künftig zu schweigen
von solcher Maßlosigkeit
und seines Wegs zu gehen.
Wenn er das Leben behalten will,
dann ziehe er schnell weg,
und wenn er gerettet werden will,
dann soll er demütig sein.
Er weiß das sicher genau,
er hat viel Schlechtes getan.
Gott gegenüber ist er schuldig,
aber Gott ist sehr nachsichtig.
Wenn er ihm seine Schuld klagt,
schenkt Gott ihm seine Gnade.
Will er sich nicht bekehren,
wird sein Schaden umso größer.
Was bildet sich Alexander ein?
Ein Mann ist wie der andere,
Fleisch und Knochen.
Seht, bringt ihm diesen Stein.
Er ist sehr kostbar,
über außerordentliche Eigenschaften verfügt er.
Wenige Menschen wissen,
was der Stein bedeutet.

Den gebet ime an sîne hant
und heizet ime diz lant
vil harte schiere rûmen;
er ne sol niwit sûmen.
Unde saget ime dâ mite,
daz er wandele sîne site.
Swanne ime wirt bescheinet,
waz der stein meinet,
sô mûz er sih gemâzen,
des ne mac er niht gelâzen.«
Sân nâh disen worten
gienc jener von der porten,
und di boten karten dô
wider ze Alexandro
unde gâben ime den stein.
Ouh worden si des in ein,
daz si ime sageten,
waz si vernomen habeten
unde wî iz in was comen.
Dô er daz hete vernomen,
[28c] dô ginc er ze râte,
waz er dar umbe tâte.
Dô rieten di wîsen,
di in solden wîsen,
daz er sih bereite
und niht langer dâ ne beite
und begundiz dâr rûmen
und fûre in di flûmen
wider heim ze lande.
Dô sprâchen di wîgande,
di stolzen jungelinge:
»Ir ne hât zô disen dingen
un*s* nit wol gerâten.
Di ûh daz sprechen tâten,

6521 uns] un.

Den gebt ihm in seine Hand
und fordert ihn auf, dieses Land
sehr schnell zu verlassen;
er soll nicht zögern.
Und sagt ihm dabei,
dass er seine Gewohnheiten ändern soll.
Wann immer ihm gezeigt wird,
was der Stein bedeutet,
dann wird er sich mäßigen,
das kann er nicht unterlassen.«
Gleich nach diesen Worten
ging jener weg vom Tor,
und die Boten kehrten dann
zu Alexander zurück
und gaben ihm den Stein.
Auch kamen sie überein,
ihm zu sagen,
was sie vernommen hatten
und wie es ihnen ergangen war.
Als er das gehört hatte,
ging er zurate,
was er diesbezüglich tun solle.
Da rieten die Weisen,
die ihn leiten sollten,
sich bereit zu machen
und nicht länger dort zu zögern,
sondern von dort abzuziehen
und auf dem Strom
wieder heim in sein Land zu fahren.
Da sprachen die Krieger,
die übermütigen Jünglinge:
»Ihr habt uns in dieser Angelegenheit
nicht gut geraten.
Die euch das sprechen ließen,

di wâren ubile bedâht,
als*e* *s*iz ouh hâ*n*t fure brâ*ht*.
Unse hêre Alexander,
der sol tûn ein ander,
er sol heizen stûren
sîn volc zû der mûren.
Wir sîn gûte knehte,
wir suln si ane vehten.
Di mûre sule wir brechen.
Unse hêre, der sol rechen
dar an sînen anden.
Iz wirt in ze scanden,
daz si in heim hiezen varn.
Der ne geniset nehein barn,
der dâ wonent innen,
mûze wirs beginnen.«
  Dô sprah der listige man:
»Wollet irs mînen rât hân,
sô râtih uns daz beste:
Wir sulen dise veste
mit allen êren lâzen
und varen unse strâze;
wande si ist sô vast,
daz si ne vorhtent niht ein bast
uns noh alle, di nû leben,
al wolden si dar zô streben;
wande di dar inne sint,
daz sint *di* wâren gotis *kint*.
Di beschirmet selbe got,
wande si leisten sîn gebot.
Dar umbe hât er in gegeben
daz unzeganclîche leben.
Ih ne wil iz niwit langer helen,
wir suln uns alle bevelen

6524 alse siz] alsi iz. – hânt] hat. – brâht] brach. 6550 di, kint] *von Maßmann übergeschrieben (Roth).* 6556 uns] *übergeschrieben (Roth).*

die haben es sich schlecht überlegt,
wie sie es auch ins Werk gesetzt haben.
Unser Herr Alexander
soll etwas anderes tun,
er soll befehlen,
sein Volk zu der Mauer zu führen.
Wir sind tapfere Krieger,
wir werden gegen sie kämpfen.
Die Mauer werden wir niederreißen.
Unser Herr soll dort
seine Kränkung rächen.
Es wird ihnen zur Schande gereichen,
dass sie ihn aufforderten heimzuziehen.
Keiner wird überleben von denen,
die da drinnen wohnen,
wenn wir damit beginnen werden.«
Da sprach der kluge Mann:
»Wollt ihr meinen Rat haben,
so rate ich das Beste für uns:
Wir werden diese Festung
mit allen Ehren verlassen
und unserer Wege ziehen;
denn sie ist so fest,
dass sie uns kein bisschen fürchten
und auch alle die nicht, die nun leben,
auch wenn sie dorthin streben wollten;
denn die darin wohnen,
das sind die wahren Gotteskinder.
Die beschützt Gott selbst,
denn sie erfüllen sein Gebot.
Darum hat er ihnen
das unvergängliche Leben gegeben.
Ich will es nicht länger verhehlen,
wir sollen uns alle

den sêlen und der engele scharen,
daz si uns rûchen bewarn,
daz wir sundir mûwicheit
und ân allirslahte herzeleit
und sunder werltscande
comen heim ze lande.«
Di hêren karten dô wider
unde fûren daz wazzer nider.
Dô si quâmen an daz lant,
ûz gingen si zehant
und rûmeten dâr schiere.
Si mûsten mit den tieren
unde mit den wurmen
in den wege sturmen,
doh quâmen si ubir lanc
wider heim ze Kriechlant.
Dô was dâr manich Kriech
alsô cranc und alse siech,
alser wêre verslagen;
den môste man ze bette tragen.
Daz genozzen si der herevart.
Daz ir ie gedâht wart,
daz rou si dô ze spâte.
Dô hîz der kuninc drâte
wîte sagen mêre,
ob dihein man wêre,
der ime mohte bescheinen
di craft von dem steine,
den wolder wol lônen.
Daz swôr er bî der crônen.
Vil manige dare quâmen,
dô si daz vernâmen,
di sageten, daz si wisten
di natûr*e* und di liste

6590 natûre] naturē.

den Seelen und den Scharen der Engel anempfehlen,
damit sie uns bewahren mögen,
so dass wir ohne Qual
und ohne alles Herzeleid
und ohne Schande vor der Welt
wieder heim in unser Land kommen.«

Die Helden kehrten da zurück
und fuhren das Wasser hinab.
Als sie an Land kamen,
stiegen sie sogleich heraus
und zogen dort schnell fort.
Sie mussten unterwegs mit wilden Tieren
und mit Schlangen
kämpfen.
Doch kamen sie nach langer Zeit
wieder heim nach Griechenland.
Da waren dort viele Griechen
so schwach und so krank,
als wären sie zerschlagen;
die musste man ins Bett tragen.
Das hatten sie von dem Heereszug.
Dass er je geplant worden war,
das reute sie da zu spät.
Da befahl der König, schnell
weithin die Nachricht zu verbreiten,
wenn es irgendeinen Mann gebe,
der ihm
die Macht des Steines zeigen könne,
wolle er den reichlich belohnen.
Das schwor er bei der Krone.
Sehr viele kamen dorthin,
als sie das vernahmen,
die sagten, sie wüssten
um die Eigenschaft und die Fähigkeiten

von edelen gesteine,
grôz unde cleine.
Itislîche jâhen,
dô si in gesâhen,
iz wêre ein edele jâchant.
Ein ander sagete zehant,
iz wêre ein karbunkel;
der naht ne wêre nie sô tunkel,
er ne lûhte alsein sterre
nâh unde verre.
Der dritte sprah alsus:
»Iz ist ein topatius«;
der vierde: »ein berillus«;
der funfte: »ein ônichînus«;
der seste: »ein ametiste«
(er kante wol sîne liste).
Der sibende sprah: »Ih bin gewis,
iz sî ein rehter jaspis.«
Der ahte sprah: »Er is sô schîr,
iz ist ein edele saphîr«;
der nûnde: »ein crisolîtus«;
der zehende: »ein crisoprassus«;
der eilifte: »ein bdellius«;
der zwelifte: »ein sardonius«.
Sus sprâchen si besunder
manicfalden wunder.
Doh ne wiste ir neheiner
di craft von dem steine
noh sîn geslehte.
Si tâten unrehte,
daz si solden liegen.
Si wânden betrîgen
den kuninc listiclîche.
Dô sagete man wêrlîche

6616 manicfalden] manifalden.

edler Steine,
großer und kleiner.
Manche sagten,
als sie ihn sahen,
es sei ein edler Hyazinth.
Ein anderer sagte sogleich,
es sei ein Karfunkel;
die Nacht sei nie so finster,
dass er nicht leuchte wie ein Stern,
in der Nähe und in der Ferne.
Der Dritte sprach so:
»Es ist ein Topas«;
der Vierte: »ein Beryll«;
der Fünfte: »ein Onyx«;
der Sechste: »ein Amethyst«
(er kannte dessen Fähigkeiten gut).
Der Siebte sprach: »Ich bin mir sicher,
dass es ein echter Jaspis ist.«
Der Achte sprach: »Er ist so glänzend,
es ist ein edler Saphir«;
der Neunte: »ein Chrysolith«;
der Zehnte: »ein Chrysopras«;
der Elfte: »ein Bdellius«;
der Zwölfte: »ein Sardonyx«.
So sprachen sie jeder für sich
von vielerlei Seltsamkeiten.
Doch wusste keiner von ihnen
um die Kraft des Steines
oder um seine natürliche Eigenschaft.
Sie handelten unrecht,
dass sie logen.
Sie glaubten,
den König listenreich zu betrügen.
Da berichtete man wahrheitsgemäß

dem hêren Alexanderen
von einen anderen,
der wêre ein jude vil alt,
sîn wîsheit wâre manicfalt,
und wonete in sînen lande.
Zehant er nâh den sande.
Dô der alte daz vernam,
dô hiez er, daz man ime gewan
[28d] lûte, di in solden tragen.
Er was sô comen zô sînen tagen,
daz er niet ne mohte gân.
Daz hattim daz alder getân.
  Dô trûch man den alden
ze hobe vile balde.
Dô in der kuninc gesach,
dô grûzter in unde sprach:
»Mir is gesaget, daz du sîs
in vil manigen dingen wîs
und kunnes manige grôze list
und daz du der wîsisten bist
under dînen genôzen ein.
Nû bescowe rehte disen stein
unde zeige mir rehte
sînen art und sîn geslehte
unde sîne natûre.
Man saget mir, er sî tûre.«
Der jude nam in in di hant.
Schiere heter *er*kant
sîn natûre unde sînen art.
Er sprah: »Nû nist noh nie ne wart
nehein sîn gelîche
in allen ertrîche.
Er is tûre unde gût.
Er gibit harte stolzen mût

6652 erkant] kant.

dem Herrn Alexander
von einem anderen,
der sei ein sehr alter Jude,
seine Weisheit sei mannigfaltig,
und [er] wohne in seinem Land.
Sogleich sandte er nach dem.
Als der Alte das vernahm,
da befahl er, dass man für ihn
Leute herbeischaffen solle, um ihn zu tragen.
Er war von so hohem Alter,
dass er nicht gehen konnte.
Das hatte ihm das Alter angetan.
Da trug man den Alten
sehr rasch an den Hof.
Als ihn der König sah,
da grüßte er ihn und sprach:
»Mir ist berichtet, dass du
weise seist in sehr vielen Dingen
und viele große Künste beherrschest
und dass du einer der Klügsten seist
unter deinesgleichen.
Nun betrachte diesen Stein genau
und zeige mir
seine Beschaffenheit und seine Eigenschaft
und sein Wesen richtig.
Man sagt mir, er sei kostbar.«
Der Jude nahm ihn in die Hand.
Schnell hatte er
sein Wesen und seine Beschaffenheit erkannt.
Er sprach: »Weder gibt es jetzt noch gab es jemals
einen seinesgleichen
auf dem ganzen Erdreich.
Er ist kostbar und edel.
Er verleiht sehr stolzen Sinn

und den alden di jugint.
Er hât vil manige tugint,
des *sal* man mir getrouwen.
Ouh muget irz wol scowen,
wande alsirz selbe habet gesehen,
sô mûzit ir mir jehen
der rehten wârheite.«
Dô hîz er ime bereiten
eine wâge mit sinne.
Einehalb dar inne
legeter den tûren stein,
manigen guldînen zein
in di andren scale.
Der stein zucte si ze tale,
swî swâr sô si wâren;
daz sagih û zewâren.
Dô hiez er, daz man solde
mêr legen zô dem golde,
durh daz man irfunde,
waz der stein kunde.
Dô sîn gebot was irfolt,
dô swebete obene daz golt,
der stein swebite under.
Daz was ein michil wunder.
Diz ist doh, daz ir merken solt:
Swaz man legete ûf daz golt,
daz swebete alliz obene.
Diu scale zouh ie nidene
mit dem tûren steine.
Er was zemâzen cleine
alse eines menschen ouge.
Dô hiez der jude tougen
mit dem golde rûmen
und legete eine plûmen

6661 sal] *fehlt.*

und den Alten Jugend.
Er hat sehr viele gute Eigenschaften,
darin soll man mir trauen.
Auch könnt Ihr es genau betrachten,
denn wenn Ihr es selber gesehen habt,
so müsst Ihr mir
zugestehen, dass es richtig und wahr ist.«
Dann befahl er mit Verstand,
ihm eine Waage zu bringen.
Auf der einen Seite legte er
den edlen Stein hinein,
viele goldene Stäbchen
in die andere Waagschale.
Der Stein zog sie [die Waage] nieder,
wie schwer sie [die Goldstäbe] auch waren;
das berichte ich euch wahrheitsgemäß.
Darauf befahl er, dass man
mehr zu dem Gold legen solle,
damit man herausfinde,
was der Stein vermöge.
Als sein Gebot erfüllt war,
da schwebte das Gold oben,
der Stein lag unten.
Das war sehr verwunderlich.
Dies ist es doch, worauf ihr achten sollt:
Was immer man auf das Gold legte,
das alles blieb oben.
Die Waagschale mit dem edlen Stein
sank immer nach unten.
Er war mäßig klein
wie das Auge eines Menschen.
Dann befahl der Jude heimlich,
das Gold zu entfernen,
und legte eine Feder

und erde ein cleine
wider deme steine,
dâ daz golt ê lac.
Dâ der kuninc zô sach,
der wîse Alexander,
und manic man ander,
dâr zouh an der stunde
di vedere ze grunde
und di erde, di dâ bî lach.
Ir iegelîcher dô jah,
mannelîch besunder,
diz wêre ein michel wunder.
Dô sprah der judische man:
»Wollent irz rehte verstân,
sô hîz got machen
sus wunderlîche sachen
dem kuninge ze lêren.
Er irhûb sih grôzer êren.
Ouh sît ir algemeine
gemanet mit dem steine,
daz ir ûh nihtis ne verhebet
al di wîle, di ir lebet.
Bewaret ûh von der giricheit,
wande si machet manige herzeleit.
Wande swer sô giric wille wesen,
wî mach der imer genesen?
Der lebet mit sorgen
den âbunt und den morgen,
wî er des beginne,
daz er imer gwinne
alliz, daz ime zô veret.
Daz verslindet er und verzeret
und ne wirt doh niemer vol.
Er is daz hellische hol,
daz noh nie ne wart sat
noh niemer werden ne mac,

und ein wenig Erde
als Gegengewicht gegen den Stein dorthin,
wo vorher das Gold gelegen hatte.
Wo der König zusah,
der kluge Alexander,
und viele andere Männer,
dort sanken sogleich
die Feder
und die Erde, die daneben lag, nach unten.
Jeder von ihnen sagte da,
viele einzeln,
dies sei ein großes Wunder.
Da sprach der Jude:
»Wenn ihr es genau wissen wollt:
Gott befahl,
solch außerordentliche Dinge zu bewerkstelligen,
um den König zu belehren.
Er wurde überheblich wegen seines großen Ansehens.
Auch seid ihr alle
durch den Stein gemahnt,
euch mit nichts zu überheben,
solange ihr lebt.
Hütet euch vor maßloser Gier,
denn sie bewirkt viel Herzeleid.
Denn wer immer so gierig sein will,
wie kann der jemals gerettet werden?
Der lebt den ganzen Tag
in Sorge,
wie er das anstelle,
dass er immer
alles bekomme, was ihm begegnet.
Das verschlingt und verzehrt er
und wird doch niemals satt.
Er ist das Höllenloch,
das noch nie satt geworden ist
und es niemals werden kann,

alser gar verslindet,
swaz in zô gewendet.
Nû sehet, waz is iz dan?
Niwit andirs wan ein cranc man;
der glîchet dem steine,
der in der wâgen eine
sih selben nider druckete
und daz golt ûf zuckete.
Ir wâret unwîse,
daz ir daz paradîse
wândet irvehten.
Doh wolde ûh unse trehten
lâzen besunder
scowen sîne wunder.
Doh ne muget *ir* niemer daz bewaren,
ir ne mûzet hine varen
und mûzet verterben
und wislîche sterben.
Sô mûzet ir werden
geminget zô der erden.
Sus soldir hine rûmen.
Sô glîchet ir der plûmen,
di nider mit der erden ginc,
dâr si in der wâgen hinc
unde ûf zuckete den stein.
Nû nist *[29a]* uher nehein,
er ne habe gehôret rehte
des steines geslehte,
sîne lîhte und sîne swâre
beide vil offinbâre.
Nû merket, waz ih û kunden:
Ir sult von uheren sunden
ûh schiere bekêren
unde sult êren

6743 ir] ie. 6746 wislîche *Ki S. 520*] wîslîche.

wenn er ganz verschlingt,
was immer ihm begegnet.
Nun seht, was ist es dann?
Nichts anderes als ein schwacher Mensch;
der gleicht dem Stein,
der allein in der Waage
sich selbst niederdrückte
und das Gold in die Höhe riss.
Ihr wart unklug,
dass Ihr Euch einbildetet,
das Paradies zu erkämpfen.
Doch wollte unser Herrgott
Euch in besonderer Weise
seine Wunder schauen lassen.
Dennoch könnt Ihr das niemals verhindern,
dass Ihr von hinnen fahren
und zugrunde gehen
und unweigerlich sterben müsst.
Dann werdet Ihr
mit Erde vermischt werden.
So müsst Ihr von hinnen gehen.
In dieser Weise gleicht Ihr der Feder,
die mit der Erde niedersank,
wo sie sich auf der Waage befand
und den Stein in die Höhe steigen ließ.
Nun gibt es keinen von euch,
der nicht ganz offenkundig
genau gehört hätte
von der natürlichen Eigenschaft des Steins,
von beidem, seiner Leichtigkeit und seiner Schwere.
Nun achtet darauf, was ich euch kundtue:
Ihr sollt euch schnell von euren Sünden
bekehren
und sollt alle

in allen uheren herzen got,
unde leistet gerne sîn gebot.
Ir sult in minnen
mit allen uheren sinnen,
der ûh gewerden hiez
unde ûh biz here lîz
von sînen gnâden leben
und der ûh allen hât gegeben
sin unde wîstûm,
êre unde rîchtûm
unde lûte unde lant.
Nû stêt an uheris hêren hant,
der hie gagenwortich is,
(des sît ir alle gwis)
manich kunincrîche.
Nû merkit al glîche:
Swaz er hât oder kan,
sô nist er niwit wene ein man,
sô mûz er verterben
und ze jungist sterben;
er mach imer niwit leben.
Waz hilfit ime sîn lange streben?
Ze lest mûz er doh werden
gemischet zô der erden.
Diz merke ouh, Alexander,
noh mêr dan ein ander,
unde lidige von freisen
wituwen unde weisen,
und kêre dîn gemûte
an allirslahte gûte,
sô dir begrîfe der tôt,
daz dih lidige von der nôt
got von himelrîche
und dih in sîn rîche
mit sînen holden bestate
und sîner gnâde dih gesate.«

in euren Herzen Gott ehren,
und erfüllt bereitwillig sein Gebot.
Ihr sollt ihn lieben
mit all euren Sinnen,
der euch werden hieß
und euch bisher
durch seine Gnade leben ließ
und der euch allen
Verstand gegeben hat und Weisheit,
Ehre und Macht
und Leute und Land.
Nun stehen unter der Herrschaft eures Herrn,
der hier anwesend ist,
(das wisst ihr alle genau)
viele Königreiche.
Nun merkt auf, alle gleichermaßen:
Was immer er hat oder kann,
so ist er doch nur ein Mensch,
darum muss er zugrunde gehen
und am Ende sterben;
er kann nicht für immer leben.
Was hilft ihm sein langes Streben?
Zuletzt wird er doch notwendig
mit Erde vermischt werden.
Dies beachte auch, Alexander,
noch mehr als andere,
und befreie Witwen und Waisen
von Bedrängnis
und richte deinen Sinn
auf jederlei Gutes,
damit dich, wenn der Tod dich packt,
Gott im Himmelreich
aus der Not erlöse
und dir mit seiner Huld
einen Platz in seinem Reich zuweise
und dich sättige mit seiner Gnade.«

Dô dise wîslîche wort
der kuninc hete gehôrt,
dô teter hêrlîchen
und gab grôzlîchen
dem alden und mit sinnen
und santin mit *[...]* minnen,
mit êren âne scande
wider heim ze lande
und dâhte an sîne lêre
sint vorder mêre,
di wîle er hete den lîb,
und êrete man unde wîb
baz dan er dar vore tete,
und wandelte sîne site
unde sîn gemûte
in allirslahte gûte
und plach gûter mâzen.
Ouh begunder lâzen
urlôge und giricheit
und was mit zuhten gemeit
unde berihte sîn rîche
vil hêrlîche,
niwit langer wene zwelif jâr.
Daz sult ir wizzen vor wâr.
Dô wart ime vergeben.
Sint ne mohter niwit leben,
wandime sîn houbit gare zespielt.
Niwit mêr er behîlt
allis, des er ie beranc,
wene erden siben vôze lanc,
alse der armiste man,
der in die werlt ie bequam.
Nû ist diz liet ze ende comen.
Alle, di iz habet vernomen,

6804 mit] mit mit.

Als der König diese weisen Worte
gehört hatte,
da handelte er königlich
und beschenkte den Alten
aufs Kostbarste und mit Verstand
und sandte ihn in Freundschaft,
ehrenvoll, ohne Schande,
heim in sein Land zurück
und dachte später immer mehr
an seine Belehrung,
solange er lebte,
und ehrte Männer und Frauen
besser, als er vorher getan hatte,
und veränderte seine Gewohnheit
und seine Einstellung
in jeder Hinsicht zum Guten
und befleißigte sich rechten Maßhaltens.
Auch hörte er
mit Kriegen und Unersättlichkeit auf
und war mit höfischer Gesittung froh
und regierte sein Reich
ganz ausgezeichnet,
nicht länger als zwölf Jahre.
Das sollt ihr wahrhaftig wissen.
Danach wurde er vergiftet.
Daher konnte er nicht am Leben bleiben,
weil sein Haupt ganz zersprang.
Nicht mehr behielt er
von allem, was er je durch Kämpfe errungen hatte,
als ein Stück Erde, sieben Fuß lang,
wie der geringste Mann,
der je zur Welt kam.
Nun ist diese Dichtung an ihr Ende gelangt.
Alle, die [ihr] sie vernommen habt,

beide man unde *[...]* wîb,
denket an den êwigen lîb
und an daz êwige leben!
Dar nâh sult ir imer streben.
Lâzet alle giricheit
und habet imer arbeit
umbe daz himelrîche!
Got, der ist sô rîche,
er mach û wol gelônen
mit der himelischen crônen.
Bûzet uher sunden,
wande ir ne wizzit niwit di stunden,
daz ir hine sult varn!
Durh daz sult ir ûh bewarn
di wîle, di ir hie sît,
und vorhten got in alle zît,
daz ir mit froweden mûzet varn
zô der himelischen scaren,
beide hêren unde frowen,
und ir dâ mûzet scowen
und haben daz êwige lôn
deum deorum in Syon.

6833 unde] und' uñ. *nach* 6854] *später Zusatz (Roth):* Hi ist vz allexander.

Männer und Frauen,
denkt an das ewige Leben
und an das Himmelreich!
Danach sollt ihr immer streben.
Lasst alle Unersättlichkeit fahren
und bemüht euch stets
um das Himmelreich!
Gott ist so mächtig,
er kann euch gewiss
mit der Himmelskrone belohnen.
Büßt für eure Sünden,
denn ihr kennt nicht die Stunde,
in der ihr dahinfahren müsst!
Deswegen sollt ihr euch hüten,
solange ihr hier lebt,
und Gott fürchten zu jeder Zeit,
damit ihr mit Freuden
zu den himmlischen Scharen ziehen werdet,
Herren und Damen,
und da den wahren Gott in Zion
schauen und als ewigen Lohn erhalten werdet.

Stellenkommentar

Der Stellenkommentar enthält Sacherklärungen, in strenger Auswahl Hinweise auf historische Ereignisse und literarische Traditionen, Interpretationshinweise zu Einzelepisoden sowie Erläuterungen editorischer Entscheidungen, gelegentlich auch sprachliche Erläuterungen, in der Regel allerdings nicht zur Übersetzung, die zumeist für sich selbst sprechen muss. Forschungsliteratur wird nur in strengster Auswahl zitiert (mit Schwerpunkt auf neueren, leicht zugänglichen Publikationen; nach wie vor nützlich sind freilich die Kommentare von Kinzel 1884 und Ottmann 1898); Dokumentation der Forschungsgeschichte ist nicht beabsichtigt. Zitiert wird in abgekürzter Form (Verfassername und Erscheinungsjahr), in häufig vorkommenden Fällen mit den im Abkürzungsverzeichnis erläuterten Siglen. Soweit nicht deutsche Namensformen gängig sind (z. B. Alexander, Philipp), erscheinen Namen aus den mhd. Texten in der dort gebrauchten Form (bei stärkeren Abweichungen von der üblichen Form) oder in den »normalisierten« lateinischen Formen (z. B. Tyrus, Darius als Figur der Texte), Namen historischer Persönlichkeiten und Orte in den griechischen Formen (z. B. Issos, Dareios III.). Für den im ›Vorauer‹ und ›Straßburger Alexander‹ weitgehend gemeinsamen Anfangsteil (bei im Detail unterschiedlichem Versbestand und entsprechend unterschiedlicher Verszählung) wird der Kommentar bei Parallelstellen zusammengefasst; die Einordnung folgt dabei der Zählung des ›Vorauer Alexander‹.

V 1–18 / S 1–18 Der erste Teil des Prologs stammt von Lambrecht; er enthält nicht den in frühmhd. Literatur üblichen Gebetsprolog, sondern die üblichen (formalen) Prologtopoi der lat. Rhetorik (vgl. Haug 1985/92, S. 86): Wendung ans Publikum (V 1 f. / S 1 f.) mit Aufforderung zur Aufmerksamkeit, Selbstnennung des Verfassers (V 4 / S 4), erste Angaben zu Inhalt (V 5–10 / S 5–10) und Quellen (V 11–18 / S 11–18) der Dichtung.

V 1 / S 1 *lît* bzw. *liet* ist hier ›epische Dichtung‹; Mündlichkeit könnte konnotiert sein (vor allem im Gegensatz zu Salomons *pûch* V 20). – *wir* dürfte, im Gegensatz zum *ir* der Rezipienten V 2 / S 2

u. ö., Autorenplural sein und suggeriert wohl kaum die Kommunikationsgemeinschaft der Mündlichkeit. – *wurchen* bzw. *wirken* ist ›verfertigen‹, in Verbindung mit *liet* als ›vortragen‹ aufgefasst u. a. von VP S. 199.

V 3 / S 3 *gevuoge* bzw. *gevôge*, sonst meist ›Anstand, Gesittung‹, bisweilen auch ›Kunstfertigkeit‹ (vgl. BMZ III, S. 440), im 12. Jh. »nur Personen und ihren Handlungen zugeschrieben« (Mackert 1999a, S. 87), meint hier die Richtigkeit von Komposition und wohl auch Inhalt der Dichtung, ein »stimmiges Sinn-Form-›Gefüge‹« (ebd.), komplexer als die konventionelle Wahrheitsbeteuerung *wâr unde reht* V 1513.

V 4 / S 4 *der phaffe Lambret* bzw. *Lamprecht* nennt sich selbst (wie in frühmhd. Dichtung üblich) in der 3. Pers.; *phaffe* bzw. *paffe* ist *clericus*, Geistlicher, zugleich lat. Gebildeter, der Autortypus der frühmhd., noch der vor- und frühhöfischen Dichtung schlechthin. Mackert (1999a, S. 88 f.) sieht die Autorsignatur an exponierter Stelle, zumal ohne Bescheidenheitsformeln, Mitte des 12. Jh.s als ungewöhnlich an; das Typische arbeitet in einer grundsätzlichen Studie zu Autorsignaturen Unzeitig 2010 heraus (zur frühmhd. Lit. bes. S. 75–183).

V 7–9 / S 7–9 Alexander wird an erster Stelle als klug eingeführt; Klugheit, *sapientia*, ist eine der wichtigsten Fürstentugenden und zugleich eine alexandertypische Eigenschaft (vgl. bes. V 57, 221, 456, 556, 769 ff., 873; S 61, 253, 370, 628 ff., 782, 855, 2501, 2708, 3941 ff., 4040–42, 5714 f., 5869 ff., 6539). – Als »listig« exponieren Alexander auch ›Annolied‹ (v. 225) und ›Kaiserchronik‹ (v. 555). – *listich* S 7 ist hier gleichbedeutend mit *wîse*; mhd. *list* hat nicht die negativen Konnotationen des nhd. Wortes. – Die Summe von Alexanders Taten wird mit den Worten *gewan* und *zestôrte* gezogen: ein Lebenswerk von Eroberung und Verwüstung; auf *fortitudo* ›Tapferkeit‹ als weitere Kardinaltugend des Herrschers wird damit nicht ohne Ambivalenz verwiesen, Ausdruck von Reserviertheit gegenüber archaischer Kriegerethik, vielleicht von geistlicher Kritik (vgl. auch Mackert 1999a, S. 100–102, 137).

V 10 / S 10 Alexanders Vater (Philipp II. von Makedonien) und damit die legitime königliche Herkunft des Helden sind sehr früh eingeführt, in Abgrenzung von der romanhaften Tradition außergewöhnlicher Zeugung des Helden (vgl. Komm. zu V 71–77 / S 83–91).

V 11 f. / S 11 f. Noch vor der Nennung der eigentlichen Vorlage wird auf Alexanders Erwähnung in der Bibel hingewiesen. Als Held wird damit der biblische, heilsgeschichtliche Alexander aufgerufen (vgl. z. B. Cölln 2000a, S. 180). – *hôren* verweist auf die Vermittlung der Bibel an Laien durch Vorlesen und Zuhören. – I Mcc 1,1–8 sind erwähnt: Alexanders Abkunft von Philipp (an dieser Stelle maßgeblich); der Sieg über Darius, den König der Meder und Perser; Eroberungen und Verwüstungen bis ans Ende der Welt; Krankheit, Aufteilung seines Reichs und Tod nach zwölfjähriger Regierungszeit. – Obwohl Lambrecht vom biblischen Alexander weiß (und selbst der Bildungswelt der *clerici* angehört), entscheidet er sich für eine volkssprachliche Vorlage (Mackert 1999a, S. 89f.), die freilich durch Rückbindung an die Autorität der Bibel legitimiert wird, die als Gottes Wort im Unterschied zu weltlichem Erzählen verbindliche (auch historische) Wahrheit garantiert (vgl. u. a. Ehlert 1994/2004, S. 26f.; Ehlert 1989a, S. 29).

V 13–15 / S 13–15 Vorlage ist das nur fragmentarisch erhaltene frankoprovenzalische Alexanderlied des Alberic von Pisançon (wohl um 1100), der seinerseits hauptsächlich auf Jul. Val. zurückgriff; s. Einführung, S. 11f., 16f.

V 18 / S 18 In V schiebt der deutsche Bearbeiter die Verantwortung für die Wahrheit des Erzählten der Vorlage zu (vgl. z. B. Haug 1985/92, S. 86f.). Distanzierung gegenüber der traditionell lügenverdächtigen profanen Dichtung könnte in der Selbstentlastung impliziert sein, aber auch ein Beiseiteschieben der Wahrheitsfrage, die keine zentrale Rolle mehr zu spielen scheint: V folgt Alberic trotz der Möglichkeit, dass dieser ›lügt‹ (vgl. Mackert 1999a, S. 90–92). – S formuliert eine topische Beteuerung der Quellentreue (vgl. u. a. Stein 1978, S. 163).

V 19–34 / S 19–36 Der zweite Teil des Prologs stellt eine erweiternde Bearbeitung von Alberics Eingangsversen dar.

V 20 *Salemones puoch* ist das Salomon zugeschriebene alttestamentliche Weisheitsbuch Ecclesiastes (auch: Buch Kohelet, Prediger).

V 22–24 / S 23–26 Vgl. Ec 1,2: *vanitas vanitatum dixit Ecclesiastes vanitas vanitatum omnia vanitas* (›Nichtigkeit über Nichtigkeit, spricht der Prediger, Nichtigkeit über Nichtigkeit, alles ist Nichtigkeit‹; S zitiert etwas ausführlicher als V und Alberic); Ec 12,8; zur mhd. Übersetzung V 23f. / S 25f. vgl. auch Ec 1,14: *vidi quae fiunt cuncta sub sole et ecce universa vanitas* (›Ich betrachtete alles, was unter der Sonne geschieht, und siehe: alles ist Nichtigkeit‹).

V 26 / S 28 *swar* ist Prät. von *swern* stv. ›schmerzen‹ (Lexer II, Sp. 1362f.). – Zur Betrübnis wegen der Vergänglichkeit des Irdischen vgl. Ec 2,17 (vgl. Ehlert 1989a, S. 35).

V 28 / S 30 *von grôzen witzen* meint ›Weil er sehr klug war, [schrieb er]‹ (Ki S. 392), daneben wohl auch ›über kluge Dinge [schrieb er]‹ (Trier 1931, S. 59).

V 29f. / S 31f. Vgl. *otiositas inimica est animae* (›Müßiggang ist der Feind der Seele‹; Benediktinerregel 48,1, zit. nach Ehlert 1989a, S. 35f.); ferner Sir 33,29 *multum eniam malitiam docuit otiositas* (›Viel Böses hat der Müßiggang gelehrt‹).

V 31f. / S 33f. Ob Lambrecht Übereinstimmung mit der Quelle nur vorgibt, tatsächlich aber entscheidend abweicht, hängt ab von der Deutung des Satzes *solaz nos faz' antiquitas / que tot non sie vanitas!* (Alberic, v. 7f.). Nach der übereinstimmenden Meinung der älteren Forschung widerlegt der antike Stoff für Alberic Salomons These von der Nichtigkeit alles Weltlichen (vgl. z. B. Wolf 1994), während der deutsche Bearbeiter diesen kühnen Anspruch zurücknehme (vgl. z. B. auch VP S. 283); Mölk/Holthus 1999 übersetzen jedoch, mit Bezug auf Schöning, »Freude bereite uns das Alter, damit nicht alles eitel ist!« (S. 618). Entscheidend für Lambrecht ist in jedem Fall, dass Salomon sich trotz der Nichtigkeit alles Irdischen entschließt, (schreibend) tätig zu werden, um gefährlichen Müßiggang zu vermeiden (nach Mölk/Holthus entspräche dem Alberics Aussage). Der Fokus verlagert sich damit von der *vanitas* auf die trotzdem ausgeübte Tätigkeit, das Schreiben – was auf einer Metaebene auch auf Lambrechts Erzählen bezogen werden kann (Mackert 1999a, S. 95f. u. ö.; dort ältere Forschung). Inwieweit die *vanitas* bei Lambrecht zum Wertungshorizont für Alexander wird, ist in der Forschung umstritten; vgl. Einführung, S. 20–24, 32f.

V 43f. / S 45f. Verwendet sind durchgehend mittelalterliche, nicht antike Standesbezeichnungen.

V 45 / S 47 *wunderlîch* ist Alexanders stehendes Beiwort (vgl. z. B. auch ›Annolied‹ v. 326, ›Rolandslied‹ v. 3974); es bezeichnet gleichzeitig Be- und Verwunderung, Staunen und Vorbehalt (›wunderbar‹, ›staunenswert‹, ›seltsam‹, ›unbegreiflich‹; vgl. Lexer III, Sp. 990f.); bei Alberic steht das neutrale *magnus* (v. 17); vgl. Mackert 1999a, S. 102f.; zur gehäuften Verwendung des Epithetons in S (mit meist bewunderndem Unterton) vgl. Ehlert 1989a, S. 64–66.

V 46 / S 48 *gelîchet* kann Präs. und Prät. (apokopiert) sein.

V 47ff. / S 49ff. Der Makedone Alexander erscheint in mhd. Texten vielfach als ›Grieche‹; V und S unterscheiden nur gelegentlich zwischen Griechen(land) und Makedon(i)en (z. B. V 590). Umso bemerkenswerter ist, dass das Kind Alexander auch Griechisch lernen muss (s. V 172 / S 202).

V 49 *aller êrste*: Möglicherweise fehlt, wie auch in einigen anderen Fällen (vgl. V 425, 1019), aufgrund einer Fehlstreichung (vermeintlicher) moselfränkischer spirantischer Anlaute in der oberdeutschen Bearbeitung in der Hs. das *h* (Minis 1954, S. 297; zur Stelle zuletzt Mackert 1999a, S. 99, mit Plädoyer für *aller hêrste*); vgl. aber I Mcc 1,1 *qui primus regnavit in Graecia* (›der als erster in Griechenland König war‹; ähnlich Dn 8,21; vgl. Szklenar 1966, S. 30f.; Ehlert 1989a, S. 36 und A. 59), daher erfolgt kein Eingriff. Als ›erster‹ König Griechenlands im übertragenen, nicht chronologischen Sinn (›bedeutendster‹) kann Alexander allemal gelten.

V 57 / S 61 *listen* und *mahten/mehten* ist »die mhd. Entsprechungsformel zu *sapientia et fortitudo*«, Kardinaltugenden eines Herrschers (Mackert 1999a, S. 101); vgl. auch V 556.

V 61 Wörtlich: ›nach dieser Aussage will ich mich erkundigen‹ (vgl. Lexer I, Sp. 689; Ehlert 1989a, S. 31); sinngemäß: ›In dieser Sache [ob Alexander wirklich der größte König war] will ich mich vergewissern [und komme zu folgendem Ergebnis]‹.

V 62–70 / S 66–82 Der Hinweis auf Salomon ist hier gegenüber der Vorlage hinzugefügt. Alexanders (bei Alberic) überragende Größe wird relativiert; allerdings tut dies dem Herrscherlob insofern keinen Abbruch, als Salomon und Alexander aufgrund unterschiedlichen Glaubens letztlich nicht vergleichbar sind; vgl. bes. Stein 1978, S. 162; Mackert 1999a, S. 104f.; Cölln 2000b, bes. S. 91, 94–96.

V 64 (ff.) / S 68 (ff.) *regina austri* ›Königin des Ostens‹ ist die Königin von Saba (nach Vulgata Mt 12,42), die von Salomons Weisheit so beeindruckt ist, dass sie ihn über alle Könige stellt (vgl. III Rg 10,1–13, bes. 1–7; II Par 9,1–12, bes. 1–6; von S wiederum ausführlicher zitiert). Der Akzent ist jedoch von Salomons Weisheit auf seine prunkvolle königliche Hofhaltung verlagert.

V 69 / S 81 Die Übersetzung folgt weitgehend Mackert 1999a, S. 105; *mûst(e)* ist Konj. II (die Hss. bezeichnen Umlaut nicht).

V 71–77 / S 83–91 Lambrecht polemisiert hier (schärfer noch

als Alberic; vgl. Mölk 2000a, S. 34) gegen die seit dem griechischen Alexanderroman etablierte, auch bei Jul. Val., Alberics Hauptquelle, vorgegebene Tradition, die in Alexander den Sohn des zauberkundigen Nectanebus sieht: Legitimität der Abstammung ist für den Feudaladel von zentraler Bedeutung. – *lugenâre* V 71 / S 83 ersetzt *estrobatour* ›Verwirrer‹ (Mölk/Holthus v. 27).

V 76 / S 88 *cheiser slahte* in V entspricht dem Wortlaut der Quelle.

V 81–88 / S 95–106, V 94–102 / S 112–124 Alberic nennt Alexanders Vater, V und S verweisen darüber hinaus auf sein Geschlecht insgesamt, mit je einer kriegerischen Vorläuferfigur in der väterlichen und mütterlichen Linie.

V 83–88 / S 97–106 Alexanders Großvater, nur in S (wie bei Alberic) namentlich genannt, war Amyntas III., König von Makedonien 393/392–370 v. Chr.; Perserkönig war zu der Zeit Artaxerxes II., 404–363/357 v. Chr., nicht Xerxes I., 486–465 v. Chr.; vgl. LantG S. 74, 676f.

V 85 *maht* (vgl. Lexer I, Sp. 2012f.) kann, S 101 entsprechend, ›Kriegerschar‹ meinen (so VP), nach der üblichen Begriffsverwendung in V jedoch eher persönliche ›Tauglichkeit zum Kampf‹ als Voraussetzung für Herrschaft (vgl. Ki S. 397: ›er war ein tüchtiger held‹; zuletzt Mackert 1999a, S. 114 und A. 157).

V 94–102 / S 112–124 Alexander, der Onkel des Helden, erscheint als dessen Präfiguration (vgl. Kokott 1978, S. 120) durch den Namen und sein kompromissloses heroisches Kriegerethos (vgl. bes. V 98–100 / S 119–122); vgl. Mackert 1999a, S. 114f. Er war der Bruder der Olympias und 342–330 v. Chr. König der Molosser, bei Alberic richtig *rey d'Epir* (›König von Epirus‹, v. 41), *ze Perse* V 96 (vgl. S 114) ist wohl ein Schreiber- oder Übersetzerfehler.

V 103–114 / S 127–138 Zum Leben des außergewöhnlichen Helden gehören literarisch die außergewöhnliche Geburt und Kindheit. Der Aufruhr in der Natur (Donner, Blitze, Erdbeben) bei Alexanders Geburt ist seit Ps.-Kallisthenes belegt, auch bei Alberic (nach Jul. Val. und Orosius, von dort – III, 7 – die Sonnenfinsternis: Mackert 1999a, S. 119f.). Biblische Formulierungen (die Naturereignisse bei Christi Tod, v. a. Erdbeben und Sonnenfinsternis: Mt 27,51; Lc 23,44f.; vgl. auch Mt 24,29; apokalyptische Motive: Apo 6,12ff., bes. 6,14; 8,5) dürften (bereits bei Alberic) mitschwingen (vgl. Mackert 1999a, S. 118), ohne dass dies für den

Helden quasi »sakrale Züge« (so Mölk 2000a, S. 34) impliziert. Was bei Alberic ausdrücklich Anzeichen der Geburt eines mächtigen Königs ist (v. 53), deutet V eher als »Naturkatastrophe« (Mackert 1999a, S. 121), die bei der Geburt über Olympias hereinbricht (V 107).

V 115–154 / S 139–180 Anders als in der idealisierenden Quelle schwankt die Beschreibung des außergewöhnlichen Kindes Alexander zwischen dem bis ins Kuriose, aber auch ins tierhaft Wilde gehenden Spektakulären und exemplarischer (gleichsam ›übererfüllter‹) Idealität. Idealität markiert insbesondere der Rahmen der Beschreibung, die durch Wahrheitsbeteuerungen unterstrichenen Aussagen, Alexander habe sich in drei Monaten bzw. in einem Jahr erheblich weiter entwickelt als gleichaltrige Kinder (V 117–120 und 151–154, S 141–144, 177–180).

V 123 / S 147 V und S setzen *wolf* statt Alberics *leu* ›Löwe‹ (bei Jul. Val. I 13, Z. 319f. – und traditionell in der Alexanderüberlieferung – Vergleichsfigur für Alexanders Ungestüm, bei Alberic eher als »fürstliches Hoheitssymbol« verwendet; vgl. Mackert 1999a, S. 125 und A. 185, 186, 187); das verweist auf Wildheit und »Gewaltbereitschaft« (Mackert 1999a, S. 134).

V 124 / S 148 D. h., wenn er seine Beute verteidigt.

V 126–139 / S 150–165 Die Tiervergleiche in Alexanders Beschreibung (»Fisch«/Robbe, Löwe, Drache, Falke/Greif) setzen den Helden in Beziehung zu den vier Elementen (Wasser, Erde, Feuer, Luft) und lassen ihn dadurch »als herrn über die gesammte natur erscheinen« (Singer 1891, S. 199 A. 1); durch die Wahl von Wappentieren (Löwe, Drache) und ständischen Attributen (kostbares Robbenfell, Jagdfalke) »strahlen« die Vergleiche bei Alberic »Vornehmheit« »aus« (Mackert 1999a, S. 128). In V und S wird die höfische Idealisierung zurückgenommen, die zeichenhafte Bedeutung der Vergleiche durch drastisch-kuriose Elemente (etwa die struppigen roten Haare) verunklart.

V 126–130 / S 150–154 Das gegenüber der Quelle hinzugefügte *strûb* ›struppig, abstehend‹ passt nicht zu dem übernommenen *crisp* ›lockig, kraus‹; der zum Vergleich herangezogene *visch*, nach mal. zoologischen Vorstellungen jedes Wassertier, wurde am plausibelsten (vgl. Wis 1990, bes. S. 130f.; vgl. auch S 5030 und Anm.) als Seehund identifiziert (ältere Deutungen: u. a. Otter, Barsch, Sirene, Seidenstoff). Der Ersatz des rotblond gelockten durch rotes, struppiges Haar hat ambiguisierenden Effekt: Rote Haare galten im MA fast durchweg als Zeichen eines schlechten (verschlagenen oder jähzornigen) Charakters (vgl. Mackert 1999a, S. 133, 135).

V 134–137 / S 160–163 Die Erklärung für das Drachenauge, Traumgesichte der Mutter während der Schwangerschaft (ein typisch mal. Erklärungsmodell insbesondere für kindliche Missbildungen), ist gegenüber Alberic hinzugefügt (vgl. Mackert 1999a, S. 130f. und A. 206). Angespielt wird auf lat. Erzählungen (Jul. Val. I 10; vgl. auch Leo I 10; Hdp 7; vgl. Ki S. XXXf.) von der von Nectanabus gegenüber Olympias angenommenen Drachengestalt (vgl. Friede 2000, S. 94; Mackert 1999a, S. 130f.).

V 139 / S 165 Der *grîf*, ein hybrides Fabelwesen orientalischer Herkunft, meist geflügelt, mit Löwenkörper und Adlerkopf (vgl. LexMA 4 [1989], Sp. 1693f.), ersetzt Alberics Falken (v. 62f.), möglicherweise in Reminiszenz an den typischen Kontext, in dem in der Alexanderüberlieferung Greifen begegnen, Alexanders Luftfahrt mit einem Greifengespann (vgl. Friede 2000, S. 94f.); das dürfte wohl als Demonstration eigener Belesenheit, kaum als versteckter Hinweis auf Alexandertraditionen mit illegitimer Herkunft des Helden gemeint sein (so Friede 2000, S. 95).

S 174 *rîterlîch* ›wie ein Ritter‹ ist ein für S typischer Zusatz. – mhd. *ritter* bezeichnet zunächst den (gepanzerten, zumeist berittenen) Krieger, dann speziell den adligen Krieger, dem feierlich das Schwert verliehen wurde, und wird zunehmend zu einem ideologischen Kernbegriff der höfischen Literatur. In den frühen Alexanderromanen gilt das nur für das abgeleitete Adj., nicht für das Subst. *rîter.* In typischer Mediävalisierung erscheint der junge Alexander ansatzweise als Prototyp eines idealen Ritters; der Begriff *rîter* selbst wird allerdings nur auf die Gefolgsleute angewendet; s. Komm. zu V 156 / S 182.

V 150 Wie bei *êrste* V 49 wäre auch bei *êrlîch* *h*-Schwund denkbar (entsprechend S 176 *hêrlîch*); vgl. Minis 1954, S. 298; Mackert 1999a, S. 132 und A. 211.

V 156 / S 182 *rîter* hat in V und S (außer im abgeleiteten Adj. *rîterlîch*, s. Komm. zu S 174) noch die alte Bedeutung ›Krieger‹, insbesondere (aber nicht nur) ›berittener Krieger‹, fungiert noch nicht als Adelsprädikat; vgl. Bumke [2]1977, S. 35–40.

V 157 / S 183 Alexander tritt im »Gestus des künftigen Herrschers« auf, der Gunsterweise an die Krieger verteilt (Mackert 1999a, S. 142); *lîp unde guot* meint, formelhaft, huldvolle Zuwendung Alexanders und materielle Entlohnung (so auch Mackert

1999a, ebd. und A. 240; anders Bumke ²1977, S. 65: »Verpflegung, Kleidung und Besoldung«; *lîp* kann die Person meinen, aber auch das zum Lebensunterhalt Notwendige; vgl. BMZ I, S. 1002–1004).

V 163–218 / S 191–250 Alexanders Erziehung ist (schon durch Alberic) weitgehend an mal. Gegebenheiten angepasst und verbindet geistig-intellektuelle Bildung und praktische Ausbildung des künftigen Herrschers (vgl. Mackert 1999a, S. 143–160, hier bes. 148, 153–155, 158–160). Das Alexander vermittelte Bildungswissen entspricht in etwa dem Fächerkanon der *Artes liberales:* Elementarer Sprach- und Schreibunterricht spiegeln die Fächer des *Trivium,* insbesondere Grammatik (ob Rhetorik und Dialektik fehlen, so zuletzt Baier 2006, S. 186, oder impliziert sind, wird unterschiedlich gesehen); den Fächern des *Quadrivium* entsprechen die Lehrgegenstände des zweiten, dritten und vierten Lehrers: Musik, Arithmetik (Lücke in V) und Geometrie (»geographisch-astronomische Entfernungskunde«, Mackert 1999a, S. 156; anders Baier 2006, S. 187) sowie Astronomie. Der fünfte und sechste Lehrer übernehmen die Ausbildung des Fürstensohnes in Waffenhandwerk und Kriegführung (die Details der Schulung Alexanders zum Reiterkrieger sind mediävalisiert), Umgang mit Gefolgsleuten, Rechtsprechung. Diesem herrschaftspraktischen Aspekt kommt im Vergleich mit Alberic besonderes Gewicht zu.

V 165 / S 193 *beginnen* ist hier u. ö. lediglich umschreibend verwendet (vgl. Lexer I, Sp. 146).

V 167 *lêrtin* mit einfachem Akk.-Obj. (›sie lehrten Schlacht und Völkerkrieg‹, d. h., unterrichteten in der Kunst der Kriegführung) ist möglich; da V 167 den Belehrten, also ein persönliches Obj., voraussetzt, wurde eingegriffen.

V 172 / S 202 Dass Alexander Griechisch lernen muss, entspringt wohl der Distanz der volkssprachlichen Autoren zu den antiken Sprachen. Hebräisch und Armenisch, die Alberic (v. 91) ebenfalls erwähnt, sind von Lambrecht weggelassen: allzu gelehrt wollte er den Fürstensohn anscheinend nicht werden lassen.

V 173 / S 203 Pergament (präparierte Tierhäute) ist bis ins 14. Jh. der bevorzugte Beschreibstoff des MA (in der Antike schrieb man auf Papyrus); für den Elementarunterricht benutzte man allerdings Wachstafeln.

V 178 / S 208 *mûsicam*: Baier 2006, S. 189, schließt aus der lat. Form auf die *ars musica,* Musiktheorie, die freilich mit praktischem Instrumentalunterricht verbunden wird.

V 179–181 / S 209–211 Die Rotte, Harfenzither (dreieckige Brettzither mit doppelseitiger Bespannung und unterschiedlicher Saitenzahl), ist ein Zupfinstrument, die Spieltechnik der der Harfe vergleichbar (Eitschberger 1999, S. 44–53), *lîre* ist die Zupfleier (Eitschberger 1999, S. 57–63); im HochMA sind zur Rotte auch Streichbogen bezeugt (vgl. LexMA 6, Sp. 960f.). – Zu Saiten *ziehen/zîhen* ›stimmen‹ vgl. Alberic v. 102 (Übersetzung Mölk/Holthus 1999, S. 619); Ki S. 405; Eitschberger 1999, S. 51f.

V 182 / S 212 D. h. der *cantus per se* im Sinne Guidos von Arezzo, kunstmäßiger Gesang nach Noten im Gegensatz zum Nachsingen nach Gehör; vgl. Ki S. 406; Mölk/Holthus 1999, S. 615f. (Singen vom Blatt, ohne das Vorsingen eines Gesangslehrers); Baier 2006, S. 189.

V 188–195 / S 219–226 Der Philosoph Aristoteles war 342–340 v. Chr. wirklich Lehrer des damals allerdings bereits dreizehn- bis fünfzehnjährigen Alexander (vgl. z. B. Lauffer ⁵2005, S. 26–30; Wiemer 2005, S. 79f.). Zum Lehrer der Astronomie, des im mal. Schulkanon angesehensten Fachs, statt der Philosophie wird er schon bei Alberic – als Ersatz für Nectanebus, den Astronomielehrer der lat. Tradition (vgl. Baier 2006, S. 196); auch Jul. Val. (I 7) nennt Aristoteles unter Alexanders Lehrern.

V 209 *fîant* kann ›Feind‹ als Kollektivum bezeichnen, Kongruenz zu V 210 (mhd. ohnehin nicht immer konsequent beachtet) ist nicht grammatisch, aber sinngemäß gewahrt.

V 218 *gunnen* nur mit Dat. ist nicht belegt, daher erfolgt Eingriff.

V 221 / S 253 Zur Übersetzung von *geweltich* bzw. *gwaldich* als ›stark‹ vgl. Mackert 1999a, S. 175; die übliche Bedeutung ›mächtig‹ passt nicht zu dem Zwölfjährigen, der noch nicht über Macht, allenfalls über »Herrschaftseignung« (ebd.) verfügt. – Zur Parallele zu einer Stelle der Hdp J^2 (I 15, zit. Bergmeister 1975: *Alexander autem* [Leo, J^1, J^3 *itaque*] *cum esset annorum XV* [J^2 *quindecim*, bei Leo keine Altersangabe], *factus est fortis, audax et sapiens* [Leo: *audax et sapiens*]), die auf eine von Alberic unabhängige punktuelle Verwendung der Hdp J^2 durch Lambrecht deutet, vgl. Ki S. 409; Mackert 1999a, S. 179f.

V 222 Die Formulierung wird, mit anderer Altersangabe, bei Alexanders Thronbesteigung (V 555) wieder aufgegriffen – eine »epische Klammer« um die Jugendtaten (Mackert 1999a, S. 183).

V 224 *wertlîch*: Fehler für *werltlîch* S 256?

S 259 Die Wendung ist formelhaft im Kontext gerechten Richtens; vgl. z. B. Konrad von Würzburg, ›Trojanerkrieg‹, v. 1619.

V 227–234 / S 261–268 Nach Jul. Val. (I 14, bes. Z. 386–389; vgl. auch Ps.-Kallisthenes, Hdp 13; der gebrochene Hals nur bei Jul. Val.; vgl. Mackert 1999a, S. 172) stürzt Alexander Nectanebus während einer nächtlichen Astronomielektion hinterrücks in eine Grube; der Sterbende gibt sich als Alexanders leiblicher Vater zu erkennen. Diese Episode, die in den antiken Quellen ein zweifelhaftes Licht auf Alexander wirft, wird – nicht ganz stimmig (Ambivalenz um den gewalttätigen Helden bleibt) – zum Beweis für seine Wahrheitsliebe umgedeutet und zugleich als Argument gegen alternative Versionen von Alexanders Abkunft benutzt (V 234 / S 268 impliziert: weil kein Sohn seinen eigenen Vater getötet hätte).

V 235–341 / S 269–406 Die Episode vom Zahmwerden des wilden Rosses Bukephalos/Bucephalus gehört seit Ps.-Kallisthenes zum Grundbestand der romanhaften Alexandertradition. Nur Jul. Val. (I 17) erwähnt das Gespräch mit Ptolemäus und wie Alexander sich Zutritt zum Stall verschafft (vgl. Mackert 1999a, S. 186 und A. 9).

V 237 (ff.) / S 271 (ff.) Das wilde Pferd ist mit dem gleichen Epitheton *wunderlîch* belegt wie Alexander; vergleichbar sind auch die schulmäßige Beschreibung des Äußeren mit den unrealistisch-spektakulären, teils kuriosen Details und der Gesamteindruck von Kraft, Wildheit und unberechenbarer Gewaltbereitschaft: Pferd und künftiger Reiter sind aufeinander bezogen, vgl. auch Mackert 1999a, S. 187–193, der aus der Bändigung »entfesselter Aggressivität« (hier S. 191) auf ein Erzählprogramm Lambrechts in Bezug auf Alexander schließt.

V 244 f. / S 285 f. Ich fasse die beiden Versionen als gleichbedeutend auf, anders Ki S. 411.

V 256 / S 297 Der Name Bukephalos (wohl ›Stierkopf‹, nach dem Brandzeichen) von Alexanders Lieblingspferd ist historisch (vgl. z. B. Hammond 1997/2004, S. 13 f.).

V 257 Als Akk. Pl. Masc. ist *siu* nicht belegt (vgl. PWG § 214), daher Eingriff (anders M).

V 261–263 / S 304–306 D. h., das Pferd frisst Menschen, wie die lat. Quellen unmissverständlich formulieren.

V 265 / S 308 Bei Jul. Val. (I 15) kommt die Auskunft über das Pferd vom Delphischen Orakel (entsprechend Ps.-Kallisthenes), bei Leo (I 15) und in der Hdp J[1]/J[2] (14) von den Göttern bzw. durch eine göttliche Prophezeiung.

V 266 / S 309 Der Komp. *paz* bzw. *baz* hat hier hervorhebende, nicht vergleichende Funktion (vgl. PWG § 396, VP).

V 269 *verseln* ›verkaufen‹ (vgl. Lexer III, Sp. 223f.) ist hier sinngemäß ›hinterlassen‹.

S 316 Zu *noh diu* ›bis dahin‹ vgl. BMZ II/1, S. 403.

V 272 / S 317 Demnach wurde Alexander außerhalb von Philipps Hof erzogen (in den lat. Quellen nicht erwähnt). Tatsächlich wurde Alexander von Aristoteles in Mieza (nahe der makedonischen Hauptstadt Pella) unterrichtet (vgl. z. B. Lauffer [5]2005, S. 28; Wiemer 2005, S. 79). Wahrscheinlicher ist jedoch Anpassung an Gepflogenheiten mal. Adelserziehung an fremden Höfen. Durch Alexanders Abwesenheit wird seine Unwissenheit hinsichtlich der Prophezeiung um Bucephalus plausibler.

V 273 Die Lesart von V (beibehalten u. a. von M) scheint im Widerspruch zu stehen zu V 276f.: Alexander weiß gerade nichts von der Prophezeiung; Ki bessert daher nach S (S 318; Alexander ist nach Abschluss seiner Erziehung umfassend gebildet, ›versteht die Bücher‹). Denkbar ist freilich: Nach seiner Rückkehr erfährt Alexander auf schnellstem Wege von der Prophezeiung, nämlich durch die gleich danach geschilderte Episode; V 273 wäre demnach als Ankündigung zu verstehen; vgl. auch Mackert 1999a, S. 195f.

V 276 Der Eingriff bei Ki (sinngemäß S entsprechend) ist unnötig, *geseit* als Kontraktion für *gesaget* möglich, wenn auch in V sonst nicht belegt; der Reim ist angesichts zahlloser unreiner Reime kein Argument.

V 278 / S 324 *palenze* bzw. *pelenze* ›Pfalz‹ ist die »Wohnung eines weltlichen oder geistlichen Fürsten« (Lexer II, Sp. 224).

V 279 / S 325 Ki S. 413 hält *geste* V 279 für einen Eigennamen, Verschreibung für Vestian S 325, Alexanders Freund Hephaistion (vgl. Jul. Val. I 9/10; Hdp J[1]/J[2] 16,5 Ephestius; vgl. LantG S. 240).

S 328 Hsl. *tubillichen* könnte *tûbillîchen* = *tiuvellîchen* (›wie der Teufel‹) sein.

S 329–331 S betont kognitive Aspekte stärker als V, schiebt Reflexion zwischen Wahrnehmung und kommunikatives Handeln ein (vgl. Hübner 2005, bes. S. 244–246).

V 289 Zur Ersparung des pron. Subj. vgl. PWG § 399.

V 294 Zu *unt* ›als‹ vgl. PWG § 459, 13.

V 300f. Alexanders Zornausbruch und das gewaltsame Aufbrechen der Stalltür sind eine Besonderheit nur von V; vgl. Mackert 1999a, S. 200f. (von Foulet 1949, S. 43, Alberic zugeschrieben).

V 319 / S 376 Alexanders persönliche Tapferkeit und »Streben nach Selbstbestätigung in der kühnen Tat« treten in den Vordergrund gegenüber der traditionellen Funktion der Bucephalus-Episode in den antiken Texten, Alexanders Thronfolge zu sichern; vgl. Mackert 1999a, S. 198–201, hier bes. S. 198.

V 324f. *zôh sînes sinnes* wurde von Ki nach S 381 gebessert (hundert Gefolgsleute springen mit Philipp auf); denkbar wäre jedoch, *zôh/ziehen* als ›einen Weg einschlagen‹ (vgl. Lexer III, Sp. 1103) und *sînes sinnes* als absoluten Gen. ›entsprechend seinem Willen‹ aufzufassen (vgl. PWG § 379): Philipp ›schlug entsprechend seinem Willen seinen Weg ein‹, d. h. ›ging seines Weges, wie er es wollte‹ (nämlich zu seinem Sohn). Dann wäre auch keine Lücke nach V 325 anzunehmen (Ki ergänzt entsprechend S 384f.); ähnlich Diemer 1849, S. 63, Anm.: »l. sînes sindes, seines weges«.

V 328f. Die Annahme einer Lücke (wegen der Übereinstimmung von S, B und der afrz. Zehnsilberfassung; zusammenfassend Mackert 1999a, S. 202, A. 44; Ki ergänzt entsprechend S 388–391) ist inhaltlich nicht zwingend; eine Reimbindung zwischen *nider*[*e*] und *gegene* ist angesichts des sonstigen Reimusus denkbar (vgl. bes. Minis 1954, S. 291f.).

V 331 / S 394 Das Händefassen ist eine konventionalisierte Geste huldvoller Zuwendung im »Rahmen gesellschaftlichen Zeremonialhandelns« (Mackert 1999a, S. 203).

V 338–341 / S 402–406 Alexander spricht seinen Vater höflich (ihrzend) und formell als Herrscher an; die Segenswünsche sind formelhaft (Parallelen bei Ki S. 417; vgl. auch Mackert 1999a, S. 203 und A. 47). Unterstrichen wird, dass Alexander nicht ungebührlich an die Macht strebt.

V 340 / S 403 *getrûwe*(*n*) deutet Ki S. 417 als ›zutrauen‹ bzw. ›glauben‹.

V 342–551 / S 409ff. In den Berichten von Alexanders Jugendtaten wird »das Grundmuster von Tapferkeit, auffahrender Aggressivität und normgerechter Disziplin nach dem Schema von Wiederkehr und Variation durch[gespielt]« (Mackert 1999a, S. 207 und ff.).

V 342–360 / S 409–431 Die Chronologie ist kaum stimmig, obwohl die Details mal. Gepflogenheiten entsprechen: Mit zwölf

Jahren ist Alexanders Erziehung abgeschlossen (V 222 / S 254); danach kehrt er heim und erfährt umgehend von Bucephalus; nach dessen Zähmung ist er nun mit fünfzehn Jahren waffenfähig. Die Ausrüstung Alexanders mit Waffen, obwohl hier nicht als formelle Schwertleite geschildert, ist wohl schon bei Alberic mediävalisiert als »Akt aristokratischer Sozialisation« dargestellt (Mölk 2000a, S. 33, 36); in den antiken Quellen bittet Alexander um Erlaubnis, an einem Wagenrennen teilnehmen zu dürfen (vgl. Foulet 1949, S. 44).

V 346 / S 413 *tugent* impliziert in erster Linie (persönliche) Tapferkeit, »Heldentaten« (Mackert 1999a, S. 207); vgl. bes. V 367 / S 438.

V 348f. / S 415–419 Dass hsl. *unt ê* durch Worttrennung und Zirkumflex *ê* als eine Konjunktion markiert, ist wahrscheinlich (so auch M; Minis 1954, S. 292), aber nicht über jeden Zweifel erhaben: Zirkumflexe (vgl. Schneider 1987, S. 39) stehen nicht nur über Langvokal, und »sinnlose« Lücken innerhalb eines Wortes begegnen vereinzelt auch sonst. In jedem Fall ist *unte* (obwohl in der Hs. sonst *unt* oder *unde* steht) die handschriftennächste sinnvolle Lesart (vgl. zuletzt Mackert 1999a, S. 208f. und A. 58); *sculdich* wäre dann auf die vorangehende *eigen tugent* V 346 zu beziehen (›und wenn sich einer [diesbezüglich, d. h., was die eigene Tapferkeit betrifft] als Schuldner sieht [d. h., noch nicht genügend eigene Tapferkeit bewiesen hat], soll er nicht säumen‹). S 415–419 ist dagegen eine versteckte Drohung an Philipps ›Schuldner‹ (Vasallen oder Tributpflichtige), denen gegenüber Alexander sich beweisen will.

S 429 Zu *rîterlîchen* vgl. Komm. zu S 174.

V 359 *gewâfen* ist als Adj. nur fraglich belegt (Lexer I, Sp. 970), Ki (App.) erwägt *gewâfent*.

V 361–373 / S 432–444 Dass Alexander den Königstitel ablehnt, solange er kein Königreich besitzt, begegnet auch in der Zehnsilberfassung, geht also auf Alberic zurück (Mölk 2000a, S. 33; vgl. auch S. 36); rechte Königsherrschaft setzt außer legitimer Abkunft (vgl. V 10 / S 10, V 71–77 / S 83–91) und umfassender Bildung (vgl. V 163–218 / S 191–250) militärische Tüchtigkeit und eben auch ein eigenes Reich voraus; nach archaisch-heroischem Anspruch kann sich wahre Königsherrschaft nur auf das durch eigene Kraft Errungene stützen; vgl. Mackert 1999a, S. 210 u. ö.

V 374–379 / S 445–450 Der Sieg über König Nycolaus ist gegen die antiken Quellen als erster kriegerischer Erfolg Alexanders dargestellt. Jul. Val. (I 18f.) schildert ein Wagenrennen, bei dem Alexander den Siegerkranz (*corona*) davonträgt und den gestürzten Nicolaus, König der Akarnanen, überfährt (vgl. Mölk 2000a, S. 31; Ottmann 1898, S. 277). Bei Leo (I 18f.) besiegt und tötet Alexander Nicolaus, König von Areta, im Kampf (vgl. LantG S. 428). Cesarea (vermutlich von Alberic eingefügt) dürfte auf Cäsarea Philippi in Palästina zurückgehen; vgl. Mt 16,13; Mc 8,27; vgl. Foulet 1949, S. 45. In V und S fungiert der König lediglich als Anlass für Alexander, seine Kampftüchtigkeit (also Herrschaftswürdigkeit) zu beweisen; vgl. Mackert 1999a, S. 209f. – Die erste bedeutende militärische Leistung des historischen Alexander war die Führung der Reiterei in der Schlacht bei Chaironeia 338 v. Chr.; vgl. z. B. Wiemer 2005, S. 80; Lauffer [5]2005, S. 32.

V 382–433 / S 454–507 Die Verstoßung der Olympias durch Philipp und seine Heirat mit Cleopatra, einer Nichte des makedonischen Gebietsfürsten Attalos, sind historisch (337 v. Chr.), nicht aber die Versöhnung, die Alexander nach dem Kampf beim Hochzeitsfest stiftet. Nach der Verstoßung der Mutter und dem Eklat beim Bankett wurde auch Alexander mit seinen Gefährten verbannt und befand sich noch nach seiner Rückkehr (Frühjahr 336 v. Chr.) bis zu Philipps Tod (Sommer 336 v. Chr.) in einer prekären Lage (vgl. z. B. Wiemer 2005, S. 80f.; Lauffer [5]2005, S. 34–36).

V 390 / S 465 *mit / ze minnen*: *minne* meint hier ›Geschenk‹ (Lexer I, Sp. 2144f.); impliziert ist gütliches Einvernehmen, »friedliche Interaktion« (Oswald 2004, S. 118) im Gegensatz zu Drohung oder Gewalt (vgl. V 731; S 538, 3605, 5118 u. ö.).

V 395–397 / S 472–477 V und S begründen Alexanders Widerstand gegen die neue Ehe seines Vaters »persönlich« mit Mutterliebe und »moralisch« mit Bedenken wegen Ehebruchs. Historisch gefährdete die neue Eheschließung Alexanders Stellung als Philipps Nachfolger (vgl. z. B. Wiemer 2005, S. 80f.; Lauffer [5]2005, S. 34–36).

V 396 *iuwers willen* meint ›willkürlich‹, ›nach bloßem Belieben‹, d. h. ohne triftigen Grund (Ki S. 421).

V 401 *kedanche*: *gedanken* ist nach Lexer I, Sp. 768, ›denken‹, hier möglicherweise durch *ge-* intensiviertes *danken*, bitter ironisch ›danken‹ im Sinne von ›heimzahlen‹ (›ich werde es denen […] auf solche Weise danken/heimzahlen, dass […]‹). – Der Eingriff von Ki (statt *hien* ›hier drinnen‹ *hie* ›hier‹) ist unnötig.

V 404 / S 481 Lysias ist bei Ps.-Kallisthenes der Bruder der

Cleopatra (vgl. Ottmann 1898, S. 277); historisch war Alexanders Gegner Attalos, Cleopatras Onkel (vgl. z. B. Wiemer 2005, S. 80 f.; Lauffer [5]2005, S. 34–36).

V 405, 409 / S 482 *stolz* bezeichnet, ähnlich wie das Subst. *übermuot*, kriegeradliges Selbst- und Ehrgefühl, »männliche Krieger-*virtus*« ebenso wie die Gefahr der Selbstüberhebung; vgl. Mackert 1999a, S. 213 f.

V 407 / S 486 *verre* ist ›weit[reichend]‹, auch ›mit Eifer‹ (Lexer III, Sp. 197); der Eingriff durch Ki (*erre* ›ungestüm‹ wie *irre* S; VP übersetzt *verre*, obwohl *erre* im Text steht) ist unnötig.

V 408 / S 487 f. Die Beleidigung durch Lysias wird nicht konkretisiert. In der Quelle (Jul. Val. I 21; ähnlich Ps.-Kallisthenes, Leo I 21; vgl. LantG S. 369) wünscht Lysias Philipp einen ebenbürtigen bzw. ihm ähnlichen, d. h. legitimen Sohn mit Cleopatra, stellt also Alexander als Thronfolger in Frage. In S und V, die an die Legitimität des Helden nicht einmal andeutungsweise rühren, wird nicht die politisch prekäre Konstellation, sondern die für kriegeradliges (heroisches) Verhalten typische (vgl. V 409) Eskalation von Gewalt durch wechselseitige Provokationen thematisiert; vgl. Mackert 1999a, S. 213.

S 490 (vgl. auch V 424 u. ö.) Der Zorn gilt seit der Antike (neben der Trunksucht) als Hauptlaster des Makedonenkönigs. Mhd. *zorn* meint sowohl die Todsünde *ira* als auch den (positiv bewertbaren) Kampfesfuror des Kriegers; in der Cleopatra-Episode dominiert der Aspekt von Jähzorn und Gewalteskalation; anders Stein 1978, S. 160, A. 83, der hier »Engagement gegen Unrecht in wichtiger Sache« sieht. – Zur stärkeren Betonung von Alexanders Zorn in S vgl. z. B. Ehlert 1989a, S. 61, 71–73.

V 411 / S 492 *plach mâle* bzw. *blachmâl* sind flach eingegrabene, meist schwarz ausgelegte Gravierungen, Niello, eine Technik der Goldschmiedekunst (Ki S. 423; Schultz 1889, I, S. 379 f.).

V 413–415 / S 494–496 Bei Jul. Val. (I 21, Z. 611) wird Lysias (wie bei Ps.-Kallisthenes) von Alexander nur verwundet, bei Leo (I 21) getötet; in V und S wird nicht gesagt, ob Lysias den Angriff überlebt (als Verwundung gedeutet bei LantG S. 369; vgl. aber V 426 f.).

V 420 *schenel* ist die md. Form für *schinele* ›Schienbein‹ (vgl. Wallner 1919, S. 212, zit. Minis 1954, S. 293).

S 504 f. D. h. zugleich ›Kein Spielmann bekam etwas‹ (Ki S. 423) und ›Es gab keinen Anlass für Festfreude‹.

Nach S 507 Durch Blattverlust entsteht eine Lücke im Text vom Sturz Philipps bis in die Tyrus-Episode. Ki nimmt mit seiner Zählung 450 Fehlverse an und ergänzt den Text aus B (Weismann und Ruttmann ergänzen aus V, was sich hier erübrigt, da V im gleichen Band abgedruckt ist). Soweit aus B zu schließen, kann für S in Grundzügen die gleiche Handlungsfolge angenommen werden wie für V; Rückschlüsse auf Einzelheiten (etwa auf die Ausgestaltung der Begegnung mit Darius' Boten, vgl. Komm. zu V 466–471) sind angesichts der eigenwilligen Bearbeitung in B nicht möglich.

V 428f. »Der leicht hämische Ton stiftet zu Gleichgültigkeit gegenüber Alexanders Opfern an« (Mackert 1999a, S. 216). – Cleopatra wurde nach Philipps Ermordung 336 v. Chr. von Olympias zum Selbstmord gezwungen; vgl. z. B. Lauffer [5]2005, S. 39.

V 430–433 Alexander mäßigt sich, stellt des Vaters Gesundheit (»Voraussetzung von dessen Herrschaftsfähigkeit«, Mackert 1999a, S. 216) und die durch die ›ehebrecherische‹ Heirat gestörte Ordnung wieder her; dadurch erscheint der Gewaltexzess im Nachhinein in milderem Licht.

V 433 Hsl. *nein* kann als Kontraktion gedeutet werden, doch wurde um der Eindeutigkeit willen eingegriffen.

V 434–459, 500–519 Die Strafexpeditionen gegen Antonia und Thelemone zeigen Alexander als verantwortlich handelnden Heerführer: im Auftrag des Vaters, im Einklang mit den Gefolgsleuten, Tapferkeit und Klugheit verbindend, ohne Verluste unter den Seinen (vgl. Mackert 1999a, S. 217–220). – Ein historisches Vorbild für Alexanders Strafexpedition in das abtrünnige Antonia (bei Jul. Val. I 23 Mothona) ist nicht bekannt; der Name könnte aus der südmakedonischen Stadt Methone (von Philipp 353 v. Chr. erobert) entstellt sein, doch besteht kein Ereigniszusammenhang (vgl. Ottmann 1898, S. 279).

V 442 *sez manne* sind Lehensleute mit Residenzpflicht (vgl. Ki S. 424; VP: ›Besatzung‹).

V 446 *besatten*: Hsl. *besahte* geht möglicherweise auf Verwechslung von *h*-ähnlichem *z* der Vorlage und *h* zurück (als Prät. von *besetzen* sind *besatzte* und *besatte* belegt; vgl. Lexer I, Sp. 214); die fehlende Pl.-Endung ist ergänzt.

V 447 *for im behâte*: Hsl. *for in* ›für ihn [verwaltete]‹ ergibt keinen Sinn (vgl. Ki S. 424).

V 464f., 472–474 Dass Philipp dem Perserkönig Darius tributpflichtig gewesen sein soll, trifft historisch nicht zu, ist aber seit Ps.-Kallisthenes in romanhaften Texten überliefert; der bereits unter Philipp geplante Krieg gegen das Perserreich der Achaimeniden wurde offiziell als Rachekrieg für die Untaten des Xerxes in Griechenland begründet (vgl. z. B. Wiemer 2005, S. 72). Die Tributpflicht abzuschütteln, ist ein Leitmotiv von Alexanders Handeln in V (vgl. V 476 und bes. V 1503–05), möglicherweise bereits bei Alberic (vgl. Mölk 2000, S. 29–31; bei Jul. Val. I 23 nur angedeutet).

V 466–471 Angespielt wird auf Dn 8,3–7 und 20f.: In einer Vision schaut der Prophet, wie ein Widder von einem gewaltigen Ziegenbock angegriffen und besiegt wird. Eine Engelsstimme deutet dies: Der Widder stehe für die Könige von Medien und Persien, der Ziegenbock für den griechischen König. V 468f., die Umdeutung der Vision zu einem Traumgesicht, dürfte auf Dn 7,1 zurückgehen (Daniel schaut vier Tiere, die für vier mächtige Reiche stehen, d. h. die vier Weltreiche der seit Hieronymus das mal. Geschichtsdenken bestimmenden Weltreichelehre); möglicherweise hat der Autor aus dem Gedächtnis zitiert und so die beiden Bibelstellen kontaminiert (Mackert 1999a, S. 233, A. 115). – Die ausführliche Daniel-Anspielung in V hat in B kein Gegenstück; ob sie in S enthalten war, ist nicht rekonstruierbar. Durch die Anspielung perspektiviert V die Darstellung Alexanders auf seine Rolle als Sieger über Darius und damit Überwinder des zweiten (medo-persischen) und Gründer des dritten (griechischen) Weltreichs hin (vgl. z. B. zusammenfassend Ehlert 1994/2004, S. 23; anders Mackert 1999a, hier bes. S. 232–234: der heilsgeschichtliche Bezug werde – anders als etwa im ›Annolied‹ – nicht explizit und sei daher nur klerikalen Rezipienten evident, nicht einem Adelspublikum). Innertextlich dient die Vision des Propheten als Vorausdeutung auf den Zweikampf der beiden Könige (vgl. z. B. Mackert 1999a, S. 239f.), der insofern sinnvoll als Zielpunkt der Dichtung interpretiert werden kann.

V 476f. Explizite Vorausdeutung auf die Tötung des Darius durch Alexander V 1503–09. – Hsl. *zal* bessere ich »normalisierend« (mit Ki); auch Minis (1954, S. 293) sieht in *z* keine Affrikata, sondern eine mundarttypische Schreibung, die er aus Interesse an Lambrechts Original belassen möchte; alternativ wäre möglich: *z'al* intensivierend zu *wâr* (vgl. Mackert 1999a, S. 239 A. 143).

V 504 *Thelemôn*[*e*] ist als Ortsname historisch nicht belegt; Jul. Val. (I 23, Z. 685) nennt (Ps.-Kallisthenes entsprechend) eine ungenannte *vicina* [...] *civitas*, Leo (I 23) und Hdp J^1/J^2 (20) erwähnen Armenien (vgl. Ottmann 1898, S. 280).

V 508 Zur Übersetzung von *ummâze stellen* vgl. Ki S. 427. Wegen der Absichtserklärung *wolten* (die ›Unziemlichkeit‹, d. h. der Abfall von Philipp, ist bereits erfolgt, V 507) könnte *ummâze* mit Lexer (II, Sp. 1912) aber auch als ›außerordentliche Menge‹ (von Kriegern, die die Abtrünnigen gegen Philipp aufstellen wollen) aufgefasst werden.

V 513 Der *burcgrâfe* ist der militärische Befehlshaber einer Stadt, oft auch für Verwaltung und Gerichtsbarkeit zuständig (vgl. LexMA 2 [1983], Sp. 1048–50).

V 515 Minis (1954, S. 299) schlägt vor: *die her̄ [hern] druf er liez.*

V 516 Hsl. *er* ›ihr‹ ist sprachlich möglich, um der Eindeutigkeit willen wurde eingegriffen.

V 522(–551) Der historische Pausanias, Mitglied von Philipps II. Leibwache, erstach den König 336 v. Chr. bei der Hochzeit von dessen Tochter in Aigai und wurde auf der Flucht getötet. Historische Quellen motivieren die Tat entweder mit einer von Philipp nicht geahndeten Beleidigung durch Cleopatras Onkel Attalos oder mit einer Verschwörung, an der auch Olympias und Alexander beteiligt gewesen sein sollen. Pausanias' Liebe zu Olympias führt der griechische Alexanderroman als Motiv ein. Alexander steht in den mal. Texten außer Verdacht; die Rettung der entführten Mutter und die Rache für den getöteten Vater schließen die Reihe seiner Jugendtaten würdig ab. Bei Jul. Val. (I 24, Z. 709 13) – wie bei Ps.-Kallisthenes – führt Alexander den Gegner verwundet und gefesselt vor seinen sterbenden Vater, der den Wehrlosen selbst tötet, was hier zur Hinrichtung umgestaltet ist (vgl. Ottmann 1898, S. 280 f.); bei Leo (I 24) und in der Hdp J^1/J^2 (20) fällt Pausanias von Alexanders Hand (so auch in B).

V 532 *nâht* ist das Adv. *nâhet, nâhent* ›nahe‹ (vgl. Lexer II, Sp. 21 f.), der Eingriff bei Ki und M (auch angesichts des Reims) unnötig.

V 534 *dâr* ist Kontraktion aus *dâ er.*

V 552–555 und ff. Alexander trat 336 v. Chr. zwanzigjährig die Nachfolge seines ermordeten Vaters an, hatte sich aber seine Position und die Vormachtstellung in Griechenland erst zu erkämpfen, bevor er den Kriegszug gegen die Perser unter Dareios III. (334–330 v. Chr.) beginnen konnte (vgl. z. B. Lauffer [5]2005,

S. 38–50; Wiemer 2005, S. 82–85). Die Absicherung gegen Gegner in Griechenland wird in V nicht, in S nach Alexanders Besuch bei seiner Mutter, beim zweiten Zug ins Perserreich geschildert (S 1747ff.).

V 556 Vgl. Komm. zu V 57 / S 61.

V 559–585 Beratungsszenen entsprechen mal. (feudalem) Usus; Alexanders Verhalten gegenüber Ratgebern ist ein wichtiges Indiz für seine Bewertung. Hier demonstriert Alexander vorbildlichen herrscherlichen Umgang mit seinen Gefolgsleuten; vgl. z. B. Mackert 1999a, S. 242f.

V 584 Der Vers ist, wie häufig in V, deutlich überfüllt.

V 592 / 594f. Dass Alexander u. a. Kalabrien und Nicomedias zur Heeresfolge auffordern lässt, ist in den Quellen nicht vorgegeben und nicht befriedigend zu deuten (vgl. Ottmann 1898, S. 281). Bekannt waren die Orte möglicherweise als Einschiffungsstätte der Kreuzfahrer (Kalabrien) und durch den Hl. Pantaleon (vgl. Welker 1976), der um das Jahr 305 in Nikomedia in Bithynien von Kaiser Maximinianus hingerichtet und u. a. in Köln besonders verehrt wurde.

V 607f. Der historische Alexander setzte im Frühjahr 334 v. Chr. über den Hellespont. In V ist das erste Ziel (wo Alexander Tribut einfordern lässt, V 608) nach der Überquerung des Meeres unklar (nach Sizilien fährt er erst danach). Den romanhaften lat. Quellen nach ist mit *mer* das Ionische Meer gemeint, das erste Ziel Lukanien; Jul. Val. erwähnt zuvor einen Zug nach Thrakien, wo Tribut eingetrieben wird (I 28, Z. 773–76).

V 609 Ki S. 430: »dieser zug gen osten wurde unternommen, um ein Heer gegen Darius zu sammeln«.

V 610–690 Die Stationen des Heereszugs (Sizilien – Italien/ Rom – Afrika/Karthago – Ägypten – Palästina, dann Tyrus und Zug ins persische Stammland) weichen – schon im griechischen Alexanderroman – stark ab vom historischen Alexanderzug; vgl. Einführung, S. 10f. Alexander wird dadurch zum Eroberer des Westens wie (später) des Ostens.

V 612f. D. h., Sizilien steht unter makedonischer Herrschaft, leistete aber bislang keine Heeresfolge (Ki S. 430).

V 618–629 Durch rituelle Begrüßung und Geschenke erkennen die Römer Alexanders Oberherrschaft in Italien an; vgl. z. B. Oswald 2004, S. 63f.; »die friedliche Unterwerfung [...] ist in der unilateralen Übergabe von Präsenten dargestellt« (ebd., S. 64). Alexander als Vertreter des dritten Weltreichs tritt (ohne dass dies ausdrücklich formuliert wird) in Beziehung zu den künftigen Herren des vierten Weltreichs.

V 622–626 Mantel und Krone sind Herrschaftssymbole, die bezeichnenderweise von den Römern übergeben werden, »dinglicher Ausdruck der imperialen Machtstellung, die Alexander auf seinem Zug gegen Darius erringt« (Mackert 1999a, S. 245).

V 624 *phelel/phellel/pheller* (mlat. *palliolum*, afrz. *paile*) wird entweder als Sammelbegriff für verschiedene kostbare Seidenstoffe oder als Bezeichnung für ein bestimmtes, brokatartiges Seidengewebe verwendet (vgl. Schultz 1889, I, S. 332ff.; Brüggen 1989, bes. S. 274–76).

V 637–639 Ki S. 431 erklärt V 637 für verderbt; sein Eingriff von *ir* zu *er* ist aber schwerlich richtig, obwohl V die Quelle (Jul. Val. I 29f.) missversteht. Die Anspielung V 638f. bezieht sich auf die traditionelle Feindschaft zwischen Rom und Karthago, konkret wohl auch (anachronistisch) auf die Punischen Kriege (264–241, 218–201, 149–146 v. Chr.); dies erklärt, warum nur wenige Krieger als Begleiter Alexanders zur Verfügung stehen (V 637).

V 640–655 Alexander lässt, von der Gegend um Karthago aus, die Völker im Süden durch Botschaften einschüchtern, so dass diese sich unterwerfen, und nötigt auch die zunächst zurückhaltenden (weil durch den Krieg gegen Rom in Anspruch genommenen) Karthager zu völliger Unterwerfung und Heeresfolge, bevor er nach Ägypten weiterzieht (allerdings ist umstritten, ob *Kartanenses* die Bewohner Karthagos sind oder ein anderes afrikanisches Volk; vgl. zuletzt Mackert 1999a, S. 244, A. 11).

V 641 Meridienland ist ›nach Mittag (Süden) zu gelegenes Land‹, geographisch nicht eindeutig zu identifizieren (Ki S. 432 vermutet nach Nm 13,18 Palästina, Ottmann 1898, S. 283, nach Curtius Arabien oder nach Arrian Äthiopien); vgl. bes. Brummack 1966, S. 36f., A. 5 (dort ältere Lit.).

V 642f. Bethania ist wohl Bithynien, eine Landschaft an der Südküste des Schwarzen Meers, Galatia das südlich von Bithynien gelegene Galatien; beide Länder sind aus der Bibel bekannt (Act 16,6f. nennt beide Länder zusammen; vgl. Ki S. 432, Ottmann 1898, S. 283). Die Namen dürfte Lambrecht eingeführt haben.

V 660–671 Alexanders Neugründung Alexandria wird in superlativischem Städtepreis über andere bedeutende Städte erhoben, in der Quelle (Jul. Val. I 31, Z. 900–911; nach Ps.-Kallisthenes)

Antiochia, Karthago, Babylon und Rom (hier V 671, 668, 663, 671). Troja als Inbegriff einer bedeutenden Stadt und für das MA Urstadt schlechthin liegt als Vergleichsgröße nahe und war dem Autor (vielleicht schon der Vorlage) aus der V 1314 genannten Trojadichtung bekannt. Gapadotia V 666 ist eigentlich die Landschaft Kappadocien, keine Stadt; Pede ist vermutlich keine geographische Größe (erwogen wurden allerdings Pella oder Theben), sondern wohl aus dem Missverständnis einer Längenangabe (*pedibus*; Jul. Val. I 31) heraus entstanden (Vorschlag von Ausfeld 1887, zit. u. a. Ottmann 1898, S. 281–86, hier bes. 285; Brummack 1966, S. 37 f.; dort ältere Lit.).

V 677–690 Mit dem Einfall in Palästina beginnt der eigentliche Krieg – zuvor war von unkriegerischen Unterwerfungen und vom Heeresaufgebot Alexanders die Rede. – Alexander erscheint als »Eroberer des Heiligen Landes« (Cölln 2000a, S. 178) und (weitgehend gegen die lat. Quellen) als gewalttätiger Zerstörer heiliger Stätten, also als nicht nachahmenswerter Herrscher (vgl. auch Mackert 1999a, S. 247 f.). – Lambrecht hat das unbestimmte *urbes* (Jul. Val. I 35, Z. 1156) durch in der Bibel genannte Orte in Palästina konkretisiert (vgl. Szklenar 1966, S. 42–44); die Orte und Landschaften sind geographisch stimmig, aber entgegen Alexanders Marschrichtung von Norden (Galiläa) nach Süden (Jerusalem und Bethlehem) angeordnet, vielleicht nach einer Weltkarte oder Beschreibung des Heiligen Landes o. Ä. Auf Lambrecht, nicht Alberic, als Urheber verweisen vor allem die Zusammenstellung der drei Namen Naason, Neptalimlant und Zabulon wie in Lambrechts *Tobias* (Tb 1,1 nur Nephtalim und Naasson) und die geographisch unstimmige Platzierung von *Zityam/Syriam* V 683, die darauf schließen lässt, dass diese Angabe (die als einzige bei Jul. Val. vorkommt, d. h., für Alberic vorauszusetzen ist) ursprünglich alleine stand und erst sekundär (d. h. von Lambrecht) in eine neue Liste der Örtlichkeiten aufgenommen wurde (Mackert 1999a, S. 249–251).

V 678 *Neptalimlant* ist Nephthalim, ein Gebiet in Galiläa nordwestlich des Sees Genezareth (vgl. z. B. I Par 13,34; Mt 4,15).

V 680 *Zabulon* ist Zabulon/Sebulon, ein Gebiet in Galiläa westlich des Sees Genezareth, in der Bibel häufig zusammen mit Nephthalim genannt (z. B. I Par 13,33; Mt 4,15).

V 681 Eine Stadt Naason/Naasson ist in der Vulgata (Tb 1,1) erwähnt.

V 683–685 Hsl. *Zityam* V 683 kann ich nicht identifizieren; der Eingriff bei Ki gründet sich auf B und die Heimat des Naaman (V 684) in der Bibel. – Naaman, Feldhauptmann des Königs von Syrien, erkrankt an Aussatz, wird aber auf Prophetenrat hin durch siebenmaliges Baden im Jordan geheilt (IV Rg 5,1/14). Der Name ist in volkssprachlicher Literatur aus den Judeneiden bekannt (Scherer 1875b, S. 61, zit. Mackert 1999a, S. 248, A. 25).

V 686f. Judith rettet als Gottes Werkzeug ihre vom assyrischen Feldhauptmann Holofernes belagerte Heimatstadt Bethulia, indem sie sich als angebliche Überläuferin in Holofernes' Lager begibt und diesem nachts das Haupt abschlägt (Idt 13,4–8). *Pitaniam* statt Bethulia(m) findet sich vergleichbar auch in der ebenfalls in der Vorauer Hs. 276 überlieferten ›Älteren Judith‹ (3,8 *Bâthâniâ*) (Hinweis bei Ki S. 433; vgl. zuletzt – mit älterer Lit. – Mackert 1999a, S. 248f., A. 25).

V 689 Jerusalem erscheint auch in Hdp J[1]/J[2] (28); Alexander will sich an den Juden rächen, nimmt aber vom Vollzug der Rache Abstand; in J[2] ist auch Alexanders Verwüstungszug in Palästina angedeutet (vgl. Mackert 1999a, S. 252f.).

V 691f. D. h., auf ernsthaften Widerstand stößt Alexander erst in Tyrus. Diese Darstellung steht im Gegensatz zu den historischen Gegebenheiten: Der Eroberung von Tyros nach siebenmonatiger Belagerung (Februar bis Oktober 332 v. Chr.) gehen u. a. zwei der drei großen Schlachten gegen die Perser voraus: die Schlacht am Granikos gegen ein persisches Satrapenaufgebot unter Memnon von Rhodos (Mai 334 v. Chr.) und die Schlacht bei Issos gegen ein von Dareios III. selbst befehligtes persisches Reichsaufgebot 333 v. Chr. (vgl. z. B. Lauffer [5]2005, S. 60–82; Wiemer 2005, S. 93–105).

V 693 Erzähler-Exklamationen verweisen mehrfach auf exorbitante Verluste unter Alexanders Leuten, ein Leitmotiv der Tyrus-Episode; vgl. auch V 831, 880, 976; vgl. Mackert 1999a, S. 261. – Die entsprechenden Verse S 715f., 793, 925 erscheinen durch syntaktische Umgestaltung weniger affektgeladen.

V 694–996 / S (508)–950 Die ausführliche Schilderung der verlustreichen Eroberung von Tyrus steht der Schilderung bei Curtius (Buch IV,2–4) nahe, den Alberic als Quelle benutzt haben muss (vgl. Ki S. XLVIII; Schmidt 1886, S. 51–67); zu Parallelen in der Stadtbeschreibung und den Eroberungstechniken zu den Chroniken von Wilhelm von Tyrus, Fulcher von Chartres, Albert von

Aachen und Anna Comnena (Beschreibung der Belagerung 1111/12 und Eroberung 1123 von Tyros durch die Kreuzritter) vgl. Szklenar 1966, S. 44–51; Cölln 2000a, S. 188, A. 68, dort ältere Lit. – Zu Tyrus als Paradigma einer reichen Stadt vgl. Lichtenberg 1931, S. 72.

V 696–700 Die quaderförmigen Steine sind mit Eisenkrampen verbunden, die Fugen mit Mörtel gefüllt; Blei dient als Rostschutz für die Eisenteile, aber auch als Füllstoff, mit dem diese in den Steinen vergossen werden; vgl. bes. Schulz-Grobert 2000a, bes. S. 286–289.

V 702 Der dreifache Mauerring ist eine Mediävalisierung, »ein zeitgenössischer Reflex auf die Fortifikation des mittelalterlichen Tyrus« (Mackert 1999a, S. 275, A. 66, dort ältere Lit.; vgl. auch Brummack 1966, S. 123); das antike Tyros hatte nur eine Stadtmauer (nach Curtius IV,3,13 wurde während der Belagerung mit dem Bau einer inneren Mauer begonnen), Hauptvorteil der Stadt war die Lage, die Meerenge, die die Stadt vom Festland trennte und Alexander zu einem aufwendigen Dammbau zwang, der sich in der Schilderung des Alexanderromans nicht spiegelt.

V 703 Ki S. 434: »das gold war ihnen nicht zu kostbar, sie wandten es an«.

V 708 Die Türme sind durch Bögen, wohl mit Gewölben überdachte Wehrgänge, verbunden (Ki S. 434); anders Lichtenberg 1931, S. 72 (Bogenfries).

V 710 D. h., es gab viele Türme, Merkmal einer gut zu verteidigenden Schutzmauer (Ki S. 434; Schultz 1889, I, S. 29ff.).

V 712–714 Die hsl. Lesart V 712 ließe sich evtl. als Ellipse in einem emphatischen Ausruf deuten (›Was für ein Verlust, dass Alexander sie aus Hybris zerstörte!‹), allerdings wäre V 712 dann unterfüllt. – Die Konjektur bei Ki (v. 721 f.) zu V 712 f. wurde von allen späteren Herausgebern übernommen. Damit wird die Stelle als Ausdruck des Bedauerns über die Zerstörung solcher Pracht gedeutet. Mhd. *schade* bezeichnet allerdings nicht Sachschaden, sondern Schädigung, insbesondere die »eines Gegners in der militärischen Auseinandersetzung«, Verluste im Kampf (Mackert 1999a, S. 269–271; vgl. auch V 459, 768, 944 u. ö.); überzeugend ist der Vorschlag (ebd., S. 271–273, bes. 273): *Vil grôz scade dâ gescach, / dâ si Alexander zebrach / durch sîn ubermûtecheit.* Die Tyrus-Episode würde damit noch konsequenter unter der Perspektive von Alexanders Verlusten und damit seines »(Beinahe-)Scheiterns als

Kriegsführer« (ebd.) gesehen; außerdem ist trotz häufiger Assonanzen in V reiner Reim angestrebt, *as* – *ach*-Reime sind selten (ebd., S. 271).

V 714 Militärische Erwägungen spielen für die Bewertung der Belagerung von Tyrus in V keine Rolle. Motiviert wird Alexanders Vorgehen mit dem Begriff *ubermuotecheit*. Als *Ubermuotecheit* oder *ubirmuot* (analog davon abgeleitete Adj. und Adv.) werden durch den Erzähler oder durch handelnde Figuren Habitus bzw. Verhalten Alexanders (V 714, 1203), aber auch des Darius (V 1387 / S 1475, S 2962, Letzteres eine Selbstbezichtigung), der Bewohner von Tyrus (V 815) und der Bewohner von Gâze (S 1561) gekennzeichnet, während die Occidraten als frei davon erklärt werden; für Alexander findet daneben auch der Begriff *hôhmût* Verwendung (S 1149, 1800, 6166). Beide Begriffe, (normalmhd.) *übermuot* und *hôchmuot*, können in heroischem oder höfischem Kontext auch eine neutrale oder positive Bedeutung haben (u. a. ›gehobenes Selbstgefühl‹, ›Stolz‹, ›Unbeugsamkeit‹); wo Kritik indiziert wird, ist damit zunächst ›Selbstüberschätzung‹ (insbesondere auch heroische Überschätzung der eigenen Kraft und Handlungsmöglichkeiten), ›Überheblichkeit‹, gemeint; in geistlichem Kontext sind die Begriffe Entsprechungen zu lat. *superbia* ›Hoffart‹, ›sündhafte Selbstüberhebung‹; vgl. allgemein bes. Hempel 1970: Der Begriff *übermuot* diene der negativen Umwertung des kriegerischen *virtus*-Ideals, mit Beginn der höfischen Epik setze jedoch eine Tendenz zu positiverer Bewertung ein. Die ›Alexander‹-Forschung deutet *ubermuotecheit* an dieser Stelle überwiegend als Schlüsselbegriff geistlicher Alexanderkritik (vgl. z. B. Ehlert 1989a, S. 43–45; zuletzt kritisch Mackert 1999a, S. 264 ff., auch A. 23 ff., bes. S. 277–281; dort ältere Lit.); Mackert plädiert für die Deutung als Schlüsselbegriff des archaischen Kriegerethos (»ungebrochener Glaube an die eigenen militärischen Möglichkeiten«, S. 279, »kämpferisches Selbstbewusstsein«, S. 280), der hier allerdings Kritik impliziere, muss doch Alexander wegen Überschätzung der eigenen und Unterschätzung der gegnerischen Kampfkraft erhebliche Verluste hinnehmen.

V 716–719 Den Einwohnern von Tyrus ist nichts vorzuwerfen, als dass sie zu ihrem rechtmäßigen Herrn stehen – die Norm der Vasallentreue als Basis legitimer Herrschaft (vgl. Ehlert 1989a, S. 44 u. ö.), wie sie Alexander später selbst von einem persischen Verräter einfordert (s. S 2372–99, bes. 2391–96).

V 731 / S 538 *durch minne*: d. h., in freiwilligem Entgegenkommen und ohne Alexander als neuen Herrn anzuerkennen (vgl. auch Komm. zu V 390 / S 465); die Tyrer versuchen eine »diplomatische Lösung« (Mackert 1999a, S. 282) des Konflikts – in der Situation des Kriegs gegen das Perserreich einerseits, der persischen Oberhoheit über Tyrus andererseits ist dies allerdings kaum realistisch (Oswald 2004, S. 65f.).

V 734 / S 545 *zorn* ist Alexanders typische Reaktion auf die Nicht-Unterwerfung der Tyrer: affektgeleitete, unkontrollierte Aggressivität; vgl. Mackert 1999a, S. 283: »Alexander sucht [...] aus empörtem Kriegerstolz und ohne reale Notwendigkeit den Krieg mit Tyrus.«

V 736 Da *porlange* = *borlanc* ›sehr lange‹ oder ›nicht sehr lange‹ (Lexer I, Sp. 328) heißen kann, erübrigt sich die Negationspartikel bei Ki.

V 737f. Die Lücke ist offensichtlich; es fehlen Alexanders Drohung und die Beauftragung der drei Fürsten.

V 741 *sin*: Mackert (1999, S. 283) sieht »als erzählerische Ironie«, »daß gerade der affektgetriebene Alexander nach dem *sin* der Tyrer fragt«.

V 747 Vgl. V 409; die »stolze« Reaktion auf eine Provokation, die zu einer Gewalteskalation führt, ist typisch für archaisches Kriegeradelsethos (vgl. Mackert 1999a, S. 284).

S 581 Alexander wird häufig mit einem Löwen verglichen (vgl. auch S 1912); topisch ist der Vergleich von Kämpfern mit wilden Tieren (vgl. auch V 933 / S 866, S 2343–46 und Anm.), hier sind auch Alexanders Affekte bezeichnet.

V 754 Hsl. *wier* ist eine Nebenform zu *wer*, u. a. ›Gesamtheit der Verteidiger‹ (Lexer III, Sp. 767f.); zur besseren Verständlichkeit schreibe ich *e*; Eingriff zu *werlte* (Ki) ist unnötig.

S 602 Zur Skepsis des Erzählers gegenüber der hyperbolischen Zahlenangabe vgl. z. B. *daz mag geloubin swer dâ wil* (Eilhart, ›Tristrant‹, v. 2684; vgl. Ki S. 437).

S 611 (u. ö.) *di* ist (vor allem md.) auch Masc.; vgl. PWG § 218, A. 1.

S 628 Die Aussage über Alexanders *list* passt besser als Begründung zum Folgenden (weil er klug war, konnte er den Alternativplan ersinnen); anders Ki S. 437: »er konnte sich über seinen schaden trösten, weil er ihn durch ein neues werk wieder gut zu machen verstand«.

V 775 / S 635 *ebenhôch/ebinhôe* (mlat. *aeque alta*) sind transportable Belagerungstürme (auch *bercfrit* genannt), hohe Gerüste, die dazu dienen, die angreifenden Belagerer auf gleiche Höhe mit den Stadtmauern zu bringen (Schultz 1889, II, S. 412–423).

V 779–810 und ff. / S 640–685 und ff. Zur Beschaffung von Zedernstämmen aus dem Libanus vgl. Curtius IV,2,18/24, 3,1/7 (vgl. Ki S. 99–105, 2. App.).

V 780 / S 641 (und V 812 / S 687) Die Vorstellung in V, der Libanus liege *uber mer* ›jenseits des Meeres‹, ist geographisch falsch, in S geht der Zug korrekt *von den mere*, landeinwärts.

V 782 / S 643 *perfrit/berchfride* (von mlat. *perfridus*) sind Türme, die der Verteidigung oder dem Angriff dienen können, hier ebenfalls transportable Holztürme zu Belagerungszwecken (Schultz 1889, II, S. 412–423).

V 785 / S 646 Arabien erstreckt sich erheblich weiter als im heutigen Sprachgebrauch (vgl. auch Curtius IV,2,24 u. ö.).

V 787–792 / S 648–654 Hsl. *Sigiram* V 789 kann ich nicht identifizieren; Ki folgt der biblischen Namensform. – Vgl. III Rg 9,11: Als Gegenleistung für Gold, Zedern- und Zypressenholz tritt Salomon König Hiram von Tyros zwanzig Städte Galiläas ab (vgl. auch III Rg 5); das Holz wird für den Bau des Tempels und des königlichen Palasts verwendet, Schiffsbau (vgl. V 792 / S 653) ist nicht erwähnt. – Minis (1954, S. 299): *ze zimbeṝ ze chielen* ›um Schiffe zu bauen‹.

V 793 f. / S 655–657 Zedernholz galt im MA allgemein als nicht fäulnisanfällig; vgl. Ohly 1971, S. 64–66.

V 795 Der Eingriff, weniger einschneidend als bei Ki, folgt dem Vorschlag von Minis 1954, S. 295; *unt/unde als*(*ô*) ist in V eine übliche Eröffnung neuer Abschnitte (vgl. V 272, 326, 330, 358, 380, 422, 520, 732 u. a.).

V 797 *nentwalten* ist negiertes (also *ne*) *entwalten* (von *entwellen*, wie *twellen* S 660 ›sich aufhalten, zögern‹); vgl. Lexer I, Sp. 595; II, Sp. 1597.

V 799 / S 663 *phant* ist »jede bezahlung, die nicht in barem gelde geschieht« (Ki S. 439), hier das Leben, mit dem Alexanders Leute für das Holz bezahlen.

V 800–802 / 806 f. Die Lücken in V sind offensichtlich. M sieht V 801 f. (M v. 810) als einen Vers, ohne Lücke davor; dagegen sprechen jedoch der Reimpunkt der Hs. nach *er nam* und die »Beziehungslosigkeit des Pronomens *er*« (Minis 1954, S. 293, der ein zweites *tusant* vor *er nam* ansetzt).

V 803f. / S 673f. Krateros und Perdikkas befehligten nach Curtius (IV,3,1) in der Tat während Alexanders Abwesenheit das Belagererheer vor Tyros.

V 822–826 / S 700–709 Unklar: Die Fliehenden (flüchtige Makedonen, die durch den Angriff der Tyrer bedroht sind, vgl. V 819f. / deutlicher S 698–701) retten sich anscheinend in die unterseeischen Fundamente des eben angegriffenen *castel*, das auf der Seeseite der Stadt vom Meeresgrund aus errichtet ist (oder in ein unterseeisches Verlies, das zur Befestigungsanlage von Tyrus gehört; so Ottmann 1898, S. 290); die Fundamente sind nach der Zerstörung des *castel* zunächst nicht zugänglich: »man muss […] erst die trümmer beseitigen […], um sie zu befreien« (Ki S. 439f.).

V 830 Durch den Gegenangriff des Glatte und Perdix werden die Kämpfer aus Tyrus vollständig zurückgetrieben; *blîben* könnte auch ›tot zurückbleiben‹, ›fallen‹ heißen, doch wird aus dem Folgenden deutlich, dass nur die Belagerer Verluste erleiden.

S 726 *vil lutzil* ist – angesichts von S 720–722 – wohl Litotes: ›sehr wenige von ihnen‹, d. h., keiner war gefallen.

V 837f. Ich deute hsl. *ganegent* als *ganegenget*, Part. des swv. *anegengen* (vgl. Lexer I, Sp. 66f.) ›anfangen‹, ›entgegenkommen‹ (vgl. auch Bech 1885, S. 274, zit. Mackert 1999a, S. 263, A. 19), das Reimpaar als Ausdruck des Bedauerns darüber, dass Tyrus der Untergang bestimmt war, obwohl es anfangs nicht danach ausgesehen hatte, ›so gut wie es mit ihr angefangen hatte‹ (was sich auf die Pracht der Stadt wie auf die anfänglichen militärischen Erfolge beziehen kann). Die Konjektur *begagent* bei Ki bedeutet ›da man ihr so gut begegnete‹, wohl kaum ›wie gut man sie auch behandelt hatte‹, vielmehr ›da man ihr so tapfer entgegentrat‹ (der letzte Vers wäre dann kausal, als Ursache für den Untergang, aufgefasst, nicht konzessiv wie hier); anders Minis 1954, S. 295f.: **also wale it gelegen was* ›obwohl sie so günstig gelegen war‹.

V 851–868 / S 758–777 In einem ersten Sturmangriff Alexanders wird die äußerste Mauer des dreifachen Mauerrings zerstört.

V 857 / S 764 *ie dechainen / diheinen*: Grammatisch ist positive und negative Bedeutung möglich; die Hyperbolik kommt jedoch nur bei positiver Bedeutung zur Geltung: Wer jemals eine »Belagerung erlebt« (Hi S. 97f.) hatte, hatte Grund zum Staunen.

S 772 *swibogen*: Schwibbogen, d. h. gewölbter Steinbogen, Gewölbe, bisweilen auch durch frei schwebende Bögen verbundener Strebepfeiler; vgl. DW 15, Sp. 2609.

V 869–906 / S 778–829 Es folgen der Kampf um den mittleren Mauerring und seine Zerstörung.

V 871 / S 780 ›Tannen‹ sind wohl Zypressen, in der Bibel (z. B. III Rg 9,11) häufig zusammen mit Zedern genannt; vgl. Szklenar 1966, S. 36.

S 788 f. D. h., der Angriff auf den mittleren Mauerring beginnt zu ebener Erde (insbesondere mit dem Einrennen der Mauern), danach beteiligen sich auch die Kämpfer von den Belagerungstürmen aus und erstürmen die feindlichen Mauern.

V 878 Hsl. *ernst sturm* ist Tautologie bzw. verdeutlichendes Kompositum (wie Lindwurm), beide Wörter bedeuten ›Kampf‹, also ›Kampfsturm‹ bzw. ›erbitterter Kampf‹; der Eingriff bei Ki zu *êristen sturm* ist unnötig und, nach dem Kampf um die äußere Mauer, sinnentstellend.

V 881 / S 796 Zu Alexanders Elfenbeinschild vgl. auch V 1241; Elfenbein galt als sehr fest; einen Elfenbeinschild tragen z. B. auch Camilla in Heinrichs von Veldeke ›Eneas‹ (v. 8802) und Jason in Konrads von Würzburg ›Trojanerkrieg‹ (v. 9562); zu weiteren Gegenständen aus Elfenbein vgl. S 5453, 5515; vgl. Ki S. 443, Ottmann 1898, S. 291 f.

S 815 f. Ki setzt Semikolon am Ende von v. 815 (Ki v. 1266), Doppelpunkt am Ende von v. 816. Ich beziehe die Erzählerbemerkung auf die Spekulation über die Gesinnung der Kämpfer.

V 900 f. Ich folge (mit Text und teilweise Übersetzung) dem Vorschlag von Minis 1954, S. 300; außer in Aspiration und *h*-Verlust sowie Wortabteilung wird in den überlieferten Wortlaut nicht eingegriffen.

V 907–980 / S 830–933 Der Kampf um die innerste Mauer, die eigentliche Eroberung der *burch*, ist – nach Kämpfen im Bereich zwischen innerstem und mittlerem Verteidigungsring (V 907–934 / S 830–875), dem erfolgreichen Ausfall der Tyrer (V 935–940 / S 876–879) und den Verlusten der Belagerer an den Stadttoren (V 941–947 / S 880–886) – durch Alexanders Beratung mit seinen Fürsten unterbrochen (V 948–956 / S 87–900). Kriegsentscheidend wird der Beschluss, Steinschleudern (*mangen*) und griechisches Feuer einzusetzen, der die letzte Phase des Angriffs einleitet.

V 909 In der hsl. Lesart *ir – horte* ist entweder das Pron. oder die Verbalendung fehlerhaft (korrekt ist *ich hôrte* oder *ir hortet*); ich fasse die Stelle als Wendung an das Publikum auf, Ki als Aussage des Erzählers (entsprechend S 832); beides ist möglich.

V 914 / S 837 *halsperc* ist ein Kettenhemd (Ringelpanzer, aus ineinandergeflochtenen, vernieteten Metallringen gefertigtes Maschenpanzerhemd), das Hals und Oberkörper bis über die Oberschenkel bedeckt, in der Regel langärmelig und mit Kapuze (vgl. Bumke [9]1999, S. 211, 213f.); im SpätMA die Helmbrünne, ein aus der Kapuze des Ringelpanzers entwickelter Panzerkragen für Hals und Schultern (vgl Kühnel 1992, S. 111). Wie üblich ist mal., nicht antike Rüstungs- und Waffentechnik geschildert.

V 919–921 / S 845–847 Alexander wird – mit seinem charakteristischen Epitheton *wunderlîch* – inmitten der allgemeinen Verluste als herausragender Einzelkämpfer exponiert. In V erscheint Alexander unberührt von Leid und Massensterben um ihn; Mackert (1999a, S. 288f.) deutet das als »Kompromittierung von Alexanders individuellem Heldentum« (S. 289); S hebt dagegen Alexanders »kämpferischen Einsatz« (Ehlert 1994/2004, S. 30) hervor.

V 922–925 / S 849–854 *brunne, brunie* (*brünne*) kann, wie *halsperc*, ein Kettenhemd meinen (anscheinend ohne Eisenkapuze; vgl. Bumke [9]1999, S. 211); hier ist eher an einen aus Metallplatten gefertigten Brustpanzer zu denken, der über dem Panzerhemd getragen wird (Ottmann 1898, S. 292). *Hurnen/hurnin* V 925 / S 854 ist ›mit einer [aus Drachenblut hergestellten] undurchdringlichen Hornhaut überzogen‹, eine Reminiszenz an die heimische Heldensage, Siegfrieds Hornhaut, die er sich durch sein Bad im Drachenblut erwirbt (schriftlich fassbar erst um 1200, NL 100,2–4); mit Siegfried anzitiert wird der »Typus des heroischen Individualhelden, der losgelöst von der Gemeinschaft in der exorbitanten Tat die eigene *virtus* beweist« (Mackert 1999a, S. 292). – Dass V 924 einen Drachenkampf Alexanders andeuten könnte (›Er [Alexander] hatte ihm [dem Drachen] stolz standgehalten‹; ähnlich Cipolla 1997, S. 581, 583f., zit. Mackert 1999a, S. 292), wäre ungewöhnlich und ist unwahrscheinlich, zumal *stân* mit Dat. der Person nur in der Bedeutung ›jemandem beistehen‹, nicht ›jemandem standhalten‹ belegt ist (der Beleg BMZ II,2, S. 574, Konrad von Würzburg, ›Trojanerkrieg‹, v. 36729f., beruht auf einer falschen Übersetzung). *Er* V 924 kann nicht auf *brunne* bezogen werden, das nur als Fem. belegt ist (vgl. Lexer I, Sp. 366); das spricht gegen Ottmann 1898, S. 55: »Das mußte stolzgemut ihn machen«; Beziehung auf *wurm* ergibt keinen Sinn. *Er* bezieht sich also auf Alexander. Mackert (1999a, S. 292 und A. 111) deutet *mir* als »reflexiv« im Sinne eines »Alleine-Stehens«, impliziert also ›Er [Alexander] stand voller Stolz für sich alleine‹.

V 927 Minis 1954, S. 297, nimmt mit Ki und M die Bedeutung ›es lagen‹ an und führt hsl. *ich* auf **ith* ›es‹ zurück; doch ist eine Metabemerkung (Unsagbarkeitstopos) nicht auszuschließen: der Erzähler geht über die Zahl der Toten einfach hinweg.

V 933 / S 866 Der Vergleich von Kämpfern mit wilden Tieren ist topisch; Wildschweine als Vergleichsgröße erscheinen auch S 4208.

S 871 f. Unwettermetaphorik gehört zur Topik mhd. Schlachtschilderungen; das Motiv der Pfeile, die dicht wie Schneeflocken oder Regentropfen fliegen, führt S ein; vgl. Schäfer-Maulbetsch 1972, S. 16, 55.

V 939 f. / S 878 f. Die Kritik an Alexander ist in V schärfer als in S (*grôz unreht* vs. *unreht*); die unterschiedliche Stellung der Verse könnte unterschiedlichen Bezug anzeigen: Unrecht fügt Alexander in S den Gegnern zu (die eigenen Verluste erscheinen fast wie eine Strafe dafür: Ki S. 445), in V dürfte gemeint sein, dass Alexander seinen eigenen Kriegern Unrecht tut, indem er sie im Kampfzorn ohne Rücksicht auf Verluste in den Tod schickt; vgl. bes. Mackert 1999a, S. 286 f.

V 945 / S 884 D. h. einen Turm über dem Tor und je einen zu beiden Seiten (Ki S. 445).

V 947 *mort* bezeichnet häufig das Sterben und Töten in der Massenschlacht; vgl. auch S 1691, 2890; vgl. Lexer I, Sp. 2204; Schäfer-Maulbetsch 1972, S. 313 f.

V 948 ff. / S 887 ff. Siegreich ist Alexander vor Tyrus erst durch zugleich gemeinschaftsbezogenes (Beratung mit seinen Fürsten) und rationales (Einsatz überlegener Belagerungstechnik) Handeln; Mackert 1999a, S. 293, sieht auch darin Kritik am archaischen Kriegerethos aggressiver Selbstbehauptung.

V 951 *den obern sige* ist selten belegt (vgl. Ki S. 446); Ki greift wegen des Reims ein.

V 955 (ff.) / S 898 (ff.) *mangen* ›Steinschleudern‹ sind Vorrichtungen zum Schleudern von Steinen und Brandsätzen; mit Seilen werden sie gespannt (V 959 / S 904), ggf. mit Flechtwerk (nur S 903) geschützt (vgl. Schultz 1889, II, S. 396–401).

V 960 / S 905 Alexander bereitet den Angriff von drei Seiten aus vor (Ki S. 447).

S 907 *durht* für *durft* ›Bedürfnis‹, ›Not‹, ›Fehlen dessen, wonach man verlangt‹ (Ki S. 447) ist bei Lexer und BMZ nicht belegt, aber analog zu sehen zu *durhtic* (Nebenform zu *dürftic*, Lexer I, Sp. 490).

S 909 *spâte unde frô* (d.h. *fruo*) ›spät und früh‹ steht formelhaft für ›die ganze Zeit‹.

S 911 Der Vers ließe sich, anders als die Entsprechung V 962, die syntaktisch eindeutig auf den folgenden *daz*-Satz bezogen ist, auch zurück auf S 908–910 beziehen (Alexanders Gewohnheit besteht gerade auch im Einsatz von griechischem Feuer, nicht [nur] im Wissen um seine Herstellung).

V 961 / S 910 *witi* bzw. *wite* ist Reisig, hier brennendes Holz (Ki S. 447).

V 963–966 / S 912–915 Griechisches Feuer (der Name wurde zur Zeit der Kreuzzüge bekannt) ist ein Brandsatz (aus Erdöl, Schwefel, Harz, ungelöschtem Kalk u. a.), der ab dem 7. Jh. n. Chr. vor allem in Byzanz verwendet wurde und jahrhundertelang als Wunderwaffe galt. Bereits in der Antike wurden Brandsätze aus leicht brennbaren und schwer zu löschenden Stoffen (Pech, Schwefel, Harz, Werg, Öl, Naphtha) als Waffen verwendet; neu war am ›griechischen Feuer‹, dass sich der Brandsatz bei Berührung mit Wasser selbst entzündete oder bereits brennend aus Syphonen dem Feind entgegengeschleudert werden konnte (vgl. LexMA 4 [1989], Sp. 1711 f.).

V 977 Hsl. *zeren*, also *zêren*, ist wohl als bittere Ironie angesichts von Alexanders Verlusten zu deuten (vgl. Mackert 1999a, S. 276); Eingriff ist nicht erforderlich; anders Minis 1954, S. 293, der, wie in *zal*/*sal* V 477, eine mundarttypische Schreibung für die Spirans sieht und die Bedeutung ›sehr‹ annimmt.

V 979 / S 929 f. Wörtlich: ›Die Stadt wäre ihn teuer zu stehen gekommen‹.

V 989–991 / S 942–944 *Des siges, des er* [...] *nam,* [...] *er ne wurdes niemer (ze) frô*; der Gen. *des* erklärt sich aus Attraktion des Kasus zwischen Relativpron. und Bezugswort im übergeordneten Satz, wobei sich hier das Relativpron. nach dem Bezugswort richtet (vgl. PWG § 454).

V 990 / S 943 Das Fehlen rationaler Kontrolle ist einer der Kritikpunkte sowohl an Alexanders verlustträchtiger Kriegführung als auch an seiner angesichts der Verluste unangebrachten Siegesfreude; vgl. Mackert 1999a, S. 280.

V 993 f. Die Rekonstruktion der (vermutlich) verlorenen Reimzeile nach S bei Ki ist insofern nicht zwingend, als V, anders als S, »Flickverse mit Wahrheitsbeteuerungen« kaum verwendet (Mackert 1999a, S. 261, A. 15).

V 997–1001 / S 951–959 Anspielung auf den Beginn des Apolloniusromans: König Antiochus von Antiochien legt allen Bewerbern um die Hand seiner Tochter ein vermeintlich unlösbares Rätsel vor. Apollonius findet die Lösung, die das blutschänderische Verhältnis von König und Königstochter enthüllt. Antiochus versucht, den unliebsamen Mitwisser heimlich beseitigen zu lassen; dieser wird jedoch gewarnt und flieht. Im MA weitverbreitet war die spätantike ›Historia Apollonii regis Tyri‹ (in zwei lat. Fassungen des 5./6. Jh. n. Chr.), die auf einen verlorenen hellenistischen Roman (wohl 3. Jh. n. Chr.) zurückgehen dürfte. An Anspielung auf einen mhd. Text ist nicht zu denken (die älteste bekannte mhd. Bearbeitung ist Heinrichs von Neustadt ›Apollonius von Tyrland‹ um 1300/12); doch hat die ›Historia‹ schon im 12. Jh. auf die volkssprachliche Erzählliteratur gewirkt (vgl. Tomasek 1997); möglicherweise stand die Anspielung bereits in der Vorlage. Von der ›Historia‹ weicht die Erwähnung hier insbesondere durch die Apollonius zugeschriebene Wiedererbauung von Tyrus und die Lösung des Rätsels in Briefform ab (Ki S. 448).

V 1002–05 / S 960–969 Vgl. Mt 15,21–28. S bleibt näher am Text des Evangeliums; Jesu Zögern, die Fürbitte der Jünger und die Hartnäckigkeit der Frau erwähnt keine der beiden Fassungen.

V 1012 f. / S 978 f. Ki setzt V 1012 (Ki v. 1025) kein Satzzeichen hinter *cholen*, S 978 (Ki v. 1430) Semikolon hinter *colen*, aber Punkt am Ende von V 1013 (Ki v. 1026) und S 979 (Ki v. 1431); d. h., bei Ki ist V 1013 (Ki v. 1026) / S 979 (Ki v. 1431) *und er si hieze daz laster dolen* bzw. *und er daz laster wolde dolen* auf die vorangehenden Verse bezogen, als Begründung für die Zerstörung von Tyrus oder als Inhalt des Botenberichts (*und* bzw. *unde* wäre dann als ›dass‹ zu übersetzen). Ich beziehe die Zeile auf die folgenden Verse, in V als Begründung dafür, dass Darius allen Grund habe, sich zu schämen, wenn er nicht schleunigst handelt.

V 1013–17 / S 979–985 Darius vernachlässigt, so der Vorwurf, seine herrscherlichen Schutzpflichten. Der Perserkönig wird zunehmend als Negativfigur eines Herrschers aufgebaut; vgl. auch V 1162–81 / S 1161–90; vgl. bes. Mackert 1999a, S. 301–307.

V 1018–1115 / S 986–1104 (Indirekte) Quelle für den Briefwechsel mit den von Alexander zum Zeichen seiner Weltherrschaft umgedeuteten Spottgeschenken des Darius ist Jul. Val. (I 36–38); darauf verweisen insbesondere die *scuoh pant* V 1022 (vgl. S 1003); vgl. zuletzt Mackert 1999a, S. 299, A. 6 und 7, dort ältere Lit.; zur

»Semiotisierung« dieser Gaben durch Darius und, gegenläufig, Alexander in V und vor allem S (auch im Vergleich mit den Quellen) vgl. Oswald 2004, S. 69–85.

V 1018–77 / S 986–1035 Darius legt einerseits völlige Fehleinschätzung der Lage und des Gegners, andererseits Untätigkeit und Gleichgültigkeit gegenüber den Leiden seiner Untertanen an den Tag.

V 1019 Ich nehme, mit Minis 1954, S. 297, *h*-Ausfall an, ein weiter gehender Eingriff ist nicht erforderlich.

V 1021 *stuzel*, mhd. nur in V belegt, wurde von der älteren Forschung als ›Kreisel‹ interpretiert (vgl. Ki S. 449), auch als ›Murmel‹ (vgl. Ottmann 1898, S. 300f.; noch Mackert 1999a, S. 302, dort A. 13 ältere Lit.), ist jedoch auf afrz. *escuz/estuis/estu(i)t* ›Ball‹ zurückzuführen und mit *bal* (S 1000) gleichzusetzen (Mölk 2000a, S. 28f.; Mölk 2000b).

S 1005–07 (Ki v. 1457–59) Ki setzt die drei Verse nicht in Parenthese, sondern lässt S 1008 (Ki v. 1460) einen neuen Hauptsatz beginnen, in dem das pron. Subj. ausgespart ist.

S 1007 ›bis er es erprobte, dass Alexander ihm wirklich schadete‹ (Ki S. 450).

V 1038 Nicht die Alltäglichkeit des Schuhebindens, auf die V im Gegensatz zu S abhebt, ist das entscheidende *tertium comparationis*, sondern die mit dem Schuhebinden bezeichnete Dienstleistung (vgl. Ottmann 1898, S. 301).

V 1042 *ander* (üblicherweise *anders*; vgl. BMZ I, S. 36f.) ist sinngemäß ›anders‹, sicher nicht attributiv zu *vorderen*; Eingriff wäre zu erwägen.

S 1025 Ki (S. 450, zu v. 1477) sieht *ir* als gleichbedeutend mit *er* (›dass er genau merken solle‹), analog zu V 1045f. (*i* für *e* ist md. möglich); ich deute *ir* als ›ihr‹, lese den Vers als Wendung an das Publikum und setze ihn daher, anders als Ki, in Parenthese.

V 1048f. V erwähnt über S hinaus, das Gold solle Alexander »an den von Philipp bezahlten tribut erinnern und ihn bewegen, umzukehren und erst denselben herbeizuschaffen« (Ki S. 450).

V 1051/53 Die Wiederholung lässt auf eine Störung schließen (Ki S. 451 vermutet Interpolation).

V 1058–82 / S 1036–62 Alexanders Empörung ist hier echt (die lat. Quellen erzählen dagegen von einem Scheinbefehl, die Boten zu töten); dass der König sich durch die Boten besänftigen lässt, demonstriert angemessenes Herrscherverhalten, das hier erstmals mit dem Begriff *mâze* ›Mäßigung‹, ›Maßhalten‹ (V 1076 / S 1054) bezeichnet wird (daher ist der Begriff auch in der Übersetzung beibehalten; Ki S. 451: ›verschonet uns‹). *mâze* wird insbesondere in S zum Schlüsselbegriff für rechtes Herrscherverhalten; vgl. Komm. zu S 2984.

V 1061 / S 1039 Die Reminiszenz an das Aufhängen von Alexanders Boten durch die Tyrer (in den Quellen wird mit Kreuzigung gedroht) kennzeichnet Alexanders Selbstdisziplinierung als Korrektur früheren Fehlverhaltens (vgl. Mackert 1999a, S. 309–313).

V 1085–91 / S 1068–77 Kern des Hundevergleichs ist der Vorwurf der Feigheit an Darius, der nur ›bellt‹, d. h., großspurige Botschaften schickt, aber nicht ›beißt‹, d. h., es nicht wage, sich Alexander zum Kampf zu stellen.

S 1072 f. Ki S. 452: »aus angst wird er wütend, doch mut zum angriff hat er nicht«.

V 1090 f. Ki S. 452 hält den Text für verderbt: »er straft mit seiner kehle, indem er bellt statt zu beißen«.

S 1078 *zuckit* bedeutet wörtlich ›reißt, zieht‹; vgl. Lexer III, Sp. 1165.

V 1092–1115 / S 1080–1104 Alexanders schlagfertige Reaktion auf Darius' beleidigende Botschaft hat eine Parallele in der Episode um Mohn- und Pfefferkörner (S 1592–1676) und demonstriert Klugheit und Souveränität des Helden, neben der von diesem behaupteten Deutungshoheit über die zeichenhaften Gaben aber auch deren »Umcodierbarkeit« (Oswald 2004, S. 77).

V 1094–96 »der brief passt nicht zur gabe; diese ist zu loben, jener redet zwar deutlich (?), giebt aber eine ganz andre (falsche) erklärung« (Ki S. 452). – Eine Besserung von *redelîch* zu *unredelîch* ›unverständig‹ oder ›ungebührlich‹ wurde erwogen (referiert bei Ottmann 1898, S. 302), ist aber unnötig.

V 1097 Erstmals sind Name des Helden und Königstitel zusammengeführt; diese »Königsformel« hat »auszeichnenden Charakter« (Mackert 1999a, S. 316) und ist ein möglicher Hinweis darauf, dass Alexander mit der Verbindung von Klugheit, Affektsteuerung und Kampftüchtigkeit auf einer neuen Stufe herrschergemäßen Verhaltens angekommen ist (ebd.).

V 1103 *scîbligen* könnte auf die Vorstellung von einer flachen, scheibenförmigen Erdgestalt hinweisen, doch »gehen die begriffe *schîbe* und *bal* im mittelalter bei der bezeichnung des runden durcheinander« (Ki S. 452).

V 1108 / S 1097 *dienist* ist hier auf die Person bezogen gebraucht, also ›Diener‹ (Ki S. 452; Lexer I, Sp. 426).

V 1111 Der Eingriff *er* statt *ir* bei Ki ist vermutlich richtig: Darius ist es, dem Alexander seine eigene Neudeutung auch des Goldes unterstellt (so auch S 1100). Hsl. *ir* könnte für *er* stehen, wäre also als gleichbedeutend interpretierbar. Undenkbar freilich ist der Bezug auf die Boten, die quasi als Sprachrohr des Darius erscheinen, nicht (›ihr habt‹); die Verbform *habet* spricht eher für *ir* ›ihr‹.

V 1118 Dass Alexander den Brief eigenhändig schreibt, steht in den lat. Quellen nicht; auf Einfügung durch Lambrecht, nicht schon durch Alberic könnte der leise Widerspruch zu V 1116 (und V 1127) deuten (vgl. Mackert 1999a, S. 316f.).

V 1121 Der Eingriff bei Ki (*noch* statt *doch*, entsprechend S 1108) liegt nahe; doch ergibt auch die hsl. Lesart einen Sinn: »dennoch«, d. h. trotz der Provokation, wird Alexander nicht gleich zuschlagen, sondern drei Monate warten.

V 1132–34 / S 1120–25 Der Schluss von Alexanders Brief ist in V eine Provokation des Gegners, zugleich wird legitime Königsmacht von persönlicher Tapferkeit abhängig gemacht (wenn Darius sich nicht zur Schlacht stelle, verdiene er den Königstitel nicht; vgl. auch Mackert 1999a, S. 317f.); in S beteuert Alexander die eigene Entschlossenheit (wenn er aus bzw. vor der Schlacht fliehe, solle es ihm nie wieder gut gehen). – *tagedinch lâzen* übersetzt Ki S. 453 als »am tage der schlacht nicht erscheinen«.

V 1137 *freislîch* ist nicht nur ›schreckenerregend‹, auch ›erschreckt‹ (vgl. Ki S. 453).

V 1138 / S 1129 Vgl. auch V 1184 / S 1195; Darius' durch Affekt und unüberlegte Aggressivität geprägte Reaktionen auf Provokationen oder Kritik (möglicherweise im Anschluss an Hdp J[2]; so Mackert 1999a, S. 307f.) zeichnen den Perserkönig als Parallelfigur zu Alexander, »an der das Fehlverhalten des Helden gespiegelt und verdeutlicht wird« (Mackert 1999a, S. 305f., hier S. 306). Alexander hat mittlerweile gelernt, seinen *zorn* zu mäßigen (s. V 1058–82 / S 1036–62 und Komm.). Durch Projektion auf die Negativfigur Darius werden Kritik an falschem Herrscherverhalten und Positivwertung Alexanders gleichermaßen gesichert (vgl. Mackert 1999a, S. 319).

V 1142 Nach der hsl. Lesart *an die chêren* will Darius so handeln, dass Alexanders Verhalten letztlich auf ihn selbst und seine

Leute zurückschlägt; die Besserung bei Ki und M (*an die schande chêren*) meint: ›ich werde die Beleidigung in Schande für ihn selbst umwandeln‹ (so sinngemäß S 1131–33).

S 1150f. Nicht ganz deutlich: Ich verstehe S wie V 1148–52, bes. 1150f., wo die Satrapen Alexander an der Überquerung des Euphrat und damit am Eindringen in das (Kern-)Land der Perser hindern sollen; Ki vermutet dagegen: »sie sollten Alexander nicht heimkehren lassen« (S. 454 zu Ki v. 1603) – und zwar ›über den Strom Euphrat‹; das würde implizieren, ihn den Euphrat überqueren zu lassen und dann zu vernichten.

V 1153f. / S 1143, 1145 Quelle (wohl schon Alberics) für die Episode um die beiden persischen Herzöge ist Jul. Val., mit Einfluss der interpolierten Curtius-Version (vgl. Mackert 1999a, S. 299, A. 6, mit älterer Lit.). Die persischen Satrapen Marios/Marius und Typotes/Tybotes entsprechen mithin Hystaspes und Spinther (Jul. Val. I 39, Z. 1312, wie Ps.-Kallisthenes); in anderen Quellen Mazaeus (Curtius IV, 9,7f.: beauftragt, Alexander an der Überquerung des Euphrat zu hindern) und Thymodes (Curtius III,3,1: Führer der »ausländischen« Söldner im persischen Heer), Primus und Antilochus (Hdp I 32; so auch LantG S. 84f.); vgl. auch Ottmann 1898, S. 302.

V 1162–81 / S 1161–90 Fortsetzung der Darius-Kritik, nach dem namenlosen Flüchtling aus Tyrus nunmehr durch zwei persische Große; vgl. Mackert 1999a, S. 303f.

V 1168 / S 1167 Zum Schicksal Jerusalems vgl. V 689; die Anspielung auch in S deutet auf eine entsprechende Episode in den verlorenen Versen der Lücke von S.

V 1172f. / S 1171f. Vgl. V 634f.

V 1175 / S 1176 *hôren* und *ane hôren* mit Dat. kann gleichermaßen ›jemandem zugehörig sein, angehören‹ bedeuten (vgl. Lexer I, Sp. 1339f.; anders Ki S. 454: ›gehorchen‹ versus ›angehören‹).

V 1178 *aigeme* ist Kontraktion bzw. *en*-Schwund (vgl. PWG § 198, A. 3), Eingriff (Ki: *aigeneme*) nicht erforderlich.

V 1181 Hsl. *michel sande* könnte als *michels ande* ›großen Verdruss‹ gelesen werden, doch wäre das *s* in *michels* nicht funktional, die Lesart *scande* liegt näher, zumal in V gelegentlich *s* für *sc* steht; vgl. Einführung S. 43.

V 1185 / S 1196 Mennes (eine frankoprovenzalische Form des Namens Mennon: Mölk 2000a, S. 28) entspricht Memnon von Rhodos, Darius' oberstem Feldherrn und Befehlshaber eines persischen Satrapenaufgebots in der Schlacht am Granikos 334 v. Chr.

V 1186 Die Lesart der Hs. ist sachlich sicher falsch; die persische Übermacht gehört zu den Konstanten des Textes; es fehlt in der Tat, S 1197 entsprechend, *zênzic* oder *hundert/hundirt*.

S 1205–14 Der Wechsel von Konj. II (bis S 1204) zu Ind. mit *wesset* ›wächst‹ (so bereits Ki S. 455; vgl. auch Hi S. 95) kennzeichnet die ganze Passage als direkte Rede, nicht nur S 1214, wie die Interpunktion bei Ki fälschlich suggeriert.

V 1203 f. / S 1230–34 V exponiert hier – wie es typisch ist für Heldenepik – Alexanders persönliche Heldenhaftigkeit stärker als S. Das (heldenepische) Epitheton *ubermuoten* V 1203 (S 1233 hat das eindeutig positive *stâten*) ist ambivalent; Ehlert (1994/2004, S. 30) paraphrasiert als ›hochfahrender Sinn‹ (vgl. auch Ehlert 1989a, S. 60); Mackert (1999a, S. 325) deutet *übermuot* hier trotz der Reminiszenz an Alexanders »eskalierendes Gewaltverhalten« in der Tyrusepisode positiv als »mutige Entschlossenheit«.

S 1235 D. h., Alexander und die Seinen haben (teilweise) den Euphrat schon überquert, bevor die Perser überhaupt eintreffen.

V 1207–1367 / S 1239–1452 Die erste große Schlacht zwischen Alexanders Heer und dem Heeresaufgebot der Perser ist entfernt der Schlacht am Granikos 334 v. Chr. nachgebildet (Mennes/Memnon als Führer des persischen Heeres, Daclym-Episode), doch an den Euphrat verlagert und im Schlachtverlauf umgestaltet (vgl. Foulet 1934). Dies dürfte weitgehend schon Alberic zuzuschreiben sein, dessen Quelle die interpolierte Curtius-Version ist (vgl. zuletzt Mackert 1999a, S. 299, A. 6 und 321 f., dort ältere Lit.); der gegenüber neu ist die »Schemadoppelung« (Mackert 1999a, S. 322 f.), der zweimalige Zusammenstoß Alexanders mit Mennes, jeweils gekoppelt mit dem Kampf gegen einen Perser (Daclym, Pincun); vgl. schon Schmidt 1886, S. 71.

V 1211 *Dû* ist *duo*, Nebenform von *dô*.

V 1230 Hsl. *in* meint im Kontext schwerlich, dass die Krieger sich selbst mit den Schilden schützen; vielmehr schart Mennes die Krieger zu seiner Verteidigung um sich, so dass es fast unmöglich ist, zu ihm durchzubrechen; um ein Missverständnis zu vermeiden, wurde mit Ki eingegriffen (*in* kann freilich auch für *im* stehen).

V 1235–52 und 1355–64 / S 1276–87 und 1438–47 Der Zweikampf Alexanders gegen Mennes ist unhistorisch; auch in der Schlacht am Granikos (vgl. z. B. Hammond 1997/2004, S. 104–110;

Lauffer [5]2005, S. 61f.) trafen die beiden Feldherren nicht direkt aufeinander.

V 1240 *hine wider* ist entweder ›hinwieder‹, ›wiederum‹ oder *ine wider* ›ihn im Gegenzug‹.

V 1248–50 Vgl. Idc 15,15f.

S 1288–90 *rede* ist auch ›Gegenstand der Rede‹, ›Sachverhalt‹ (vgl. Lexer II, Sp. 365).

S 1291–97 S deutet den Massenkampf in der Schlacht kurz an; V konzentriert sich noch stärker auf Alexanders Heldentaten (freilich auch im Verbund mit seinen Kriegern).

S 1297 *melm* ist ›Staub‹ (so immer in S), auch übertragen ›Funke‹ (Lexer I, Sp. 2096).

V 1259–73 / S 1309–40 Die Episode von der Rettung des durch Sturz und Verlust seines Helms fast wehrlosen Alexander vor dem heranstürmenden Jubal durch Daclym geht zurück auf Alexanders Rettung vor einem persischen Angreifer (bei Arrian Spithridates, bei Diodor Rhosakes; vgl. Ottmann 1898, S. 394; LantG S. 179, 590f.) durch seinen Kampfgefährten Kleitos (Clitus) in der Schlacht am Granikos. Daclym setzt romanisches *Dan Clin* (frankoprovenzalisch: *Don Clin*; *Dan/Don* ist ein Titel) voraus, Lambrecht greift also auf Alberic zurück, dieser auf das Curtius-Supplement, wo Clitus' Gegner Rhosaces heißt (vgl. Foulet 1949, S. 57–59, bes. S. 58; Mölk 2000a, S. 27f.). Der Name Jubal (statt Rhosaces) ist biblisch (Gn 4,21, ein Nachkomme Kains; vgl. Brummack 1966, S. 73 und A. 8), vermutlich bereits von Alberic eingeführt (Mölk 2000a, S. 28). – Die Episode von Alexanders Beinahe-Niederlage relativiert die Bedeutung des herausragenden Einzelhelden zugunsten der Kampfgefährten (vgl. Mackert 1999a, S. 327–329).

V 1270–72 / S 1335–39 Die Spaltung des Gegners in zwei Hälften durch einen Schwertschlag entspringt heldenepischer Hyperbolik (vgl. z. B. ›Rolandslied‹, v. 4055f. u. ö.).

V 1276 / S 1345 Wörtlich: ›Sein Kopf war betäubt‹.

V 1300f. / S 1373f. Vgl. V 929f.

V 1304–21 / S 1378–96 Alexanders Blutbad unter den Feinden wird mit der Schlacht auf dem *Wolfenwerde* aus der heimischen Hildesage (vgl. ›Kudrun‹) und mit dem Trojanischen Krieg verglichen, die wohl exemplarisch für den »germanischen« und den antiken Stoffkreis stehen. Der Überbietungsgestus dient superlativischem Heldenpreis; zugleich wird (wie bei den Bibelanspielungen) dem Publikum Vertrautes anzitiert. Die Anspielung auf die Hildesage – sicher von Lambrecht – weist auf mündliche Sagenüberlieferung. Eine verschriftlichte Fassung ist erst in der ›Kudrun‹ (um 1240) erhalten. Dort endet der Kampf zwischen Hildes Entführern und den Verfolgern versöhnlich; die Schlacht, in der der Vater der entführten Frau fällt, ist in die Geschichte von Hildes Tochter Kudrun verlegt. Lambrecht spielt auf eine ältere Version der Sage an, wie sie auch altnordische Zeugnisse belegen. V 1306 / S 1381 ist auf V 1304 / S 1378f. zurückzubeziehen: Die Schlacht auf dem *Wolfenwerde* bzw. *Wulpinwerde* (Wülpensant bzw. Wülpenwert in der ›Kudrun‹) findet statt zwischen dem Vater der entführten Hilde, Hagen, und ihren Entführern, vertreten durch den alten Haudegen Wate (in der ›Kudrun‹ wichtigster Krieger von Hildes künftigem Gemahl Hetel). *Her(e)wîch* ist in der ›Kudrun‹ der Verlobte der Heldin; *Wolfwîn* ist in den Nibelungendichtungen und einigen Dietrichepen ein Gefolgsmann Dietrichs von Bern (in der B-Fassung der ›Klage‹ v. 1521–42 Neffe Hildebrands; vgl. auch Gillespie 1973, S. 102, A. 5, und 152f.); in der Alexander-Forschung (auch Ki S. 459) wurde der Name auch als *Ortwîn* gedeutet, Kudruns Bruder (in der ›Kudrun‹ kämpfen Verlobter und Bruder der Heldin in der Schlacht am Wülpensant). Lambrechts Anspielung bezöge sich dann auf Versionen der Hilde- und der Kudrunsage. Vgl. ›Kudrun‹ (Stackmann 1980), S. LIII–LVI.

V 1310 *der der*: Das Demonstrativpron. ist, wenn es als Relativpron. fungiert, nicht selten »gefolgt und gestützt von der Partikel *der* […]« (PWG § 410).

V 1312–21 / S 1387–96 Ob sich die Anspielung auf Helden des Trojanischen Kriegs, die bereits aus der Vorlage stammen könnte, auf eine mhd. bzw. afrz. Trojadichtung (das V 1314 / S 1389 genannte *liet*) oder auf allgemeines Bildungswissen bzw. eine lat. Dichtung bezieht, ist unklar. Die ersten erhaltenen afrz. und mhd. Trojadichtungen sind jedenfalls erst Jahrzehnte nach den ältesten Alexanderdichtungen entstanden (Benoîts de Sainte-Maure ›Roman de Troie‹ um 1165, Alberics ›Roman d'Alexandre‹ wohl schon um 1100; Herborts von Fritzlar ›Liet von Troye‹ sicher nach 1195, wohl erst um 1212/17, vgl. Bauschke-Hartung 2006). Allerdings setzt auch Heinrich von Veldeke im ›Eneas‹ (begonnen um 1170/74) voraus, dass das volkssprachliche Publikum von den Ereignissen um Troja schon öfter gehört hat (v. 1–4 und ff.).

V 1313 / S 1388 *die wol getorsten vehten* (mit Reim auf *kneh-*

ten) kehrt in beiden Fassungen mehrfach stereotyp wieder; vgl. V 1405, 1437; S 1500, 1536; vgl. auch Komm. zu S 2257.

V 1316f. / S 1391f. Vergleichsfiguren für Alexander sind in V in jedem der beiden Verse je ein Grieche und ein Trojaner, in chiastischer Anordnung. In S scheint diese Symmetrie gestört; möglicherweise schien S der traditionell als Weichling verschriene Frauenheld Paris ungeeignet als Exempelfigur für Kampfkraft. Nestor, der alte Griechenfürst und Ratgeber *par excellence*, steht traditionell eher für Weisheit als für Tapferkeit. Achilles und Hector sind Beispielfiguren für Tapferkeit schlechthin. Der historische Alexander sah in Achill (wie in Hercules) den eigenen Vorfahr und sein Vorbild (vgl. z. B. Wiemer 2005, S. 77f., 92f.); in den mhd. Texten überbietet er selbst diesen.

V 1322–53 / S 1397–1434 Die Pincun-/Pynchun-Episode hat keine Entsprechung in den antiken Quellen; der Kampf um das Speerbanner ist eine mal. Erfindung. Auffällig ist – wie bei der Tötung des Mennes V 1355–64 / S 1438–47 – die Einführung von Episoden, in denen Alexander einen Zweikampfgegner tötet; Mölk 2000a (S. 27f.) führt dies auf Alberic zurück, der damit die Tötung des Darius durch Alexander präludiere.

V 1342 Ohne den Eingriff bei Ki ist der Text gleichbedeutend, aber metrisch unterfüllt; allerdings ist regelgerechte Versfüllung in V häufig nicht gegeben.

S 1412 Mhd. *trehtîn* ›Herr‹ wird nur in Bezug auf Gott gebraucht; vgl. Lexer II, Sp. 1542.

S 1431 / 33 Von *slûch* hängen die Akk. *in* (üblich wäre Dat.) und *einen* […] *slac* ab; vgl. Ki S. 460.

V 1355–64 / S 1438–47 Der zweite Kampf gegen Mennes (erzählt wird nur dessen Tötung) dient dazu, Alexanders Niederlage im ersten zu ›korrigieren‹ – und Alexander weiterhin als Sieger und Töter seiner Gegner zu exponieren (vgl. auch Komm. zu V 1322–53 / S 1397–1434; Mackert 1999a, S. 329). Der historische Memnon starb 333 v. Chr. an einer Krankheit (vgl. z. B. Wiemer 2005, S. 97).

V 1363 / S 1446 Wörtlich: ›und endete ihm in der / reichte ihm bis in die Lunge‹ (vgl. Lexer I, Sp. 701, III, Sp. 901).

V 1371 / S 1456 Die *wunden* können Alexanders Verletzungen, aber auch seine Verwundeten sein.

V 1373–75 / S 1458–60 Die Erwähnung der Eroberung von Sardis folgt wohl Orosius' ›Historiarum Liber‹ III 16,5 (Schmidt

1886, S. 72f.; Foulet 1949, S. 59; zuletzt Mackert 1999a, S. 299, A. 6). Historisch folgt die (kampflose) Einnahme von Sardes (Sardeis in Lydien, also im westlichen Kleinasien) im Sommer 334 v. Chr. auf die Schlacht am Granikos (vgl. z. B. Wiemer 2005, S. 86, 95). Hier sind, nach der Schlacht am Euphrat, anscheinend andere geographische Vorstellungen mit dem Namen verbunden.

V 1378–83 / S 1465–72 Vgl. Apo 1,10f. (vgl. auch 3,1–6): Eine Stimme fordert Johannes auf, seine Vision aufzuschreiben und die Schrift in die sieben Gemeinden (in Kleinasien, darunter Sardes) zu senden. Die (falsche) Gleichsetzung des Verfassers der ›Offenbarung des Johannes‹ mit dem Apostel und Evangelisten Johannes (S 1472) geht auf eine seit Justin und Irenäus fassbare, im 2. Jh. weitverbreitete Überlieferung zurück, galt aber nicht allgemein (vgl. Schnelle [4]2002, S. 558–62).

V 1386f. / S 1476f. Zu V 1386 vgl. V 409, 511, 747; mit den Stichworten *ubermuot* und *stolz* diagnostiziert der Erzähler Darius' Versagen als Folge der gleichen (hier falschen) Selbstüberschätzung wie bei Lysias, den Tyrern und (teilweise) Alexander. Mackert (1999, S. 304f.) sieht darin das gleiche archaische Kriegerethos, das in anderem Kontext Wertschätzung genießt. Gerade als Krieger aber wird Darius nicht exponiert.

V 1393 *sô hulfim sînes rîches heil*; nach Ki S. 461 würde man eine Schwurformel erwarten.

V 1394 Mein Eingriff folgt (bis auf die Sprachgestalt) weitgehend dem Vorschlag von Minis 1954, S. 301, da *entgân* (so Ki) in der Bedeutung ›[Zeit] vergehen‹ nicht belegt ist; vgl. Lexer I, Sp. 553f.; BMZ I, S. 471.

V 1412–16 / S 1507–13 Die Erläuterung der Größe einer *scar*, in keiner lat. Quelle vorgegeben, stammt wahrscheinlich aus der ›Kaiserchronik‹ (v. 6512–15, 6520–29, 6586); vgl. Ki S. 462 zu 1962.

V 1415 / S 1510f. Korrekt wäre die Zahl 6666 (so in B); Ki S. 462.

V 1423–31 / S 1514–25 Die Zahlenangaben in V sind nicht eindeutig zuzuordnen. S nennt klar 32 Könige, 270 Herzöge und 1100 Grafen. Bezöge man (so die Interpunktion bei Ki) in V, analog zu S, die Zahl 270 auf die Herzöge (syntaktisch möglich), würde die Zahlenangabe zu den Grafen fehlen, die Zahl 803 sich auf die *rîter* beziehen, was unwahrscheinlich ist (*rîter*, in V und S immer [berittene] Krieger ohne besonderen Rang, muss es erheblich mehr geben). Daher setze ich einen Punkt hinter *zweihundert unde sibenzoch*, beziehe diese Zahl also auf die Grafen, nicht auf die Herzöge, und verstehe *zaht hundert unde trîn* auf die Herzöge, nicht auf die *rîter* bezogen; genannt wären damit 32 Könige, 270 Grafen und 803 Herzöge. Ohne Zweifel liegt in V eine Störung nicht nur der Zahlenangaben, sondern auch der Reihenfolge (absteigend) nach Rang vor.

V 1432–79 / S 1531–83 Die Heerschau des Darius gilt als der Heerschau vor der Schlacht von Issos nachgebildet. Die genannten Völker stammen zumeist aus dem vorderen Asien. Offensichtlich verband der Autor (wohl bereits Alberic) keine genauen Vorstellungen mit vielen Namen der lat. Quelle (Curtius) und bewahrte daher meist nur aus der Bibel Bekanntes, Unbekanntes wurde weggelassen oder durch biblische Namen ersetzt (Ottmann 1898, S. 310f.; Brummack 1966, S. 36, A. 3).

V 1435 / S 1533 Die *Zinnonenses* bzw. *Cenonenses* könnten aus Curtius' *Sinopenses* (VI, 5,6) entstellt sein (Ottmann 1898, S. 310).

V 1438 / S 1537 Pamphylienser sind die Bewohner von Pamphylien im südlichen Kleinasien. *Panfilien* V ist eigentlich die Landschaft, möglicherweise ist davor *von* zu ergänzen.

V 1445 / S 1544 Vgl. Tb 4,21, 5,1ff.: Der junge Tobias wird von seinem Vater zur Eintreibung von Schulden ins Mederreich geschickt; der für ihn angeheuerte Reisebegleiter erweist sich als Engel Raphael (Tb 12,15).

V 1448 / S 1547 Das assyrische Ninive am Tigris wurde 612 v. Chr. zerstört, zwar später wieder besiedelt, erlangte aber seine Bedeutung nicht mehr (vgl. LThK 7 [1998], Sp. 876f.; [4]RGG 6 [2003], Sp. 342f.).

V 1453–55 / S 1555f. In der Bibel (Gn 8,4) landet die Arche Noah am Berg Ararat; in diesem Zusammenhang ausdrücklich erwähnt ist Armenien z. B. im ›Annolied‹ (v. 310f.) und in der ›Kaiserchronik‹ (v. 318f.), wohl nach Isidor, ›Etymologiae‹ XIV 8,5 (vgl. Ki S. 463).

V 1456–59 / S 1561–64 *Gâzen* (S) sind die Bewohner von *Gâze* (V), Gaza, südwestlich von Jerusalem, der Hauptstadt von *Filistin/Philistim*, dem Land der Philister (Ki S. 463). Von Moses ausgesandte Kundschafter berichten von Riesen dort (vgl. Nm 13,33), die später von Josua ausgerottet werden, außer in wenigen Orten, darunter Gaza (vgl. Ios 11,22).

V 1461 Hsl. *friam* ist nicht zu identifizieren, Eingriff zu *Frigiam* (Phrygien) entsprechend S 1566 sinnvoll.

V 1475–77 / S 1582 Die Heeresgröße von 630000 Mann ist hyperbolisch (allerdings übertreiben auch historiographische Quellen die persischen Heeresstärken). Die tatsächlichen Heeresstärken in den ersten Schlachten zwischen Alexander und Darius dürften rund 25000 bis 30000 Mann auf Alexanders, rund das Dreifache auf persischer Seite betragen haben (vgl. Wiemer 2005, bes. S. 89, 101, 112; Lauffer [5]2005, S. 52f. u. ö.; vgl. auch Reg. »Heer«, »Heeresstärken«).

V 1481–97 Vgl. S 2797–2827. Nach Ki S. 464 sind die Verse in V aus der späteren Schlacht am *Strâge* im »urspr. gedicht« entlehnt (zustimmend z. B. Fischer 1964, S. 23). Dies ist jedoch nicht plausibel; »am ökonomischsten« ist es, dies »dadurch zu erklären, daß der Fortsetzer von Lambrechts *Alexander* diese Verse nicht verloren gehen lassen wollte und sie daher an späterer […] Stelle eingefügt hat« (Cölln 2000a, S. 169, dort ältere Lit.; vgl. bes. auch Urbanek 1970, S. 113).

V 1482f. Vgl. V 560f. – Ki S. 464 übersetzt ›einmütig kampfbereit‹.

V 1486 *ze Mesopotamia* kann auf den vorangehenden oder auf den folgenden Vers bezogen werden.

V 1487–1510 V zieht die beiden in S noch folgenden Schlachten in Mesopotamien und am *Strâge* (Vorbilder: die Schlachten von Issos 333 v. Chr. und Gaugamela 331 v. Chr., beide unter Führung des Dareios) zu der einen Entscheidungsschlacht in Mesopotamien zusammen.

V 1489–91 D. h. wohl: Alexander sieht unermessliche Scharen als Gegner vor sich.

V 1492 *die der*: vgl. Komm. zu V 1310.

V 1494–97 Topischer Überbietungsgestus vor allem in Heldenepik und Antikenroman: die jeweils dargestellte Schlacht wird zur härtesten und verlustreichsten aller Zeiten erklärt (vgl. Bode 1909, S. 253–260); Ki S. 464 vergleicht v. a. ›Rolandslied‹ v. 7979.

V 1502–05 Ich folge für V 1502 im Text der Lesart bei Ki bzw. seiner Interpretation des hsl. *er hin* als *êrhin* ›früher‹, bei der Übersetzung der Deutung von Cölln 2000a, S. 186, sehe also einen ausdrücklichen Rückverweis auf das V 1503–05 anzitierte Leitmotiv vom Tribut, den Alexander Darius bezahlen will, indem er ihn tötet (vgl. bes. V 476f., 492–495, 1128–31; auch S 1113–17, 2619–26, 2828f. und Komm.). Denkbar wäre auch *er hin* als *êrîn* ›ehern‹, übertragen ›unerbittlich‹ (›Und ebenso unerbittlich muss es nun zu Ende gehen‹). Minis 1954, S. 304f. (vgl. auch Fischer 1964, S. 22f.) rekonstruiert **hem* [Darius] *muz it nu also ergan.*

V 1506–09 Dareios III. wurde 330 v. Chr. während seiner Flucht vor Alexander von Bessos, Nabarzanes und weiteren Mitverschwörern gefangen genommen und ermordet (vgl. z.B. Wiemer 2005, S. 119f.; S berichtet entsprechend von der Ermordung des Perserkönigs durch zwei Verräter). Die Tötung durch Alexander weicht auch von der literarischen Tradition ab, stimmt aber zu einer weitverbreiteten geistlichen Tradition und ist in V selbst narrativ vorbereitet; vgl. Einführung, S. 24f. Alexander erscheint so in erster Linie als heroischer Sieger über seinen Gegner; heilsgeschichtliche Implikationen (Alexander als derjenige, der dem dritten Weltreich ein Ende setzt) sind nicht abzustreiten.

V 1509 *march* ›Streitross‹, vor allem in der Heldenepik gebräuchlich (vgl. BMZ II,1, S. 63), entspricht nicht der üblichen Wortwahl (*ros*) in V; das spricht für einen Redaktor als Urheber des V-Schlusses (vgl. z. B. Urbanek 1970, S. 101).

V 1511–15 Die Schlussverse stammen von einem Schreiber. Ob Lambrechts Original und womöglich auch Alberics Alexanderroman tatsächlich, wie hier behauptet, mit Alexanders Sieg über Darius endeten oder ob ein Torso notdürftig zu Ende gebracht oder gar ein längerer Text gekürzt wurde, ist in der Forschung umstritten; vgl. Einführung, S. 15f. Plausibel ist, dass das Ende mit Darius' Tötung durch Alexander Lambrechts (und wohl auch Alberics) Konzeption entspricht; möglicherweise hat ein Redaktor den Torso dementsprechend vervollständigt.

V 1514 *diu mâz* (entsprechend afrz. *mesure*) ist hier der ›rechte Umfang‹ eines Werks (vgl. Mölk 2000a, S. 23; ebd., S. 24, der Übersetzungsvorschlag »richtig bemessen«).

S 1592–1676 Die Episode von Mohn- und Pfefferkörnern, die erneut persische Übermacht und Überheblichkeit auf der einen, Alexanders überlegene Klugheit auf der anderen Seite demonstriert, stammt von Leo (I 41f.; vgl. auch Hdp 34–36), Ps.-Kallisthenes und Jul. Val. kennen sie nicht (Ki S. 172, Anm.; Ottmann 1898, S. 312). – Der Sinn der Zeichen erschließt sich hier, anders als bei Darius' Spottgeschenken, »erst durch gustatorische Wahrnehmung« (Oswald 2004, S. 87 und ff.); vor allem in der Wirkung des Pfeffers demonstriert Alexander seine Gewalt »unmittelbar am Körper des Gegners« (ebd., S. 89 und 93); mit Mohn und Pfeffer verleiben sich die Könige zeichenhaft die Heere des Gegners ein, die Wirkung der Gewürze weist voraus auf den Kriegsausgang (ebd., S. 93).

S 1595 *wâge* ist nach Lexer III, Sp. 633f. ›(ein bestimmtes) Gewicht‹; die Paraphrase *libra, wôge vel pfunt* (ebd.) erlaubt die Übersetzung ›Pfund‹ (die römische *libra* entsprach 327,45 g; doch wichen mal. Gewichtseinheiten nach oben davon ab); zumal angesichts regionaler Schwankungen ist eine grammgenaue Angabe nicht möglich; vgl. LexMA 3 (1989), Sp. 1422–24.

S 1608 *gestrûme, gestriume* ist eigentlich ›rauschendes Strömen‹ (Lexer I, Sp. 934).

S 1610 *lît/liet* ist auch hier (vgl. V 1 / S 1) (längere) epische Dichtung (möglicherweise besonders im Sinn von ›Heldenepos‹), das (kürzere) *bîspel* ist u. a. ›belehrende Geschichte‹, ›Gleichnis‹ (vgl. Lexer I, Sp. 284f.; das *bîspel* als Kleinstform lehrhafter Reimpaardichtung entsteht erst um 1220/30); in S selbst wird Alexanders Vergleich von Persern und Griechen mit Fliegen und Wespen als *bîspel* bezeichnet (S 2751).

S 1648–58 / 1677–1980 Alexanders (unhistorische) Rückkehr nach Griechenland wegen der Erkrankung seiner Mutter und sein zweiter Zug ins Perserreich stammen von Leo (I 41ff.; vgl. auch Hdp 35ff.; vgl. Ottmann 1898, S. 312f.). Tatsächlich unterwarf Alexander zwischen den Schlachten von Issos und Gaugamela Syrien, Phönizien, Ägypten und Palästina (vgl. z. B. Wiemer 2005, S. 104–111).

S 1667 Statt *nîtlîchen* ›hasserfüllt‹ wurde auch *nietlîchen* ›eifrig‹ erwogen (vgl. Ki S. 466).

S 1680 Amenta ist bei Leo (I 41) Amonta (so auch Rudolf von Ems; vgl. LantG S. 60); einen Zug Alexanders durch Arabien in anderem Kontext erwähnt Jul. Val. (I 41, Z. 1353f.; auch Ps.-Kallisthenes; vgl. Ottmann 1898, S. 313).

S 1689 Ki S. 466 übersetzt *in ein* als ›zusammen, mit einander‹; möglicherweise ist ›an einem Stück, aufeinanderfolgend‹ gemeint.

S 1690f. Das Motiv von der Sonne, die sich angesichts des Gemetzels verfinstert, stammt aus der lat. Quelle (Leo I 41: *obtenebratus est sol compatiendo tali homicidio, nolendo videre tantum sanguinem*; ähnlich Hdp I 36, vgl. Ki App.; vgl. auch S 2927–31).

S 1694f. / 1697–99 Blutfluten, in denen die Kämpfer bis zu Knien oder Schenkeln waten oder ertrinken, gehören zu den Topoi (insbesondere helden-)epischer Schlachtschilderungen; vgl. Bode 1909, S. 224–228; Schäfer-Maulbetsch 1972, S. 293f.

S 1747–1980 Die Funktion der Kämpfe in Griechenland besteht (neben der Beschaffung von Hilfstruppen) im Ausschalten potentieller Gegner in der Heimat vor dem Kriegszug ins ferne Perserreich. Der historische Alexander erledigt das, bevor er überhaupt aufbricht (u. a. 336 v. Chr. Erneuerung des Korinthischen Bundes; 335 v. Chr. Balkanfeldzug, Eroberung und Zerstörung des aufständischen Theben, Einigung mit Athen; vgl. z. B. Lauffer [5]2005, S. 40–50; Wiemer 2005, S. 82–85). Nicht in diesen Zusammenhang gehört der Krieg gegen die Lacedaemonier, die allerdings 336 v. Chr. ihre Zustimmung zu Alexanders Ernennung zum Oberfeldherrn gegen die Perser verweigerten; vgl. den antimakedonischen Aufstand der Spartaner unter Agis seit 332 v. Chr., der durch den makedonischen Statthalter Antipatros 330 v. Chr. niedergeschlagen wurde (vgl. Wiemer 2005, S. 116 f.). Die geographischen Vorstellungen erscheinen noch diffuser als in den Quellen: Von Abdirus (Abdera in Thrakien), Theben (in Böothien), Korinth (auf der Peloponnes), Athen und Sparta (auf der Peloponnes) ist die Rede, als stelle der Erzähler sie sich auf der direkten Route von Makedonien ins Perserreich vor (vgl. Ottmann 1898, S. 314 f.).

S 1766 *ubir al*: über den ganzen bebauten Vorraum zwischen Wall und Stadtmauer (Ki S. 467).

S 1767 *hûs*: die Gebäude zwischen Wall und Graben bzw. äußerer und innerer Stadtmauer, die sog. Vorburg (vgl. Ki S. 467; Schultz 1889, I, S. 41).

S 1780 *hêren*: hsl. *herren*, von Ki üblicherweise *hêren* geschrieben; in diesem Kontext könnte ›ihr Hochmütigen‹ impliziert sein.

S 1810 Die Armbrust ist eine militärische Erfindung des 12. Jh.s (Schultz II, S. 173) und ist hier erstmals in mhd. Lit. erwähnt (Ki S. 468).

S 1849–55 *crônten* ist eine (auf Zacher zurückgehende) Konjektur. – Hampe (1890, S. 57) nimmt Kontamination aus verschiedenen Ehrenbezeigungen bei Leo an (Krone als Geschenk Korinths an Clitomachus I 47, fünfzig Pfund schwere Siegerkrone als Geschenk Athens an Alexander II,5); vgl. auch Ki S. 469, Ottmann 1898, S. 317–320. Sowohl eine Krönung Alexanders in Korinth (allerdings anlässlich von Alexanders Herrschaftsantritt) als auch die Bekehrung dieser Stadt zum Christentum durch Paulus sind erwähnt in Walters von Chatillon ›Alexandreis‹ (1177/78 vollendet), I, 203–11.

S 1854 f. Vgl. Act 18,1; I Cor 3,4.

S 1869 Die geographisch falsche Vorstellung, Sparta liege am Meer, begegnet bereits bei Ps.-Kallisthenes; vgl. Leo II,6.

S 1872 f., 1876 f., 1897–99 Wenn S 1872 f. überhaupt eine historische Anspielung vorliegt, dann allenfalls auf den griechischen Seesieg über den Perserkönig Xerxes I. bei Salamis 480 v. Chr.; historische Konstellationen sind jedoch verunklärt: Die Lacedaemonier, obwohl angeblich Gegner des Xerses, sympathisieren mit Darius (S 1876 f.); Alexander will Xerses rächen (S 1897–99), obwohl sein Großvater angeblich mit diesem Krieg geführt hatte (vgl. V 83–88 / S 97–106 und Anm.). Der hier genannte Xerses kann also kaum als Perserkönig im Bewusstsein gewesen sein (vgl. z. B. Ottmann 1898, S. 321 f.; Ruttmann 1974, S. 236, A. 71). Alexanders Reaktion – soweit nicht ein weiterer Vorwand für den Angriff – ist als Solidarisierung eines Königs mit einem anderen zu erklären, wie auch bei Alexanders Rache für Darius (vgl. bes. S 3286–91, 3325) und für Dionisius (vgl. S 3826–30).

S 1914 Zu ergänzen ist: weil es so viele waren (Ki S. 470).

S 1957 Sinnvoller als *sûr* ›bitter‹, d. h. hier ›unerträglich, qualvoll‹, wäre *tûr* ›teuer, unerschwinglich‹, d. h., es wurde ihnen – zwischen Feuer und Pfeilhagel – unmöglich gemacht zu überleben.

S 1963 *in daz mere ertrenken* heißt ›ins Meer stoßen und dadurch ertränken‹. Die Verwirrung ist so groß, dass die Angegriffenen sich gegenseitig ins Wasser stoßen, als ob sie sich nicht kennten (vgl. Ki S. 470).

S 1965 *wîchûs* sind zur Verteidigung hergerichtete Gebäude (Ki S. 471).

S 1966–73 Aus S 1972 f. (*gewinnen* ist nicht ›besiegen‹, allenfalls ›durch Sieg zu etwas gelangen‹, ohne Akk.Obj., ›siegen‹ bzw. ›erwerben‹, ›anwerben‹; vgl. Lexer I, Sp. 991 f.) scheint hervorzugehen, dass die Kapitulation der Spartaner aus Sicht des Erzählers nicht für diese, sondern für die Belagerer zu spät erfolgt, obwohl sich die Aussagen über Verluste S 1968–71 auf die Belagerten zu beziehen scheinen; anders Ki S. 471, Hi S. 98.

S 1974 *burgen* sind die S 1966 erwähnten Geiseln, die gleichzeitig die Kapitulationsbedingungen verhandeln; vgl. Hi S. 98.

S 1985 (u. ö.) *dise* ist Masc.; vgl. PWG § 219.

S 1987 *sâlde, saelde* ist Fortuna, das personifizierte Glück, das Alexander begleitet, gleichzeitig das im Charisma des Herrschers wurzelnde und sich in Kriegserfolgen manifestierende Königsheil, das Darius verlassen hat (vgl. S 2937); zu Fortuna im Alexanderroman vgl. z. B. Schouwink 1977.

S 1989 *in* ›ihnen‹ bezieht sich wohl auf die Gesamtheit der Gegner, das griechisch-makedonische Heer; möglich ist, zumal in S, wo häufig *n* für *m* steht, auch *im* ›sich‹.

S 2011 Occeatyr entspricht dem historischen Oxyathres, der nach dem Tod seines Bruders Dareios zu Alexander überlief (vgl. LantG S. 453).

S 2014–17 Nach dem bislang Erzählten hat Darius Alexander keine Ehre erwiesen, ihn allerdings auch nicht ignoriert, sondern durch (im Inhalt freilich beleidigende) Briefe und Gesandtschaften quasi als ebenbürtigen Gegner anerkannt.

S 2021–23 Ki setzt Komma am Ende von v. 2021 (Ki v. 2473) und Punkt am Ende von v. 2023 (Ki v. 2475). ›Wenn dich nicht Verwandte und Vasallen im Stich lassen wollen‹, ist jedoch sinnvoll nicht auf die Klage des Darius oder das Missfallen seines Bruders zu beziehen, sondern Bedingung für die folgende Aussage, Alexanders Feldzug werde diesem nichts einbringen.

S 2027–40 Dass sein eigener Bruder dem König rät, sich an Alexanders Tapferkeit ein Beispiel zu nehmen, macht Darius in besonderem Maß zur Negativfigur.

S 2048–66 Rückblick auf die Abweisung von Darius' Boten durch den jungen Alexander, die in S in die durch Blattverlust bedingte Lücke fällt (V 461–499); Alexander war damals kein *lutzil kint* im engeren Sinn mehr, sondern hatte (auch in S) bereits seine ersten Waffentaten hinter sich, daher die Übersetzung ›ganz jung‹.

S 2061–66 Der ausdrückliche Verweis auf die Übernahme der Herrschaft als Voraussetzung für das Abschütteln der Tributpflicht ist zumindest in V beim Auftritt der Boten nicht erwähnt.

S 2068 Ich verstehe den Vers nicht auf S 2067 bezogen (dass Alexander hergekommen ist, steht außer Zweifel), sondern auf S 2069, das vom Sprecher vermutete Ziel Alexanders.

S 2103–57 Der hier nicht namentlich bezeichnete Fluss ist in den historiographischen Quellen (auch Jul. Val. II 8, Z. 463; dagegen Leo II 8: *ad fluvium Oceanum*) der Kydnos. Alexanders Erkrankung und Heilung durch seinen Leibarzt Philippos sind historisch (vor der Schlacht von Issos 333 v. Chr.), auch die (hier als verleumderisch denunzierte) Warnung des großen makedonischen Feldherrn Parmenion (vgl. z. B. Lauffer [5]2005, S. 73; Hammond 1997/2004, S. 132). Freilich wurde dieser erst nach der Hinrichtung seines der Verschwörung verdächtigten Sohnes Philotas getötet (330 v. Chr.). Schon Leo Archipresbyter spaltet die Figur auf in den (hingerichteten) Verleumder des Arztes und in den (später in die Handlung eingeführten) Feldherrn (LantG S. 477).

S 2139 *ze gût* bedeutet ›besser als es hierzu passt‹ (Ki S. 472).

S 2148–50 Philippus unterstellt, Perminus' Intrige richte sich gegen Alexander selbst (S 2143–46), und fordert kaum verhüllt die Bestrafung des Warners.

S 2155 *sîner* kann sich auf Alexander oder sinngemäß auf Philippus beziehen.

S 2162 f. Dass Alexander in Armenien eine Stadt gegründet haben soll, ist weder in den romanhaften noch in historiographischen Quellen belegt.

S 2170 Der Name der Stadt Andria ist wohl aus dem ostiranischen Ariana des Ps.-Kallisthenes (II 9 und Hdp 48 Andriaci) entstellt, die geographische Lage völlig verändert.

S 2172 *gnâde* ist, außer ›Gnade‹, ›Huld‹, auch ›Glück‹ (vgl. Lexer I, Sp. 850) und ›Freude‹ (so Ki S. 473).

S 2175 Der Euphrat, für das MA eine wichtige Grenze zwischen Europa und Asien (vgl. Szklenar 1966, S. 62), wird dadurch narrativ ins Zentrum gerückt, dass die Schlachten am Granikos und von Issos in die Euphratgegend verlegt sind und Alexander den Strom wegen der Rückkehr zu seiner erkrankten Mutter mehrmals überschreitet; zur Raumstruktur und zur Rolle von Flussübergängen in S (auch über den *Strâge*) vgl. Strohschneider/Vögel 1989; Stock 2002, S. 88, 89–105. Der Fluss fungiert als Raumgrenze, zugleich als Ort, an dem sich Richtungsänderungen in Alexanders Weg vollziehen; vgl. auch Komm. zu S 6283.

S 2190–2222 Dass Alexander nach der Flussüberquerung die Brücke zerstört, um seinen Leuten die Rückzugsmöglichkeit abzuschneiden und so Tapferkeit zu erzwingen, erinnert, wiewohl um einiges zuversichtlicher, an die fatalistische Geste, mit der im ›Nibelungenlied‹ (Str. 1581–83, um 1200) Hagen nach dem Donauübergang im Sinne der Untergangsprophezeiung den Kahn zerschlägt.

S 2223 f. *selide* (hier Pl.): *selde* ›Wohnsitz‹.

S 2228–31 Der Spott der Frauen wird von Alexander als denkbar größte Schande empfunden; vgl. auch S 3001–03 (von Darius); das Wort *spot* selbst impliziert ›Schande‹.

S 2245 *hêre*: Ki S. 474 erwägt *here* ›bisher‹.

S 2246 *diseme gûten knehte* dürfte gegenüber dem Perserkönig, anders als sonst im Text üblich, ironisch und herablassend gemeint sein.

S 2248 f. Wie Darius von Alexanders Äußerung gehört haben kann (sie ist an das griechisch-makedonische Heer gerichtet), wird nicht thematisiert.

S 2257 *di wol vehten torsten* kehrt (ebenfalls mit Reim auf *fursten*) wieder S 2273; vgl. auch Komm. zu V 1313 / S 1388.

S 2262–2354 Die zweite große Schlacht zwischen Alexanders Heer und dem Heeresaufgebot der Perser am Euphrat ist entfernt der Schlacht bei Issos (333 v. Chr.) nachgebildet (das Heer steht unter Darius' Führung; nach der Flucht der Perser fallen Kriegsschatz und Königsfamilie in die Hände Alexanders; vgl. z. B. Lauffer [5]2005, S. 74–80; Wiemer 2005, S. 100–103).

S 2280–2338 Die (wie bei Leo II 9 in die Schlachtschilderung eingeschobene: vgl. Hampe 1890, S. 10) Episode mit dem persischen Attentäter, den Alexander verschont, demonstriert die Großmut des Helden. Die Liebe zu Darius' Tochter als Motiv für den gewagten Versuch (über die bei Leo versprochene Eheschließung und Gabe königlicher Provinzen hinaus) verweist auf die Mitte des 12. Jh.s literarhistorisch zukunftsträchtige Bedeutung der Minnethematik.

S 2343–46 Der Zorn des Bären ist sprichwörtlich (vgl. z. B. Freidank, ›Bescheidenheit‹, 139,9 f.; Ki S. 474), der Vergleich von Kämpfern mit wilden Tieren topisch; vgl. auch S 581, V 933 / S 866 und Anm., S 1912.

S 2354 Batra (bzw. Batran, so der Nom. S 2408) entspricht dem Namen (nicht der geographischen Lage) nach Baktra am oberen Oxus (im Norden des heutigen Afghanistan).

S 2362 f. Der Doppelpunkt hinter *hêrlîche dinc* bei Ki setzt diese mit der persischen Königsfamilie gleich (so auch Hampe 1890, S. 36). Der Punkt hier lässt offen, inwieweit daneben auch materielle Kostbarkeiten zur Beute gehörten. Unmittelbar nach der Schlacht von Issos 333 v. Chr., bei der Einnahme des persischen Lagers (nicht erst nach einer weiteren Stadteroberung), fiel neben der Königsfamilie auch ein Großteil des persischen Kriegsschatzes in Alexanders Hände (vgl. z. B. Lauffer [5]2005, S. 80).

S 2372–99 Die von Leo (II 10; vgl. auch Hdp 51) stammende Episode mit dem persischen Verräter ist das Gegenstück zu der um den persischen Attentäter; Alexander bewertet in beiden Fällen nicht nach dem eigenen Nutzen, sondern unter dem Aspekt der Treue gegenüber dem rechtmäßigen Herrn.

S 2392 *dîne hêren* dürfte sich auf Darius und dessen S 2386 genannte Fürsten beziehen, die der Verräter an Alexander auszuliefern versprach; vielleicht Fehler für *dînen hêren*, da ab S 2396 von dem einen Herrn, Darius, die Rede ist (S 2395 kann grammatisch Sg. oder Pl. sein, im Kontext Sg.).

S 2400–07 Da Darius selbst die Schlacht geführt hatte, ist der erste Teil des Briefs (sofern er sich, wie anzunehmen, auf die Schlacht am Euphrat bezieht) sinnlos; neu sind nur die Informationen über die Einnahme Batras und die Gefangennahme der Königsfamilie.

S 2411 Die stereotype Floskel (vgl. auch S 3173) steht im Widerspruch zu Darius' demonstrativer Gleichgültigkeit gegenüber dem Geschick seiner Familie S 2444–50.

S 2423 *lide*: *lîde* oder *lide* für *lite* Konj. II?

S 2458 Ki versteht *sturm* nicht, wie in V und S die Regel, als ›Kampf‹, sondern (wohl metaphorisch) als ›Unwetter‹: »es wird bald ein unwetter über dich hereinbrechen« (Ki S. 475).

S 2463–70 Das Motiv, dass Alexander die persischen Damen um seiner Mutter willen zuvorkommend behandelt, und die Formulierung S 2467, die auf höfischen Frauendienst weist, stammen vom mal. Dichter.

S 2472–80 Porus berichtet S 2477–80 von Angriffen der *inlenden*, ›Inländer‹, also von einem Aufstand der eigenen Bevölkerung. Die Bitte um Hilfe wirkt angesichts von Darius' eigener verzweifelter Lage befremdlich (noch mehr S 2481–91 Darius' Zusage von Hilfstruppen) und fehlerhaft; bei Leo (II 11; vgl. auch I Idp 57) bittet Darius brieflich den Inderkönig um Hilfe. In S 3138–56 (ff.) beruft sich Darius darauf, in einem Brief an Porus (bislang vergeblich) dessen Unterstützung erfleht zu haben, und erneuert seine Bitte.

S 2475 *und* leitet hier einen Relativsatz ein; vgl. PWG § 451.

S 2485 *belaht* ist Part. von *belegen* ›belagern, einschließen‹ (Ki S. 476), hier sinngemäß ›bedrängt‹, da kein Belagerungszustand vorliegt, Alexanders Heer vielmehr immer weiter gegen den sich zurückziehenden Darius vordringt.

S 2526 *ûf gelaht* übersetzt Ki S. 476 als ›ausgedacht‹; der Plan ergibt sich jedoch erst aus dem Traum.

S 2528–49 (ff.) In den Quellen erscheint Alexander im Traum

der Gott Ammon (bzw. sein Vater, der Zauberer Nectanebus, in Gestalt Ammons). Da Lambrecht die Abstammung von Nectanebus zurückgewiesen hatte, kommt es bei der Traumerscheinung zu Unstimmigkeiten (die der Verfasser durch zweimalige Quellenanrufungen zu überspielen sucht): Als Alexanders Vater erscheint Philipp, der nachträglich zum Zauberer erklärt wird (vgl. Ki S. 476).

S 2575–78 Der Strom *Strâge* (bei Ps.-Kallisthenes Stranga), der angeblich (im Winter) nachts zufriert, ist eine Erfindung bereits der Quellen (vgl. Leo II 14). In Hdp J^1 60 wird er mit dem Granikos gleichgesetzt, in J^3 60 (geographisch plausibel) durch den Tigris ersetzt (vgl. Ottmann 1898, S. 333).

S 2586 Dass man den inkognito im Perserlager auftretenden Alexander für einen Gott hält, ist nicht motiviert (bei Leo II 13 hatte Ammon in Gestalt des Hermes ihm befohlen, seine Gestalt und Kleidung anzunehmen) und steht im Widerspruch zu der Herablassung, mit der die persischen Fürsten den Fremden wegen seiner geringen Körpergröße behandeln (S 2655–60).

S 2599 Freigebigkeit (*milte*; lat. *liberalitas, largitas*) gehört zu den wichtigsten Herrschertugenden; vgl. Bumke [9]1999, S. 386.

S 2630–39 Darius will sich als Alexander ebenbürtiger Gastgeber erweisen; freilich misslingt das aufgrund von Alexanders Provokationen.

S 2647–53 Der Platz gegenüber dem König ist der Ehrenplatz (vgl. Bumke [9]1999, S. 249f.). Die Missgunst der anderen Gäste erklärt sich auch aus der Bedeutung, die das Sichtbarmachen des Rangs in der mal. Kultur hat.

S 2666–91 Alexanders Verhalten ist eine gezielte Provokation (Oswald 2004, S. 106–110). Mit dem Einbehalten der goldenen Becher fordert er heraus, dass Darius ihn zur Rede stellt. Dies wiederum hat zur Folge, dass Alexander die (angebliche) Freigebigkeit am makedonischen Hof über die am persischen Hof stellt, was Darius' Ebenbürtigkeit als Gastgeber in Frage stellt. Mit der Rückgabe der Trinkgefäße weist Alexander zugleich Darius' Wein zurück, »eine klare Absage an die Gastfreundschaft« des Perserkönigs (ebd., S. 108) und damit Auftakt zum folgenden Gewaltausbruch.

S 2702/04 *Den boten, den* […], *daz ist* […]; der Akk. *Den boten* erklärt sich aus Attraktion des Kasus zwischen Relativpron. und Bezugswort im übergeordneten Satz, wobei sich hier das Bezugswort nach dem Relativpron. richtet (vgl. PWG § 454).

S 2712 f. Der Text ist entsprechend den Anmerkungen bei Ki korrigiert; nötig ist die Korrektur nicht. Ohne sie lautet der Text: ›[Dabei half ihm] eine brennende Fackel sehr gut, die er ergriff. Einen Perser schlug er gegen die Zähne [...]‹.

S 2726 Das Pferd, das Alexander bei der Rückkehr verliert, ist nicht Bucephalus, auf dem er S 2772 wieder in die Schlacht reitet.

S 2738 (ich) *wille* ist eine bevorzugt mittelfränkische Form der 1. Pers. Sg. Ind. Präs.; vgl. PWG § 277, A. 5.

S 2749 Vermutlich ist impliziert: ›wo sie [die Wespen] ins Nest fliegen [und dieses verteidigen]‹; Ki (S. 478) erwägt die Möglichkeit, dass die Fliegen das Nest angreifen; irritierend ist, dass die Perser (das *her* Fliegen) ihre Heimat verteidigen, nicht die Griechen (die wenigen Wespen), und Fliegen keine Nester bauen. – Der Vergleich stammt von Leo (II 16).

S 2762–2888 Die dritte (und entscheidende) Schlacht zwischen Alexanders Heer und dem persischen Heeresaufgebot am *Strâge* entspricht annähernd der Entscheidungsschlacht bei Gaugamela/ Arbela 331 v. Chr. (vgl. z. B. Lauffer [5]2005, S. 94–98; Wiemer 2005, S. 112 f.); die Flucht des Dareios (vgl. S 2880–85) leitete wie schon bei Issos die allgemeine Flucht der Perser (vgl. S 2886–88) ein.

S 2782 Anders als S 2586 ist die Quasi-»Vergottung« Alexanders hier begründet mit seiner prachtvollen Rüstung.

S 2787 *herehorn* sind (im Gegensatz zu Jagdhörnern) Hörner, die im Krieg geblasen werden (Eitschberger 1999, S. 180 f.); im Unterschied zur Trompete mit vorwiegend zylindrisch gebohrtem Rohr sind die Rohre des Horns konisch gebohrt (ebd., S. 184).

S 2788 *trumme*, *trumbe* ist Überbegriff für verschiedene Blasinstrumente (»Cheilophone«) (Eitschberger 1999, S. 221), hier am wahrscheinlichsten eine Art Geradtrompete. – *trummen* werden meist in kriegerischen Kontexten geblasen.

S 2797–2827 Vgl. Komm. zu V 1481–97.

S 2828 f. Zur Übertragung von ›Tribut zahlen‹ auf das Kampfgeschehen vgl. bes. V 476 f., 492–495, 1128–31, 1503–05, S 1113–17, 2619–26, hier allerdings auf die Massenschlacht bezogen (statt wie sonst in erster Linie auf die Tötung des Darius).

S 2841 Zum pluralisch verwendeten unpersönlichen Pron. *man* vgl. Ki S. 480.

S 2874 Leo (II 16) nennt keine Gefallenenzahlen, Hdp J[1]/J[3] (65) 300 000 persische Gefallene (ausdrücklich ohne die Ertrunkenen); historiographische Quellen erwähnen Verlustzahlen von einigen hundert Mann bei den Makedonen (Arrian, Curtius), 40 000 Mann bei den Persern (Curtius); vgl. Lauffer [5]2005, S. 98, A. 5; vgl. auch Ottmann 1898, S. 336.

S 2889 f. Auch der Erzähler von S beklagt – mit der Distanz des Geistlichen gegenüber dem Waffenhandwerk des Kriegers – das Gemetzel; vgl. bes. V 989–991 / S 942–944; S 1690 f.; S 2927–31.

S 2892 Zum Motiv, dass Gegner abgeschlachtet werden wie Vieh, vgl. z. B. ›Rolandslied‹ v. 5421.

S 2897–2926 Die Klage nach unermesslichen Verlusten von Menschenleben, die sich über das ganze Land ausbreitet und jede und jeden erfasst, erinnert an die um 1200 entstandene ›Nibelungenklage‹ (bes. B-Fassung der ›Klage‹ v. 642–667, 686–730, 876–882, 1584–90, 1946–55, 2136–71, 2243–87); freilich sind dem Alexanderroman exzessive Klagegebärden wie dort fremd.

S 2911 *stille gehît* ist ›ohne öffentliche Eheschließung zusammenlebend‹; vgl. Ki S. 480.

S 2913 *ubirlût* ist das Gegenteil von *stille*: ›unverhohlen‹, ›für die Öffentlichkeit deutlich bemerkbar‹.

S 2927–31 Vgl. Komm. zu S 1690 f.

S 2937 Darius, der sein Königsheil verloren hat, ist im Kontrast zu Alexander konzipiert, dem die *sâlde* folgt (S 1987); beide Stellen stimmen auf die Deutungsperspektive der Fortuna ein, unter der Darius sein eigenes Schicksal, Candacis dasjenige Alexanders sieht (S 2964–69, 5731–35).

S 2938 *sal* ist ein meistens nur einen Saal enthaltendes Gebäude, ›Wohnsitz‹, ›Haus‹, auch ›Saal‹, ›Halle‹ u. a.; vgl. Lexer II, Sp. 575 f.

S 2961 f. Die geistliche Abwertung weltlicher Größe (*sunden, ubirmût*) ist, nicht ganz passend, Darius in den Mund gelegt.

S 2963 *Ungelucke* ist das personifizierte Unheil, ein Aspekt der wankelmütigen Fortuna.

S 2964–69 Rad der Fortuna und Sturz der Mächtigen sind seit der Spätantike (Boethius) wirkungsmächtige Bilder für Widrigkeiten und Kontingenz weltlichen Lebens; zur Stelle vgl. Stein 1978, S. 160 f. und A. 85; allgemein zur Fortuna im Alexanderroman vgl. Schouwink 1977.

S 2984 *mâze* (entsprechend afrz. *mesure*, lat. *temperantia*, auch *medietas*), ›Mäßigung‹, ›Maßhalten‹, eine Grundforderung höfischer Ethik (vgl. Bumke [9]1999, S. 418 f.), wird im Alexanderroman zum Schlüsselbegriff für richtiges Herrscherverhalten, nach einer ersten Andeutung in der Bitte der Boten des Darius, Alexander möge seinen Zorn mäßigen und sie schonen (V 1054 / S 1076), zunächst in der Warnung des besiegten Darius (S 2984), dann in der Alexanderkritik der Occidraten (S 4421) und des alten Manns im Paradies (S 6497), schließlich in Alexanders gerechter Herrschaft am Ende (S 6815). Impliziert ist Unterschiedliches: Affektkontrolle, Bescheidenheit im Glück, das Einhalten des rechten Maßes bei allen Taten.

S 2988 ›Es kommt dir mit Recht zu‹, nämlich im Sinne von S 2986 f., ›nicht wegen des Sieges überheblich zu werden‹.

S 2996–98 Unklare Reminiszenz; es könnte allenfalls Darius' Vorgänger Arses (336 v. Chr. ermordet) gemeint sein; wahrscheinlich wurde die Quelle (Leo II 17; vgl. Hdp 66) missverstanden, wo Darius Xerxes als Beispielfigur für den Sturz der Mächtigen erwähnt (vgl. auch Ki S. 234, App.).

S 3012–27 Dareios unterbreitete Alexander nach der Niederlage von Issos ein Friedensangebot (die Hand einer Tochter und Teile seines Reichs); die historiographischen Quellen machen unterschiedliche Angaben zum Zeitpunkt des Angebots und zum Umfang der Zugeständnisse des Perserkönigs (vgl. Wiemer 2005, S. 103 f.).

S 3018 f. Ottmann 1898, S. 338, vermutet in Batra hier eher die Landschaft Baktrien als die von Alexander bereits eroberte Stadt, in Susis eher die zentralpersische Landschaft Susiana als die Stadt Susa (anders z. B. Szklenar 1966, S. 64), Mynjatan (bei Leo II 17 *terra Miniada*, zit. auch Ki S. 235, App.; vgl. Hampe 1890, S. 10) ist ungeklärt. – Batra wird nicht bei Leo, aber in der Hdp erwähnt (Hampe 1890, S. 37).

S 3033–44 Die Szene (vgl. Leo II 17; vgl. auch Hdp J^1/J^3 67) ist ein Reflex einer u. a. bei Arrian und Curtius überlieferten berühmten Alexander-Anekdote, deren Pointe hier allerdings verloren geht: Als Dareios Lösegeld und sein halbes Reich anbietet, um seine Familie auszulösen, rät Parmenion Alexander, das Angebot anzunehmen: er würde es tun, wenn er Alexander wäre; Alexander antwortet, er auch – wenn er Parmenion wäre (vgl. Pfister 1978, S. 178; Lauffer [5]2005, S. 84; in mhd. Alexanderromanen z. B. Rudolf von Ems, ›Alexander‹, v. 11428–99, bes. 11475–78).

S 3048 f. *er zugis wol ze râte*: ›er [Alexander] möge es sich genau überlegen‹, sinngemäß: ›es sei ihm [Darius] ganz gleichgültig‹

(so Ki S. 482f.); Alexanders Bedenken beziehen sich auf Darius' Äußerung S 2449f.

S 3083–93 Reminiszenz an die Brandschatzung von Persepolis (Mai 330 v. Chr.); die meisten historiographischen Quellen berichten von der Verbrennung des Palasts des Xerxes (vgl. z. B. Lauffer [5]2005, S. 104–106 und A. 14; Wiemer 2005, S. 115f.); bei Leo (II 17; vgl. auch Hdp 68) nimmt Alexander seinen Verbrennungsbefehl zurück, bei Ps.-Kallisthenes und Jul. Val. (II 17, Z. 906–910) lässt er das bereits gelegte Feuer löschen (vgl. Ottmann 1898, S. 339).

S 3094–3100 Die Episode stammt von Leo (II 18; vgl. Hdp 68; zit. auch Ki S. 238 App.); sie bezieht sich ursprünglich auf Schätze, die Alexanders Leute in Persepolis und der Gräberstadt Pasargadai ausgruben (vgl. Ottmann 1898, S. 340).

3101–15 Der Eingesargte, den Alexander und seine Leute finden (bei Leo II 18 namenlos), heißt bei Ps.-Kallisthenes und Jul. Val. II 18 Kyros (dessen Grab sah Alexander nach historiographischen Quellen tatsächlich; vgl. z. B. Lauffer [5]2005, S. 107f. und A. 17), in Hdp 68 Ninus; Ps.-Kallisthenes erwähnt außerdem die Auffindung des Grabs des Nebukadnezar. Der hier genannte Evilmerodach (wohl nach IV Rg 25,27) war Nebukadnezars Sohn und Nachfolger als König von Babylon (vgl. Ottmann 1898, S. 340–342).

S 3116–33 Nach historiographischen Quellen (vgl. z. B. Curtius V, 5,5–24) trifft Alexander auf einige hundert verstümmelte griechische Gefangene, die von früheren persischen Königen hierher verschleppt worden waren; Alexander gibt ihnen großzügige Geldsummen und Land, da sie wegen ihrer Verstümmelungen nicht in die Heimat zurückkehren wollen. Leo (II 18) und Hdp 68 erwähnen ihre Gefangenschaft in einem Turm; zu Gefangenen des Darius macht sie erst der volkssprachige Text (vgl. Ottmann 1898, S. 342f.).

S 3155f. D. h. sinngemäß: ›ich habe deine Anwesenheit schmerzlich vermisst‹; Ki S. 484: »da habe ich gar sehr gespürt, dass du nicht bei mir warst«.

S 3167 *âne wâge* bedeutet ›ohne [kleinlich] abzuwägen‹, also: mit vollen Händen, großzügig.

S 3179–84 Bei Leo (II 19; vgl. Hdp 69) bietet Darius Porus u. a. *centum octoginta iuvenculas* (zit. auch Ki S. 242, App.) an, 180 junge Frauen.

S 3199–3201 Darius verweist merkwürdigerweise auf eben den Brief, den er gerade selbst an Porus schreibt bzw. schreiben lässt.

S 3204 *Caspen Porten*, die Kaspischen Tore (auch bei Leo II 19), sind ein Gebirgspass südlich des Kaspischen Meeres, den Alexander 330 v. Chr. bei der Verfolgung des flüchtigen Dareios tatsächlich überschritt (vgl. z. B. Lauffer [5]2005, S. 111).

S 3239–3306 Bysan und Arbazan entsprechen Bessos (Satrap von Baktrien und Sogdien) und dem Chiliarchen Nabarzanes (bei Ps.-Kallisthenes und Jul. Val. II 20, Z. 988 u. ö. Ariobarzanes), ursprünglich engen Vertrauten des Dareios, die nach den schweren Niederlagen ihr Vertrauen in den glücklosen Großkönig verloren hatten; Dareios wurde während seiner Flucht von Ekbatana nach Baktrien zunächst gefangen gesetzt und im Juli 330 v. Chr. ermordet, während sich Alexanders Reiterei näherte; Bessos erklärte sich unter dem Namen Artaxerxes (IV.) zum Nachfolger (vgl. z. B. Lauffer [5]2005, S. 112–114; Wiemer 2005, S. 119 f.). S macht, in eindeutiger Verurteilung des Königsmords, aus dem politisch motivierten Anschlag kleinliches Eigeninteresse der Verräter, die sich von Alexander materielle Belohnungen versprechen (S 3247 f.) und den heimtückischen Mordanschlag verhehlen (S 3253, 3298–3306).

S 3250 *palas* (afrz. *palais*, lat. *palatium*) ist der Hauptbau der mal. Burg, der außer Wohnräumen insbesondere einen großen Fest- und Empfangssaal enthielt (Lexer II, Sp. 197 f.; BMZ II/1, S. 459–461; Schultz 1889, I, S. 53 f., 95); hier sinngemäß ›Saal‹.

S 3271 f. Ki S. 485: »es kann unmöglich unterbleiben, dass ihr verraten werdet«.

S 3286–91 Darius' Erwartung, Alexander werde ihn rächen, gründet in der überpersönlichen Problematik des Königsmords, den kein König billigen könne und den Alexander in der Tat ahndet; vgl. bes. S 3325 *Kuningis name ist an dir gescant.*

S 3297 f. Ki setzt kein Satzzeichen am Ende von S 3297 (Ki v. 3749) und Punkt am Ende von S 3298 (Ki v. 3750); ich folge dem Vorschlag von Hi S. 95.

S 3308–16 und ff. Historiographischen Quellen nach verfolgte Alexander die Wagenkolonne mit dem gefangenen Dareios und traf diesen nur mehr tot an (vgl. z. B. Lauffer [5]2005, S. 112 und A. 2; Wiemer 2005, S. 120).

S 3326 f., 3362–71 Historisch war die Rache für Dareios Teil der Legitimationsstrategie Alexanders als Nachfolger des Toten und diente auch dazu, persische Konkurrenten um die Macht auszuschalten (vgl. z. B. Lauffer [5]2005, S. 112; Wiemer 2005, S. 123).

S 3343–61, bes. 3350–56 Der rühmende Nachruf auf den sterbenden oder toten Feind, der beide Gegner ehrt, ist epische Konvention (vgl. z. B. Achilles' Nachruf auf den toten Hector in Herborts von Fritzlar ›Liet von Troye‹, v. 10411–28). Alexanders Betroffenheit ist allerdings auch in historiographischen Quellen überliefert (vgl. z. B. Lauffer [5]2005, S. 112).

S 3400–15 Die Fiktion, der sterbende Darius habe Alexander zum Erben des Reichs und Gemahl seiner Tochter bestimmt, dient der Legitimation des Eroberers. Historiographische Quellen berichten, Dareios habe nach der Schlacht von Issos Alexander u. a. die Hand einer Tochter angeboten (vgl. Komm. zu S 3012–27); zu Roxane s. Komm. zu S 3530–39.

S 3424 *pelle* ist *phellel*, Seidengewebe, vgl. Komm. zu V 624.

S 3438–59 Alexander übernimmt als Darius' Erbe und Nachfolger die Herrschaft. Seine Maßnahmen zielen auf Frieden und Rechtssicherheit im Perserreich – eine Vorausdeutung auf Alexanders Friedensherrschaft am Ende des Textes und Hinweis auf die Bedeutung des Themas »rechte Herrschaft«, die im Sinne des mal. Herrscherideals vom gerechten (und, was den angeordneten Landfrieden betrifft, auch Frieden sichernden) König dargestellt ist (*rex iustus et pacificus*; vgl. Bumke [9]1999, S. 385).

S 3460–3529 In der Episode von der Überlistung der Darius-Attentäter ist (schon bei Leo II 21; vgl. auch Hdp 75) die Pointe des griechischen Alexanderromans verloren gegangen: Demnach hatte Alexander doppeldeutig geschworen, er werde die Mörder so erhöhen, dass sich aller Augen auf sie richten – was dann wörtlich durch Kreuzigung geschieht. Historisch ist die umgehende Hinrichtung nicht; die Rache für Dareios lieferte das Motiv für die Fortsetzung des Krieges im Ostiran; Alexander verfolgte die Attentäter monatelang; 329 v. Chr. wurde Bessos-Artaxerxes ausgeliefert und auf entehrende Weise hingerichtet (vgl. z. B. Wiemer 2005, S. 128f.; Lauffer [5]2005, S. 123 und A. 17).

S 3515 Die Stelle kann bedeuten: ›[Ich habe geschworen,] dass ich herausfinden würde‹ oder ›um herauszufinden, wer den Mord begangen hat‹.

S 3520f. Die genannten Todesarten sind zugleich ehrenrührig, die typischen Strafen für Mörder und Hochverräter; vgl. Schultz 1889, II, S. 178–181; das nach mal. Verständnis ehrenhafte Köpfen der Mörder bei Leo (II 21; vgl. Hdp 75) wird entsprechend ersetzt.

S 3529 Gerecht zu richten gehört zu den Anforderungen an einen guten König; vgl. z. B. Bumke [9]1999, S. 385f.

3530–39 Roxane bzw. Rhoxane (die Form Roxanien S 3538 dürfte auf *Roxani* bei Leo II 20 zurückgehen, so Ottmann 1898, S. 347; daneben begegnet auch die Form Roxa) war die Tochter des baktrischen Fürsten Oxyarthes, die Alexander 327 v. Chr., nach der Einnahme der Felsenburg ihres Vaters, heiratete (vgl. z. B. Wiemer 2005, S. 132f.). Die romanhafte Alexanderüberlieferung kontaminiert sie mit Stateira, Dareios' Tochter, die Alexander bei der Massenhochzeit von Susa 324 v. Chr. zur Frau nahm (vgl. z. B. Wiemer 2005, S. 155f.).

S 3549–53 D. h., Alexander lädt zunächst seine Mutter zu seiner Hochzeit ein; danach ergeht eine allgemeine Einladung: »jeder durfte erscheinen« (Ki S. 487).

S 3554–64 Bei Leo (II 22; auch Hdp 76) bittet Alexander seine Mutter brieflich, seine Hochzeit auch in Makedonien feiern zu lassen (zit. auch Ki S. 257, App.).

S 3572–3600 Salomon wird erneut (vgl. S 66–82, bes. S 74–76) als (Alexander überbietende) Vergleichsgröße auch in Sachen aufwendiger königlicher Hofhaltung herangezogen; die Details stammen meist aus der Bibel; vgl. bes. III Rg 4,21ff. (zur Mehl- und Fleischversorgung); II Par 9,4 (Schenken); nicht in der Bibel erwähnt sind die Fische, eine typische Adelsspeise des MA (vgl. Bumke [9]1999, S. 242f.).

S 3576 Ki S. 487: »er wusste es wol auszurichten«.

S 3583 *wârheit* ist die Hl. Schrift.

S 3590 *malder*, ›Malter‹, ist ein Getreidemaß, regional unterschiedlich (etwa 100 bis 180 l, teilweise erheblich mehr; vgl. Klimpert 1896/1972, S. 208; Witthöft 1979, passim, s. Register).

S 3594 *sumersâze[n]* sind Rinder, die im Sommer draußen auf der Weide gewesen waren (vgl. Ki S. 488).

S 3599 *ebene* ›in gleicher Weise‹ meint hier ›ebenfalls täglich‹ (so Ki S. 488) bzw. ›ebenfalls reichlich‹.

S 3601–07 Mit *hêre* dürfte Salomon gemeint sein; in der Bibel sind (anscheinend bereitwillig entrichtete) Abgaben erwähnt (nach III Rg 4,7 versorgen Salomons zwölf Statthalter ihn jeweils einen Monat im Jahr; vgl. Ki S. 488); die pointierte Negation von *roub* und *ungemach* könnte auch auf den derzeit nicht mehr als Eroberer agierenden Alexander deuten.

S 3611–13 Der Hilfszug des Porus für Darius gegen Alexander (vgl. Leo III 1) ist nicht historisch; Alexander zog im Frühsommer 327 v. Chr. von sich aus nach Indien (vgl. z. B. Wiemer 2005, S. 140 ff.); noch bei Ps.-Kallisthenes und Jul. Val. II 22 erscheint Alexander als Angreifer (Ottmann 1898, S. 350).

S 3618 Der Zug nach Indien steht im Widerspruch zum angeblichen Anrücken des Porus (S 3611–13).

S 3623–3738 Historisch verweigerte Alexanders Heer den Weitermarsch im Sommer 326 v. Chr. am Fluss Hyphasis, nach dem Sieg über Poros und der Unterwerfung des Pandschab, und zwang Alexander, der mit einer Umstimmungsrede wenig Erfolg hatte, zur Umkehr (vgl. z. B. Wiemer 2005, S. 148). Die Fortsetzung des Alexanderzugs erzählt bereits der griechische Alexanderroman (S nach Leo III).

S 3630 Zu *wunderlîch*, hier deutlich kritisch, vgl. Komm. zu V 45 / S 47.

S 3690–93 Nach S 3690 bleibt der erwartete Kausal- bzw. *daz*-Satz aus, die negativ begonnene Aussage (nicht dass er, Alexander, sie vom Gehen abhalten wolle) geht in eine positive Konstruktion über (wenn sie umkehren wollten, werde er sie ziehen lassen) (vgl. PWG § 494).

S 3732 Die aufgezogene Fahne ist das Zeichen von Kampfbereitschaft (Ki S. 489).

S 3746 Ki S. 489: »kleine, mangelhaft verteidigte plätzchen hat er erworben«; Porus setzt Alexanders bisherige Eroberungen verächtlich herab.

S 3747 Sinngemäß: ›Es muss leicht gewesen sein, die zu vernichten‹; Porus erklärt Alexanders bisherige Gegner als nicht ernst zu nehmend.

S 3767 Schon Ps.-Kallisthenes und nach ihm die lat. Fassungen des Alexanderromans sehen in *Dionisius* den Weingott Dionysos, dessen mythischer Triumphzug nach Asien zu einem Krieg umgedeutet wurde; Alexander selbst ließ Dionysos Altäre errichten und soll seinen Orientzug auch als dessen Nachfolge verstanden haben (vgl. z. B. Lauffer [5]2005, S. 141; Wiemer 2005, S. 131, 143, 144; anders, wohl unrichtig, LantG S. 226: Dionysius, Herrscher von Herakleia 337/336–305 v. Chr., ein Parteigänger Alexanders).

S 3784 Crelus wurde gedeutet als Cresus (Krösus) (u. a. Weismann 1850, zit. App. Ki), Xerxes (das Ende der makedonischen Tributpflicht zu Crelus' Zeiten könnte – nicht bruchlos, da S von

Tributpflicht gegenüber Indern, nicht Persern spricht – auf Xerxes' I. Niederlage bei Salamis bezogen werden; z. B. Ki S. 490, zuletzt LantG S. 676) oder Hercules (B hat Erkules, Ki S. 266, App.; vgl. Ottmann 1898, S. 352f.). Historisch stimmig ist keine Deutung, am wahrscheinlichsten wohl Hercules (vgl. Hi S. 100).

S 3787–91 Ki S. 490: »wir hielten es nicht für wichtig genug, dafür das leben aufs spiel zu setzen«.

S 3826–31 Alexander stilisiert sich auch hier zum Rächer besiegter Könige; vgl. Komm. zu S 1872f., 1876f., 1897–99.

S 3850–53 (und ff.) Sinngemäß: ›im Kampf, nicht an großspurigem Gerede, zeigt sich, was ein Held wert ist‹ (vgl. Ki S. 490).

S 3862–65 Den beleidigenden Hundevergleich hat Alexander bereits auf Darius angewandt; vgl. V 1085–91 / S 1068–74.

S 3875 Porus' indische Krieger werden, wie für Orientalen in mhd. Literatur häufig, auch als *môr(en)* bezeichnet; auf Vorstellung von Schwarzhäutigkeit ist daraus nicht zu schließen (vgl. Brummack 1966, S. 155f.).

S 3877–3935 Die Aussagen über Anatomie und Eigenschaften der Elefanten entsprechen denen mal. (aus antiker Tradition – d. h. Plinius – gespeister) Naturkunde-Bücher (vgl. z. B. Konrad von Megenberg, ›Buch der Natur‹, Nr. 24, S. 134–136; ›Physiologus‹, v. 419–483, S. 24–27; vgl. Ki S. 490f.; Druce 1919); verwendet sind auch Motive aus I Mcc (bes. S 3899–3909, S 3929–31; vgl. Hatto 1937–39, zit. Brummack 1966, S. 134f.).

S 3880/82 Dieselbe Eigenschaft schreibt Hugo von Trimberg dem Löwen zu (›Renner‹, v. 19319), anscheinend als »zeichen unnatürlicher stärke« (Ki S. 491).

S 3884–86 Elefanten mit burgähnlichen Kampfaufbauten sind ein beliebtes Thema mal. Kunst; vgl. Druce (1919), bes. S. 41–45, 65–72.

S 3891f. Vgl. Konrad von Megenberg, ›Buch der Natur‹, 134,28f.

S 3900–05 Vgl. I Mcc 6,46.

S 3909 *zunge* ist der Rüssel des Elefanten (Ki S. 491).

S 3915–18 Vgl. Konrad von Megenberg, ›Buch der Natur‹, 136,7–9 (aber erst mit vorgerücktem Alter).

S 3919f. *reine* dürfte sich auf die vor allem in der ›Physiologus‹-Tradition stereotype Keuschheit des Elefanten beziehen (vgl. z. B. ›Physiologus‹, v. 420ff.; Konrad von Megenberg, ›Buch der Natur‹, 135,6–18; vgl. Ki S. 491).

S 3929–31 Vgl. I Mcc 6,34 (Kriegselefanten reizt man mit Maulbeer- oder Traubensaft).

S 3947 Vgl. Komm. zu V 963–966 / S 912–915.

S 3979 *lecken* entspringt der Vorstellung vom Rüssel des Elefanten als Zunge (vgl. S 3909).

S 4002 *tûbiles*; der Gen. (*qualitatis*; vgl. PWG § 370) bezeichnet eine Alexander zugeschriebene Eigenschaft; Ki S. 491: ›kühn wie der Teufel‹.

S 4018 Der Eingriff zu *lûderêre* bei Ki ist nicht zwingend, da hsl. *lůdere* (*luodaere*, *lûdêre*) als Kontraktion und somit gleichbedeutend aufgefasst werden kann. Die bei Lexer (I, Sp. 1968) belegten Bedeutungen von *luoderaere* (›Schlemmer‹, ›Weichling‹) treffen nicht; sinngemäß kann es nur ›Räuber‹ heißen, was als *Nomen agens* zu *luoder* in der Bedeutung ›Hinterhalt‹ (Lexer I, Sp. 1968) problemlos abzuleiten ist (die bei Ottmann 1898, S. 356, referierte Annahme, *lûdêre* meine ›Räuber‹, *lûderêre* ›Schlemmer‹, trifft nach Ausweis der Wörterbücher nicht zu).

S 4031 *verleiden*: wörtlich: ›verhasst machen‹; vgl. Lexer III, Sp. 158.

S 4035 *sûhten* ist nach Lexer (II, Sp. 947) niederrheinische Nebenform von *sûften* ›seufzen‹.

S 4061–64 Ki S. 492: »der könig soll kühn im streit und im leben freigiebig sein, dann hat er willige leute, und das erhebt ihn wiederum«.

S 4063 *mit minlîchem grûze*: Der Bezug (auf den Herrn oder die Gefolgsleute) ist nicht ganz klar; entweder: ›wenn er [der Herr] sie huldvoll anspricht‹ oder ›und sie [die Gefolgsleute] kommen ihm freundlich entgegen‹; die bei Ki S. 492 angeführte (schwache) Parallele aus ›Herzog Ernst‹ B (v. 100) spräche für die erste Deutung.

S 4074 *phellil unde sîde* ist ein Beleg dafür, dass *phellil* einen besonderen Seidenstoff (eine Art Brokat) meint; vgl. Komm. zu V 624.

S 4139f. Ki S. 492 übersetzt *sas teilen* als ›kämpfen‹.

S 4146 *von den Kriechin* kann sein ›von den Griechen‹ (d. h., die Griechen erleiden Verluste, dass ihr Blut fließt, analog zu Verlusten der Gegner S 4147f.) oder ›wegen der Griechen‹ (d. h., die Griechen stellen ein Blutvergießen an).

S 4190–92 Porus ist auch in den Quellen deutlich größer als Alexander (vgl. Leo III 4: *habens enim cubita quinque despiciens*

Alexandrum, quia habet in altitudine cubita tria; vgl. auch Ki S. 282; Szklenar 1966, S. 100, A. 29); *clâfter* ist ein Längenmaß, nach Lexer I, Sp. 1598, das Maß der ausgebreiteten Arme (vgl. auch Klimpert 1896/1972, S. 183), hier allerdings Übersetzung für *cubita* Pl. bzw. *cubitum* Sg. ›Elle‹ (vgl. Georges 1985, Bd. 1, Sp. 1783), die Länge des Unterarms.

S 4234–36 Die Tötung des Porus durch Alexander ist unhistorisch, wenn auch in der romanhaften Überlieferung seit der Antike häufig; Poros' Heer wurde 326 v. Chr. in der Schlacht am Hydaspes besiegt, Poros regierte unter Alexanders Oberhoheit weiter; vgl. z. B. Lauffer [5]2005, S. 146–148; Wiemer 2005, S. 146f.

S 4251f. Die Rede ist von Kampftod, nicht Gefangenschaft; *gîsele* dürfte also – vergleichbar der Metaphorik der ›Nibelungenklage‹ (vgl. Bumke 1996, S. 371–374) – metaphorisch gemeint sein.

S 4255f. Zur Topik der Blutfluten in epischen Schlachtenschilderungen vgl. Bode 1909, S. 219–253, bes. 224–228.

S 4260 Das ›Düngen‹ des Schlachtfelds (mit Blut und Leichen) gehört zur topischen Kampfmetaphorik insbesondere der Heldenepik.

S 4262 Zum Motiv, dass die Leichen so dicht liegen, dass man nicht vermeiden kann, auf sie zu treten, vgl. ›Rolandslied‹ v. 6961.

S 4272 Mauritanie ist das Herkunftsland von Alexanders Gegnern, also wohl annähernd gleichbedeutend mit Indien.

S 4312–4439 Quelle für Alexanders Begegnung mit den Occidraten ist Leo (III 4–6; dort *Oxidraces* oder *gymnosofistae*). In historiographischen Quellen sind die Oxydraten ein in der Hydaspes-Gegend beheimateter kriegerischer Stamm; in der romanhaften Überlieferung fallen sie zusammen mit den Brahmanen, den indischen Weisen, auch Gymnosophisten genannt. Die Episode leitet Alexanders Orientzug ein, der Paradieszug (S 6166–6562) schließt ihn ab; dadurch ergibt sich ein Erzähl- und Deutungsrahmen, der Alexanders Orienterlebnisse von außen unter die Perspektive von Maßlosigkeit (*superbia*) und Vergänglichkeit (*vanitas*) stellt. In S behält Alexander freilich in der Occidraten-Episode das letzte Wort (vgl. Komm. zu S 4437–39). Zur Episode vgl. bes. Stackmann 1997 [1983], zu S bes. S. 125–127, 135–139; ferner z. B. Szklenar 1966, S. 102–104; Kragl 2005, bes. S. 297–311.

S 4318 *ubirmût*: vgl. Komm. zu V 714.

S 4319 *vil mêzlîch* ist wohl Litotes (vgl. auch Stackmann 1997 [1983], S. 126, A. 15), also ›sie haben keinerlei Besitz‹.

S 4320 Ki deutet hsl. *alliz ane* (*alliz âne* ›ohne alles‹?) als *allizane*, d. h. *alzane* ›immerfort‹ (vgl. Lexer I, Sp. 47), wegen der sonst entstehenden Doppelung zu S 4321 wohl mit Recht.

S 4323 Die *zigenbeine* als Waffen der Occidraten kommen in keiner Quelle vor und sind bislang nicht befriedigend erklärt; die Gymnosophisten tragen keine Waffen (Ki S. 494).

S 4332 Die dezidiert ›jämmerliche‹ Lebensweise der Occidraten relativiert ihre Weisheit, von Überlegenheit kann (anders als in den Quellen) nicht die Rede sein; vgl. Stackmann 1997 [1983], S. 137.

S 4341 Ki S. 494: »ergänze aus dem folgenden: *er screib*«.

S 4347–52 Die Aussage S 4351 f. ist doppelt angekündigt durch S 4347 und, intensiver an Alexanders Einsicht appellierend, S 4350; S 4348 f. fasse ich als Parenthese auf (Begründung für das Ansinnen des Briefschreibers).

S 4351 *Den rûm*: vgl. Komm. zu S 2702/4.

S 4351 f. In S fehlt das Motiv der göttlichen Vorsehung (*divina providentia*, Leo III 5); hinzugefügt ist Streben nach Ruhm als Alexander zugeschriebenes Motiv; vgl. Stackmann 1997 [1983], S. 126.

S 4356 *der schilt / daz swert*: repräsentativer Sg. für »eine unbestimmte Vielheit von Repräsentanten« der Gattung (vgl. PWG § 427).

S 4383 Wörtlich: ›als wie man uns hier sieht‹.

S 4388–92 Ich fasse *al ein* S 4389 als Konjunktion auf, die einen Nebensatz einleitet (›obschon‹; vgl. Lexer I, Sp. 521) und interpungiere daher anders als Ki, der S 4389 f. offensichtlich als Hauptsatz sieht (›[...] werden wir nicht alleine in irgendeinem Grab bestattet‹). – S 4391 *einen*: mhd. hat der sog. unbestimmte Artikel einen höheren Bestimmtheitsgrad als im Nhd.; vgl. PWG § 423. – *trôst* [...] *dar abe* ist schwerlich ›Hoffnung (dar)auf‹, da das Begräbnis unter freiem Himmel eine Tatsache darstellt, daher ›Zuversicht (dar)aus‹.

S 4421 f. *mâze*: Das Insistieren auf dem Maßhalten – ein Indiz dafür, dass es nicht darum geht, weltliches Handeln aufzugeben, sondern Übertreibungen zu vermeiden – fügt der radikalen Weltverachtung der Occidraten eine pragmatische Dimension hinzu, die Thematik rechten (Herrscher-)Verhaltens in der Welt; vgl. z. B. Stackmann 1997 [1983], S. 136 f.; Ehlert 1994/2004, S. 32 f.

S 4424–28 Auch in S bezieht sich Alexander auf die ›oberste

Gewalt‹ (Leos *superna providentia,* III 6, mit der sich der Makedonenkönig dort für seine Taten rechtfertigt); vgl. aber S 4433f. und Anm. zu S 4432–39.

S 4429–31 Das Meer-Gleichnis steht bereits im griechischen Alexanderroman und auch bei Leo III 6 (wie das Meer sich ohne Wind nicht regt, handelt der Mensch nicht ohne den Willen der Vorsehung; vgl. Stackmann 1997 [1983], S. 122). – Der Vers S 4431 ist ein Zusatz, wohl als Alexanders Zurückweisung der Kritik der Occidraten zu verstehen, die als Angst zwar verständlich, angesichts der sich in Alexanders Taten manifestierenden höchsten Macht aber unangemessen ist (ebd., S. 127).

S 4432–39 Alexander bekennt sich zu seinem Schicksal, besteht aber darauf, sein – wie auch immer vergängliches – Leben durch selbstbestimmtes Handeln zu gestalten. Bei Leo III 6 (vgl. auch Ki S. 290, App.) lässt *dominus sensus mei,* wohl mit Vorsehung oder Gottheit gleichzusetzen, es nicht zu, dass Alexander aufhört zu kämpfen, obgleich dieser dies angeblich möchte (vgl. auch Stackmann 1997 [1983], S. 127). In S ist Alexander im Gegenteil selbst *meister von mînen sinnen* (S 4434), pocht auf seine Willensfreiheit (vgl. ebd., S. 135; möglicherweise kannte der Verfasser von S »die Lehre des Boethius von der Vereinbarkeit göttlicher Providenz und menschlicher Willensfreiheit«, ebd., S. 136). Alexanders Position, wenn alle die Weltverneinung der Occidraten teilten, wäre das Leben sinnlos (S 4437–39), nicht nur eintönig wie bei Leo (III 6: *si omnes unius intelligenti[a]e fuissemus, totus mundus sicut unus ager fuisset* ›wenn alle nur eine Auffassung hätten, wäre die ganze Welt wie ein einziger Acker‹; s. auch Ki S. 290, App.), bleibt unwidersprochen, ein Zug von Selbstbehauptung (kaum Uneinsichtigkeit) gegenüber der Mahnung der Occidraten; vgl. Stackmann 1997 [1983], S. 137. (Denkbar wäre auch Rückbezug auf den Anfang der Dichtung; vgl. V 27–30 / S 29–32: Aus der Einsicht in die Vergänglichkeit ist Untätigkeit gerade nicht abzuleiten.)

S 4453/60 *irlîde* S 4453, Präs. in futurischer Bedeutung, bezieht sich auf die Strapazen, die von Alexander antizipiert werden, als er sich entschließt, das, was auf ihn zukommt, niederzuschreiben. Zum Zeitpunkt der Niederschrift sind die Erlebnisse vergangen, daher das Prät. *leit* S 4460.

S 4468–6140 Durch die Briefform lässt S die Mehrzahl der Orienterlebnisse nur aus Alexanders Perspektive erscheinen; vgl. Einführung, S. 29. – Leo (III 17) gibt an dieser Stelle nur einen

Brief an Aristoteles wieder (vgl. aber den Brief an Olympias III 27[II]; zwei verschiedene Briefe auch bei Jul. Val. III 17 und III 27; vgl. Hampe 1890, S. 20). S bietet einen Brief, der an beide Adressaten, Aristoteles und Olympias, gerichtet ist (S 4461–63). – Übersicht über die Wunder des Orients (Episoden, Motive, Quellen) bei Brummack 1966, S. 116–121; vgl. auch Hampe 1890, S. 21.

S 4484 Geographisch unstimmig: Alexander hat nach der Eroberung Indiens die Kaspischen Tore längst hinter sich gelassen.

S 4497 Der sonst unbekannte Name der Stadt, Barbaras, ist wohl auf missverstandenes *barcellae* ›Schiffchen‹ bei Leo (III 17, I) zurückzuführen (vgl. auch Ki S. 292, App.; Hampe 1890, S. 15).

S 4502 *Cocodrillen* ersetzen die *yppopotami* ›Flusspferde‹ bei Leo (III 17, II; zit. auch Ki S. 293, App.; die Krokodile erst III 17, V, zit. auch ebd., S. 297).

S 4509 Sinngemäß: ›deren Verderben musste ich tatenlos zusehen‹.

S 4513f. In den Quellen sind dagegen Bitterwasser und Süßwassersee unterschieden. Die Verwandlung des Wassers könnte auf »Wassermetamorphosen« (Ottmann 1898, S. 361f.) der geistlichen Tradition zurückgehen; vgl. z. B. Konrad von Megenberg, ›Buch der Natur‹ 484,25f.; Ki S. 496 erwägt »anlehnung an das wunder Mosis« Ex 15,25 (das bittere Wasser von Mara wird süß, als Moses auf Geheiß Gottes ein Stück Holz hineinwirft); vgl. aber auch antik-mal. Naturkunden: Szklenar 1966, S. 72.

S 4562f. Die Lesart der Hs. wäre syntaktisch unbedenklich und auch nicht ganz abwegig; demnach verfügten die Affenmenschen über Waffen, mit denen sie Alexanders Leute angreifen, so dass diese sich wehren müssen. Kinzels Konjektur entspricht der Quelle und ist plausibler; demnach wehren sich Alexanders Leute mit Waffen gegen die Monster.

S 4570–88 Das grauenerregende Tier (*odontotirannos* ›Großzahn‹, Leo III 17, IV, zit. auch Ki S. 296, App.), vermutlich ein Nashorn (Szklenar 1966, S. 76), stellt sich S mit einem »dreifach verzweigten Einzelhorn auf seinem Kopf« (Einhorn 1976, S. 130) vor.

S 4598 *fliegen* ist grammatisch im überlieferten Text Subst.; trotz Parallelen in anderssprachigen Versionen des Alexanderromans dürften ›fliegende Tiere‹ allgemein gemeint sein, kaum ›Fliegen‹. Am wahrscheinlichsten ist ein Missverständnis der Vorlage (vgl. Brummack 1966, S. 140): *Volabant ibi et vespertiliones tam magni ut colombae* ›dort flogen auch Fledermäuse, so groß wie Tauben‹ (Leo III 17, zit. auch Ki S. 298, App.); erwogen wurde daher, *fliegen* als Verbform aufzufassen und *unde* S 4599 zu tilgen.

S 4625–27 *gigande* gehören zu den üblichen Bewohnern des Orients in mal. Literatur (vgl. z. B. auch ›Herzog Ernst‹ B, v. 5039–5264). Stangen sind typische Riesenwaffen (vgl. z. B. ebd., v. 5168–71).

S 4652–60 und ff. Zu verschiedenen Versuchen, die Bäume zu identifizieren (etwa als Mangroven- oder Schilfrohrgewächse) vgl. Szklenar 1966, S. 73.

S 4656 *nône* ist in der Zeitrechnung nach Stundengebeten die »neunte Stunde« des mal. Tages (vom frühen Morgen an gerechnet), je nach Jahreszeit von wechselnder Dauer, meist etwa zwei bis drei Uhr nachmittags, auch für die Mittags- und Mittagsschlafzeit gebraucht (vgl. Grotefend [13]1991, S. 22–24).

S 4701 *Fenix* ist der Wundervogel Phönix, der (hier nicht erwähnt) sich immer wieder selbst verbrennt und aus der Asche immer wieder neu ersteht. Die antike Vorstellung vom Phönix wird dem MA insbesondere durch die ›Physiologus‹-Tradition vermittelt (vgl. z. B. Isidor, ›Etymologiae‹ XII 7,22; ›Physiologus‹ v. 1209–1244, S. 70–73; vgl. LantG S. 504 f.).

S 4707–4908 Zur Quellenlage und Deutung der Blumenmädchen-Episode vgl. Einführung, S. 18,30.

S 4720 *den sûzesten sanc, der von menschen ie wart gedâht* ist Obj. zu *hôrte wir* S 4717 und aufgegriffen in *er* (*wêrer*) als Subj. zu *zesamene brâht* S 4722.

S 4739 *wundiris gemach*: anders Ki S. 497: »was einem Wunder gleich ist«.

S 4764 *hundirt tûsint unde mê*: ›hunderttausend‹ scheint mir etwas viel; *hundirt, tûsint unde mê*? Es geht freilich nur um formelhafte Bezeichnung der Vielzahl.

S 4766–74 Der Satz scheint syntaktisch nicht kohärent (ein zu *beide cleine unde grôz* gehörendes Verb könnte fehlen); hier wird *beide cleine unde grôz* als zu *ih und mîne helede balt* und zu *vergâzen* gehörig aufgefasst.

S 4786 *ungesunt* könnte auch umfassender sein: ›mir würde nie wieder etwas fehlen‹.

S 4816 *Ih sagû, alsihz hân vernomen* – der Satz klingt wie eine Beteuerung der Quellentreue durch den Erzähler; doch spricht hier Alexander, *vernomen* ist also ›wahrgenommen‹; die Übersetzung ›erfahren‹ sucht die Doppeldeutigkeit festzuhalten.

S 4821 Mit Beginn der Pubertät (das meint die Altersangabe von zwölf Jahren) galten Mädchen im MA als heiratsfähig (vgl. Ki S. 498; Ottmann 1898, S. 373).

S 4904 *rûwen* ist normalmhd. Prät. zu *riuwen*, kann md. aber auch für *riuwen* (Präs.) stehen; Ind. Präs. hat die Endung *-ent*, md. ist auch *-en* möglich (vgl. PWG § 240, A. 4).

S 4918f. Menschen mit Schweinsborsten erwähnt auch das ›Rolandslied‹ (v. 8046); zur Tradition des ›Wilden Mannes‹ vgl. Bernheimer 1952, bes. S. 88f.; vgl. auch Fisher 1974, S. 76.

S 4952 *wander vorhte den tôt*: sinngemäß zu ergänzen ist ›und wehrte sich daher aus Leibeskräften‹.

S 4964–5019 Der (gegenüber Leo III 17, XI höfisierte) goldene Palast (schon bei Leo nicht mehr ausdrücklich, wie in anderen lat. Quellen, der Sonnenpalast) ist eines der Kulturwunder, auf die Alexander neben den Naturwundern im Orient trifft; vgl. Friedrich 1997, S. 132f.

S 4967 *alse wirz an den bûchen haben* ist ein Bruch der Brieffiktion; der Augenzeuge Alexander bedarf keiner Berufung auf schriftliche Quellen.

S 5026 Nur der Name Brasiacus (bei Ps.-Kallisthenes eine Stadt, kein Land wie hier), nicht die Angaben über die Bevölkerung, ist möglicherweise abzuleiten von Prasiake am Ganges (Szklenar 1966, S. 64f., 104, dort als das Land der Ichthyophagen identifiziert).

S 5030 Mit den *vischis hûte[n]* (Leo III 17, XII: *pelles ex piscibus*) dürften Seehundfelle gemeint sein, eine im MA als besonders kostbar geltende Fellart (vgl. Wis 1984, S. 144–149, bes. S. 147f.).

S 5042 *der werlt an daz ende*: Alexanders Ziel (vgl. S 4448) ist damit erreicht.

S 5043 Hsl. *abe* bedeutet ›abschüssige Grenze‹; Leo (III 17, IX) hat *cardines caeli* ›Himmelsachsen‹ (vgl. Ki S. 501).

S 5065 Meroves ist ursprünglich Meroe, Hauptstadt des gleichnamigen Reichs am oberen Nil, hier an das Ende der Welt verlegt (vgl. Ottmann 1898, S. 377).

S 5068 *langer* ist die starke Form des Adj., kein Komp. (Ki S. 501).

S 5069–6013 Die Begegnung mit der Königin Candacis (ursprünglich Titel der nubischen Königinnen des meroitischen

Reichs, bereits von den antiken Dichtern als Eigenname aufgefasst; vgl. LantG S. 152) ist eine Erfindung schon des griechischen Alexanderromans (dort, wie bei Jul. Val. III 18–24 und Leo III 18–23, nicht in Briefform wiedergegeben). Alexander trifft im Orient auch auf alternative Formen von Herrschaft (allgemein vgl. Schlechtweg-Jahn 2006, bes. S. 73–91), hier – wie bei den Amazonen – auf weibliche Herrschaft (über ein Reich männlicher Krieger, kein Frauenland) und überlegene weibliche Klugheit, die allerdings durch die Minnebeziehung zwischen Alexander und Candacis entproblematisiert wird. Reichtum und Prachtentfaltung des Orients werden vorgeführt an einer idealen Kunstwelt (Friedrich 1997, S. 133–136), die freilich Bedrängnis durch Feinde (Entführung der Frau des Candaulus, nur Alexander bewährt sich als Helfer Bedrängter), Sterblichkeit und Tod (Orakel) einschließt.

S 5089 *alsein andir man*: Ki S. 502: ›ein gewöhnlicher Mensch‹.

S 5093–5140 Mit der Fülle kostbarster Gegengeschenke überbietet Candacis Alexander, ein Zeichen ihrer überlegenen Macht (Oswald 2004, S. 12), auch Demonstration der Überlegenheit der höfischen »Kunstwelt« von Meroves über die ungebändigte Natur (Friedrich 1997, bes. S. 133–136).

S 5098 Die Mohrenkinder sind anscheinend Langohren (nicht bei Leo III 18), wie sie in mal. Dichtung häufig als sagenhafte Bewohner des Orients begegnen (vgl. z. B. ›Herzog Ernst‹ B, v. 4814–26).

S 5111 *spingen*: hsl. *springen* (vielleicht beeinflusst durch *sprinzen* ›Sperber‹), eine Art von Affen (Meerkatzen), in S als Vogelname aufgefasst, *spingas* Leo III 18; vgl. Ki S. 502.

S 5113–17 *vein* (nach Lexer III, Sp. 49, ›unbrennbar‹) ist nur hier (und S 5655) belegt, von Ki S. 502f. plausibel zurückgeführt auf afrz. *deveine* für *d'ebène* ›aus Ebenholz‹ (vgl. *vectes ebenos*, Leo III 18). Ebenholz galt im MA meist als unbrennbar; vgl. Ohly 1971, S. 66f. Aus S 5114f. ist zu schließen, dass S 5113 eine bestimmte Holzsorte meint, S 5116f. ist die Unbrennbarkeit ausdrücklich erwähnt; daher übersetze ich *vein* gegen Lexer mit ›Ebenholz‹.

S 5131–40, bes. 5135 *Monosceros*: Die Quelle nennt an entsprechender Stelle *rhinoceros*; *monoceros* und *rhinoceros* sind nicht selten gleichgesetzt. – Dass das sagenhafte Einhorn sich nur von einer keuschen Jungfrau fangen lässt, ist (nach dem ›Physiologus‹) im MA gängig; vgl. Ki S. 503; umfassend Einhorn 1976; in der Alexanderüberlieferung ist es eine signifikante Zutat von S, zugleich Bild für die Überwindung wilder Natur durch höfische Kultur und Vorzeichen für die Überwindung des Helden durch die Dame (vgl. Friedrich 1997, S. 133, 135). – Das Einhorn mit Karfunkel ist ein Motiv nur in deutscher Literatur (vgl. Ziolkowski 1961, S. 306–310, bes. 309; Einhorn 1976, hier bes. S. 154f.; z. B. Wolfram von Eschenbach, ›Parzival‹, 482,24ff., vermutlich nach S; Nellmann 1994, S. 690).

S 5133 *carbunkel*: Karfunkel (lat. *carbunculus*, roter Granat oder Rubin) galt als Stein, der die Kräfte anderer Edelsteine in sich schließt (Isidor, ›Etymologiae‹ XVI, 14,1; vgl. Nellmann 1994, S. 690); vgl. auch Komm. zu S 5533–40; vgl. bes. Engelen 1978, S. 324–331 und passim (s. Register); Friess 1980, S. 134–137.

S 5147 Mal. Gepflogenheiten entsprechend wird Alexanders Porträt auf eine Holzplatte gemalt, nicht auf Leinwand.

S 5165 *Tholomeus* ist der Feldherr Ptolemäus; da dieser von Jugend an zu Alexanders Gefährten gehörte, ist Identität mit *Ptolomeus* S 341 anzunehmen; der Text hat sie nicht gesehen oder nicht thematisiert.

S 5202 Antigonus, hier Alexanders Deckname gegenüber Candaulus, ist historisch der Name eines der makedonischen Feldherren.

S 5211–18 Bruch der Brieffiktion, von Alexander ist vorübergehend in der 3. Pers. die Rede.

S 5227 Der Volksname *Persen* ist hier als Bezeichnung für das Land gebraucht.

S 5228 Die Bezwingung der als kriegerisch geltenden Parther war vorher nicht eigens erwähnt, ist wohl im Sieg über das Perserreich (zu dem Parthien gehörte) eingeschlossen, wird aber später auch von Candacis als besondere Leistung herausgestellt (S 5723).

S 5256–58 Der Heerführer ist sonst nicht sein eigener Fahnenträger.

S 5261 Der Name Bala kommt in den Quellen nicht vor; bei Leo III 19 wird der Entführer als *Rex Bebricorum* bezeichnet (vgl. auch Ki S. 504). Ottmann 1898, S. 385f., vermutet ein Missverständnis in Bezug auf den Namen des Frauenräubers, *Baletine* bzw. *Palatine*, in zwei afrz. Alexanderromanen.

S 5275 Wörtlich: ›gegen einen seiner Standesgenossen‹; bei Leo III 20 ist die Abwesenheit des Entführers nicht erwähnt.

S 5339–90 Die räumlichen Relationen wirken verunklärt:

S 5078–80 wird Alexanders Zeltlager in der Nähe von Candacis' Stadt Meroves aufgeschlagen; jetzt braucht Alexander von seinem Lager aus (wo er sich abmeldet) fünf Tage, um diese zu erreichen.

S 5384 *gesidele* ist eigentlich ›Wohnsitz‹, bei Tieren sinngemäß ›Nest‹, ›Höhle‹, ›Bau‹ u. Ä.

S 5405 Mittlere Körpergröße entspricht dem mal. Schönheitsideal, in den antiken Quellen gilt der hohe Wuchs der Candacis als schön (vgl. Ki S. 595; Ottmann 1898, S. 388).

S 5408 Alexander spricht von seiner Mutter in der 3. Pers., obgleich der Brief der Fiktion nach an sie adressiert ist.

S 5437 *kuste mich*: der zeremonielle Begrüßungskuss; vgl. Ki S. 505; Bumke [9]1999, S. 300f.

S 5440 Mit *ônichîno*, ›Onyx‹, ist anscheinend der Fußboden ausgelegt (Ki S. 505).

S 5445–47 *spanbette* sind bequeme Betten mit elastischer Liegefläche aus längs zwischen die Bettpfosten gespannten Stricken oder Lederriemen (vgl. Schultz 1889, I, S. 85–87; Bumke [9]1999, S. 158f.). Aus dem erwähnten Gold besteht hier das Gestell, in der Regel eine Bank mit vier Füßen.

S 5449f. Die *bettewât*, d. h. Bettdecken bzw. Bettzeug (hierzu vgl. Schultz 1889, I, S. 87–89), sind mit Goldfäden (das sind seit dem 11. Jh. meist mit Blattgold vergoldete Fäden) genäht; vgl. Brüggen 1989, S. 66f.; Nellmann 1994, S. 636.

S 5452 D. h., der *palas* S 5439–75 ist ein Privatgemach, in dem die Königin ihre Mahlzeiten einnimmt, wenn keine Gäste bewirtet werden; zum Empfangs- und Festsaal für Gäste und dessen Ausstattung vgl. S 5491–5612.

S 5459 Gewölbte Säle waren selten, ein Merkmal besonderer Pracht; vgl. Ki S. 506.

S 5467 *orpimento*: Auripigment, (schwefel-)gelbes Arsensulfid, natürliches anorganisches Farbmittel, auch in der Buchmalerei; vgl. Ki S. 506; Ottmann 1898, S. 389; Trost 1991, S. 35.

S 5501 *umbehanc* ist hier eine Wandverkleidung bzw. ein Wandteppich; vgl. Ki S. 506.

S 5504 *în getragen* bedeutet wörtlich ›eingefügt‹, also ›eingewebt‹ oder ›aufgestickt‹; vgl. Ki S. 506.

S 5513 *enden* und *orten* sind entweder gleichbedeutend (›Kanten‹ und ›Säume‹) oder von unterschiedlicher Bedeutung (›Ecken‹ und ›Kanten‹); vgl. Ki S. 506. Borten und Ringe (S 5514f.) sind üblicherweise an Kanten bzw. Säumen entlang angebracht.

S 5516 *ricken* sind Gestelle in der Nähe der Wand, an denen Wandteppiche mit Ringen aufgehängt wurden; vgl. Schultz 1889, I, S. 76.

S 5533–40 Seit Isidor (›Etymologiae‹ XVI, 14,1f.) wird dem Karfunkel strahlender Glanz (vor allem im Dunkeln) zugeschrieben; vgl. z. B. ›Rolandslied‹ v. 1587–91; vgl. bes. Engelen 1978, S. 324–331 und passim (s. Register); Friess 1980, S. 134–137.

S 5544 *kemenâte* (lat. *caminata*) ist ›heizbares Gemach‹, besonders Frauengemach oder Schlafzimmer, auch Wohnraum (vgl. Schultz 1889, I, S. 101–107).

S 5553–81 Tönende Automaten in Realität und Fiktion, als Machtsymbole zu deuten und häufig im Kontext orientalischer Pracht situiert, beschreibt Hammerstein 1986; zu Candacis' tönendem Hirsch mit künstlichen Vögeln, Jäger und hydraulischer Mechanik als (fiktionaler) Automatenkombination ebd., S. 167f.; vgl. auch Szklenar 1966, S. 108f.; zum Musikautomaten als Inbegriff technischer Reproduktion von Natur, die so höfischer Unterhaltung verfügbar gemacht werde, Friedrich 1997, S. 134.

S 5570 Zur Übersetzung ›je zwölf‹ vgl. Hi S. 101.

S 5583 Wörtlich: ›von der ersten bis zur neunten Stunde‹; Prim ist die Zeit des ersten Stundengebets, etwa sechs Uhr früh morgens (vgl. Grotefend [13]1991, S. 22–24 und 90); vgl. auch Komm. zu S 4656.

S 5602 *bouge* sind größere Ringe, Spangen, Hals- und/oder Armreifen; vgl. Lexer I, Sp. 333.

S 5615/17 »zwerge gehören zur staffage einer [mal.] hofhaltung. sie waren meist nicht grade als *wol gezogen* gerühmt« (Ki S. 509; Schultz 1889, I, S. 207 u. ö., zur berüchtigten Unverschämtheit von Zwergen).

S 5616 *herberge* sind insbesondere Räumlichkeiten für die Unterbringung von Gästen; vgl. Lexer I, Sp. 1251f.; Schultz 1889, I, S. 518f.

S 5621 Pelze gehören zur Bekleidung des mal. Adels; *grâ unde bunt* sind die grauen Rücken- und weißen, dunkel geränderten Bauchfelle des grauen Eichhörnchens; vgl. Schultz 1889, I, S. 357; Brüggen 1989, S. 60, 211, 220.

S 5633/42 Da bisher zwei Räume geschildert wurden, könnte angenommen werden, dass die Zählung der Kemenaten das Privatgemach (S 5439–75), nicht den Empfangssaal (S 5491–5612), als erste Kemenate voraussetzt und jetzt zur zweiten und dritten weitergeht (so Ottmann 1898, S. 389f.); S 5544 wird allerdings der Empfangssaal als Kemenate bezeichnet.

S 5636–38 Die beiden roten Steine haben die gleiche Eigenschaft wie der Karfunkel, möglicherweise ist der *lychnites* (›Brandstein‹; vgl. z. B. Jul. Val. III 22, Z. 852) gemeint, wahrscheinlich eine Art Rubin, weniger intensiv strahlend als der Karfunkel (vgl. Ki S. 509).

S 5646–51 Das unbrennbare vermeintliche Holz *aspindei* (ohne Erklärung Ohly 1971, S. 67f.) ist eine Asbestart, der wegen seiner Feuerbeständigkeit begehrte Amiant (Hornblendeasbest); vgl. LexMA 1 (1980), Sp. 272; Ki S. 509f.; Nellmann 1994, S. 695.

S 5693–5702 Nach Ps.-Kallisthenes und Jul. Val. (III 19, Z. 2ff.) war Alexanders Porträt heimlich angefertigt worden (bei Leo III 19, wie S 5141–47, nicht ausdrücklich erwähnt); daher hatte er nicht damit gerechnet, erkannt zu werden.

S 5724f. Hinter Candacis' Worten steht der in mal. Literatur gängige Frauensklaven-Topos: Selbst die stärksten oder weisesten Männer werden von Frauen überwunden und ihres Eigenwillens beraubt; vgl. bes. Schnell 1985, S. 475–490. Die üblichen misogynen Konnotationen und Minne als Mittel der Unterwerfung des Mannes fehlen hier (vordergründig), die überlegene Klugheit der Frau lässt Alexander an eine Grenze stoßen. Der Konflikt wird jedoch entschärft durch das Umbiegen der Macht- in eine Minnebeziehung (vgl. Ehlert 1989b, S. 84–92), in der die Frau von der kommandierenden Begehrenden (S 5796f.) zur sehnsüchtigen Zurückgelassenen (S 5803–09) wird. S 5864–69 und ff. gibt Candacis Alexander ausdrücklich die Gelegenheit zu einem Beweis seiner *list* und damit zur Korrektur seines »Versagens«.

S 5731–35 Zum Rad der Fortuna s. Komm. zu S 2964–69; der Plural *di sâlden* kommt nicht selten vor.

S 5785–5811 Alexanders Affäre mit Candacis, die er S 5406–09 immerhin mit seiner Mutter vergleicht und in der er wenig initiativ wird, begegnet nicht bei Leo (III 22f.), auch nicht in anderen lat. Quellentexten, aber im afrz. Alexanderroman des Lambert li Tors, könnte also aus der gemeinsamen (afrz.?) Quelle (Alberic?) stammen (vgl. Hampe 1890, S. 47, 48f.; Ottmann 1898, S. 393f., vermutet Kontamination der Candacis mit einer bei Orosius III 19, 1 erwähnten Geliebten Alexanders namens Cleophylis).

S 5879 Möglich ist auch: ›Es wäre die Sache nicht wert‹. Ki

(App. und S. 512) erwägt ferner *ich* statt *iz*, also ›ich wäre es nicht wert‹.

S 5885 *des wêre mir nû nôt* heißt wörtlich: ›wäre es für mich nun nötig [zu ergänzen ist: dass mir das nützt]‹.

S 5925 *marc* ist ursprünglich ein »Metallbarren mit behördlichem Stempel«, im MA eine Gewichtseinheit vor allem für Silber, zeitlich und regional unterschiedlich (z. B. hatte die Kölner Mark um 1200 rund 230 Gramm; vgl. Nellmann 1994, S. 460); Alexanders Freude über den materiellen Wert des Geschenks wirkt etwas unköniglich (vgl. Ki S. 513).

S 5933 Möglich ist auch: ›dafür hatte ich Grund zu danken‹.

S 5937–46 Die Krone als Geschenk bedeutet die Anerkennung des Helden (der den anderen nur als Antigonus bekannt ist) als König, stellt also seine Identität symbolisch her (Oswald 2004, S. 118 f.).

S 5947–51 Dass Candacis Alexander in die Götterhöhle führt, begegnet nur in einer Handschrift (M) von Leos Werk, ansonsten tut das immer Candaulus; vgl. Hampe 1890, S. 17.

S 5963 Der erste Gott, der Alexander anspricht, heißt bei Leo III 24 Sesonchosis (vgl. auch Ki S. 349, App.).

S 5973–6004 Der zweite Gott, der Alexander zwar nicht über seinen Todestag, aber immerhin über seinen Begräbnisort aufklärt, ist bei Leo III 24 (vgl. auch Ki S. 349–51, App.) Serapis.

S 5978 f. Die Anspielung ist ohne Vorwissen unverständlich. Die antiken Alexanderromane (auch Leo I 33) berichten im Zusammenhang mit der Gründung Alexandrias von einer früheren Traumerscheinung des Serapis, in der Alexander ebenfalls nach dem Zeitpunkt seines Todes fragt und mit dem gleichen Argument wie S 5991–98 zurückgewiesen wird. Ruttmann 1974 (S. 284, A. 135) versteht die Stelle als Anspielung auf Alexanders Besuch beim Ammonsorakel in der Oase Siwa (Frühjahr 331 v. Chr.).

S 5991 f. Wörtlich: ›dass kein Mensch seinen Tod wissen kann‹, d. h. ›den Zeitpunkt seines Todes wissen kann‹ bzw. ›wissen darf‹; vgl. Hi S. 100.

S 5998 f. Die Interpunktion ist entsprechend dem Vorschlag von Hi S. 95 geändert; Ki setzt Semikolon am Ende von v. 5998 (Ki v. 6446) und Punkt am Ende von v. 5999 (Ki v. 6447).

S 6021–6136 In zahlreichen (auch historiographischen; vgl. z. B. Curtius VI 5,24–32) Alexandertexten begibt sich die Amazonenkönigin Thalestris zu Alexander, um von diesem eine Tochter zu empfangen (vgl. Brackert 1987, zur Episode bei Rudolf von Ems). S bietet die unverfängliche Version bei Leo III 25f.

S 6040–56 Ausgerechnet die Amazonen (zur Verbreitung des Wissens um die Amazonen im MA vgl. LexMA 1, Sp. 514f.) führen dem kriegerischen Alexander rationale Argumente gegen einen Kampf vor Augen: dass er im Fall eines Sieges über Frauen keinen Ruhm und im Fall einer Niederlage gegen Frauen nur Schande davontragen werde, also in keinem Fall etwas gewinne (plausibel ist die Selbstabwertung der Frauen nur bedingt). Außer in ihrer erzählten Vergangenheit (vgl. S 6099–6107) erscheinen die Amazonen in S entgegen der Tradition und Alexanders Erwartungen (vgl. *urlûges wîbe[n]* S 6022) nicht kriegerisch.

S 6082 Zu *phellil* s. Komm. zu V 624 und S 4074; *cindât* oder *zindâl* (mlat. *cendalum*, afrz. *cendal*) ist Zendal, ein leichtes, dünnes Seidengewebe, häufig als Futterstoff verwendet; vgl. Schultz 1889, I, S. 350; Brüggen 1989, S. 293.

S 6099–6109 Eine Amazonenkönigin namens Cassandra ist sonst nicht belegt; ein Sieg über Kyros/Cyrus wird seit Herodot einer Königin (zunächst der Massageten, später der Amazonen) namens Tomyris (bzw. Tamiris) zugeschrieben (vgl. LantG S. 622f.). Die Erzählung (in den Quellen von S nicht vorgegeben: Hampe 1890, S. 64) dient ebenfalls dazu, Alexander vor einem Angriff zu warnen.

S 6131 *kuster* ist ein Bruch der Brieffiktion, Alexander müsste von sich selbst in der Ich-Form schreiben.

S 6149–6830 Die Paradieszug-Episode und der Bericht von Alexanders Tod folgen einer anderen Quelle, dem alexanderkritischen ›Iter ad Paradisum‹; vgl. Einführung, S. 18, 31.

S 6155f. Die Stelle ist mehrdeutig (die Übersetzung versucht das wiederzugeben), entweder Hinweis auf Alexanders immer noch weiter zunehmende Überlegenheit über andere (›danach wuchs er immer weiter über alle, Niedriggestellte und Mächtige, hinaus‹, ähnlich Weismann 1850, S. 361, v. 6452f.; etwas abweichend Ki S. 514: ›er kümmerte sich fortan um niemand‹) oder Vorausdeutung auf seinen Tod (›Später musste er sich von Niedriggestellten und Mächtigen entfernen [d.h., alle verlassen]‹, so angedeutet Ruttmann 1974, S. 287). Bei der zweiten Deutung müssten die beiden Verse in Klammern gestellt werden, denn Alexanders Zunahme an Ruhm und Macht (S 6157–64) bezöge sich dann nicht auf das *entwîchen*, sondern auf die Erkundungsreisen

(S 6149–54). Bruchloser ist der Textzusammenhang bei der ersten Deutung.

S 6158 *gezalt* kann ›erzählt‹ oder ›gerechnet‹ sein (vgl. Lexer III, Sp. 1053f.).

S 6165f. Alexanders maßloses Verlangen nach immer mehr Besitz und Macht wird ihm wiederholt zum Vorwurf gemacht.

S 6168 (ff.) In mal. Texten wird unterschieden zwischen himmlischem und irdischem Paradies; Letzteres (ursprünglich die ganze Erde) wird gewöhnlich (etwa bei Isidor oder auf den Weltkarten, die auch Stationen von Alexanders Orientzug verzeichnen; vgl. Kugler 2000) weit im Osten lokalisiert; vgl. bes. Grimm 1977, S. 30f., 64, 77, 80, 103, 163 u. ö.; ferner z. B. Ruberg 1980, S. 570–579. Alexanders Unternehmen richtet sich gegen das irdische Paradies.

S 6222 Die Interpunktion ist geändert; Ki setzt am Ende des Verses (Ki v. 6670) Punkt; dabei müsste allerdings in S 6222 Ersparnis eines pron. Subj. ›er‹ angenommen werden.

S 6224–32 Vgl. Prv 27,20 und 30,15f.; Ec 6,7; vgl. auch S 6726–30.

S 6225f *abgrunde*/*abgründe* ist »abgrund, bes. der hölle« (Lexer I, Sp. 15), *begenen*/*beginen* ›angähnen‹ oder ›gähnend verschlingen‹ (Lexer I, Sp. 146); während Letzteres auf *den himel zô der erden* S 6227 gut passt, ist die Bildlichkeit in Bezug auf *abgrunde* unklar: Inwieweit soll die Hölle ihren eigenen Abgrund verschlingen?

S 6235 *giricheit* ist zugleich ›unersättlicher Machthunger‹ und ›maßlose Besitzgier‹ (Ehlert 1989a, S. 73).

S 6283 Dass Alexander jetzt erst statt des im ›Iter ad Paradisum‹ genannten Ganges den *Eufrates* erreicht, den er vor der Entscheidungsschlacht gegen Darius überschritten hatte, ist geographisch unstimmig, semantisiert den Fluss vielmehr im Blick auf den »Status des Helden« (Stock 2002, hier bes. S. 88; zur Raumsemantik von Flüssen und Flussübergängen vgl. grundsätzlich auch Strohschneider/Vögel 1989). Der Grenzfluss wird Ort umfassender Grenzerfahrung: Er führt zu Alexanders (äußerem) Scheitern an den Grenzen des Paradieses und zugleich zur Umkehr im räumlichen und übertragenen Sinn.

S 6286f. Nach Gn 2,10–14 heißen die vier Paradiesflüsse Phison, Geon (bzw. Gehon), Tigris und Eufrates (Euphrat). Seit Josephus Flavius werden (vgl. etwa Isidor, ›Etymologiae‹ XIII, 21,7–10) Phison und Gehon üblicherweise mit Ganges und Nil identifiziert; vgl. bes. Grimm 1977, S. 121(–128).

S 6335 f. Die Interpunktion ist (entsprechend Hi S. 95) geändert; Ki setzt Komma am Ende von S 6335 (Ki v. 6783) und, offensichtlich fehlerhaft, Doppelpunkt am Ende von S 6336 (Ki v. 6784).

S 6365 f. Die Interpunktion ist (entsprechend Hi S. 95) geändert; Ki setzt Komma am Ende von S 6365 (Ki v. 6813) und Semikolon am Ende von S 6366 (Ki v. 6814).

S 6369–82 Ki S. 516 verweist auf einige Wortanklänge an die Schilderung des Eneas und seiner Trojaner nach dem Sturm bei Heinrich von Veldeke: S 6369–71 – ›Eneas‹ v. 213–216, S 6378 – ›Eneas‹ v. 242 f., S 6381 – ›Eneas‹ v. 234, S 6382 – ›Eneas‹ v. 233.

S 6378 *er* (md.) entspricht hier normalmhd. *ir* ›ihre‹.

S 6407 *reine* impliziert möglicherweise: vollkommen glatt (Ruttmann 1974, S. 290: »fugenlos«), ohne Angriffspunkte (wegen der Höhe der Mauer, vielleicht auch deshalb sind die Ankömmlinge *unfrô*, S 6405, obwohl sie ihr Ziel erreicht haben).

S 6482 f. D. h. ›Alle Menschen sind sterblich [auch Alexander]‹.

S 6484–6798 Zur Deutung der »Gabe aus dem Paradies« als Versagen von »Alexanders hermeneutischen Kompetenzen« vgl. Oswald 2004, S. 119–133 (hier S. 133). Der Stein, »Chiffre [...] des maßlos gierigen Menschen« (ebd., S. 128), verweist Alexander auf die menschliche Sterblichkeit (vgl. bes. Quint 1964); als »Antwort auf Alexanders Zinsforderung an das Paradies« (Oswald 2004, S. 124) ist er gleichzeitig Herausforderung für Alexanders »Deutungskompetenz« (ebd., S. 125) und »Gotteszeichen« (ebd., S. 127).

S 6572 *wider heim ze Kriechlant*: Der historische Alexander kehrte nicht in die Heimat zurück. S strukturiert Alexanders Vita und Weg räumlich als »Zirkel« (Stock 2002, S. 75 u. ö.).

S 6573–77 Cölln (2000a, S. 201 f.) liest daraus, nicht nachvollziehbar, einen Hinweis auf die Pest als Strafe Gottes.

S 6595–6614 Zu den zwölf im ›Iter ad Paradisum‹ nicht namentlich aufgeführten (Halb-)Edelsteinen, als die die angeblichen Weisen den Stein zu identifizieren suchen, vgl. Apo 21,19 ff. (die zwölf Grundsteine des himmlischen Jerusalem sind Jaspis, Saphir, Chalzedon, Smaragd, Sardonyx, Sardis/Sardion, Chrysolith, Beryll, Topas, Chrysopras, Hyazinth, Amethyst; davon sind acht mit den gleichen Namen auch in S erwähnt; der Jachant dürfte dem Hyazinth entsprechen; statt Chalzedon, Smaragd und Sardis stehen Karfunkel, Onyx und Bdellius; davon sind Karfunkel und

Onyx unter den zwölf Edelsteinen auf Aarons Brustschild Ex 28,17–20, Bdellius [Bdellion/Bdellium, ein Pflanzenharz] in Gn 2,12 erwähnt) und ›Rolandslied‹ (v. 1553–62; Geneluns Begleiter bei seiner Gesandtschaft zu Marsilie sind u.a. geschmückt mit Jaspis, Hyazinth, Smaragd, Topas, Onyx, Sardin, Chrysolith, Chalzedon, Beryll, Amethyst, Sardonix, Sardius; acht davon entsprechen den in S genannten, darunter auch der in der Apokalypse nicht erwähnte Onyx); vgl. Ki S. 518. Die teils übernatürlichen Eigenschaften, die im MA den Edelsteinen zugeschrieben werden (grundsätzlich vgl. Engelen 1978, bes. S. 272–380; Friess 1980, S. 23–38, 80–191; Meier-Staubach 1981), spielen in S keine Rolle, zumal sich die Identifikationsversuche als vergeblich erweisen. Trotz der biblischen Parallele geht von den Steinbezeichnungen möglicherweise eine negative Signalwirkung aus: Die unerhörten Eigenschaften des Paradiessteines sind mit den anscheinend lediglich im weltlichen Sinne kostbaren Schmucksteinen nicht zu vergleichen.

S 6694f. Im ›Iter ad Paradisum‹ (zit. auch Ki S. 378f., App.) und in B (v. 4227–41) wird die Erde nicht auf die Feder, sondern auf den Stein gelegt, woraufhin dieser leicht aufzuwiegen ist; S hat die Quelle anscheinend missverstanden; vgl. Ki S. 519f.; Quint 1964, bes. S. 13, 15–18; anders Ottmann 1898, S. 407.

S 6726–30 Vgl. S 6224–32 und Anm.

S 6746 *wislîche* ist *gewislîche* ›sicherlich‹ (Ki S. 520).

S 6750–53 Der von der Vorlage abweichende Vergleich Alexanders mit der Feder (die, mit Erde bedeckt, mehr Gewicht hat als der Stein) erklärt sich wohl einerseits aus der Platzierung der Erde und, damit verbunden, der S 6747f. formulierten Vorstellung von der ›Vermischung‹ des Toten mit Erde, andererseits aus dem ›Sinken‹ (S 6751) sowohl des Toten als auch der Feder.

S 6760–73 und ff. Der Aufruf zur Abkehr von der Sünde legt für die Deutung von Alexanders Umkehr S 6807–21 das Modell »des reuigen Sünderheiligen der Legende« nahe (vgl. Ehlert 1989a, S. 74–77; Ehlert 1994/2004, S. 33); allerdings zeigt Alexander zwar Sinnes- und Verhaltensänderung, aber keine Reue oder Buße.

S 6819–21 Gemeint ist anscheinend eine (unhistorische) zwölfjährige Friedensherrschaft Alexanders nach dem Persien- und Orientzug (umgekehrt ist im ›Annolied‹, v. 326f., von zwölfjährigen Eroberungs- und Welterkundungsfahrten die Rede), kaum die (über zwölfjährige) Gesamtregierungszeit; die Zahl geht zurück auf I Mcc 1,8 (*regnavit Alexander annis duodecim et mortuus est*

›Alexander herrschte zwölf Jahre lang und starb‹). Die mehrjährige Friedensherrschaft wirkt wie eine »Belohnung« für Alexanders Einsicht, als Ergebnis eines Weges [...] zur *mâze*« (Stock 2002, S. 75) und wie ein Gegenbild zur historischen Realität des raschen Zerfalls des Weltreichs in die Diadochenstaaten, die sich bei einer radikalen *vanitas*-Perspektive des Textes als Exempel angeboten hätte (gegen Cölln 2000a, S. 202).

S 6823 Alexander starb 323 v. Chr. in Babylon, vermutlich aufgrund einer fieberhaften Erkrankung; bald wurden Gerüchte von einer Vergiftung ausgestreut (vgl. z. B. Wiemer 2005, S. 169f.). Von Vergiftung (häufig, doch nicht hier, auf Veranlassung von Antipater, Alexanders Reichsverweser in Makedonien) berichten die meisten romanhaften Darstellungen von Alexanders Tod, aber auch das ›Iter ad Paradisum‹.

S 6825 Ottmann 1898, S. 413f., führt die Stelle darauf zurück, dass in manchen Alexandertexten das Gift so stark ist, dass es (fast) jedes Gefäß sprengt.

S 6826–30 Das Motiv, dass Alexander von allem Besitz nur so viel bleibt, wie für sein Grab nötig ist, stammt aus geistlicher Exempelliteratur (Petrus Alfonsi, ›Disciplina clericalis‹, Anf. 12. Jh.); vgl. auch Walter von Châtillon, ›Alexandreis‹ X, 449f.; vgl. Geith 1998. Die lat. Übersetzungen des Alexanderromans haben das Motiv nicht; Hdp schreibt Alexander vielmehr ein prächtiges Grab in Alexandria zu (nach Cölln 2000a, S. 193, A. 93). Dass die Kämpfe um die Nachfolge und der Zerfall des Weltreichs nicht erwähnt sind, entspringt der Perspektivierung auf den einzelnen Herrscher: Nicht die *vanitas* geschichtlicher Verläufe wird thematisiert, sondern die *vanitas* angesichts der Sterblichkeit des Einzelnen (vgl. Cölln 2000a, S. 202).

S 6831–54 Der Epilog richtet sich wie eine Memento-mori-Predigt an die (adligen: S 6851) Zuhörer, die zu Buße und Gottesfurcht gemahnt werden.

S 6834f. *den êwigen lîb / daz êwige leben* ist gleichbedeutend (›das ewige Leben‹), eine Art Hendiadyoin bzw. Synonymendoppelung mit steigernder Funktion; die Übersetzung variiert.

S 6854 Vgl. Ps 83,8 (Vulgata, sonst 84); *deorum* ist steigernder Gen. (*hebraicus*; vgl. PWG § 372); Zion ist der Tempelberg in Jerusalem, dann (das himmlische) Jerusalem selbst.

Verzeichnis der Eigennamen

Das Verzeichnis erfasst, nach den beiden Fassungen getrennt, Personen-, Völker-, Orts- und vereinzelt Tiernamen sowie Sprachenbezeichnungen, nicht allerdings Gattungs- bzw. Artenbezeichnungen von (Wunder-)Tieren (außer *Fenix*, wo Artbezeichnung und Eigenname zusammenfallen), Pflanzen, Hölzern oder Edelsteinen o. Ä.; von Völkernamen abgeleitete Adjektive nur in der Verbindung mit *lant*. Historische (ggf. auch literarische) oder geographische Entsprechungen sind, wo möglich, aufgeführt. Wie in der Übersetzung werden ggf., außer bei gängigen Namen, als Entsprechungen die lateinischen, nicht die griechischen Namenformen gewählt, wie es der Quellenlage entspricht.
* vor dem Namen markiert die lediglich in dieser Fassung, nicht in der jeweils anderen belegten Namen (auch die im ›Straßburger Alexander‹ aufgrund des Blattverlusts nicht vorkommenden). Lemmatisiert wird, sofern eindeutig auszumachen, nach der häufigsten, ansonsten nach der ersten Schreibung im Text. Wo der Text Personenidentität oder -verschiedenheit abweichend von möglichen historischen Hintergründen suggeriert, folgt das Verzeichnis den Textvorgaben (in S: zwei Lemmata bei Ptolomeus/Tholomeus, ein Lemma bei Xerxes). Flektierte Formen bleiben unberücksichtigt, wo die Nominativform belegt ist; wo nur flektierte Formen begegnen, werden diese aufgeführt.

›Vorauer Alexander‹

Gâze: Gaza (südwestl. von Jerusalem), Stadt im Land der Philister, sendet Riesen an Darius (S nur: Gâzen) 1456

Gracto: Unterfeldherr Alexanders, befehligt mit Perdix während Alexanders Abwesenheit die Belagerer von Tyrus (Krateros) (S: Glatte) 803

Hagenen (Dat.): Hagen, Gegner Wates in der Schlacht auf dem Wolfenwerde (Hildes Vater in der Hilde-Kudrun-Sage) 1306

Hector: trojan. Held in Homers ›Ilias‹, Vergleichsfigur für Alexander 1316

Herewîch: Krieger der heimischen Heldensage (Verlobter Kudruns in der Kudrun-Sage), Vergleichsfigur für Alexander (S: Herwîch) 1309

Hilten (Gen.): Hilde, Gestalt der heimischen Heldensage, ihre Entführung war Anlass für die Schlacht auf dem Wolfenwerde (S: Hilden) 1305

*_Holofern:_ Holofernes, Feldherr Nebukadnezars, Belagerer Bethulias, von Judith enthauptet 687

Indiam (Akk.): Indien, sendet Truppen an Darius 1467

*_Itale (Dat.):_ Italien, unterwirft sich Alexander 616

Jerusalem: Stadt, von Alexander niedergebrannt (S: Jherusalem) 689, 1168

Johannes (Akk.): Heiliger (der Evangelist), nach der Apokalypse von Gott nach Sardix entsandt (S: Iohannem) 1383

Jordan: Fluss in Palästina, entspringt im Libanus (S: Iordanis) 786

Jubal: pers. Krieger, bedroht Alexander in der Schlacht am Euphrat, von Daclym getötet (Spithridates?, Rhosakes?) 1262, 1270

*_judeisc lant:_ Judäa, Landschaft in Palästina, von Alexander verwüstet 688

*_Judith:_ Heldin des gleichnamigen apokryphen (Bibel-)Buchs, rettet Bethulia durch Enthauptung des Holofernes 687

*_Kalabre (Dat.):_ Kalabrien (Süditalien), leistet Alexander Heeresfolge 592

Kartago: Karthago, von Alexander unterworfen, Vergleichsgröße für Alexandria (S: Kartaginen) 635, 668, 1172

*_Kartanensen (Dat.):_ Bewohner Karthagos (?) 644

Lambret, Lampret: der Pfaffe Lambrecht, Verfasser des Alexanderromans 4, 1512
Latîn: Latein, von Alexander erlernt 172
Libanus: Gebirge in Arabien mit berühmtem Zedernwald (S: Lybanus) 783, 785
Lisias: Lysias, Begleiter der Cleopatra bei der Hochzeit mit Philippus, beleidigt Alexander und wird von diesem angegriffen (S: Lysias) 404, 413

**Macedonenlant:* Makedonien (S: nur Macedonia, Macedonien) 82
Machabeorum (Gen.): Makkabäer, Bibelbuch 12
Marios: Satrap des Darius, zusammen mit Typotes mit der Verteidigung des Euphrat gegen Alexander betraut (S: auch Marius) (Primus?) 1153
Mazedôn: Makedonien (S: Macedonia, Macedonien) 590
Medinrîch: Land der Meder, sendet Truppen für Darius (S: Medintrîche, Medentrîche) 1443 f.
Mennes: pers. Feldherr in der Schlacht am Euphrat, Zweikampfgegner Alexanders, von diesem getötet (Memnon) 1185, 1225, 1235, 1238, 1240, 1252, 1325, 1355, 1364
**Meridienlant:* nach Mittag (Süden) zu gelegenes Land, von Alexander unterworfen (Palästina?, Arabien?, Äthiopien?) 641
Mesopotamia (Dat.): Mesopotamien, Schauplatz von Darius' Heeresaufgebot und der Entscheidungsschlacht zwischen Alexander und Darius (S: Mesopotamie) 1407, 1486

**Naaman:* bibl. Feldhauptmann, vom Aussatz geheilt 684
**Naason:* Stadt in Palästina, von Alexander zerstört 681
**Neptalimlant:* Nephthalim, nördl. Teil von Galiläa, von Alexander verwüstet 678
Nestor: griech. Held im Trojanischen Krieg, Vergleichsfigur für Alexander 1317
**Nicomedias:* Stadt in Bithynien, Ort des Martyriums des Hl. Pantaleon, leistet Alexander Heeresfolge 594
Ninive (Dat.): Stadt am Tigris, sendet Truppen für Darius 1448
Noe: Noah, Überlebender der bibl. Sintflut 1455
Nycolaus: König von Cesarea, erster Gegner Alexanders, von diesem besiegt (Nicolaus, König von Areta bei Leo) (S: Nicolaus) 374

›Straßburger Alexander‹

Bucival, Bucifale (Dat./Akk.): Alexanders Pferd, Wundertier (Bucephalus/Bukephalos) (V: Buzival, Buzifal) 297, 346, 1244, 1275, 2772, 3189

**Bysan:* einer der Mörder des Darius (Bessos) 3239

**Candacis, Candacia:* Candacis, Königin in Meroves am Ende der Welt, Mutter des Candaulus und Karacter, Geliebte Alexanders 5074, 5169, 5390, 5434, 5521, 5585, 5861

**Candaulus:* älterer Sohn der Candacis, wird von Alexander bei der Befreiung seiner entführten Gemahlin unterstützt (Candaules) 5151, 5219, 5241, 5260, 5293, 5314, 5329, 5340, 5392, 5418, 5774, 5835

**Caspen (Caspin) Porten (Akk.):* Kaspische Pforte, vereinbarter Treffpunkt für die Heere des Darius und des Porus (ursprüngl.: Gebirgspass südl. des Kaspischen Meeres) 3204, 3226, 3234, 4484

**Cassandra:* Amazonenkönigin, tötete Cyrus, als der gewaltsam in das Land der Amazonen eindrang; Warnung der Amazonen gegenüber Alexander (Tomyris) 6107

Cenonenses: Volksstamm, stellt Truppen für Darius (V: Zinnonenses) 1533

Cesaream (Akk.): Stadt des von Alexander dort besiegten Nicolaus 447

**Chananea:* Kanaaniterin, bat Christus um Exorzismus für ihre Tochter (in V namenlos) 961

**Chorinthia:* Korinth, unterwirft sich Alexander nach der Zerstörung Thebens freiwillig, später vom Hl. Paulus zum Christentum bekehrt 1848, 1853

Cleopatra: Braut des Königs Philippus nach der Verstoßung der Olympias 457

**Crelus:* mit der Geburt des Crelus endet laut Porus die Tributpflicht der Makedonen gegenüber den Indern (Anspielung auf die Niederlage des Perserkönigs Xerxes I. bei Salamis?, Cresus/Crösus?, Hercules?) 3784

**Cyrus:* Perserkönig, beim Kriegszug in das Amazonenreich von Cassandra getötet (Cyrus II., der Große, 559–529 v. Chr.) 6099

Daclym: griech. Krieger, rettet Alexander durch die Tötung des Jubal das Leben (Clitus/Kleitos, Leibwächter und Retter Alexanders in der Schlacht am Granikos) 1310, 1333, 1341, 1351, 1367

Hagenen (Dat.): Hagen, Gegner Wates in der Schlacht auf dem Wulpinwerde (Hildes Vater in der Hilde-Kudrun-Sage) 1381

Hector: trojan. Held in Homers ›Ilias‹, Vergleichsfigur für Alexander 1391

Herwîch: Krieger der heimischen Heldensage (Verlobter Kudruns in der ›Kudrun‹), Vergleichsfigur für Alexander 1383

Hilden (Gen.): Hilde, Gestalt der heimischen Heldensage, ihre Entführung war Anlass für die Schlacht auf dem Wolfenwerde (V: Hilten) 1380

Hyram: bibl. König (V: Sigiram) 650

**Indi:* Inder, Volk des Porus 4046, 4066

Indiân (Nom.!), India/Indian (Dat.): Indien, sendet Truppen an Darius, Reich des Porus, von Alexander unterworfen (V: Indiam) 1571, 2474, 3136, 3224, 3618, 3631, 3738, 3781, 4266, 4480, 5228, 5722 (vgl. *in indischen landen* 4133)

Iohannem (Akk.): Johannes, (Apostel und) Evangelist, nach der Apokalypse von Gott nach Sardis entsandt (V: Johannes) 1471

Iordanis: Jordan, Fluss, entspringt im Lybanus (V: Jordan) 647

Jherusalem: Stadt, von Alexander besiegt (V: Jerusalem) 1167

Jubal: pers. Krieger, bedroht Alexander in der Schlacht am Euphrat, von Daclym getötet (Spithridates?, Rhosakes?) 1321, 1335

**Karacter, Caracter:* jüngerer Sohn der Candacis, Schwiegersohn des Porus, Alexander feindlich gesonnen (Carator) 5781, 5826, 5845

Kartaginen (Akk.): Karthago, von Alexander unterworfen (V: Kartago) 1171

Kriechen, Kriechin: Griechen, Volk bzw. Streitmacht Alexanders (als Gegner der Perser meist nicht gegen die Makedonen differenziert) (V: Chriechen) 728, 1375, 2270, 3265, 3526, 4016, 4054, 4125, 4146, 4250, 4278, 6573

Kriechen: Griechenland (Landesname abgel. vom Volksnamen) (V: Chrîchen, Chriechen) 49, 52, 3401, 5684

kriechisch: Griechisch, von Alexander erlernt (V: Chriechisch) 202 (5048 *kriechische sprâche*)

Nestor: griech. Held im Trojanischen Krieg, Vergleichsfigur für Alexander 1392

Nicolaus: König von Cesarea, erster Gegner Alexanders, von diesem besiegt (V: Nycolaus) (Nicolaus, König von Areta bei Leo) 445, 462

Ninive (Dat.): Stadt (das assyr. Ninive am Tigris?), sendet Truppen für Darius 1547

Noe: Noah, Überlebender der biblischen Sintflut 1556

**Occeatyr:* Bruder des Darius, kritisiert diesen und rühmt Alexander (Oxyathres) 2011

**Occidratis:* Land der Occidraten, der nackten Weisen 4315

Olympias: Gemahlin des Königs Philippus, Mutter Alexanders (V: Olimpias) 110, 126, 474, 1629, 4462, 6147

**Omin:* Großvater Alexanders des Großen, Vater des Philippus, Gegner des Xerses (Amyntas III., König von Makedonien 393/392–370 v. Chr.) 99

Pamphilienses: Bewohner Pamphyliens (im südl. Kleinasien), stellen Truppen für Darius (V: Panfilien) 1537

**Parthis:* Land der Parther, unter Alexanders Herrschaft 5228

**Partos (Akk.):* Parther, vorderasiat. Volk, laut Candacis von Alexander bezwungen 5723

**Paulus:* der Hl. Paulus, bekehrt Korinth zum Christentum 1855

Perdix: Unterfeldherr Alexanders, befehligt mit Glatte während Alexanders Abwesenheit die Belagerer von Tyrus (Perdikkas) 674

**Perminus:* Verleumder des Leibarztes Philippus$_2$ (Parmenion, makedon. Feldherr) 2117, 2154

Persen, Perses: Perser, Volk (V: Persen, Persi) 1375, 1448, 2504, 2791, 2807, 2850, 3526, 3678

Persen: Persien, Perserreich (V: Perse, Persin) 1757, 2494, 5227

Persien (Dat.), Persia (Dat.), Persiam (Dat./Akk.): Persien, Perserreich (V: Perse, Persin) 114, 1531, 1586, 1606, 1746, 1981, 2298, 2895, 3027, 4479, 5720

Persienlande (Dat.): 2374

persischen lande / rîche (Dat.): 2488, 3564

Philippus$_1$: König von Makedonien, Vater Alexanders (Philipp II.) 10, 95, 107, 269, 295, 455, 497, 2547, 2698

**Philippus$_2$:* Leibarzt Alexanders, heilt den nach einem Bad im Fluss schwer erkrankten Alexander, von Perminus verleumdet 2115, 2134, 2156
Philistim (Dat.): Land der Philister, in Kanaan (V: Filistin) 1562
**Porus:* König von Indien, Verbündeter des Darius, Gegner Alexanders, von diesem im Zweikampf getötet 2473, 3135, 3210, 3611, 3742, 3819, 3826, 3840, 3866, 3939, 3951, 3955, 3964, 3999, 4068, 4134, 4166, 4186, 4193, 4221, 4224, 4238, 4293, 4299, 4313, 5283, 5782
Ptolomeus: Begleiter Alexanders am Hof des Philippus (Ptolemaeus I. Soter, Feldherr Alexanders, später Herrscher über Ägypten?) (V: Btholomeus); wohl identisch mit Tholomeus (s. d.) 341
Pynchun, Pynkun: pers. Graf, Krieger im Heer des Mennes, von Alexander getötet (V: Pincun) 1397, 1426

Rôme: Rom, unter Alexanders Herrschaft 558, 1169
rôten mere (Dat.): das Rote Meer 1576
**Roxanien (Akk.):* Roxane, Tochter des Darius, mit Alexander vermählt (histor.: Roxane/Rhoxane, Tochter des Oxyartes, baktr. Prinzessin) 3538

Salemon: Salomon, bibl. König 20f., 27, 66, 649, 3572
Sardis: Sardes, Stadt des Darius, von Alexander niedergebrannt (V: Sardix) 1459, 1465
Sarrazîn: Sarazene (V: Sarrizin) 291
**Strâge, Strâch:* Stranga, Fluss im Perserreich, von Alexander auf dem Botengang zu Darius überquert, Ort der dritten (und entscheidenden) Schlacht gegen die Perser (in den Quellen Stranga oder Granikos; geogr. eher dem Tigris entsprechend) 2575, 2618, 2722, 2757, 2810, 2876, 2935, 3309
**Susis (Dat.):* Stadt Susa und/oder Landschaft Susiana, laut Darius einer der Aufbewahrungsorte des pers. Schatzes 3019
**Syon:* Zion, das himmlische Jerusalem 6854

**Theben (Akk.):* Theben, Stadt in Böotien, von Alexander erobert und zerstört 1791, 1834
**Thebêre:* Bewohner Thebens 1797
**Tholomeus:* Feldherr Alexanders, gibt sich in dessen Auftrag gegenüber Candaulus als Alexander aus (Ptolemaeus I. Soter, Feld-

Abkürzungen

A., Anm.	Anmerkung
ABäG	Amsterdamer Beiträge zur älteren Germanistik
Act	Apostelgeschichte (Actus apostolorum)
Adj.	Adjektiv(e, s)
Adv.	Adverb(ien)
afrz.	altfranzösisch(e)
Akk.	Akkusativ
Apo	Offenbarung des Johannes (Geheime Offenbarung, Apokalypse)
App.	Apparat
App. Ki	Apparat der Ausgabe Ki
Archiv	Archiv für das Studium der neueren Sprachen und Literaturen
B	Basler Alexander
Bd., Bde.	Band, Bände
Ber.	Berichtigungen durch Ki (S. 543)
BMZ	Mittelhochdeutsches Wörterbuch. Mit Benutzung des Nachlasses von Georg Friedrich Benecke ausgearb. von Wilhelm Müller und Friedrich Zarncke. Leipzig 1854–66
I Cor	1. Brief an die Korinther
Curtius	Curtius Rufus
Dat.	Dativ
Dn	Buch Daniel
DW	Deutsches Wörterbuch. Von Jacob und Wilhelm Grimm. Leipzig 1854–1971. Nachdr. München 1999
ebd.	ebenda
Ec	Ecclesiastes (Das Buch Kohelet, Prediger)
EL	Elisabeth Lienert
Ex	Exodus (2. Buch Mose)
Fem.	Femininum
Fs.	Festschrift für
GAG	Göppinger Arbeiten zur Germanistik
Gen.	Genitiv
Gn	Genesis (1. Buch Mose)

Hdp	›Historia de preliis‹
Hi	Hilgers (Korrekturanmerkungen in Heribert A. Hilgers: Zu der neuen Ausgabe des ›Straßburger Alexander‹. In: ABäG 13 [1978] S. 91–102, hier S. 94 f.)
Hl.	Heilig(e/er)
Hs., Hss., hsl.	Handschrift(en), handschriftlich(e)
Hrsg., hrsg.	Herausgeber, herausgegeben
Idc	Buch der Richter
Idt	Buch Judit
Ind.	Indikativ
Ios	Buch Josua
Jh.	Jahrhundert(s)
Jul. Val.	Julius Valerius
Ki	Kinzel, Karl: Lamprechts Alexander. Nach den drei Texten mit dem Fragment des Alberic von Besançon und den lateinischen Quellen. Hrsg. und erkl. von K. K. Halle a. d. S. 1884
Ki S.	Kommentar bzw. Einleitung der Ausgabe Ki
Komm.	Kommentar (Stellenkommentar der Ausgabe)
Komp.	Komparativ
Konj.	Konjunktiv
LantG	Alfred Ebenbauer / Manfred Kern (Hrsg.): Lexikon der antiken Gestalten in den deutschen Texten des Mittelalters. Berlin / New York 2003
lat.	lateinisch(e, en, em)
Lc	Evangelium nach Lukas
Lexer	Lexer, Matthias: Mittelhochdeutsches Handwörterbuch. 3 Bde. Stuttgart 1872–78. Nachdr. Stuttgart 1970
LexMA	Lexikon des Mittelalters. 9 Bde. und Reg.-Bd. München/Zürich 1980–99
^{4}RGG	Religion in Geschichte und Gegenwart. Handwörterbuch für Theologie und Religionswissenschaft. 4., völlig neu bearb. Aufl. Hrsg. von Hans-Dieter Betz [u. a.]. 8 Bde. Tübingen 1998–2005
LThK	Lexikon für Theologie und Kirche. 3., völlig neu bearb. Aufl. Begr. von Michael Buchberger. Hrsg. von Walter Kasper [u. a.]. 11 Bde. Freiburg i. Br. 1993–2001

Lit.	(Forschungs-)Literatur(-angaben)
M	Maurer, Friedrich (Hrsg.): Das Alexanderlied des Pfaffen Lamprecht. Das Rolandslied des Pfaffen Konrad. Leipzig 1940. Nachdr. Darmstadt 1964
MA	Mittelalter(s)
Mackert	Mackert, Christoph: Die Alexandergeschichte in der Version des ›Pfaffen‹ Lambrecht. Die frühmittelhochdeutsche Bearbeitung der Alexanderdichtung des Alberich von Bisinzo und die Anfänge weltlicher Schriftepik in deutscher Sprache. München 1999 (so im App., sonst Mackert 1999a)
mal.	mittelalterlich(e/m, n, r, s)
Masc.	Masculinum
Mc	Evangelium nach Markus
I Mcc	1. Buch der Makkabäer
md.	mitteldeutsch(e)
mhd.	mittelhochdeutsch(e/es)
Minis	Minis, Cola: Handschrift und Dialekt des Vorauer Alexander. In: Archiv 190 (1954) S. 289–305 (so im App., sonst Minis 1954)
mlat.	mittellateinisch
Mt	Evangelium nach Matthäus
nhd.	neuhochdeutsch
Nm	Numeri (4. Buch Mose)
Nom.	Nominativ
Obj.	Objekt
Pers.	Person (als grammatischer Begriff)
I Par	1. Buch der Chronik
II Par	2. Buch der Chronik
PBB	Beiträge zur Geschichte der deutschen Sprache und Literatur
Pl.	Plural
PL	Patrologiae cursus completus. Series latina. Hrsg. von Jacques-Paul Migne. Paris 1844–1974
Präs.	Präsens
Prät.	Präteritum
Pron., pron.	Pronomen, pronominal(e/es/en)
Prv	Buch der Sprichwörter (Sprüche Salomos, Proverbia)
Ps	Psalmen

PWG	Paul, Herrmann: Mittelhochdeutsche Grammatik. 24. Aufl. überarb. von Peter Wiehl und Siegfried Grosse. Tübingen 1998
Reg.	Register
III Rg	1. Buch der Könige (3. Könige)
IV Rg	2. Buch der Könige (4. Könige)
Roth	Roth, Franz: Teil-Abschrift von S. In: Bibliothèque Nationale et Universitaire Strasbourg, Ms. 2.379
RUB	Reclams Universal-Bibliothek
S	›Straßburger Alexander‹ bzw. Handschrift des ›Straßburger Alexander‹
Sg.	Singular
StLV	Bibliothek des literarischen Vereins in Stuttgart
Str.	Strophe
stv.	starkes Verb
Subj.	Subjekt(s)
Subst.	Substantiv
swv.	schwaches Verb
Tb	Buch Tobit (Tobias)
V	›Vorauer Alexander‹ bzw. Vorauer Handschrift
v.	Vers
VP	Vollmann-Profe, Gisela: Frühmittelhochdeutsche Literatur. Mhd./Nhd. Auswahl, Übers. und Komm. von G. V.-P. Stuttgart 1996
ZfdA	Zeitschrift für deutsches Altertum
ZfdPh.	Zeitschrift für deutsche Philologie
ZfrPh.	Zeitschrift für romanische Philologie
zit.	zitiert (bei bzw. nach)

Ausgewählte Literaturhinweise

Angesichts der Fülle der Forschungsliteratur sind allgemeine Darstellungen der mittelalterlichen Antikerezeption in der Regel nicht, Forschungen zum historischen Alexander und zur Geschichte des Alexanderstoffs sowie ältere oder sehr spezielle Literatur zu Lambrechts Alexanderroman nur in strengster Auswahl, zu anderen Alexanderromanen nur in Ausnahmefällen aufgenommen.

Ausgaben

[Alberic:] Mölk, Ulrich / Holtus, Günter: Alberics Alexanderfragment. Neuausg. und Komm. In: ZfrPh. 115 (1999) S. 582–625.

Der Alexanderroman mit einer Auswahl aus den verwandten Texten. Übers. von Friedrich Pfister. Meisenheim a. Gl. 1978. (Beiträge zur klassischen Philologie. 92.)

Alexandre de Paris: Le Roman d'Alexandre (avec le texte édité par Edward C. Armstrong), traduction, présentation et notes de Laurence Harf-Lancner. Paris 1994.

Das Annolied. Mhd./Nhd. Hrsg., übers. und komm. von Eberhard Nellmann. Stuttgart 1999 [u. ö.]. (RUB 1416.)

Die Basler Bearbeitung von Lambrechts Alexander. Hrsg. von Richard Maria Werner. Tübingen 1881. (StLV 154.)

Biblia sacra iuxta vulgatam versionem. Hrsg. von Robertus Weber und Roger Gryson. Stuttgart 1969. 4. Aufl. 1994.

Curtius Rufus, Quintus: Historiae Alexandri Magni. Hrsg. von Henry Bardon. 2 Bde. Paris 1947/48.

– Geschichte Alexanders des Großen. Lat./Dt. Hrsg. von Konrad Müller, übers. von Herbert Schönfeld. München 1954.

Curtius Rufus, Supplement: A Medieval Supplement to the Beginning of Curtius Rufus's Historia Alexandri. Hrsg. von Edmé R. Smits. In: Viator 18 (1987) S. 89–124.

Deutsche Gedichte des XI. und XII. Jahrhunderts. Aufgefunden im regulierten Chorherrenstifte zu Vorau in der Steiermark und zum ersten Male mit einer Einl. und Anm. hrsg. von Joseph Diemer. Wien 1849. Nachdr. Darmstadt 1968.

Eilhart von Oberge. Hrsg. von Franz Lichtenstein. Straßburg/ London 1877. (Quellen und Forschungen zur Sprach- und Culturgeschichte der germanischen Völker. 19.) Nachdr. Hildesheim / New York 1973.

Fridankes Bescheidenheit. [Hrsg.] von H. E. Bezzenberger. Neudr. der Ausg. 1872. Aalen 1962.

Frühmittelhochdeutsche Literatur. Mhd./Nhd. Ausw., Übers. und Komm. von Gisela Vollmann-Profe. Stuttgart 1996. (RUB 9438.)

Heinrich von Veldeke: Eneasroman. Mhd./Nhd. Nach dem Text von Ludwig Ettmüller ins Nhd. übers., mit einem Stellenkomm. und einem Nachw. von Dieter Kartschoke. Durchges. und bibliogr. erg. Aufl. Stuttgart 2004 [u. ö.]. (RUB 8303.)

Herbort's von Fritslâr Liet von Troye. Hrsg. von Karl Frommann. Quedlinburg/Leipzig 1837. (Bibliothek der gesammten deutschen National-Literatur. 5.) Nachdr. Amsterdam 1966.

Herzog Ernst. Ein mittelalterliches Abenteuerbuch. Mhd./Nhd. In der mittelhochdeutschen Fassung B nach der Ausg. von Karl Bartsch mit den Bruchstücken der Fassung A hrsg., übers., mit Anm. und einem Nachw. vers. von Bernhard Sowinski. Durchges. und verb. Aufl. Stuttgart 1979 [u. ö.]. (RUB 8352.)

Historia Alexandri Magni (Historia de preliis). Rezension J^1. Hrsg. von Alfons Hilka und Karl Steffens. Meisenheim a. Gl. 1979. (Beiträge zur klassischen Philologie. 107.) – Rezension J^2 (Orosius-Rezension). Hrsg. von Alfons Hilka. 1. Teil zum Druck bes. durch Hans-Josef Bergmeister. Ebd. 1976. (Beiträge zur klassischen Philologie. 79.) – 2. Teil zum Druck bes. durch Rüdiger Großmann. Ebd. 1977. (Beiträge zur klassischen Philologie. 89.) – Rezension J^3. Hrsg. von Karl Steffens. Ebd. 1975. (Beiträge zur klassischen Philologie. 73.)

Historia Apollonii regis Tyri. Die Geschichte vom König Apollonius. Übers. und eingel. von Franz Peter Waiblinger. Neuausg. München 2004.

Die Historia de preliis Alexandri Magni (Der lateinische Alexanderroman des Mittelalters). Synoptische Edition der Rezensionen des Leo Archipresbyter und der interpolierten Fassungen J^1, J^2, J^3 (Buch I und II). Hrsg. von Herrmann-Josef Bergmeister. Meisenheim a. Gl. 1975. (Beiträge zur klassischen Philologie. 65.)

[Historia de preliis J^2.] Das Buch von Alexander, dem edlen und weisen König von Makedonien. Mit den Miniaturen der Leipziger Handschrift. Hrsg. [= übers.] von Wolfgang Kirsch. Leipzig 1991.

Hrabanus Maurus: Commentaria in libros Machabeorum. In: PL 109 (1864) Sp. 1126–1256.

[Hugo von Trimberg:] Der Renner von Hugo von Trimberg. Hrsg. von Gustav Ehrismann. 4 Bde. Tübingen 1908–11. (StLV 247, 248, 252, 256.) Nachdr. mit einem Nachw. und Erg. von Günther Schweikle. Berlin 1970/71.

Isidor von Sevilla: Etymologiae. Hrsg. von Wallace Martin Lindsay. 2 Bde. Oxford 1911.

Iter ad Paradisum. Hrsg. von Helmut van Thiel. In: Pfister 1976. S. 359–365.

[Jans von Wien:] Jansen Enikels Werke. Hrsg. von Philipp Strauch. Hannover/Leipzig 1900. (Monumenta Germaniae Historia. Deutsche Chroniken. 3.)

Julius Valerius: Epitome. Hrsg. von Julius Zacher. Halle 1867.

– Res gestae Alexandri Macedonis translatae ex Aesopo Graeco. Hrsg. von Michaela Rosellini. München 2004.

Die Kaiserchronik eines Regensburger Geistlichen. Hrsg. von Edward Schröder. Hannover 1892. Nachdr. München 1984. (Monumenta Germaniae Historia. Deutsche Chroniken. 1/1.)

[Pfaffe Konrad:] Das Rolandslied des Pfaffen Konrad. Mhd./Nhd. Hrsg., übers. und komm. von Dieter Kartschoke. Stuttgart 1993 [u. ö.]. (RUB 2745.)

Konrad von Megenberg: Das Buch der Natur. Die erste Naturgeschichte in deutscher Sprache. Hrsg. von Franz Pfeiffer. Stuttgart 1861. Nachdr. Hildesheim [u. a.] 1994.

Konrad von Würzburg: Der Trojanische Krieg. Hrsg. von Adelbert von Keller. Stuttgart 1858. (StLV 44.) Nachdr. Amsterdam 1965.

Kudrun. Nach der Ausgabe von Karl Bartsch. Neue erg. Ausg. der 5. Aufl., überarb. und eingel. von Karl Stackmann. Wiesbaden 1980.

Kudrun. Nach der Ausgabe von Karl Bartsch hrsg. von Karl Stackmann. Tübingen 2000. (ATB 115.)

Pfaffe Lambrecht: Alexander. Gedicht des 12. Jahrhunderts. Urtext und Übersetzung nebst geschichtlichen und sprachlichen Erläuterungen, sowie der vollständigen Übersetzung des Pseudo-Kallisthenes und umfassende Auszüge aus den lat., franz., engl.,

pers. und türk. Alexanderliedern. Hrsg. von Heinrich Weismann. 2 Bde. Frankfurt a. M. 1850. Nachdr. Hildesheim / New York 1971.
– Das Alexanderlied des Pfaffen Lamprecht. Das Rolandslied des Pfaffen Konrad. Hrsg. von Friedrich Maurer. Leipzig 1940. Nachdr. Darmstadt 1964. (Deutsche Literatur. Reihe geistliche Dichtung des Mittelalters. 5.)
– Das Alexanderlied des Pfaffen Lamprecht (Straßburger Alexander). Text, Nacherzählung, Worterkl. von Irene Ruttmann. Darmstadt 1974.
– Die Werke des Pfaffen Lamprecht. Nach der ältesten Überlieferung hrsg. von Hans Ernst Müller. München 1923.
– Lamprechts Alexander. Nach den drei Texten mit dem Fragment des Alberic von Besançon und den lateinischen Quellen. Hrsg. und erklärt von Karl Kinzel. Halle a. d. S. 1884. (Germanische Handbibliothek. 6.)
[Siehe auch: Die Basler Bearbeitung, Massmann, Maurer, Ottmann, Piper, Polheim, Wallner.]
Leben und Taten Alexanders von Makedonien. Der griechische Alexanderroman nach der Handschrift L. Hrsg. und übers. von Helmut van Thiel. 2., durchges. und erg. Aufl. Darmstadt 1983. (Texte zur Forschung. 13.)
[Leo Archipresbyter:] Der Alexanderroman des Archipresbyters Leo. Untersucht und hrsg. von Friedrich Pfister. Heidelberg 1913.
Massmann, Hans Ferdinand (Hrsg.): Denkmäler deutscher Sprache und Literatur aus Handschriften des 8. bis 16. Jahrhunderts. München 1828. [Alexander, S. 16–75.]
– (Hrsg.): Deutsche Gedichte des zwölften Jahrhunderts und der nächstverwandten Zeit. Bd. 1: Die Straßburg-Molsheimische Handschrift. Quedlinburg/Leipzig 1837. (Bibliothek der gesammten deutschen National-Literatur. 3.1.) [Alexander, S. 64–144.]
Maurer, Friedrich (Hrsg.): Die religiösen Dichtungen des 11. und 12. Jahrhunderts. Bd. 2. Tübingen 1964.
Die ›Nibelungenklage‹. Synoptische Ausg. aller vier Fassungen. Hrsg. von Joachim Bumke. Berlin / New York 1999.
[Orosius: Historiae adversum paganos:] Orose: Histoires (contre les païens). Bd. 1: Livres I–III. Texte établi et traduit par Marie-Pierre Arnaud. 2. Aufl. Paris 2003.

Ottmann, Richard Eduard: Das Alexanderlied des Pfaffen Lamprecht. In nhd. Übertr. nebst Einl. und Komm. Mit einer Nachbildung der Anfangsseite des Vorauer Alexandertextes. Halle a. d. S. 1898.

Patrologiae cursus completus. Series latina. Hrsg. von Jacques-Paul Migne. Paris 1844–1974.

Petrus Comestor: Historia Scholastica. In: PL 198 (1855) Sp. 1049–1722.

Piper, Paul: Die Spielmannsdichtung. 2 Bde. Stuttgart [1887].

Polheim, K. H.: Die deutschen Gedichte der Vorauer Handschrift (Kodex 276, II. Teil). Faks.-Ausg. des Chorherrenstiftes Vorau. Graz 1958.

[Physiologus:] Der altdeutsche Physiologus. Die Millstätter Reimfassung und die Wiener Prosa (nebst dem lateinischen Text und dem althochdeutschen Physiologus). Hrsg. von Friedrich Maurer. Tübingen 1967. (ATB 67.)

[Roman d'Alexandre:] The Medieval French ›Roman d'Alexandre‹. 7 Bde. Hrsg. von Milan S. La Du [u. a.]. Princeton/Paris 1937–55. Nachdr. New York 1965.

Rudolf von Ems: Alexander. Ein höfischer Versroman des 13. Jahrhunderts. Hrsg. von Victor Junk. 2 Bde. Leipzig 1928/29. (StLV 272/274.) Nachdr. Darmstadt 1970.

Ulrich von Eschenbach [recte: Etzenbach]: Alexander. Hrsg. von Wendelin Toischer. Tübingen 1888. (StLV 183.) Nachdr. Hildesheim [u. a.] 1974.

Wallner, Anton: Pfaffendichtung. Tl. 2: Lamprechts Tobias und Alexander. In: PBB 43 (1919) S. 199–219.

[Walter von Châtillon:] Galteri de Castellione Alexandreis. Hrsg. von Martin L. Colker. Padua 1978. (Thesaurus mundi. 17.)

Walter von Châtillon: Alexandreis. Das Lied von Alexander dem Großen. Übers., komm. und mit einem Nachw. vers. von Gerhard Streckenbach unter Mitw. von Otto Klingner. Mit einer Einf. von Walter Berschin. Heidelberg 1990.

Wolfram von Eschenbach. Parzival. Nach der Ausg. Karl Lachmanns rev. und komm. von Eberhard Nellmann. Übertr. von Dieter Kühn. 2 Bde. Frankfurt a. M. 1994. (Bibliothek des Mittelalters. 8.)

Forschungsliteratur und Hilfsmittel

Baier, Beate: Die Bildung der Helden. Erziehung und Ausbildung in mittelhochdeutschen Antikenromanen und ihren Vorlagen. Trier 2006.

Bauschke-Hartung, Ricarda: Herbort von Fritzlar, ›Liet von Troye‹. Antikerezeption als Diskursmontage und Literaturkritik. Habil. [masch.] Berlin 2006.

Bernheimer, Richard: Wild Men in the Middle Ages. A Study in Art, Sentiment, and Demonology. Cambridge 1952.

Bleumer, Hartmut: Alexanders Welt. Geschichte und Bild zwischen Historia und Roman. In: Geschichtsentwürfe und Identitätsbildung am Übergang zur Neuzeit. Bd. 1: Paradigmen personaler Identität. Hrsg. von Ludger Grenzmann, Burkhard Hasebrink und Frank Rexroth. Berlin 2016. S. 193–219.

Bode, Friedrich: Die Kamphesschilderungen in den mittelhochdeutschen Epen. Diss. Greifswald 1909.

Bosworth, A. B. / Baynsham, E. J. (Hrsg.): Alexander the Great in Fact and Fiction. Oxford / New York 2000.

Brackert, Helmut: Androgyne Idealität. Zum Amazonenbild in Rudolfs von Ems ›Alexander‹. In: Philologie als Kulturwissenschaft. Studien zur Literatur und Geschichte des Mittelalters. Fs. Karl Stackmann. Göttingen 1987. S. 164–178.

Braun, Manuel: Vom Gott gezeugt – Alexander und Jesus. Zum Fortleben des Mythos in den Alexanderromanen des christlichen Mittelalters. In: ZfdPh. 123 (2004) S. 40–66.

Brüggen, Elke: Kleidung und Mode in der höfischen Epik des 12. und 13. Jahrhunderts. Heidelberg 1989.

Brummack, Jürgen: Die Darstellung des Orients in den deutschen Alexandergeschichten des Mittelalters. Berlin 1966.

Bumke, Joachim: Studien zum Ritterbegriff im 12. und 13. Jahrhundert. 2. Aufl. Heidelberg 1977.

– Mäzene im Mittelalter. Die Gönner und Auftraggeber der höfischen Literatur in Deutschland 1150–1300. München 1979.

– Höfische Kultur. Literatur und Gesellschaft im Mittelalter. 9. Aufl. München 1999. Nachdr. Ebd. 2002.

– Die vier Fassungen der ›Nibelungenklage‹. Untersuchungen zur Überlieferungsgeschichte und Textkritik der höfischen Epik im 13. Jahrhundert. Berlin / New York 1996.

Buntz, Herwig: Die deutsche Alexanderdichtung des Mittelalters. Stuttgart 1973. (Sammlung Metzler. 123.)

Buschinger Danielle: Die Tyrus-Episode in den französischen und deutschen Alexanderromanen des 12. Jahrhunderts. In: Mölk 2002. S. 162–177.

– Traduction et adaptation dans ›L' Alexandre de Strasbourg‹. La reecriture du roman d' Alexandre. In: Pratiques de traduction au Moyen Âge. Actes du colloque de l' Université de Copenhague. 25 et 26 Octobre 2002. Medieval translation practices. Ed. by Peter Andersen. Kopenhagen 2004. S. 82–95.

– / Knapp, Fritz-Peter: Alexanderromane. In: Germania litteraria mediaevalis Francigena. Bd. 4: Historische und religiöse Erzählungen. Hrsg. von Geert H. M. Claassens, Fritz Peter Knapp und Hartmut Kugler. Berlin [u. a.] 2014. S. 35–78.

Cary, George: The Medieval Alexander. Hrsg. von David John Athole Ross. Cambridge 1956.

Cipolla, Adele: Commento: Lamprecht, Canzone di Alessandro. In: Alessandro nel medioevo occidentale. Hrsg. von Piero Boitani [u. a.]. Mailand 1997. S. 579–584.

Cölln, Jan: Arbeit an Alexander. Lambrecht, seine Fortsetzungen und die handschriftliche Überlieferung. In: Cölln [u. a.] 2000. S. 162–207. [Zit. als: Cölln 2000a.]

– Der Heide als Vorbild für christliche Weltherrschaft. Zur geistlichen Funktionalisierung Alexanders in Lambrechts Dichtung. In: Schöning 2000. S. 86–101. [Zit. als: Cölln 2000b.]

– Zur sprachlichen Herkunft des in der Vorauer Handschrift überlieferten Schlusses von Lamprechts ›Alexander‹. In: PBB 126 (2004) S. 23-38.

– [u. a.] (Hrsg.): Alexanderdichtungen im Mittelalter. Kulturelle Selbstbestimmung im Kontext literarischer Beziehungen. Göttingen 2000.

Dam, Jan van: Zur Vorgeschichte des höfischen Epos. Lamprecht, Eilhart, Veldeke. Bonn/Leipzig 1923.

Die deutsche Literatur des Mittelalters. Verfasserlexikon. 2., völlig neu bearb. Aufl. hrsg. von Kurt Ruh, Burghart Wachinger [u. a.]. 11 Bde. und Nachtragsbd. Berlin / New York 1978 ff.

Deutsches Wörterbuch. Von Jacob und Wilhelm Grimm. Leipzig 1854–1971. Nachdr. München 1999. [Zit. als DW.]

Druce, G. C.: The Elephant in Medieval Legend and Art. In: The Archaeological Journal 76 (1919) S. 1–73.

Ebenbauer, Alfred: Antike Stoffe. In: Epische Stoffe des Mittelalters. Hrsg. von Volker Mertens und Ulrich Müller. Stuttgart 1984. S. 247–289.

– / Kern, Manfred (Hrsg.): Lexikon der antiken Gestalten in den deutschen Texten des Mittelalters. Berlin / New York 2003.

Ehlert, Trude: Deutschsprachige Alexanderdichtung des Mittelalters. Zum Verhältnis von Literatur und Geschichte. Bern / Frankfurt a. M. 1989. [Zit. als: Ehlert 1989a.]

– Alexander und die Frauen in spätantiken und mittelalterlichen Alexander-Erzählungen. In: Erzgräber 1989. S. 81–103. [Zit. als Ehlert 1989b.]

– Der Alexanderroman. In: Mittelhochdeutsche Romane und Heldenepen. Interpretationen. Hrsg. von Horst Brunner. Stuttgart 1993. Bibliogr. erg. Ausg. 2004. S. 21–42.

Einhorn, Jürgen W.: Spiritalis Unicornis. Das Einhorn als Bedeutungsträger in Literatur und Kunst des Mittelalters. München 1976.

Eitschberger, Astrid: Musikinstrumente in höfischen Romanen des deutschen Mittelalters. Wiesbaden 1999.

Eming, Jutta: Luxurierung und Auratisierung von Wissen im Straßburger Alexander. In: Fremde – Luxus – Räume. Konzeptionen von Luxus in Vormoderne und Moderne. Hrsg. von Gaby Pailer [u. a.]. Berlin 2015. S. 63–83.

Engelen, Ulrich: Die Edelsteine in der deutschen Dichtung des 12. und 13. Jahrhunderts. München 1978.

Engels, Johannes: Philipp II. und Alexander der Große. Darmstadt 2006.

Erzgräber, Willi (Hrsg.): Kontinuität und Transformation der Antike im Mittelalter. Veröffentlichung der Kongreßakten zum Freiburger Symposion des Mediävistenverbandes. Sigmaringen 1989.

Fank, Pius: Die Vorauer Handschrift. Ihre Entstehung und ihr Schreiber. Graz 1967.

Fischer, Wolfgang: Die Alexanderliedkonzeption des Pfaffen Lambreht. München 1964.

Fisher, Rodney: Studies in the Demonic in Selected Middle High German Epics. Göppingen 1974.

Foulet, Alfred: La bataille du Granique chez Alberic. In: Romania 60 (1934) S. 237–241.

– Introduction. In: The Medieval French ›Roman d'Alexandre‹.

Bd. 3: Version of Alexandre de Paris. Variants and Notes to Branch I. Prepared by A. F. Princeton/Paris 1949. Nachdr. New York 1965. S. 1–233.

Franz, Hertha: Das Bild Griechenlands und Italiens in den mittelhochdeutschen epischen Erzählungen vor 1250. Berlin 1970.

Frappier, Jean / Raynaud De Lage, Guy: Les romans antiques. In: Grundriß der romanischen Literaturen des Mittelalters. Hrsg. von Hans Robert Jauss [u. a.]. Bd. 4.1. Heidelberg 1978. S. 145–182.

Friede, Susanne: Alexanders Kindheit in der französischen Zehnsilberfassung und im ›Roman d' Alexandre‹. Fälle literarischer ›Nationalisierung‹ des Alexanderstoffs. In: Cölln [u. a.] 2000. S. 82–136.

– Die Wahrnehmung des Wunderbaren. Der ›Roman d'Alexandre‹ im Kontext der französischen Literatur des 12. Jahrhunderts. Tübingen 2003.

Friedrich, Udo: Überwindung der Natur. Zum Verhältnis von Natur und Kultur im ›Straßburger Alexander‹. In: Fremdes wahrnehmen – fremdes Wahrnehmen. Studien zur Geschichte der Wahrnehmung und zur Begegnung der Kulturen in Mittelalter und früher Neuzeit. Hrsg. von Wolfgang Harms und C. Stephen Jaeger. Stuttgart/Leipzig 1997. S. 119–136.

– Menschentier und Tiermensch. Grenzziehungsdiskurse und Überschreitungsphantasmen im Mittelalter. Göttingen 2009.

Friess, Gerda: Edelsteine im Mittelalter. Wandel und Kontinuität in ihrer Bedeutung durch zwölf Jahrhunderte in Aberglauben, Medizin, Theologie und Goldschmiedekunst. Hildesheim 1980.

Gärtner, Kurt: Vorauer Handschrift 276. In: ²VL 10 (1999) Sp. 516–521.

Gaullier-Bougassas, Catherine: Les Romans d'Alexandre. Aux frontières de l'épique et du romanesque. Paris 1998.

– (Hrsg.): La fascination pour Alexandre le Grand dans les littératures européennes (X^e^–XVIe siècle). Réinventions d'un mythe. 4 Bde. Turnhout 2014.

Geith, Karl-Ernst: Wieviel Erde braucht der Mensch? Zur Gestalt und Nachwirkung eines Alexander-Exempels. In: Antiquitates Renatae. Deutsche und französische Beiträge zur Wirkung der Antike in der europäischen Literatur (Fs. Renate Böschenstein). Hrsg. von Verena Ehrlich-Haefeli [u. a.]. Würzburg 1998. S. 19–34.

[Georges:] Ausführliches lateinisch-deutsches Handwörterbuch.

Ausgearb. von Karl Ernst Georges. Unveränd. Nachdr. der 8., verb. und verm. Aufl. von Heinrich Georges. 2 Bde. Darmstadt 1985.

Gillespie, George T.: A Catalogue of Persons Named in German Heroic Literature (700–1600). Including Named Animals and Objects and Ethnic Names. Oxford 1973.

Gosman, Martin: La légende d'Alexandre le Grand dans la littérature française du 12e siècle. Une réécriture permanente. Amsterdam/Atlanta 1997.

Grammel, Elisabeth: Studien über den Wandel des Alexanderbildes in der deutschen Dichtung des 12. und 13. Jahrhunderts. Limburg 1931.

Green, Dennis Edward: The ›Alexanderlied‹ and the Emergence of the Romance. In: German Life and Letters 28 (1974/75) S. 246–262.

Grimm, Reinhold R.: Paradisus coelestis. Paradisus terrestris. Zur Auslegungsgeschichte des Paradieses im Abendland bis um 1200. München 1977.

Grotefend, Hermann: Taschenbuch der Zeitrechnung des deutschen Mittelalters und der Neuzeit. 13. Aufl. Hannover 1991.

Grubmüller, Klaus: Die Vorauer Handschrift und ihr ›Alexander‹. Die kodikologischen Befunde: Bestandsaufnahme und Kritik. In: Cölln [u. a.] 2000. S. 208–221.

Hammerstein, Reinhold: Macht und Klang. Tönende Automaten als Realität und Fiktion in der alten und mittelalterlichen Welt. Bern 1986.

Hammond, Nicholas G. L.: Alexander der Große: Feldherr und Staatsmann. Biographie. Aus dem Engl. von Martin Pfeiffer. Berlin 2004. (Engl. 1997.)

Hampe, Theodor: Über die Quellen der Straßburger Fortsetzung von Lamprechts Alexanderlied und deren Benutzung. Diss. Bonn 1890.

Harf-Lancner, Laurence [u. a.] (Hrsg.): Alexandre le Grand dans les littératures occidentales et proche-orientales. Actes du colloque de Paris, 27–29 novembre 1997. Paris 1999.

Hatto, Arthur T.: The Elephants in the Straßburg Alexander. In: London Medieval Studies 1 (1937–39) S. 399–429.

Haug, Walter: Literaturtheorie im deutschen Mittelalter. Von den Anfängen bis zum Ende des 13. Jahrhunderts. Eine Einführung. Darmstadt 1985. 2. Aufl. 1992.

Haupt, Barbara: Alexanders Orientfahrt (Straßburger Alexander). Das Fremde als Spielraum für ein neues Kulturmuster. In: Begegnung mit dem ›Fremden‹. Grenzen – Traditionen – Vergleiche. Akten des VIII. Internationalen Germanisten-Kongresses Tokyo 1990. Bd. 7. München 1991. S. 285–295.

– Alexander, die Blumenmädchen und Eneas. In: ZfdPh. 112 (1993) S. 1–36.

– Welterkundung in der Schrift. ›Brandans Reise‹ und der ›Straßburger Alexander‹. In: ZfdPh. 114 (1995) S. 321–348.

Heckel, Waldemar / Lawrence A. Tritle (Hrsg.): Alexander the Great. A New History. Oxford 2009.

Hempel, Wolfgang: »Übermuot diu alte ...«. Der Superbia-Gedanke und seine Rolle in der deutschen Literatur des Mittelalters. Bonn 1970.

Hilgers, Heribert A.: Zu der neuen Ausgabe des ›Straßburger Alexander‹. In: ABäG 13 (1978) S. 91–102.

Hübner, Gert: Kognition und Handeln im ›Vorauer Alexander‹, im ›Straßburger Alexander‹ und im ›König Rother‹. In: Archiv 242 (2005) S. 241–258.

Kartschoke, Dieter: ›Eneas‹ – ›Erec‹ – ›Tristrant‹. Zur relativen Chronologie der frühen höfischen Versromane. In: Philologische Untersuchungen. Fs. Elfriede Stutz. Hrsg. von Alfred Ebenbauer. Wien 1984. S. 212–222.

Klíma, Joseph / Meinel, Gertraud: Blumenmädchen (AaTh 407). In: Enzyklopädie des Märchens. Bd. 2. Berlin / New York 1979. Sp. 495–506.

Klimpert, Richard: Lexikon der Münzen, Maße, Gewichte. Zählarten und Zeitgrößen aller Länder der Erde. 2., vielfach verb. und verm. Aufl. Berlin 1896. Nachdr. Graz 1972.

Kokott, Hartmut: Literatur und Herrschaftsbewußtsein. Wertstrukturen der vor- und frühhöfischen Literatur. Vorstudien zur Interpretation mittelhochdeutscher Texte. Frankfurt a. M. [u. a.] 1978.

Kragl, Florian: Die Weisheit des Fremden. Studien zur mittelalterlichen Alexandertradition. Mit einem allgemeinen Teil zur Fremdheitswahrnehmung. Bern [u. a.] 2005.

– König Alexanders Glück und Ende in der höfischen Literatur des deutschen Mittelalters im Allgemeinen und bei Rudolf von Ems im Besonderen. In: Archiv 250 (2013) S. 7–41.

Kühnel, Harry (Hrsg.): Bildwörterbuch der Kleidung und Rüs-

tung. Vom alten Orient bis zum ausgehenden Mittelalter. Stuttgart 1992. (Kröners Taschenausgabe. 453.)
Kugler, Hartmut: Alexanders Greifenflug. Eine Episode des Alexanderromans im deutschen Mittelalter. In: Internationales Archiv für Sozialgeschichte der Literatur 12 (1987) S. 1–25.
– Der ›Alexanderroman‹ und die literarische Universalgeographie. In: Schöning 2000. S. 102–120.
Kuhnt, Joachim: Lamprechts Alexander. Lautlehre und Untersuchung der Verfasserfrage nach den Reimen. Halle a. d. S. 1915.
Lauffer, Siegfried: Alexander der Große. 5. Aufl. München 2005.
Lexer, Matthias: Mittelhochdeutsches Handwörterbuch. 3 Bde. Stuttgart 1872–78. Nachdr. Stuttgart 1970.
Lexikon des Mittelalters. 9 Bde. und Reg.-Bd. München/Zürich 1980–99.
Lexikon für Theologie und Kirche. 3., völlig neu bearb. Aufl. Begr. von Michael Buchberger. Hrsg. von Walter Kasper [u. a.]. 11 Bde. Freiburg i. Br. 1993–2001.
Lichtenberg, Heinrich: Die Architekturdarstellungen in der mittelhochdeutschen Dichtung. Münster 1931.
Lienert, Elisabeth: Zwischen Detailverliebtheit und Distanzierung. Zur Wahrnehmung des Krieges in den deutschen Antikenromanen des Mittelalters. In: Die Wahrnehmung und Darstellung von Kriegen im Mittelalter und in der Frühen Neuzeit. Hrsg. von Horst Brunner. Wiesbaden 2000. S. 31–48.
– Deutsche Antikenromane des Mittelalters. Berlin 2001.
Mackert, Christoph: Die Alexandergeschichte in der Version des ›Pfaffen‹ Lambrecht. Die frühmittelhochdeutsche Bearbeitung der Alexanderdichtung des Alberich von Bisinzo und die Anfänge weltlicher Schriftepik in deutscher Sprache. München 1999. [Zit. als: Mackert 1999a.]
– Die Alexanderdichtungen des Alberich von Bisinzo und des *pfaffen* Lambrecht und die ›Historia de preliis‹: Zur möglichen Bedeutung von Quellenuntersuchungen für die Frage nach dem »Sitz im Leben«. In: *Ze hove und an der strâzen.* Die deutsche Literatur des Mittelalters und ihr »Sitz im Leben«. Fs. Volker Schupp. Hrsg. von Anna Keck und Theodor Nolte. Stuttgart/Leipzig 1999. S. 43–60.
– Eine Schriftprobe aus der verbrannten ›Straßburg-Molsheimer Handschrift‹. In: ZfdA 130 (2001) S. 143–165.
Marshall, Sophie: Alexander, Samson und die Tyrerin. Biblische

Digressionen und das Prinzip der Äquivalenz im ›Vorauer Alexander‹. In: PBB 138 (2016) S. 197–226.
Meier-Staubach, Christel: Symbolik der Edelsteine VI: Mittelalter und frühe Neuzeit. In: Theologische Realenzyklopädie. Hrsg. von Gerhard Müller [u. a.]. Bd. 9. Berlin / New York 1982. S. 272–277.
Merkelbach, Reinhold: Die Quellen des griechischen Alexanderromans. 2., neu bearb. Aufl. unter Mitw. von Jürgen Trumpf. München 1977.
Meyer, Paul: Alexandre le Grand dans la littérature française du Moyen Age. 2 Bde. Paris 1886.
Minis, Cola: Handschrift und Dialekt des Vorauer Alexander. In: Archiv 190 (1954) S. 289–305.
– Über die Hildestelle in Lambrechts Alexander. In: ABäG 12 (1977) S. 47–70.
– Zum Schluß von Lambrehts ›Alexander‹, zur Geschichte der Blumenmädchen im Straßburger ›Alexander‹ und zu dessen Verhältnis zu der ›Eneide‹ von Veldeke. In: Zwei Studien zu Veldeke und zum Straßburger Alexander. Hrsg. von Thomas Klein und C. M. Amsterdam 1985. S. 123–158.
Mittelhochdeutsches Worterbuch. Mit Benutzung des Nachlasses von Georg Friedrich Benecke ausgearb. von Wilhelm Müller und Friedrich Zarncke. Leipzig 1854–66. [Zit. als BMZ.]
Mölk, Ulrich: Alberics Alexanderlied. In: Cölln [u. a.] 2000. S. 21–36. [Zit. als: Mölk 2000a.]
– *stuzel.* ›Vorauer Alexander‹ 1034, 1043, 1111. In: PBB 122 (2000) S. 74 f. [Zit. als: Mölk 2000b.]
– (Hrsg.): Herrschaft, Ideologie und Geschichtskonzeption in Alexanderdichtungen des Mittelalters. Göttingen 2002.
Mühlherr, Anna: Zwischen Augenfälligkeit und hermeneutischem Appell: Zu Dingen im ›Straßburger Alexander‹. In: Dichtung und Didaxe. Lehrhaftes Sprechen in der deutschen Literatur. Hrsg. von Henrike Lähnemann und Sandra Linden. Berlin [u. a.] 2009 [2010]. S. 11–26.
Müller, Stephan: Willkomm und Abschied. Zum problematischen Verhältnis von Entstehung und Überlieferung der deutschen Literatur des Mittelalters am Beispiel von ›Ezzolied‹, ›himelrîche‹ und ›Vorauer Handschrift‹. In: Regionale Literaturgeschichtsschreibung. Hrsg. von Helmut Tervooren und Jens Haustein. Berlin [u. a.] 2003. (ZfdPh. Sonderh. zu Bd. 122.) S. 230–245.
[Nellmann 1994, s. Ausgaben: Wolfram von Eschenbach. Parzival.]

Ohly, Friedrich: Hölzer, die nicht brennen. In: ZfdA 100 (1971) S. 63–72.

Oswald, Marion: Gabe und Gewalt. Studien zur Logik und Poetik der Gabe in der frühhöfischen Erzählliteratur. Göttingen 2004.

Paul, Herrmann: Mittelhochdeutsche Grammatik. 24. Aufl., überarb. von Peter Wiehl und Siegfried Grosse. Tübingen 1998. [Zit. als PWG.]

Der kleine Pauly. Lexikon der Antike auf der Grundlage von Paulys Realencyclopädie der classischen Altertumswissenschaft. Bearb. und hrsg. von Konrat Ziegler und Walther Sontheimer [u. a.]. 5 Bde. Stuttgart 1964–75. Nachdr. München 1979.

Der Neue Pauly. Enzyklopädie der Antike. Hrsg. von Hubert Cancik und Helmuth Schneider. Stuttgart/Weimar 1996 ff.

Pfister, Friedrich: Dareios von Alexander getötet. In: Rheinisches Museum N. f. 101 (1958) S. 97–106.

– Kleine Schriften zum Alexanderroman. Meisenheim a. Gl. 1976.

Plotke, Seraina: Autorschaft durch Autorisierung: Bearbeitungen des Alexanderstoffs als Modellfall differenter Verfasserkonzeptionen. In: PBB 134 (2012) S. 344–364.

– Die Geburt des Helden. Mythische Deszendenz in den mittelhochdeutschen Alexanderromanen. In: Höfische Wissensordnungen. Hrsg. von Hans-Jochen Schiewer und Stefan Seeber. Göttingen 2012. S. 65–84.

– Gebildete Helden? Erziehungskonzepte in mittelalterlichen Narrativen: Alexander, Parzival, Tristan. In: Institutionen der Pädagogik. Studien zur Kultur- und Mediengeschichte ihrer ästhetischen Formierungen. Hrsg. von Metin Genç, Christof Hamann und Anahita Babakhani. Würzburg 2016. S. 41–58.

– Unzuverlässiges Erzählen im Mittelalter? Potenzial und Grenzen einer literaturwissenschaftlichen Kategorie. In: Poetiken des Widerspruchs in vormoderner Erzählliteratur. Hrsg. von Elisabeth Lienert. Wiesbaden 2019. S. 265–284.

Pörksen, Uwe: Der Erzähler im mittelhochdeutschen Epos. Formen seines Hervortretens bei Lamprecht, Konrad, Hartmann, in Wolframs Willehalm und in den ›Spielmannsepen‹. Berlin 1971.

Quint, Josef: Die Bedeutung des Paradiessteins im ›Alexanderlied‹. In: Formenwandel. Fs. Paul Böckmann. Hrsg. von Walter Müller-Seidel und Wolfgang Preisendanz. Hamburg 1964. S. 9–26.

Religion in Geschichte und Gegenwart. Handwörterbuch für

Theologie und Religionswissenschaft. 4., völlig neu bearb. Aufl. Hrsg. von Hans-Dieter Betz [u. a.]. 8. Bde. Tübingen 1998–2005.

Ross, David John Athole: Alexander Historiatus. A Guide to Medieval Illustrated Alexander Literature. London 1963.

– Illustrated Medieval Alexander-Books in Germany and the Netherlands. A Study in Comparative Iconography. Cambridge 1971.

Ruberg, Uwe: Mappe Mundi des Mittelalters im Zusammenwirken von Text und Bild. Mit einem Beitrag zur Verbindung von Antikem und Christlichem in der *principium*- und *finis*-Thematik auf der Ebstorfkarte. In: Text und Bild. Aspekte des Zusammenwirkens zweier Künste in Mittelalter und früher Neuzeit. Hrsg. von Christel Meier und Uwe Ruberg. Wiesbaden 1980. S. 550–592.

Ruh, Kurt: Höfische Epik des deutschen Mittelalters. Bd. 1. 2. Aufl. Berlin 1977.

Schäfer-Maulbetsch, Rose Beate: Studien zur Entwicklung des mittelhochdeutschen Epos. Die Kampfschilderungen in ›Kaiserchronik‹, ›Rolandslied‹, ›Alexanderlied‹, ›Eneide‹, ›Liet von Troye‹ und ›Willehalm‹. 2 Bde. Göppingen 1972.

Schänzer, Renate: Die Erziehung und Bildung Alexanders des Großen in den Alexanderdichtungen des Mittelalters. Diss. Braunschweig 1996.

Scherer, Wilhelm: Geistliche Poeten der deutschen Kaiserzeit. H. 2: Drei Sammlungen geistlicher Gedichte. Straßburg/London 1875.

Schlechtweg-Jahn, Ralf: Hybride Machtgrenzen in deutschsprachigen Alexanderromanen. In: Mölk 2002. S. 267–289.

– Macht und Gewalt im deutschsprachigen Alexanderroman. Trier 2006.

Schmidt, Alwin: Über das Alexanderlied des Alberic von Besançon und sein Verhältnis zur antiken Überlieferung. Diss. Bonn 1886.

Schneider, Karin: Gotische Schriften in deutscher Sprache. Bd. 1: Vom späten 12. Jahrhundert bis um 1300. Text-Bd. Wiesbaden 1987.

Schnell, Rüdiger: Der ›Heide‹ Alexander im christlichen Mittelalter: In: Erzgräber 1989. S. 45–63.

– Die Rezeption der Antike. In: Europäisches Hochmittelalter. Hrsg. von Henning Krauss. Wiesbaden 1981. (Neues Handbuch der Literaturwissenschaft. 7.) S. 217–242.

– *Causa amoris*. Liebeskonzeption und Liebesdarstellung in der mittelalterlichen Literatur. Bern/München 1985.

Schnelle, Udo: Einleitung in das Neue Testament. 4., neubearb. Aufl. Göttingen 2002.

Schöning, Udo (Hrsg.): Internationalität nationaler Literaturen. Beiträge zum ersten Symposion des Göttinger Sonderforschungsbereichs 529. Göttingen 2000.

Schouwink, Wilfried: Fortuna im Alexanderroman Rudolfs von Ems. Studien zum Verhältnis von Fortuna und Virtus bei einem Autor der späten Stauferzeit. Göppingen 1977.

Schröder, Edward: Die Straßburg-Molsheimer Handschrift. In: Nachrichten von der Gesellschaft der Wissenschaften zu Göttingen. Phil.-hist. Klasse. Berlin 1926. S. 148–160.

– Die deutschen Alexander-Dichtungen des 12. Jahrhunderts. In: Nachrichten von der Gesellschaft der Wissenschaften zu Göttingen. Phil.-hist. Klasse. Berlin 1928. S. 45–92.

Schröder, Werner: Zum *vanitas*-Gedanken im deutschen Alexanderlied. In: ZfdA 91 (1961) S. 38–55.

– Der Pfaffe Lambrecht. In: [2]VL 5 (1985) Sp. 494–510.

Schultz, Alwin: Das höfische Leben zur Zeit der Minnesinger. 2 Bde. 2., verm. und verb. Aufl. Leipzig 1889. Neudr. Osnabrück 1965.

Schulz-Grobert, Jürgen: *Von quâdresteine geworhte* … Bautechnische ›Detailrealismen‹ in Architekturphantasien der höfischen Epik? In: ZfdA 129 (2000) S. 275–295. [Zit. als: Schulz-Grobert 2000a.]

– Höfischer Glanz und Gönnerdämmerung. Zur Diskussion um die literarhistorische Bedeutung des Mäzenatentums im 12. Jahrhundert. In: Wolfram-Studien 16 (2000) S. 175–191. [Zit. als: Schulz-Grobert 2000b.]

– ›Gesichtspunkte‹ der Blütezeit. Rhetorische Porträtkunst und das Motiv der Bildnisbegegnung im ›Alexanderlied‹ und im ›Parzival‹. In: Blütezeit. Fs. L. Peter Johnson. Hrsg. von Mark Chinca [u. a.]. Tübingen 2000. S. 321–334.

Shaw, Frank: Das historische Epos als Literaturgattung in frühmittelhochdeutscher Zeit. In: Studien zur frühmittelhochdeutschen Literatur. Cambridger Colloquium 1971. Hrsg. von L. Peter Johnson [u. a.]. Berlin 1974. S. 275–291.

Singer, S[amuel]: [Rezension] Die quellen der Straßburger fortsetzung von Lamprechts Alexanderlied und deren benutzung. von dr Theodor Hampe. Bonner diss. Bremen 1890. In: Anzeiger für deutsches Altertum 17 (1891) S. 197–204.

Stackmann, Karl: Die Gymnosophisten-Episode in deutschen Alexander-Erzählungen des Mittelalters. In: K. S.: Mittelalterliche Texte als Aufgabe. Kleine Schriften I. Hrsg. von Jens Haustein. Göttingen 1997. S. 120–140. [Zuerst in: PBB 105 (1983) S. 331–354.]

Stein, Peter K.: Ein Weltherrscher als *vanitas*-Exempel in imperial-ideologisch orientierter Zeit? Fragen und Beobachtungen zum ›Straßburger Alexander‹. In: Stauferzeit. Geschichte, Literatur, Kunst. Hrsg. von Rüdiger Krohn [u. a.]. Stuttgart 1978. S. 144–180.

Stock, Markus: Kombinationssinn. Narrative Strukturexperimente im ›Straßburger Alexander‹, im ›Herzog Ernst B‹ und im ›König Rother‹. Tübingen 2002.

– (Hrsg.): Alexander the Great in the Middle Ages. Transcultural Perspectives. Toronto [u. a.] 2016.

Strohschneider, Peter / Vögel, Herfried: Flußübergänge. Zur Konzeption des ›Straßburger Alexander‹. In: ZfdA 118 (1989) S. 85–108.

Szklenar, Hans: Studien zum Bild des Orients in vorhöfischen deutschen Epen. Göttingen 1966.

Tomasek, Tomas: Über den Einfluß des Apolloniusromans auf die volkssprachliche Erzählliteratur des 12. und 13. Jahrhunderts. In: Mediävistische Komparatistik. Fs. Franz Josef Worstbrock. Hrsg. von Wolfgang Harms und Jan-Dirk Müller. Stuttgart/Leipzig 1997. S. 221–239.

– Die Welt der Blumenmädchen im ›Straßburger Alexander‹. Ein literarischer utopischer »Diskurs« aus dem Mittelalter. In: »Das Schöne soll sein«. Aisthesis in der deutschen Literatur. Fs. Wolfgang F. Bender. Hrsg. von Peter Heßelmann [u. a.]. Bielefeld 2001. S. 43–55.

Trier, Jost: Der deutsche Wortschatz in Sinnbezirk des Verstandes. Die Geschichte eines sprachlichen Feldes. Bd. 1. Heidelberg 1931.

Trost, Vera: Skriptorium. Die Buchherstellung im Mittelalter. Stuttgart 1991.

Unzeitig, Monika: Autorname und Autorschaft. Zu Bezeichnung und Konstruktion von Autorschaft in der deutschen und französischen Erzählliteratur des 12. und 13. Jahrhunderts. Berlin [u. a.] 2010.

– Alexander auf dem Weg zum Paradies. In: *kunst* und *saelde*. Festschrift Trude Ehlert. Hrsg. von Katharina Boll, Silvia Ledemann und Kathrin Wenig. Würzburg 2011. S. 149–159.

Urbanek, Ferdinand: Umfang und Intention von Lamprechts Alexanderlied. In: ZfdA 99 (1970) S. 96–120.

Vollmann-Profe, Gisela: Wiederbeginn volkssprachiger Schriftlichkeit im hohen Mittelalter. 2. Aufl. Tübingen 1994. (Joachim Heinzle [Hrsg.]: Geschichte der deutschen Literatur von den Anfängen bis zum Beginn der Neuzeit. Bd. 1.2)

Waag, Albert: Die zusammensetzung der Vorauer handschrift. In: PBB 11 (1886) S. 77–158.

Welker, Klaus: Pantaleon. In: Lexikon der christlichen Ikonographie. Hrsg. von Engelbert Kirschbaum [u. a.]. Bd. 8. Hrsg. von Wolfgang Braunfels. Rom [u. a.] 1976. S. 112–115.

Wiemer, Hans-Ulrich: Alexander der Große. München 2005.

Wilmanns, Wilhelm: [Rezension] Lamprechts Alexander. Nach den drei Texten mit dem Fragment des Alberic von Besançon und den lateinischen Quellen hrsg. und erkl. von Karl Kinzel. Halle a. S. 1884. In: Göttingische Gelehrte Anzeigen 1885. Nr. 7. S. 291–303.

Wis, Marjatta: Zum Problem der *vremder visce hiute* im Nibelungenlied. Auf der Spur der Alexanderlegende in der höfischen Epik. In: Neuphilologische Mitteilungen 85 (1984) S. 144–149.

– Der Pfaffe Lambrecht als Interpret eines Passus in der Alexanderdichtung Alberics von Pisançon. *Saur ab lo peyl cum de peysson.* In: Neuphilologische Mitteilungen 91 (1990) S. 129–137.

Wisbey, Roy: A Complete Concordance to the Vorau and Straßburg Alexander with a Reverse Index to the Graphic Forms, an Index of Rhymes, and a Ranking List of Frequencies. Leeds 1968.

Witthöft, Harald: Umrisse einer historischen Metrologie zum Nutzen der wirtschafts- und sozialgeschichtlichen Forschung. Maß und Gewicht in Stadt und Land Lüneburg, im Hanseraum und im Kurfürstentum/Königreich Hannover vom 13. bis zum 19. Jahrhundert. 2 Bde. Göttingen 1979.

Wolf, Alois: *Solaz nos faz antiquitas*: Erwägungen zum Prolog des Alexanderliedes und zur Entwicklung volkssprachlicher Erzählweise. In: German Narrative Literature of the Twelfth and Thirteenth Centuries. Hrsg. von Volker Honemann. Fs. Roy Wisbey. Tübingen 1994. S. 123–137.

Yu, Meihui: Versuch einer postkolonialistischen Lektüre des Straßburger Alexander. In: Germanistik zwischen Tradition und Innovation. Akten des XIII. Internationalen Germanistenkongresses Shanghai 2015. Bd. 8. Hrsg. von Jianhua Zhu, Michael Szurawitzki und Jin Zhao. Frankfurt a. M. [u. a.] 2017. S. 77–81.

Ziolkowski, Theodore: Der Karfunkelstein. In: Euphorion 55 (1961) S. 297–326.